Europäische Union
und kommunale Selbstverwaltung

Europäische Hochschulschriften
Publications Universitaires Européennes
European University Studies

Reihe V
Volks- und Betriebswirtschaft

Série V Series V
Sciences économiques, gestion d'entreprise
Economics and Management

Bd./Vol. 2580

PETER LANG
Frankfurt am Main · Berlin · Bern · Bruxelles · New York · Wien

Angela Stöß

Europäische Union und kommunale Selbstverwaltung

Die Handlungsspielräume deutscher Kommunen unter Einwirkung der Europäischen Union aus ökonomischer Perspektive

PETER LANG
Europäischer Verlag der Wissenschaften

Die Deutsche Bibliothek - CIP-Einheitsaufnahme

Stöß, Angela:

Europäische Union und kommunale Selbstverwaltung : die Handlungsspielräume deutscher Kommunen unter Einwirkung der Europäischen Union aus ökonomischer Perspektive / Angela Stöß. - Frankfurt am Main ; Berlin ; Bern ; Bruxelles ; New York ; Wien : Lang, 2000
(Europäische Hochschulschriften : Reihe 5, Volks- und Betriebswirtschaft ; Bd. 2580)
Zugl.: Marburg, Univ., Diss., 1999
ISBN 3-631-35832-6

D 4
ISSN 0531-7339
ISBN 3-631-35832-6

Den Menschen

gewidmet,

die mir für dieses Buch

Mut

gemacht haben.

Vorwort

Das vorliegende Buch ist die leicht überarbeitete Fassung meiner Dissertationsschrift, die im April 1999 am Fachbereich Wirtschaftswissenschaften der Philipps-Universität Marburg eingereicht wurde. Die Arbeit wurde vor dem Inkrafttreten des Vertrages von Amsterdam am 1. Mai 1999 abgeschlossen. Deshalb liegt ihr der damals rechtsgültige Vertrag von Maastricht zugrunde. Auf relevante Änderungen durch den Vertrag von Amsterdam wird jedoch an entsprechender Stelle hingewiesen.

Das Interesse, mich tiefergehend mit ökonomischen Fragen der Europäischen Integration zu befassen, wurde während eines Studienaufenthaltes an der University of Kent at Canterbury geweckt. Entstanden wäre dieses Buch über die Einwirkungen der EU auf die kommunalen Handlungsspielräume aber nicht ohne die Unterstützung vieler Menschen. Ihnen allen gilt mein Dank.

Ganz besonders möchte ich mich bei meinem Doktorvater Herrn Prof. Dr. Horst Zimmermann für die ermutigende, konstruktive und kritische Begleitung der Dissertation bedanken. Herrn Prof. Dr. Alfred Schüller danke ich für die freundliche Übernahme des Zweitgutachtens.

Von den Teilnehmern des Doktorandenseminars des Lehrstuhls Finanzwissenschaften erhielt ich wertvolle Anregungen. Sehr geholfen haben mir auch die vielen interessanten Gespräche mit Kommunalvertretern, insbesondere bei den kommunalen Spitzenverbänden und der Stadt Marburg, und den EU-Experten verschiedener Organisationen. Einblick in die Arbeit der Institutionen der EU bekam ich durch ein Verwaltungspraktikum beim Ausschuß der Regionen.

Finanziellen Rückhalt während meiner Promotionszeit gab mir die Hessische Förderung von Nachwuchswissenschaftlern. Das Aufbaustudium in Canterbury wurde durch ein „Chevening-Scholarship" des Foreign and Commonwealth Office der britischen Regierung finanziert.

Nicht zuletzt möchte ich all denjenigen danken, die mich zu dieser Arbeit immer wieder ermutigt haben oder bei der Bewältigung der nicht zu unterschätzenden organisatorischen Aufgaben unterstützt haben.

Marburg, Juli 1999

Angela Stöß

Inhaltsverzeichnis

Verzeichnis der Abbildungen und Tabellen

Abkürzungsverzeichnis

ABl.	Amtsblatt
AdR	Ausschuß der Regionen
BGBl	Bundesgesetzblatt
BIP	Bruttoinlandsprodukt
BMF	Bundesministerium der Finanzen
BSP	Bruttosozialprodukt
Bull.	Bulletin
BVerfGE	Entscheidungen des Bundesverfassungsgerichts
Difu	Deutsches Institut für Urbanistik
EAGFL	Europäischer Ausrichtungs- und Garantiefonds für die Landwirtschaft
EAGFL-A	Europäischer Ausrichtungs- und Garantiefonds für die Landwirtschaft, Abteilung Ausrichtung
EAGV	Vertrag über die Europäische Atomgemeinschaft
EnWG	Gesetz über die Elektrizitäts- und Gasversorgung (Energiewirtschaftsgesetz)
ECU	European Currency Unit
EEA	Einheitliche Europäische Akte
EFRE	Europäischer Fonds für die Regionale Entwicklung
EG	Europäische Gemeinschaft
EGKS	Europäische Gemeinschaft für Kohle und Stahl (Montanunion)
EGV	Vertrag zur Gründung der Europäischen Gemeinschaft
EIB	Europäische Investitionsbank
ESF	Europäischer Sozialfonds
EU	Europäische Union
EuGH	Europäischer Gerichtshof
EUV	Vertrag über die Europäische Union
Euratom	Europäische Atomgemeinschaft
Europol	Europäische Polizeibehörde
EWG	Europäische Wirtschaftsgemeinschaft
EWGV	Vertrag zur Gründung der Europäischen Wirtschaftsgemeinschaft
EWU	Europäische Währungsunion
EWS	Europäisches Währungssystem
FK	Fachkommission
FIAF	Finanzierungsinstrument für die Ausrichtung der Fischerei
GASP	Gemeinsame Außen- und Sicherheitspolitik
GemLkrWG	Gemeinde- und Landkreiswahlgesetz
GG	Grundgesetz
GWB	Gesetz gegen Wettbewerbsbeschränkungen
HGrG	Haushaltsgrundsätzegesetz
JWG	Gesetz für Jugendwohlfahrt

KMU	Kleine und mittlere Unternehmen
KWK	Kraft-Wärme-Kopplung
o.V.	ohne Verfasser
ÖPNV	Öffentlicher Personennahverkehr
RGRE	Rat der Gemeinden und Regionen Europas
RL	Richtlinie
Rn.	Randnummer
Tz.	Textziffer
UVP	Umweltverträglichkeitsprüfung
VOB	Verdingungsordnung für Bauleistungen
VOF	Verdingungsordnung für freiberufliche Leistungen
VOL	Verdingungsordnung für Lieferungen
WSA	Wirtschafts- und Sozialausschuß

Einleitung: Problemstellung und Aufbau der Arbeit

Der Vertrag über die Europäische Union (EU) „stellt eine neue Stufe bei der Verwirklichung einer immer engeren Union der Völker Europas dar, in der die Entscheidungen möglichst bürgernah getroffen werden“ (Art. A des Vertrages über die Europäische Union (EUV) - Vertrag von Maastricht).[1] Aus dieser Zielsetzung läßt sich die Bedeutung der kommunalen Ebene in der Union ableiten. Sie ist die unterste staatliche Ebene mit den engsten Kontakten zu den Bürgern. Entscheidungen möglichst bürgernah zu treffen, bedeutet deshalb, möglichst viele öffentliche Angelegenheiten auf kommunaler Ebene zu entscheiden.

In den Kommunen müssen allerdings die Bedingungen dafür bestehen, über wichtige Fragen wirklich bestimmen zu können. Entscheidungs- und Handlungsspielräume auf kommunaler Ebene sind dafür eine notwendige Voraussetzung. Solche Handlungs- und Gestaltungsspielräume sind auch wichtig, damit die Kommunen weiter ihren Beitrag zu einer immer engeren Union der Völker Europas leisten können. Städtepartnerschaften, kommunale Bildungs- und Kulturprojekte oder die Integration von Ausländern sind nur einige Beispiele solchen kommunalen Engagements.

Die zunehmende Integration bedingt aber auch, daß viele öffentliche Aufgaben nur übergreifend zu lösen sind und eine einzelne Kommune überfordert wäre. Solche europaweiten Probleme fallen in das Aufgabengebiet der Union. Um diese Probleme lösen zu können, braucht die Union Kompetenzen und Einwirkungsmöglichkeiten auf die Akteure. Indem sie Kompetenzen ausfüllt, wirkt die Union auf die Bürger und die anderen staatlichen Ebenen ein und beeinflußt deren Handlungsspielräume. Auf welche kommunalen Handlungsfelder und Handlungsspielräume die EU einwirkt und wie diese Einwirkungen aus ökonomischer Sicht zu beurteilen sind, ist Gegenstand dieser Arbeit.

Die kommunale Ebene ist in den Mitgliedstaaten der Europäischen Union unterschiedlich ausgestaltet. Das betrifft sowohl ihre rechtliche Verankerung, die zugewiesenen Kompetenzen, die Finanzausstattung, als auch ihre institutionellen Mitwirkungsrechte.[2] Diese Unterschiede bedingen, daß die Politik der EU sich, je nach nationalem Kontext, unterschiedlich auf die Kommunen und ihre Handlungsspielräume auswirkt. Selbstverständlich gibt es auch Gemeinsamkeiten. Die Arbeit soll sich aus praktischen Gründen auf die deutschen Kommunen konzen-

---

[1] Diese Zielsetzung wurde in den Vertrag von Amsterdam übernommen und ergänzt: „Dieser Vertrag stellt eine neue Stufe bei der Verwirklichung einer immer engeren Union der Völker Europas dar, in der die Entscheidungen möglichst offen und möglichst bürgernah getroffen werden." (Art. 1 (ex-Artikel A) EUV in der Fassung des Vertrages von Amsterdam)

[2] Für einen Überblick vgl. Committee of the Regions (1996): Regional and Local Government in the European Union.

trieren. Es wird versucht, für sie einen möglichst ausführlichen Überblick zu geben.

Die Betroffenheit der Kommunen durch die Politik der Union (bzw. Gemeinschaft) wird seit den Beschlüssen der Einheitlichen Europäischen Akte stärker diskutiert. Inhalt der kommunalwissenschaftlichen und kommunalpolitischen Literatur ist vorrangig die Information von kommunalen Entscheidungsträgern und Interessierten über die Veränderung des Handlungsrahmens durch die Europäische Union. Außerdem gilt es, politische Standpunkte zu formulieren und Interessen durchzusetzen. Neue Einflüsse, noch dazu von „oben", werden oft argwöhnisch betrachtet, erfordern sie doch eine Abkehr vom Gewohnten und bedeuten Nachdenken und Anpassung. Schnell ist von einer Gefahr für die kommunale Selbstverwaltung die Rede. Diese Problemstellung wurde insbesondere in der juristischen Literatur aufgegriffen und ausführlich bearbeitet. Die Betroffenheit der Kommunen durch das Recht der EU wird dort aber meist exemplarisch dargestellt und juristisch kommentiert. Darauf aufbauend wird untersucht, ob das Prinzip der kommunalen Selbstverwaltung im Europarecht geschützt ist und wie ein adäquater Schutz ähnlich dem Art. 28 Abs. 2 GG implementiert werden kann. Politikwissenschaftliche und geographische Arbeiten beschäftigen sich, anknüpfend an Beispiele kommunaler Betroffenheit, vor allem mit der Wahrnehmung, dem Problembewußtsein und den Reaktionen der Akteure auf kommunaler Ebene auf diese Einflüsse. Hintergründe, Aktionen und Erfolgschancen kommunaler Europapolitik werden aufgezeigt.

Die zunehmende Verlagerung von Aufgaben auf die europäische Ebene und deren Schritt für Schritt erfolgende institutionelle Ausgestaltung als präföderale Ebene weckte aber auch das Interesse der Ökonomen. Diese analysierten einzelne Politikbereiche aus ökonomischer Sicht und machten sich über die zweckmäßige Ausgestaltung eines europäischen Finanzausgleichs Gedanken. Dabei wurde das Verhältnis der europäischen Ebene zum Mitgliedstaat, vor allem zu den Ebenen von Bund und Ländern beleuchtet. Die Kommunen blieben bei der Betrachtung des europäischen Finanzausgleichs weitgehend ausgespart. Diese Lücke will die vorliegende Arbeit schließen, indem sie erstmals aus ökonomischer Sicht eine übergreifende, systematische Einordnung der Einwirkungen der EU-Politik auf die Kommunen bietet und eine entsprechende Bewertung vornimmt. Hierbei werden die betroffenen kommunalen Handlungsfelder nach einer finanzwissenschaftlichen Systematik dargestellt. Für jedes Handlungsfeld wird die Beeinflussung der kommunalen Handlungsspielräume untersucht. Dabei wird sowohl die Art der Betroffenheit kommunaler Handlungsspielräume herausgearbeitet als auch versucht, das Ausmaß der Betroffenheit abzuschätzen.

Der Beurteilung der Einwirkungen aus ökonomischer Sicht werden die ständig weiterentwickelten Ansätze der ökonomischen Theorie des Föderalismus zugrunde gelegt. Diese ursprünglich allokativ-statisch ausgerichtete Theorie bindet über Elemente der ökonomischen Theorie der Politik, der Logik kollektiven Handelns und wachstumstheoretische Ansätze immer mehr dynamische und institutionenökonomische Aspekte ein. Dadurch läßt sie sich als relativ umfassender Beurteilungsrahmen verwenden.

Aus der Bearbeitung der betroffenen kommunalen Handlungsfelder und der Bewertung der Einwirkungen aus ökonomischer Sicht wird deutlich, daß sowohl die Aufgabenverteilung zum Teil Probleme bereitet, aber mehr noch die Ausgestaltung der Aufgabenerfüllung. Das betrifft insbesondere die Art der Ausübung von Kompetenzen und die Verflechtung von Aufgabenbereichen unterschiedlicher Gebietskörperschaften. Durch den konkreten Gemeindebezug und die damit tiefergehende mitgliedstaatliche Betrachtung werden die auf nationaler Ebene bestehenden Defizite und Unzulänglichkeiten stärker herausgestellt. Diese unterliegen zum Teil ebenfalls dem Veränderungsdruck durch die EU, was als Chance zu begreifen ist.

- Zum Aufbau der Arbeit -

In Teil 1 werden die verwendeten Bausteine in ihrer Struktur überblicksartig vorgestellt. Im ersten Abschnitt werden kommunale Handlungsspielräume definiert, Grundzüge der kommunalen Tätigkeit sowie der Entwicklung der EU dargelegt. Daraus werden Einwirkungsmöglichkeiten der EU auf die Kommunen abgeleitet. Im zweiten Abschnitt werden die verwendeten Theoriekonzepte kurz vorgestellt und in einem Kriterienkatalog auf die Problemstellung zugeschnitten. Darauf aufbauend wird in Abschnitt 3 die Rolle der kommunalen Ebene insgesamt in der EU aus ökonomischer Sicht beleuchtet.

Nach der Behandlung dieser Grundlagenfragen werden die konkreten Einwirkungen der EU auf die Kommunen untersucht. In einem Vergleich der vertraglichen Kompetenzen der EU mit kommunalen Handlungsfeldern wird zunächst eine ausführliche Liste potentiell betroffener Handlungsfelder erstellt, bevor einzelne Handlungsfelder im Detail untersucht werden (Teil 2). Diese Untersuchung bildet den Schwerpunkt der Arbeit. Anschließend werden mittelbare Einwirkungen auf die Kommunen exemplarisch erörtert (Teil 3). In einer Zusammenfassung (Teil 4) werden die Arten von Einwirkungen der EU auf die kommunalen Handlungsfelder eingehend systematisiert, übergreifende Problemfälle diskutiert und allgemeine Handlungsempfehlungen aus ökonomischer Sicht abgeleitet.

Den Schluß (Teil 5) bildet eine Analyse von bestehenden Möglichkeiten und Vorschlägen zum Schutz kommunaler Handlungsspielräume auf der EU-Ebene aus Sicht der Problemfelder sowie der gegebenen Handlungsempfehlungen.

Teil 1: Grundlagenfragen der Arbeit und verwendete Methoden

Abschnitt 1: Die Europäische Union und die Kommunen in der Bundesrepublik Deutschland

Um Einwirkungen der EU auf die kommunalen Handlungsspielräume feststellen und bewerten zu können, ist es notwendig, zuvor den Begriff des „kommunalen Handlungsspielraums“ zu definieren, abzugrenzen und in seinen für die weitere Bearbeitung relevanten Facetten zu verdeutlichen.

A. Zum Begriff „kommunale Handlungsspielräume“

Der Begriff des kommunalen Handlungsspielraums[1] wird zwar oft gebraucht, aber selten definiert. In der Regel wird er mit Handlungsmöglichkeiten gleichgesetzt.[2] Potentiale oder Möglichkeiten an sich sind nicht direkt beobachtbar. Konkretes Handeln offenbart zwar Möglichkeiten, aber nicht alles Mögliche geschieht. Deshalb werden Handlungsmöglichkeiten in der Regel über leichter erkennbare Restriktionen, also Handlungsgrenzen, bestimmt.[3]

Restriktionen können objektiv bestehen, sie können aber auch in den Akteuren subjektiv begründet sein. Dann können subjektive Begrenzungen dazu führen, daß objektiv bestehende Handlungsmöglichkeiten nicht ausgeschöpft werden. Im folgenden geht es jedoch um objektive Handlungsspielräume und Handlungsgrenzen. In den Personen der Akteure innewohnende Handlungsbegrenzungen werden ausgeklammert. Insoweit wird das ökonomische Menschenbild eines rational handelnden Individuums unterstellt.

Zur näheren Bestimmung von Handlungsspielräumen ist zu präzisieren, für wen sie gelten sollen, worauf sich diese Handlungsspielräume beziehen, welcher Art sie sein können und wodurch sie bestimmt werden.

---

[1] Vgl. zu den folgenden Ausführungen zur Definition des kommunalen Handlungsspielraums und zu den Faktoren, die ihn bestimmen, insbesondere Mayntz, Renate (1981): Kommunale Handlungsspielräume und kommunale Praxis, S. 156-159, 168.

[2] Vgl. etwa die Definition von Hucke: „ ... sei 'Handlungsspielraum' als 'die Menge der einem Handlungssubjekt zur Verfügung stehenden alternativen Handlungsmöglichkeiten' definiert.“ (Hucke, Jochen (1980): Politische Handlungsspielräume, S. 55-56.)

[3] Zur Abgrenzung des Handlungsspielraums durch Restriktionen vgl. auch unter dem Stichwort „Handlungsspielraum“ Eichhorn, Peter (Hrsg.) (1991): Verwaltungslexikon, S. 378; Kirchgässner, Gerhard (1988): Ökonomie als imperial(istisch)e Wissenschaft, S. 129.

Kommunale Handlungsspielräume sind die der Kommune[1] als Akteur verfügbaren Handlungsmöglichkeiten. Dabei geht es primär nicht um die Handlungsmöglichkeiten einzelner kommunaler Akteure, sondern der Ebene insgesamt, die idealerweise durch den Willen ihrer Bürger gesteuert wird.

Entsprechend der finanzwissenschaftlichen Logik sollen Handlungsspielräume bei den folgenden Handlungsfeldern untersucht werden:
- kommunale Aufgaben, also die Bestimmung von Zielen kommunalen Handelns und die eingesetzten Instrumente,
- die Art und Weise der Leistungserstellung einschließlich der inneren Organisation und
- die Einnahmen.

Die vorgelagerte kommunale Willensbildung soll ebenfalls einbezogen werden.

Handlungsspielräume werden durch Faktoren bestimmt, die sich in institutionelle und aufgaben- bzw. problemspezifische Faktoren unterteilen lassen. Diese Faktoren sind immer zugleich ermöglichend und begrenzend. Als institutionelle Faktoren (oder institutioneller Rahmen) werden die Einbindung in das politische System (Kompetenzen, Aufsicht, staatliche Steuerung), die institutionell zugewiesenen Ressourcen und die innere Struktur des kommunalpolitischen Systems genannt.[2] Problem- bzw. aufgabenspezifische Faktoren sind zum Beispiel wirtschaftliche oder naturwissenschaftliche Wirkungszusammenhänge.

Die EU als institutionelle Ebene wirkt naturgemäß über die institutionellen Faktoren auf die Kommunen ein, wobei sie sich im wesentlichen rechtlicher und finanzieller Instrumente bedient. Sie beeinflußt aber auch problem- bzw. aufgabenspezifische Faktoren, die kommunale Handlungsspielräume bestimmen, und wirkt dann mittelbar auf die Kommunen ein, z.B. indem sie die Mobilität der Produktionsfaktoren fördert. Wegen der Art der möglichen Einwirkung sollen Handlungsspielräume vor allem in ihrer rechtlichen und finanziellen Dimension betrachtet werden. Bei der Bestimmung von Handlungsspielräumen wird auf Restriktionen zurückgegriffen. Handlungsbegrenzungen rechtlicher Natur können derart sein, daß durch sie ein kommunales Handlungsfeld rechtlich umgrenzt bis vollständig bestimmt wird, nämlich dann, wenn eine konkrete Handlung vorgeschrieben wird. Wenn durch die EU hingegen Restriktionen gelockert oder ganz aufgehoben werden, erhöhen sich Handlungsspielräume. Finanzielle Restriktionen entstehen

---

[1] Unter Kommunen werden Gemeinden, Kreise und Gemeindeverbände verstanden. (Diese Definition schließt die kreisfreien und kreisangehörigen Städte und die kommunalen Zweckverbände mit ein.)

[2] Vgl. Mayntz, Renate (1981): Kommunale Handlungsspielräume und kommunale Praxis, S. 157-158.

durch begrenzte Verfügbarkeit und Bindung von Finanzmitteln ebenso wie durch Beschränkungen des Potentials zur Einnahmeerzielung.

Es ist weiterhin zwischen formalen und faktischen Handlungsspielräumen zu unterscheiden.[1] Formale Regeln werden nur dann zu faktischen Begrenzungen, wenn sie tatsächlich angewendet werden. Weitere Restriktionen sind faktisch nicht wirksam, solange engere Restriktionen in Kraft sind. Auch aus äußeren Wirkungszusammenhängen können sich faktische Begrenzungen oder Handlungszwänge ergeben.

Abbildung 1: Kommunale Handlungsspielräume

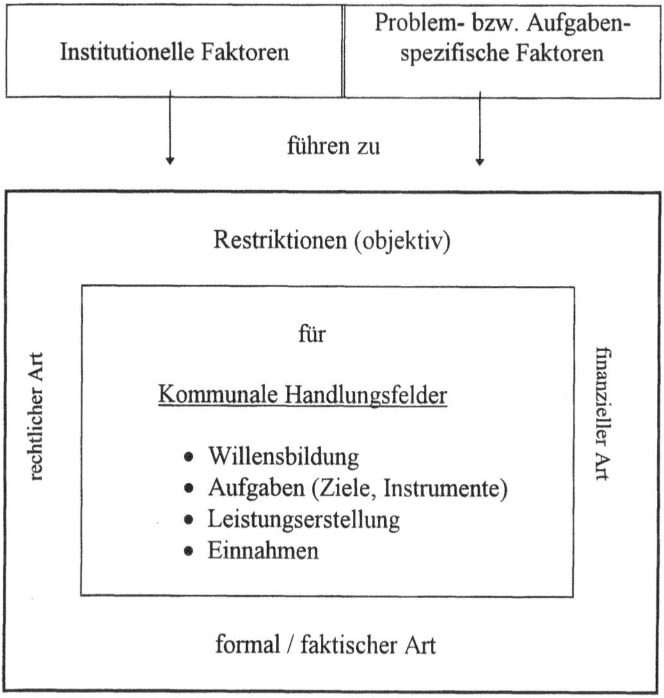

Quelle: Eigene Darstellung in Anlehnung an Mayntz, Renate (1981): Kommunale Handlungsspielräume und kommunale Praxis, S. 158.

---

[1] Zum Unterschied zwischen formalen und faktischen Handlungsspielräumen von Gemeinden vgl. auch Haas, Bernhard (1992): Handlungsspielräume gemeindlicher Umweltpolitik am Beispiel des Abfallrechts, S. 20.

Im folgenden Unterabschnitt B werden institutionelle Faktoren der Handlungsspielräume deutscher Kommunen herausgearbeitet, wobei diese in die kommunalpolitische Willensbildung, die Aufgaben, die Leistungserstellung einschließlich interner Organisation und die Einnahmen gegliedert werden. Anschließend werden im Unterabschnitt C. institutionelle Einwirkungsmöglichkeiten der EU auf kommunale Handlungsspielräume bestimmt. Dabei wird auch auf die interne Struktur und die historische Entwicklung dieser Ebene kurz eingegangen. Daraus werden dann grundsätzliche Wirkungslinien abgeleitet (Unterabschnitt D.), die später im Detail untersucht werden.

B. Kommunale Tätigkeit

Die kommunale Tätigkeit und die Einwirkungsmöglichkeiten übergeordneter Ebenen auf kommunale Handlungsspielräume werden maßgeblich von der rechtlichen Einbindung der Kommunen in die staatliche Ordnung bestimmt. Die verfassungsrechtliche Einordnung der kommunalen Ebene wird deshalb als wesentliche Grundlage den Ausführungen über kommunale Handlungsfelder vorangestellt. Eine ökonomische Bewertung der Rolle der Kommunen wird in Abschnitt 3 dieses Teils 1 vorgenommen, nachdem in Abschnitt 2 die zugrundeliegenden ökonomischen Theorien erläutert wurden.

I. Rechtliche Grundlagen und kommunale Willensbildung

Das Grundgesetz der Bundesrepublik Deutschland geht von einem zweistufigen Staatsaufbau mit Bund und Ländern als den zwei Ebenen aus. Die Gemeinden und Kreise werden als Bestandteile der Länder gesehen und fallen unter deren Zuständigkeit.[1] Ihnen wird aber durch das Grundgesetz Selbstverwaltung garantiert. So heißt es in Art. 28 Abs. 2 GG, daß den Gemeinden das Recht gewährleistet sein muß, alle Angelegenheiten der örtlichen Gemeinschaft im Rahmen der Gesetze in eigener Verantwortung zu regeln. Auch die Gemeindeverbände haben das Recht auf Selbstverwaltung. Die Gewährleistung der Selbstverwaltung schließt die Grundlagen der finanziellen Eigenverantwortung ein. Diese Selbstverwaltungsgarantie knüpft historisch an den Selbstverwaltungsgedanken der Kommunalreform des Reichsfreiherrn vom Stein Anfang des 19. Jahrhunderts an.[2] Die aus ökonomischer Sicht wünschenswerte Autonomie dezentraler, lokaler Einheiten erhält auf diese Weise ihre verfassungsrechtliche Grundlage. Art. 28 Abs. 2 GG beinhaltet eine Garantie der Kommunen als Institution sowie den

---

[1] Vgl. Löwer, Wolfgang (1995): Rn. 8 zu Art. 28. In: Münch, Ingo von, und Kunig, Philip (Hrsg.): Grundgesetzkommentar.

[2] Zu den (auch weiter zurückliegenden) historischen Ursprüngen vgl. beispielsweise Stober, Rolf (1996): Kommunalrecht in der Bundesrepublik Deutschland, S. 1; Schäfer, Thomas (1998): Die deutsche kommunale Selbstverwaltung in der Europäischen Union, S. 6-8.

Grundsatz der Allzuständigkeit.[1] Das Grundgesetz enthält für die Gemeinden keinen klar umrissenen Aufgabenkatalog. Im Rahmen der Gesetze dürfen der Aufgabenbereich der Gemeinde geregelt und die Institution geformt werden. Es ist lediglich der „Kern" oder der „Wesensgehalt" der kommunalen Selbstverwaltung geschützt. Die in Art. 28 Abs. 2 GG enthaltene Eigenverantwortlichkeit garantiert einen Mindestbestand an Selbstentscheidungs- und Selbstgestaltungsbefugnis über die Art und Weise der Aufgabenerfüllung vor Ort.

Die Garantie der kommunalen Selbstverwaltung im Grundgesetz gehört nicht zu den Gewährleistungen des Art. 79 Abs. 3 GG, so daß sie Gegenstand einer Verfassungsänderung sein könnte und durch die Übertragung von Hoheitsrechten auf die Europäische Union nach Art. 23 GG eingeschränkt werden kann. Art. 28 Abs. 2 GG gilt als nicht „europafest".[2] Während die Übertragung von Hoheitsrechten auf die EU der Zustimmung des Bundesrates bedarf und die Länder gerade durch den neuen, nach dem Vertrag von Maastricht eingefügten, Art. 23 GG über den Bundesrat umfassende Mitwirkungsrechte erhalten haben, fehlen derartige Mitwirkungsrechte für die Gemeinden.[3] In den Geschäftsordnungen von Bundesregierung, Bundestag und einzelnen Bundesländern sind lediglich Anhörungsrechte für die kommunalen Spitzenverbände vorgesehen.[4]

Die politische Willensbildung erfolgt jeweils getrennt auf den Ebenen Bund, Länder und Kommunen. Die kommunale Ebene ist voll demokratisch legitimiert. Gemäß dem Demokratieprinzip des Grundgesetzes muß das Volk in den Ländern, Kreisen und Gemeinden eine Vertretung haben, die aus allgemeinen, unmittelba-

---

[1] Vgl. hierzu und zur folgenden juristischen Interpretation ausführlich Stober, Rolf (1996): Kommunalrecht in der Bundesrepublik Deutschland, S. 63-74.

[2] Vgl. beispielhaft für die umfangreiche juristische Diskussion die folgenden Quellen, in denen auch auf Mindermeinungen hingewiesen wird: Faber, Angela (1991): Die Zukunft kommunaler Selbstverwaltung und der Gedanke der Subsidiarität in den Europäischen Gemeinschaften, S. 1131; Knemeyer, Franz-Ludwig (1995): Die lokalen Gebietskörperschaften in der EU, S. 30, 33; Thies, Martin (1995): Zur Situation der gemeindlichen Selbstverwaltung im europäischen Einigungsprozeß, S. 87-88; Zimmermann-Wienhues, Sigrid von (1997): Kommunale Selbstverwaltung in einer Europäischen Union, S. 174-175. Vgl. auch Löwer, Wolfgang (1995): Rn. 95-100 zu Art. 28. In: Münch, Ingo von, und Kunig, Philip (Hrsg.): Grundgesetzkommentar.

[3] In § 10 des Gesetzes über die Zusammenarbeit von Bund und Ländern in Angelegenheiten der Europäischen Union heißt es nur, daß bei Vorhaben der Europäischen Union das Recht der Gemeinden und Gemeindeverbände zur Regelung der Angelegenheiten der örtlichen Gemeinschaft zu wahren ist und ihre Belange zu schützen sind.

[4] Vgl. Hoffschulte, Heinrich A. (1992): Lokale und regionale Selbstverwaltung nach Maastricht, S. 121; Schäfer, Thomas (1998): Die deutsche kommunale Selbstverwaltung in der Europäischen Union, S. 318; 321-322. Vgl. auch die Übersicht über die Beteiligung der Gemeinden an der Gesetz- und Verordnungsgebung der Länder, soweit kommunale Belange berührt sind, in o.V. (1996): Strukturfragen der finanziellen Sicherung der kommunalen Selbstverwaltung, S. 526.

ren, freien, gleichen und geheimen Wahlen hervorgegangen ist (Art. 28 Abs. 1 S. 2 GG).[1] Die Gemeindevertretung ist für alle Angelegenheiten der Gemeinde zuständig. Sie wird dabei angesichts der Vielfalt der Aufgaben von einer Gemeindeverwaltung unterstützt, die das Alltagsgeschäft nach Maßgabe der Beschlüsse der Gemeindevertretung und unter deren Kontrolle erledigt.[2] Die Verwaltung verfügt durch ihre laufende Tätigkeit und Kompetenz über eigene Einflußmöglichkeiten, beispielsweise bei der Herausarbeitung von Entscheidungsalternativen.[3] Neben Gemeindevertretung und Kommunalverwaltung verfügen direkt betroffene Bürger über Einflußmöglichkeiten.[4] Hierin ist eine Besonderheit der kommunalen Ebene zu sehen, die auf ihrer Kleinräumigkeit und Überschaubarkeit beruht. Somit besteht der Kreis der kommunalen Entscheidungsträger aus Bürgern (Wählern), Politikern und der Kommunalverwaltung.

Die kommunale Ebene entscheidet selbständig über die Erfüllung kommunaler Aufgaben im Rahmen der Gesetze. Dieser Rahmen wird durch die Willensbildung der übergeordneten Ebenen bestimmt und den Kommunen vorgegeben. Wie bereits erwähnt, verfügt die kommunale Ebene nicht über institutionalisierte Mitentscheidungsrechte auf den übergeordneten Ebenen, lediglich über Anhörungsrechte.[5] Was sind nun kommunale Aufgaben?

II. Kommunale Aufgaben

Verfassungsrechtlich beinhalten die kommunalen Aufgaben alle Angelegenheiten der *örtlichen* Gemeinschaft. Diese Allzuständigkeit läßt einen vollständigen kommunalen Aufgabenkatalog kaum ableiten. Auch die Landesverfassungen und -gesetze enthalten nur wenige konkrete Hinweise.[6] Der Bestand kommunaler Aufgaben ist das Ergebnis historischer Entwicklung und politischer Willensbildung in den einzelnen Bundesländern. Aus ökonomischer Sicht sind typische Gemeinde-

---

[1] In den Gemeinden kann an die Stelle einer gewählten Körperschaft die Gemeindeversammlung treten (Art. 28 Abs. 1 S. 4 GG). In der Praxis spielt dieses jedoch kaum eine Rolle. (Vgl. Schmidt-Eichstaedt, Gerd (1989): Grundformen der inneren Gemeindeverfassung in der Bundesrepublik Deutschland, S. 17.)

[2] Vgl. Schmidt-Eichstaedt, Gerd (1989): Grundformen der inneren Gemeindeverfassung in der Bundesrepublik Deutschland, S. 18.

[3] Zur ökonomischen Theorie der Bürokratie vgl. Teil 1, Abschnitt 2, Punkt C.

[4] Vgl. zur Rolle direkt betroffener Bürger auch Simon, Klaus (1992): Aufgabenwandel im kommunalen politischen System. Akteure und Themen der neuen Politik in Konstanz 1970-1985, S. 308-309.

[5] Das betrifft auch die Ebene der Europäischen Union, wo kommunale Interessen durch den Ausschuß der Regionen artikuliert werden. (Vgl. Teil 5, Abschnitt 2, Punkt A.)

[6] Eine Ausnahme ist der immer wieder zitierte Art. 83 Abs. 1 der Bayrischen Verfassung. (Vgl. z.B. Stern, Klaus (1981): Gemeinden I: Rechtsstellung in der Bundesrepublik Deutschland, S. 491.)

aufgaben solche mit vorrangig lokalem Nutzerkreis, beispielsweise:[1] der Feuerschutz, sportliche, soziale und kulturelle Einrichtungen (z.B. Musikschulen, Sportplätze, Bäder, Jugendtreffs, Altersheime, Volkshochschulen); Erschließung von Straßen, Schaffung von Parkmöglichkeiten, Straßenreinigung und -beleuchtung, Ver- und Entsorgungsleistungen (Wasser- und Energieversorgung, Abwasser- und Abfallbeseitigung), Wohnungswesen sowie Stadt- und Dorferneuerung. Um das Einwirken der EU auf kommunale Handlungsspielräume zu erfassen, ist es wichtig, bestehende nationale Handlungsspielräume deutlich zu machen. Dafür werden die Aufgaben nach ihrem Pflichtigkeitsgrad gruppiert:[2]

1) *Pflichtaufgaben zur Erfüllung nach Weisung bzw. Auftragsangelegenheiten* sind weitgehend durch die Länder und den Bund vorgeschrieben und gehören oft nicht zum eigenen Aufgabenbereich.

2) *Pflichtige Selbstverwaltungsaufgaben* müssen von den Gemeinden aufgrund gesetzlicher Regelungen wahrgenommen werden. Es bestehen jedoch Handlungsspielräume bei der Ausgestaltung der Aufgabenwahrnehmung.

3) *Freiwillige Selbstverwaltungsaufgaben* unterliegen weitgehend kommunaler Entscheidung hinsichtlich der Aufgabenwahrnehmung und deren Ausgestaltung.

Postlep hat die kommunalen Aufgaben in dieses Grundschema wie in Abbildung 2 eingeordnet.[3]

Mit dieser Aufstellung sind die kommunalen Aufgaben und die bei ihnen jeweils bestehenden Handlungsspielräume grob umrissen. Lediglich die in den letzten Jahren immer bedeutender werdende Querschnittsaufgabe kommunaler Umweltschutz[4] sollte ergänzt werden.

---

[1] Vgl. Seiler, Gerhard (1981): Gemeinden III Finanzen, S. 510-511; Junkernheinrich, Martin (1991): Gemeindefinanzen: theoretische und methodische Grundlagen ihrer Analyse, S. 43.

[2] Vgl. Postlep, Rolf-Dieter (1985): Wirtschaftsstruktur und großstädtische Finanzen, S. 233-236.

[3] Vgl. Postlep, Rolf-Dieter (1987): Die Einbindung der gemeindlichen Finanzwirtschaft in den föderativen Staatsaufbau, S. 65-66. Die allgemeine Finanzwirtschaft wurde keiner Aufgabenkategorie zugeordnet.

[4] Vgl. Gabriel, Oscar W. (1992): Wertewandel, kommunale Lebensbedingungen und die Aufgaben der Kommunen am Beginn der neunziger Jahre, S. 202-203.

Abbildung 2: **Kommunale Aufgaben nach Pflichtigkeitsgrad**

Pflichtaufgaben (zur Erfüllung nach Weisung, Auftragsangelegenheiten):

- Öffentliche Sicherheit und Ordnung ohne Feuerschutz
- Sozialhilfe nach dem BSHG
- Kriegsopferfürsorge und ähnliche Maßnahmen
- Weitere soziale Bereiche und sonstige soziale Angelegenheiten

Pflichtige Selbstverwaltungsaufgaben

- Allgemeine Verwaltung
- Feuerschutz
- Schulen
- Verwaltung der sozialen Angelegenheiten
- Jugendhilfe nach JWG
- Förderung von anderen Trägern der Wohlfahrtspflege und Jugendhilfe
- Bau- und Wohnungswesen, Verkehr
- Abwasserbeseitigung
- Abfallbeseitigung
- Bestattungswesen
- Hilfsbetriebe der Verwaltung
- Wasserversorgung

Freiwillige Selbstverwaltungsaufgaben

- Wissenschaft, Forschung, Kulturpflege
- Einrichtungen der Sozialhilfe und Kriegsopferfürsorge
- Einrichtungen der Jugendhilfe
- Gesundheit, Sport, Erholung
- Märkte
- Schlacht- und Viehhöfe
- Sonstige öffentliche Einrichtungen
- Förderung der Land- und Forstwirtschaft
- Fremdenverkehr, Sonstige Förderung von Wirtschaft und Verkehr
- Wirtschaftliche Unternehmen ohne allgemeines Grund- und Sondervermögen
- Wasserversorgung

Quelle: Postlep, Rolf-Dieter (1987): Die Einbindung der gemeindlichen Finanzwirtschaft in den föderativen Staatsaufbau, S. 65-66.

III. Kommunale Leistungserstellung

Die zuvor genannten Aufgaben erfüllen die Gemeinden vor allem durch öffentliche Ausgaben. Kommunale Rechtsetzung (beispielsweise durch Satzungen) spielt dagegen eine vergleichsweise untergeordnete Rolle. Wesentlich für die Erfüllung einer öffentlichen Aufgabe ist die Leistungsabgabe. Hierbei handelt es sich um einen Realtransfer, beispielsweise die Inbetriebnahme einer neuen Gemeindestraße. Voraussetzung für die Leistungsabgabe ist die Leistungserstellung, im Fall des oben genannten Beispiels der Bau dieser Gemeindestraße. Bei der Leistungserstellung tätigen die Gemeinden Personal- und Sachausgaben sowie Ausgaben im Vermögensbereich. Hinzu kommen Transferausgaben an Unternehmen (Subventionen) und private Haushalte.[1] Aus Sicht der Frage nach der Beeinflussung kommunaler Handlungsspielräume interessiert hier die Regulierung des Prozesses der Leistungserstellung.[2]

Die Beschäftigung von Arbeitnehmern und Beamten unterliegt dem öffentlichen Dienstrecht bzw. der Arbeits- und Sozialgesetzgebung, der Einkauf von Sachleistungen durch Vergabe öffentlicher Aufträge beispielsweise den Verdingungsordnungen (VOL/VOB). Zinszahlungen als Ausgaben im Vermögensbereich werden durch die Regulierung der Verschuldung indirekt beeinflußt und deshalb an dieser Stelle mit behandelt. Subventionen sind als eine Art der Beihilfe reguliert und werden wegen ihres konkreten Bezugs zur Aufgabenerfüllung dort erörtert.

Die interne Organisation der Kommunalvertretung und -verwaltung dient der zweckentsprechenden und effizienten Aufgabenerfüllung. Dabei sind sowohl Aspekte der Leistungserstellung als auch der Leistungsabgabe zu berücksichtigen.[3] Eine konkrete Organisationsstruktur sollte aktuelle kommunale Aufgabenbündelungen und deren Veränderungen widerspiegeln. In den Stadtverwaltungen dominiert nach wie vor die Linienorganisation nach Aufgabenbereichen, trotz einer wachsenden Zahl ämter- und dezernatsübergreifender Aufgaben, wodurch Organisationsprobleme auftreten können.[4]

---

[1] Vgl. Zimmermann, Horst und Henke, Klaus-Dirk (1994): Finanzwissenschaft, S. 13-14.

[2] Die Normierung der Leistungsabgabe bei einer konkreten Aufgabe, beispielsweise welchen Anforderungen eine Gemeindestraße zu entsprechen hat, wird unter den Aufgaben, d.h. der Ausgestaltung der Aufgabenwahrnehmung, abgehandelt. Es sei auch angemerkt, daß eine Unterteilung nach Ausgabearten normalerweise vorgenommen wird, um die volkswirtschaftlichen Wirkungen der einzelnen Ausgabearten zu analysieren.

[3] Der Leistungserstellung sind z.B. besonders die Personalabteilung, die zentrale Beschaffungsstelle oder der „Europabeauftragte", der in Teil 2, Abschnitt 3, Punkt C. behandelt wird, zuzuordnen. Die sogenannten Fachressorts (z.B. Umweltamt) sind auf die Leistungsabgabe ausgerichtet, bündeln aber auch Fachkompetenz für die Leistungserstellung.

[4] Vgl. Kaldenkerken, Karl-Heinz von (1992): Organisation, Personalwirtschaft und Steuerung des Verwaltungssystems, S. 141.

IV. Kommunale Einnahmen

Ihre Ausgaben, die zur Erfüllung der Aufgaben getätigt werden, decken die Gemeinden durch folgende Einnahmen:[1]

- *Entgelte* unterteilen sich in *Erwerbseinkünfte* sowie *Gebühren und Beiträge*. Erwerbseinkünfte fließen den Gemeinden aus eigenen Betrieben und Unternehmen sowie Beteiligungen zu. Gebühren und Beiträge werden für eine individuell bzw. einer Gruppe zurechenbare öffentliche Leistung erhoben.[2]
- *Steuern* fließen den Gemeinden hauptsächlich aus den Realsteuern (Grund- und Gewerbesteuer[3]) und ihrem Anteil an der Einkommensteuer zu. Für die Realsteuern besitzen die Gemeinden ein Hebesatzrecht, die Bemessungsgrundlagen werden bundeseinheitlich geregelt. Hinzu kommen z. T. noch kleinere örtliche Verbrauch- und Aufwandsteuern, welche die Gemeinden entsprechend ihrem meist landeseinheitlich geregelten Steuerfindungsrecht erheben können.
- *Zuweisungen* unterteilen sich in Schlüssel- und Zweckzuweisungen. Durch Schlüsselzuweisungen beteiligt ein Bundesland seine Kommunen zu einem von ihm festgesetzten Anteil an bestimmten Einnahmen des Landes. Diese allgemeinen Zuweisungen werden nach Schlüsseln auf die Kommunen umgelegt und sind nicht zweckgebunden. Im Gegensatz dazu bestimmen bei den Zweckzuweisungen die übergeordneten Ebenen die Verwendung. Als Zuweisung sind auch die 2,2 Prozentpunkte des Umsatzsteueraufkommens anzusehen,[4] welche die Gemeinden als Ersatz für die seit dem 1.1.1998 abgeschaffte Gewerbekapitalsteuer erhalten.
- *Kommunale Schuldaufnahme* ist eine vorläufige Einnahmeart. Die aufgenommenen Kredite sind zurückzuzahlen, zusätzlich fallen Zinsen an. Kredite müssen von der Kommunalaufsicht genehmigt werden. Die Genehmigung wird von der finanziellen Fähigkeit der beantragenden Kommune, den Schuldendienst in Zukunft zu leisten, abhängig gemacht.

Von diesen Einnahmen weisen die Zuweisungen sowie der Gemeindeanteil an der Einkommensteuer einen vergleichsweise geringeren Autonomiegehalt auf.[5] Unter

---

[1] Zu den folgenden Ausführungen über kommunale Einnahmen vgl. Junkernheinrich, Martin (1991): Gemeindefinanzen: theoretische und methodische Grundlagen ihrer Analyse, S. 8, 85-105; Postlep, Rolf-Dieter (1987): Die Einbindung der gemeindlichen Finanzwirtschaft in den föderativen Staatsaufbau, S. 47-53; Karrenberg, Hanns und Münstermann, Engelbert (1998): Gemeindefinanzbericht 1998, S 143-233.

[2] Zur Definition von Erwerbseinkünften sowie Gebühren und Beiträgen vgl. Zimmermann, Horst und Henke, Klaus-Dirk (1994): Finanzwissenschaft, S. 17.

[3] Bei der Gewerbesteuer ist eine Gewerbesteuerumlage abzuführen.

[4] Vgl. Sachverständigenrat zur Begutachtung der gesamtwirtschaftlichen Entwicklung (1995): Den Aufschwung sichern - Arbeitsplätze schaffen, S. 201.

[5] Vgl. die ausführliche Systematisierung der Einnahmearten bei Postlep, Rolf-Dieter (1987): Die Einbindung der gemeindlichen Finanzwirtschaft in den föderativen Staatsaufbau, S. 67.

den Zuweisungen haben zweckgebundene Zuweisungen mit Mitfinanzierungspflicht den geringsten Autonomiegrad.[1] Hebesatzrechte und Steuerfindungsrechte sind Zeichen für einen hohen Autonomiegrad. Ebenso bestehen bei Gebühren und Beiträgen große Spielräume. Dies wird bei der Beurteilung der Betroffenheit zu berücksichtigen sein.

C. Zur Entwicklung der Europäischen Union

Im folgenden sollen Aufgaben, Struktur und Wirkungsweise der EU skizziert werden, um deren Einwirkungsmöglichkeiten auf kommunale Handlungsspielräume aufzuzeigen. Es wird mit der historischen Entwicklung begonnen, aus der abzulesen ist, daß der EU immer mehr Aufgaben übertragen wurden.

I. Historischer Exkurs zur EU: Zuwachs an Aufgaben und Mitgliedern

Die EU in ihrer heutigen Form ist das Ergebnis von mehr als 50 Jahren Entwicklung. Am Beginn standen nach dem Zweiten Weltkrieg der Gedanke, eine Form des friedlichen und demokratischen Zusammenlebens europäischer Völker zu finden, die nationale Gegensätze überwindet, der Wunsch nach Wohlstand, Freiheit und Mobilität, aber auch das nun gemeinsame Streben nach einer bedeutenden internationalen Rolle.[2] Die Gemeinschaft war 1951 zunächst auf den Gemeinsamen Markt für Kohle und Stahl der sechs Gründerstaaten Belgien, Bundesrepublik Deutschland, Frankreich, Italien, Luxemburg und die Niederlande beschränkt. Sie vereinigte von Beginn an Sieger und Verlierer des Zweiten Weltkrieges auf einer gleichberechtigten Grundlage. 1957 entschlossen sich die sechs Gründerstaaten, eine Wirtschaftsgemeinschaft mit freiem Waren, Dienstleistungs- und Personenverkehr (EWG) und eine Atomgemeinschaft (Euratom) zu gründen.[3] In nur zehn Jahren wurden die Zölle für gewerbliche Erzeugnisse innerhalb der Gemeinschaft abgeschafft und die gemeinsamen Politiken, insbesondere die gemeinsame Agrar- und Handelspolitik, verwirklicht.

Großbritannien, Dänemark und Irland traten der Gemeinschaft 1973 bei. Gleichzeitig wurden neue Aufgaben (Sozial-, Regional- und Umweltpolitik) auf die Gemeinschaft übertragen. Als Antwort auf die Instabilität im Währungsbereich seit Beginn der 70er Jahre wurde 1979 das Europäische Währungssystem (EWS) ein-

---

[1] Vgl. die detaillierte Rangfolge kommunaler Einnahmequellen nach dem Autonomiegrad in Zimmermann, Horst (1995): Kommunale Einnahmequellen aus finanzwissenschaftlicher Sicht, S. 70-72.

[2] Vgl. Weidenfeld, Werner (1997): Europäische Einigung im historischen Überblick, S. 12-13.

[3] Vgl. hierzu und zu den folgenden Ausführungen über die historische Entwicklung Fontaine, Pascal (1995): Europa in zehn Lektionen, S 6-7.

geführt.[1] Mit dem Beitritt Griechenlands, Spaniens und Portugals in den 80er Jahren verschärfte sich das wirtschaftliche Entwicklungsgefälle innerhalb der Gemeinschaft, was eine wachsende Bedeutung der Regional- und Strukturpolitiken zur Folge hatte.

Die wirtschaftlichen Krisenerscheinungen in den 80er Jahren führten zu nationalen Alleingängen und zunehmendem Protektionismus,[2] denen man mit dem Binnenmarktprogramm entgegenzutreten versuchte. Die rechtlichen Grundlagen für den ab 1.1.1993 zu schaffenden Binnenmarkt wurden durch die 1987 in Kraft getretene Einheitliche Europäische Akte gelegt. Erst im Verlauf der Vollendung des Binnenmarkts wurde der daraus folgende politische Regelungsbedarf in seinem vollen Ausmaß deutlich. Mit dem Vertrag von Maastricht wurde versucht, diesem neu entstandenen Regelungsbedarf gerecht zu werden.[3]

Der am 1.11.1993 in Kraft getretene Vertrag über die Europäische Union setzt weitreichende Ziele:[4] eine einheitliche Währung für den Binnenmarkt bis 1999, Unionsbürgerschaft, gemeinsame Außen- und Sicherheitspolitik, verstärkte Zusammenarbeit in den Bereichen Justiz und Inneres, neue gemeinsame Politiken (Bildung, Kultur, Gesundheitswesen, Verbraucherschutz, transeuropäische Netze, Industriepolitik und Entwicklungspolitik) und Verstärkung der Kompetenzen der Gemeinschaft in den Bereichen Umweltschutz, Forschung und Entwicklung sowie Sozialpolitik. Die Ziele der Union sollen unter Beachtung des Subsidiaritätsprinzips verwirklicht werden.[5] Finnland, Österreich und Schweden traten der Europäischen Union 1995 bei.

Die Erweiterungsrunden, die anstehende Osterweiterung und die gewünschte Vertiefung der Zusammenarbeit stellten die überkommenen Organisationsstrukturen zunehmend in Frage. Die Regierungskonferenz, die zum Vertrag von Amsterdam führte, sollte die Entscheidungsverfahren reformieren und neue demokratische, bürgernahe Strukturen entwickeln, die die Gemeinschaft auch weiterhin handlungsfähig machen. Diesen Erwartungen wurde der am 2.10.1997 unterzeichnete Vertrag von Amsterdam kaum gerecht. Das Vertragswerk befindet sich zur Zeit im Ratifizierungsverfahren in den 15 Mitgliedstaaten. Bis zur Ratifizierung durch alle Mitgliedstaaten gilt weiterhin der Wortlaut des EU-Vertrages in der Fassung des Vertragswerks von Maastricht. Dieses Vertragswerk wird auch

---

[1] Die Rechtsgrundlagen des EWS finden sich sowohl auf gemeinschaftlicher als auch auf einzelstaatlicher Ebene. Vgl. ausführlich Gaddum, Eckardt (1995): Europäisches Währungssystem, S. 200-203.

[2] Vgl. Weidenfeld, Werner (1997): Europäische Einigung im historischen Überblick, S. 25-26.

[3] Art. A EUV. Vgl. auch Jung, Christian (1997): Vertrag von Maastricht, S. 335.

[4] Vgl. Europäische Kommission (1994): Die Europäische Union, S. 8.

[5] Art. B EUV mit Verweis auf Art. 3b EGV (In Art. B EUV sind die Ziele der Union zusammengefaßt.)

der vorliegenden Arbeit zugrunde gelegt. Auf wesentliche Änderungen durch den Vertrag von Amsterdam wird an entsprechender Stelle hingewiesen.

Durch den Vertrag von Amsterdam[1] wurde ein neues Beschäftigungskapitel eingefügt, das sogenannte Sozialprotokoll zum Vertrag von Maastricht und Teile aus dem Bereich Justiz und Inneres (Visa, Asyl, Einwanderung) in den EG-Vertrag integriert. Fortschritte gibt es beim Europa der Bürger durch verbesserten Grundrechtsschutz, durch eine engere Bindung des Gemeinschaftshandelns an den Umweltschutz, bei der Gemeinsamen Außen- und Sicherheitspolitik und bei der europäischen Polizeibehörde Europol. In Amsterdam wurde auch der Stabilitätspakt für die Wahrung der Haushaltsdisziplin in der 3. Stufe der Wirtschafts- und Währungsunion abgeschlossen. 1998 haben die Beitrittsverhandlungen mit 10 mittel- und osteuropäischen Staaten sowie Zypern begonnen. Die für den Beitritt notwendigen Reformen der gemeinsamen Politiken werden unter dem Stichwort „Agenda 2000" diskutiert.

Die Struktur des Vertragswerks über die EU beruht seit dem Vertrag von Maastricht auf drei Säulen:[2]

- den Europäischen Gemeinschaften mit der Europäischen Gemeinschaft (EG früher EWG), der Europäischen Gemeinschaft für Kohle und Stahl (EGKS) und der Europäischen Atomgemeinschaft (Euratom),
- der Gemeinsamen Außen- und Sicherheitspolitik (GASP),
- der Zusammenarbeit in den Bereichen Justiz und Inneres.

Während die Europäischen Gemeinschaften eine eigene Rechtsetzung haben, beruhen die Gemeinsame Außen- und Sicherheitspolitik und die Zusammenarbeit in den Bereichen Justiz und Inneres auf einer Zusammenarbeit der Regierungen unter Einbeziehung einzelner Organe der EG.[3] Die Mitgliedstaaten haben auf der Grundlage zwischenstaatlicher Verträge Souveränitätsrechte auf die EU, insbesondere auf die EG, übertragen. Sie haben jedoch nach wie vor die Herrschaft über die Verträge. Die Gemeinschaften haben keine Kompetenz-Kompetenz[4] in der Rechtsetzung, ihre Befugnisse sind hingegen einzeln aufgeführt.[5]

II. Organe der Europäischen Union und Entscheidungsverfahren

Die Entscheidungen der EU kommen in verschiedenen Verfahren zustande. Im Mittelpunkt steht die Rechtsetzung der EG, die sich in die Abschnitte Initiative,

---

[1] Zum Vertrag von Amsterdam vgl. die Zusammenfassung von Läufer, Thomas (1998): Einführung, S. 8-14.

[2] Vgl. Läufer, Thomas (1998): Einführung, S. 10-11.

[3] Vgl. Jung, Christian (1997): Vertrag von Maastricht, S. 334.

[4] Kompetenz-Kompetenz (Rechtssprache) bedeutet Befugnis zur Bestimmung der Zuständigkeit.

[5] Vgl. Mombaur, Peter Michael (1994): Kommunalpolitik in der Europäischen Union, S. 27.

Beratung und Entscheidung gliedern läßt. Dabei wirken ihre Organe[1] eng zusammen.[2] Die Organe und ihre Befugnisse werden deshalb kurz beschrieben. Diese Darstellung soll einerseits die Eigenständigkeit der EU als vierter Ebene im föderativen System verdeutlichen, andererseits die Ansatzpunkte für die Beeinflussung des Entscheidungsverfahrens durch die Kommunen[3] aufzeigen.

Das zentrale Entscheidungsorgan ist *der Rat* der Europäischen Union, der sich aus je einem Minister der Regierungen der Mitgliedstaaten zusammensetzt.[4] In der EG verfügt der Rat über die Haushalts- und Rechtsetzungsbefugnisse, die er zunehmend mit dem Europäischen Parlament teilt.[5] Nach Art. 148 EGV ist zu unterscheiden zwischen Beschlüssen, die mit einfacher Mehrheit, mit qualifizierter Mehrheit[6] oder einstimmig getroffen werden. Die meisten legislativen Beschlüsse werden mit qualifizierter Mehrheit gefaßt.[7]

Mit dem 1974 ins Leben gerufenen *Europäischen Rat* wurde die seit 1961 bestehende Praxis der Gipfeltreffen der Staats- und Regierungschefs fortgeführt und in der Einheitlichen Europäischen Akte formal verankert.[8] Der Europäische Rat, dem auch der Präsident der Europäischen Kommission angehört, tritt mindestens zweimal jährlich zusammen. Seine Aufgabe besteht darin, der Union die für ihre Entwicklung erforderlichen Impulse zu geben sowie allgemeine politische Zielvorstellungen für diese Entwicklung festzulegen (Art. D EUV). Eine wesentliche Funktion des Europäischen Rates ist auch die Auseinandersetzung mit Fragen, die auf Ministerebene nicht geklärt werden können. Dabei werden oft Verhandlungs-

---

[1] Seit dem Vertrag von Maastricht wird zunehmend der Begriff Europäische Union gebraucht, auch wenn auf Sachverhalte (Organe oder Rechtsetzung) der Europäischen Gemeinschaften Bezug genommen wird. Diesem allgemeinen Sprachgebrauch wird gefolgt, auch wenn er juristisch oft unpräzise ist. Beispielsweise ist „EU-Recht" in den allermeisten Fällen korrekt EG-Recht.

[2] Vgl. Läufer, Thomas (1995): Entscheidungsverfahren, S. 114.

[3] Vgl. dazu ausführlicher Teil 5, Abschnitt 2.

[4] Art. 146 EGV. Der Vorsitz im Rat wird von den Mitgliedstaaten nacheinander für je 6 Monate wahrgenommen. Die Arbeiten des Rates werden vom Ausschuß der Ständigen Vertreter sowie von Arbeitsgruppen aus den nationalen Ministerien vorbereitet. Der Rat wird zusätzlich durch ein Generalsekretariat unterstützt, dem die Vorbereitung und Durchführung der Beschlüsse obliegt. (Art. 146, 151 EGV; vgl. auch Engel, Christian (1997): Rat der Europäischen Union, S. 288-289.)

[5] Vgl. Fontaine, Pascal (1995): Europa in zehn Lektionen, S. 9.

[6] Bei der Berechnung der qualifizierten Mehrheit werden die Stimmen der Mitglieder nach dem in Art. 148 Abs. 2 EGV genannten Verfahren gewogen. Die qualifizierte Mehrheit ist demnach bei 62 von 87 Stimmen erreicht. Zur Anwendung dieser Regel vgl. auch Engel, Christian (1997): Rat der Europäischen Union, S.286-288.

[7] Vgl. Fontaine, Pascal (1995): Europa in zehn Lektionen, S. 10.

[8] Der Europäische Rat ist kein Organ der EG im rechtlichen Sinne. Auch im Maastrichter Vertrag wird dieses Gremium in Art. D EUV „oberhalb" der Europäischen Gemeinschaft angesiedelt. (Vgl. dazu Wessels, Wolfgang (1997): Europäischer Rat, S. 176.)

pakete geschnürt, in denen Forderungen und Konzessionen der Mitgliedstaaten aus mehreren Politikbereichen gegenseitig verrechnet werden.[1]

Das *Europäische Parlament* ist die direkt gewählte Vertretung der Bürger der EU. Seine Befugnisse wurden Schritt für Schritt erweitert, zuletzt durch den Vertrag von Amsterdam. Gemeinsam mit dem Rat übt es legislative und haushaltsrechtliche Befugnisse aus.[2] Teilweise besitzt es dabei echte Vetorechte.[3] Besonders wichtige Entscheidungen, wie die Erweiterung um neue Mitglieder, bedürfen der Zustimmung des Parlaments. Das Parlament bestätigt die Kommission und kann sie mit Zweidrittelmehrheit zum Rücktritt zwingen. Es äußert sich zu deren Arbeitsprogramm und kontrolliert laufend die ordnungsgemäße Durchführung der gemeinsamen Politiken.[4] Es kann die Kommission auffordern, zu bestimmten Bereichen Vorschläge zu unterbreiten.[5]

Die *Europäische Kommission*[6] ist eines der Schlüsselorgane im institutionellen System der Gemeinschaft, in deren ausschließlichem Interesse sie handeln soll.[7] Ihre Mitglieder werden von den Regierungen der Mitgliedstaaten, nach Zustimmung des Europäischen Parlaments, einvernehmlich für 5 Jahre ernannt. Bei der Ausübung ihrer Befugnisse ist die Kommission weitgehend unabhängig.[8] Sie hat das alleinige Initiativrecht im legislativen Bereich. Sie kann jederzeit tätig werden und ihren Standpunkt darlegen. Sie besitzt weitgehende Befugnisse bei der Durchführung der gemeinschaftlichen Politiken und verwaltet die Haushaltsmittel. Als Hüterin der Verträge wacht sie über die korrekte Durchführung der Verträge und des sekundären Gemeinschaftsrechts. Sie kann den Europäischen Gerichtshof anrufen, wenn sie der Auffassung ist, daß ein Mitgliedstaat seinen Verpflichtungen nicht nachkommt.

---

[1] Vgl. Wessels, Wolfgang (1997): Europäischer Rat, S. 177.

[2] Die komplizierten Entscheidungsverfahren im Zusammenwirken zwischen Rat und Parlament werden hier nicht erörtert. Vgl. beispielsweise Wessels, Wolfgang und Müller, Thorsten (1997): Entscheidungsverfahren, S. 111-117

[3] So kommt beim Mitentscheidungsverfahren kein Rechtsakt gegen den Willen des Europäischen Parlaments zustande. Dieses Mitentscheidungsrecht des Europäischen Parlament wurde durch den Vertrag von Amsterdam ausgeweitet. (Vgl. Läufer, Thomas (1995): Entscheidungsverfahren, S. 118; Läufer, Thomas (1998): Einführung, S. 13.)

[4] Vgl. Fontaine, Pascal (1995): Europa in zehn Lektionen, S. 11.

[5] Vgl. Europäische Kommission (1994): Die Europäische Union, S. 29.

[6] Zwar lautet der rechtlich richtige Begriff „Kommission der Europäischen Gemeinschaften". Seit dem Vertrag von Maastricht nennt sich die Kommission jedoch „Europäische Kommission", sofern es nicht auf rechtliche Korrektheit ankommt. Dieser Übung wird gefolgt.

[7] Zu den Ausführungen über die Europäische Kommmission vgl. Fontaine, Pascal (1995): Europa in zehn Lektionen, S. 11-12.

[8] Art. 157 EGV

Aufgabe des *Europäischen Gerichtshof* ist es, die Wahrung des Gemeinschaftsrechts bei der Auslegung und Durchführung der Verträge zu überwachen. Daher kann er den Verstoß eines Mitgliedstaates gegen eine Verpflichtung aus dem Vertrag, die Untätigkeit des Europäischen Parlaments, des Rates oder der Kommission feststellen und die Rechtmäßigkeit der Handlungen der Organe überprüfen.[1]

Eine beratende Funktion für Kommission und Rat[2] nehmen der *Wirtschafts- und Sozialausschuß*, der aus Mitgliedern von Interessengruppen des wirtschaftlichen und sozialen Lebens besteht, und der *Ausschuß der Regionen*, dem Vertreter regionaler und lokaler Gebietskörperschaften angehören, wahr. Die Ausschüsse müssen in bestimmten vertraglich festgelegten Bereichen angehört werden und haben das Recht, selbständig Stellungnahmen abzugeben.[3] Über den Ausschuß der Regionen können auch die deutschen Kommunen auf Entscheidungen der EU Einfluß nehmen.[4] Zu den europäischen Institutionen zählen außerdem der Europäische Rechnungshof, die Europäische Investitionsbank und die Europäische Zentralbank.

Der Entscheidungsprozeß auf europäischer Ebene unterliegt einer eigenen Dynamik und kann von einem einzelnen Mitgliedstaat zwar beeinflußt, aber nicht mehr kontrolliert werden. Das liegt insbesondere daran, daß im Rat zunehmend Mehrheitsentscheidungen getroffen werden und der Einfluß des Europäischen Parlaments wächst. Auch wenn im Europäischen Rat Verhandlungspakete geschnürt werden, kann ein einzelner Mitgliedstaat seine Interessen nicht mehr vollständig durchsetzen. Nicht zu unterschätzen sind ebenso das alleinige Initiativrecht der Kommission bei der Rechtsetzung, ihre Durchführungsbefugnisse und die Rechtsprechung des Europäischen Gerichtshofs. Die Ausstattung mit wesentlichen Souveränitätsrechten, insbesondere die eigene Rechtsetzung der Europäischen Gemeinschaften, und das gewählte Parlament rechtfertigen, die EU als im Entstehen begriffene vierte Ebene im föderalen System zu betrachten.[5] Wegen ihrer auf der anderen Seite bestehenden Begrenzungen wird sie oft als präföderale Ebene bezeichnet.[6]

---

[1] Vgl. Fontaine, Pascal (1995): Europa in zehn Lektionen, S. 12.

[2] nach der Ratifizierung des Vertrages von Amsterdam auch für das Europäische Parlament (Art. 262, 265 (ex-Art. 198, 198c) EGV in der Fassung des Vertrages von Amsterdam)

[3] Art. 198 und 198c EGV. Vgl. auch Fontaine, Pascal (1995): Europa in zehn Lektionen, S. 13.

[4] Wegen der besonderen Bedeutung des AdR für die Kommunen wird hierauf in einem gesonderten Unterabschnitt (Teil 5, Abschnitt 2, Punkt A.) noch ausführlich eingegangen.

[5] Vgl. Klodt, Henning; Stehn, Jürgen et al. (1992): Die Strukturpolitik der EG, S. 8-9.

[6] Vgl. Zimmermann, Horst (1996): Die Europäische Union als neuer föderativer Strukturtyp?, S. 55.

III. Rechtsetzung und Haushalt als Instrumente der Politik

Die EU erfüllt ihre Aufgaben vor allem durch die Rechtsetzung innerhalb ihrer stärksten Säule, den Europäischen Gemeinschaften. Dadurch, daß auch der deutsche Gesetzgeber der EG die Kompetenz übertragen hat, unmittelbar geltendes Recht zu schaffen, können die Rechtsakte der EG nicht nur gegenüber den Mitgliedstaaten, sondern auch für die den Mitgliedstaaten unterworfenen Rechtssubjekte, z.B. die Kommunen, unmittelbare Wirkung entfalten.[1] Daher soll kurz darauf eingegangen werden, auf welche Weise die Europäische Gemeinschaft im Rahmen der ihr einzeln übertragenen Zuständigkeiten Recht setzt:[2]

- *Verordnungen* sind allgemein und unmittelbar in jedem Mitgliedstaat verbindlich. Für die Geltung im innerstaatlichen Bereich ist ein Umsetzungsakt des staatlichen Gesetzgebers nicht mehr erforderlich.
- *Richtlinien* setzen Ziele verbindlich fest, überlassen es jedoch den Mitgliedstaaten, die dazu geeigneten Formen und Mittel zu bestimmen. Die Wirkung von EG-Richtlinien treten in aller Regel erst nach der Umsetzung in nationales Recht ein. Ausnahmsweise entfalten Richtlinien dann eine unmittelbare Wirkung, wenn die Mitgliedstaaten sie nicht rechtzeitig oder nicht ordnungsgemäß in nationales Recht umgesetzt haben und die Richtlinie selbst eine hinreichend klare Handlungspflicht enthält.[3] In solchen Fällen haben auch die Kommunen die Pflicht, solche Richtlinien für die dadurch Begünstigten anzuwenden und eventuell noch formal entgegenstehendes nationales Recht außer acht zu lassen.[4]
- *Entscheidungen* regeln Einzelfälle und richten sich an bestimmte Mitgliedstaaten, Unternehmen oder Einzelpersonen.

Das Gemeinschaftsrecht bildet eine eigene Rechtsordnung. Diese geht nationalem Recht vor, soweit der deutsche Gesetzgeber die Rechtsetzungsbefugnis in verfassungsrechtlich zulässiger Weise der Europäischen Gemeinschaft übertragen hat.[5] Von diesem grundsätzlichen Vorrang des Gemeinschaftsrechts ist auch die verfassungsmäßige Garantie kommunaler Selbstverwaltung betroffen. Art. 28 Abs. 2 GG gilt nach herrschender Lehre, wie zuvor erwähnt, als nicht „europafest".[6] Das

---

1 Vgl. Mombaur, Peter Michael (1994): Kommunalpolitik in der Europäischen Union, S. 27.

2 Art. 189 EGV. Empfehlungen und Stellungnahmen, ebenfalls in Art. 189 EGV geregelt, sind nicht verbindlich.

3 Zur Direktwirkung von Richtlinien vgl Martini, Alexander (1992): Gemeinden in Europa, S. 16-21.

4 Vgl. Mombaur, Peter Michael (1994): Kommunalpolitik in der Europäischen Union, S. 28.

5 Vgl. Mombaur, Peter Michael (1994): Kommunalpolitik in der Europäischen Union, S. 28. Zum Vorrang des Gemeinschaftsrechts vgl. auch Faber, Angela (1991): Die Zukunft kommunaler Selbstverwaltung und der Gedanke der Subsidiarität in den Europäischen Gemeinschaften, S. 170-178.

6 Der Europäische Gerichtshof und das Bundesverfassungsgericht gehen grundsätzlich von einem Vorrang des Europarechts aus. Schranken in der Übertragung von Hoheitsrechten

Europarecht kann auf die Kommunen einwirken und, im Unterschied zur nationalen Gesetzgebung, greift der Schutz kommunaler Selbstverwaltung durch das Grundgesetz in Art. 28 Abs. 2 GG nicht. Im Rechtskreis der EU selbst gibt es keine derartige Garantie der kommunalen Selbstverwaltung.

Der Haushalt der EU (Tabelle 1) beträgt nur ca. 1,2 % des BIP der Union.[1] Ihre Ausgaben konzentrieren sich gegenwärtig auf die Gemeinsame Agrarpolitik und die Strukturpolitik. Ungefähr 50 % des Haushaltsvolumens nahmen allein die Ausgaben für die Agrarmarktpolitik im Jahr 1997 in Anspruch.[2] Von besonderer Bedeutung für die kommunale Ebene sind die Ausgaben für Strukturpolitik, die ca. 30 % des Haushaltsvolumens der EU betrugen. Des weiteren werden Ausgaben für Entwicklungshilfe, Forschung, Binnenmarkt, Industrie, Energie, Umwelt, Sozialpolitik sowie für Garantien und Reserven getätigt.[3] Die EU finanziert sich aus Zöllen, Agrarzöllen und Zuckerabgaben (traditionelle Eigenmittel), Mehrwertsteuer-Eigenmitteln, BSP-Eigenmitteln und sonstigen Einnahmen. Für die Eigenmittel haben die Mitgliedstaaten Obergrenzen in Höhe eines bestimmten Prozentsatzes des BSP der EU festgelegt. Die Mehrwertsteuer-Eigenmittel werden als Anteil einer einheitlichen, zwischen den Mitgliedstaaten harmonisierten fiktiven Bemessungsgrundlage berechnet. Die BSP-Eigenmittel füllen die Lücke zwischen den festgelegten Gesamteinnahmen und den übrigen Einnahmen auf und werden nach dem BSP verteilt. Beide Einnahmearten haben den Charakter einer

---

durch den Gesetzgeber werden durch das Bundesverfassungsgericht lediglich im Grundgefüge der geltenden Verfassungsordnung, zu der auch die Grundrechte zählen, gesehen. Zu diesem Grundgefüge gehört Art. 28. Abs. 2 GG nach herrschender Lehre ebensowenig wie zum Gewährleistungsinhalt von Art. 79 Abs. 3 GG. (Vgl. die juristische Diskussion und die zitierte Literatur bei Faber, Angela (1991): Die Zukunft kommunaler Selbstverwaltung und der Gedanke der Subsidiarität in den Europäischen Gemeinschaften, S. 167-175; Löwer, Wolfgang (1995): Rn. 95-100 zu Art. 28. In: Münch, Ingo von, und Kunig, Philip (Hrsg.): Grundgesetzkommentar. Vgl. zur Garantie der kommunalen Selbstverwaltung durch das Grundgesetz auch in diesem Abschnitt Punkt B. I.)

[1] Die Obergrenze der EG-Eigenmittel beträgt in den 90er Jahren bis zu 1,27 % des BSP. (Vgl. dazu Beschluß des Rates vom 31.10.1994 über das System der Eigenmittel der Europäischen Gemeinschaften (94/728/EG, Euratom) ABl. Nr. L 293 vom 12.11.1994, S. 9.) Die Obergrenzen wurden aber nicht ganz ausgeschöpft. Für 1998 ist beispielsweise nur ein Haushaltsvolumen in Höhe von 1,14 % (Obergrenze 1,26 %) des BSP geplant. (Vgl. Europäische Kommission (1998): Gesamtbericht über die Tätigkeit der Europäischen Union 1997, Ziff. 1062, S. 403.) Von der Kommission wurde in der Agenda 2000 vorgeschlagen, die Obergrenze von 1,27 % des BSP auch nach 1999 beizubehalten. (Vgl. Europäische Kommission (1998): Agenda 2000. Überblick über die Legislativvorschläge, S. 18.)

[2] Vgl. Bundesministerium der Finanzen (Hrsg.) (1997): Finanzbericht 1998, S. 173.

[3] Vgl. Europäische Kommission (1998): Gesamtbericht über die Tätigkeit der Europäischen Union 1997. Ziff. 1069, S. 407-408.

Zuweisung „von unten nach oben“.[1] Die Einnahmen erfüllen vor allem die fiskalische Funktion, ihre Lasten sollen jedoch „gerecht“ verteilt werden.

Tabelle 1: Haushalt der EU 1997

Ausgaben		Mio. ECU[2]		in %
1. Gemeinsame Agrarpolitik		40.805		49,5
2. Strukturpolitische Maßnahmen		26.300		31,9
3. Interne Politikbereiche		5.109		6,2
davon:[3] Forschung und Entwicklung	*3.500*		*4,2*	
Bildung und Jugend	*378*		*0,5*	
Umwelt	*132*		*0,2*	
Binnenmarkt	*226*		*0,3*	
Transeuropäische Netze	*482*		*0,6*	
4. Externe Politikbereiche		4.497		5,5
5. Verwaltungsausgaben		4.284		5,2
6. Reserven		1.158		1,4
7. Ausgleichszahlungen		212		0,3
Summe der Ausgaben		**82.365**		100,0
Einnahmen				
1. Agrarzölle und Zuckerabgaben		2.015		2,5
2. Zölle		12.203		14,8
3. Mehrwertsteuer-Eigenmittel		34.588		42,0
4. BSP-Eigenmittel		32.947		40,0
5. Sonstige Einnahmen		612		0,7
Summe der Einnahmen		**82.365**		100,0

Quelle: Bundesministerium der Finanzen (1997): Finanzbericht 1998, S. 173; Europäische Kommission (1998): Gesamtbericht über die Tätigkeit der Europäischen Union 1997. Ziff. 1069, S. 409-410.

Die Betroffenheit der Kommunen, insbesondere durch das Recht der Europäischen Union, ist Ausgangspunkt für die weiteren Überlegungen. Dabei soll sich, entsprechend der Themenstellung, an den einzelnen Handlungsfeldern kommu-

---

[1] Vgl. Zimmermann, Horst (1996): Die Europäische Union als neuer föderativer Strukturtyp?, S. 48-49.

[2] Bei der Aufstellung der Haushalte wurde folgender Kurs angewandt: 1997: 1 ECU = 1,89074 DM. (Bundesministerium der Finanzen (Hrsg.) (1997): Finanzbericht 1998, S. 173.) Leichte Differenzen ergeben sich durch Rundung.

[3] Die Aufgliederung der Ausgaben der internen Politikbereiche entstammt dem Gesamtbericht der Europäischen Kommission, nicht wie die anderen Angaben dem Finanzbericht des BMF. Die Zahlen sind deshalb aufgrund von geringfügigen Abweichungen nicht ganz miteinander vergleichbar. Es geht in der Aufstellung jedoch vor allem darum, die Größenordnung zu verdeutlichen.

naler Tätigkeit und den kommunalen Handlungs- und Gestaltungsspielräumen orientiert werden.[1]

D. Arten von Beziehungen zwischen Europäischer Union und Kommunen

In den vorigen beiden Unterabschnitten (B. und C.) wurden die Tätigkeiten der Kommunen und der EU dargestellt. Dabei wurde auch aufgezeigt, wie Beziehungen zwischen der EU und den Kommunen zustande kommen: Deutschland hat der EU Kompetenzen übertragen und seine nationale Rechtsordnung für EU-Recht geöffnet. Die EU füllt die ihr übertragenen Kompetenzen durch eigene Organe aus, setzt Recht und verwendet finanzielle Mittel, die aus ihrem Haushalt in die Mitgliedstaaten fließen. Ausgehend von diesen Tätigkeiten der Europäischen Union und ihrer Organe existieren zahlreiche Verbindungen zwischen der Europäischen Union und den Kommunen. Nach der Wirkungsrichtung der Verbindung und ihrer Intensität lassen sie sich in vier grundsätzliche Arten von Beziehungen gliedern. Diese Gliederung (vgl. Abb. 3) liegt der Arbeit zugrunde und wird im folgenden überblicksartig erläutert.

1. *Unmittelbare Einwirkungen auf kommunale Handlungsfelder*
   Bei der Umsetzung ihrer Politik wirkt die Europäische Union unmittelbar auf die Kommunen ein (vgl. Teil 2 der Arbeit). Diese unmittelbare Einwirkung entsteht zum einen dadurch, daß die Rechtsetzung der EU für kommunales Handeln direkt von Bedeutung ist, d. h. die EU einen neuen rechtlichen Handlungsrahmen für die Kommunen setzt. Beispielsweise legt die EU in ihrer Umweltpolitik anspruchsvolle Standards für die kommunalen Klärwerke fest. Zum anderen fließen Ausgaben aus dem Haushalt der EU an die Kommunen und dienen dort der Erfüllung kommunaler Aufgaben. Für ihre Infrastrukturprojekte können die Kommunen zum Beispiel Finanzmittel aus den Strukturfonds der EU erhalten. Diese unmittelbaren Einwirkungen der Europäischen Union betreffen den gesamten Prozeß kommunaler Aufgabenerfüllung. Die EU beeinflußt, wer in den Kommunen entscheiden kann, welche kommunalen Leistungen erbracht werden, wie diese erstellt und finanziert werden. Die Europäische Union wirkt also auf den Entscheiderkreis, die Aufgaben, die Leistungserstellung und die Einnahmen der Kommunen ein. Im Zentrum der Aufmerksamkeit stehen die kommunalen Aufgaben. Die Bearbeitung konzentriert sich auf die Selbstverwaltungsaufgaben, da hier die größten Handlungsspielräume für die Kommunen bestehen, und die Kommunen nicht nur, wie es bei den Aufgaben des übertragenen Wirkungskreises der Fall ist, Aufgaben von Bund und Län-

[1] Vgl. die Einleitung zum Aufbau der Arbeit. Zu den einzelnen kommunalen Handlungsfeldern vgl. den vorhergehenden Punkt B. (Teil 1, Abschnitt 1, Punkt B.)

dern durchführen. Diese unmittelbaren Verbindungen stehen im Mittelpunkt der Untersuchung.

2. *Mittelbare Einwirkungen durch Veränderung problem- und aufgabenspezifischer Faktoren*
In diesem Fall richtet sich die Politik der Europäischen Union unmittelbar auf Unternehmen, private Haushalte, die Natur etc. Als Ergebnis der Umsetzung dieser EU-Politiken verändern sich die problem- und aufgabenspezifischen Faktoren, die kommunale Handlungsspielräume bestimmen. Ein Beispiel für eine solche Politik ist die Verwirklichung der vier Grundfreiheiten des Binnenmarktes, der freie Personen-, Waren-, Dienstleistungs- und Kapitalverkehr, die im Ergebnis die Mobilität von Personen, Unternehmen und Kapital erhöht. Von diesen Veränderungen sind verschiedene kommunale Handlungsfelder betroffen, und kommunale Autonomiespielräume werden dadurch begrenzt. Gleichzeitig können als Ergebnis des Binnenmarktes ein höheres Sozialprodukt, weniger Arbeitslose sowie ein vielfältigeres und preiswerteres Warenangebot entstehen, was kommunale Handlungsspielräume erhöht.

Die mittelbaren Wirkungen werden an diesem Beispiel des Binnenmarktes und der Europäischen Wirtschafts- und Währungsunion, den beiden wichtigsten Zielen der letzten Jahre, erläutert. Wegen der hohen Komplexität der wirtschaftlichen Zusammenhänge sind konkrete Aussagen über den Umfang der Einwirkungen zwar nur schwer möglich. Für eine sinnvolle Gesamtaussage hinsichtlich der Einwirkung auf kommunale Handlungsspielräume dürfen jedoch nicht nur die Auswirkungen der konkreten Umsetzungsmaßnahmen der Politik (Teil 2) berücksichtigt werden, es sind vielmehr auch deren Ergebnisse und mittelbaren Wirkungen einzubeziehen.

3. *Mittelbare Einwirkungen durch Verschiebungen im föderativen Gefüge*
Die Europäische Union wirkt auch auf die anderen Ebenen im föderativen System ein, so daß es zu Verschiebungen im föderativen Gefüge mit Folgen für die kommunale Ebene kommt. Die von der Europäischen Union ausgehenden Zentralisierungstendenzen, insbesondere die Übernahme zusätzlicher Aufgaben, verringern die Kompetenzen und Finanzmittel bei Bund und Ländern. Um diese Entwicklung zu kompensieren, könnten diese den Kommunen übergeordneten Ebenen versuchen, verstärkt in den gemeindlichen Aufgabenbereich hineinzuregieren und die Kommunen als unterste und schwächste Ebene im föderativen System einzuschränken. Diese Verbindung zwischen der EU und den Kommunen ist ebenfalls mittelbar. Kommunale Handlungsspielräume werden hierbei insbesondere über institutionelle Faktoren verändert.

4. *Institutionelle Einflußmöglichkeiten der Kommunen und Schutzmechanismen*
Die Kommunen haben begrenzte Möglichkeiten, auf institutionellem Wege an der Entscheidungsfindung auf europäischer Ebene teilzunehmen bzw. ihre Handlungsspielräume zu schützen. Für den Schutz kommunaler Handlungsspielräume sind diese institutionellen und die informellen Verbindungen zur Europäischen Union von Bedeutung. Diese Verbindungen können genutzt werden, um Entscheidungen auf der EU-Ebene aktiv zu beeinflussen. (Nicht behandelt, oder allenfalls am Rande betrachtet, werden die mittelbaren Wirkungen auf die EU, welche die Kommunen durch eine autonome Veränderung aufgabenspezifischer und institutioneller Faktoren - z.B. durch Städtepartnerschaften oder die Integration von Ausländern - erzeugen können.[1])

Abbildung 3: Arten von Beziehungen zwischen Europäischer Union und Kommunen

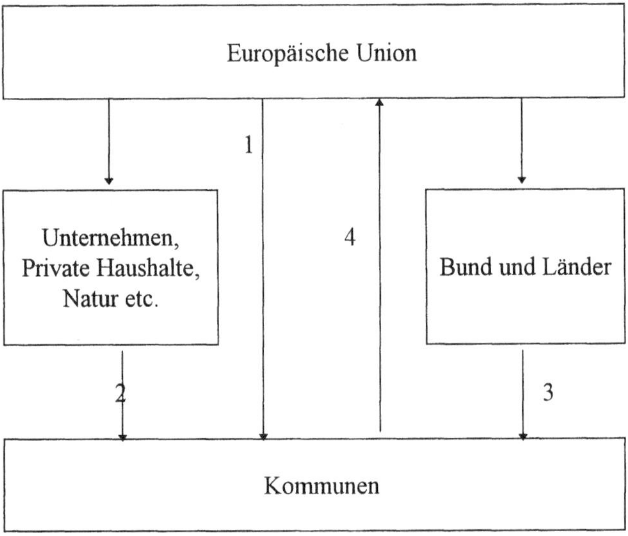

1 Unmittelbare Einwirkungen auf kommunale Handlungsfelder (Teil 2)
2 Mittelbare Einwirkungen auf die Kommunen durch Veränderung problem- und aufgabenspezifischer Faktoren kommunaler Handlungsspielräume (Teil 3, Abschnitt 1)
3 Mittelbare Einwirkungen durch Verschiebungen im föderativen Gefüge (Teil 3, Abschnitt 2)
4 Institutionelle Einflußmöglichkeiten der Kommunen auf die EU und Schutzmechanismen (Teil 5)

Quelle: Eigene Darstellung

[1] Vgl. dazu die Einleitung.

Die zuletzt angesprochenen Einfluß- bzw. Schutzmöglichkeiten für die Kommunen sind Inhalt des 5. Teils der Arbeit, während die von der Europäischen Union ausgehenden Wirkungen in den Teilen 2 und 3 behandelt und in Teil 4 systematisiert werden.

Das Einwirken der EU auf kommunale Handlungsspielräume wird dabei anhand der ökonomischen Theorie des Föderalismus bewertet. Diese Theoriekonzeption wird im nächsten Abschnitt (Abschnitt 2) kurz vorgestellt, um danach (Abschnitt 3) die Rolle der kommunalen Ebene insgesamt aus ökonomischer Sicht zu betrachten. Anschließend werden im Kern der Arbeit (Teile 2 bis 4) konkrete kommunale Handlungsfelder untersucht. Dabei wird die oben aufgestellte Grobgliederung verfeinert.

Abschnitt 2: Verwendete Theoriekonzepte

Die Arbeit behandelt Beziehungen zwischen staatlichen Ebenen aus ökonomischer Sicht. Für eine theoretische Fundierung der Aussagen und Wertungen ist es zunächst erforderlich, die Notwendigkeit von staatlicher Tätigkeit an sich sowie die Vorteilhaftigkeit der Existenz mehrerer staatlicher Ebenen aus ökonomischer Sicht zu bestimmen. Anschließend werden Kriterien für eine sinnvolle Kompetenzverteilung zwischen den Ebenen aus den Ansätzen der ökonomischen Theorie des Föderalismus aufgestellt.

Die öffentlichen Aufgaben werden auf den verschiedenen staatlichen Ebenen durch politische Entscheidungen wahrgenommen, die durch das Zusammenspiel der an ihnen beteiligten Gruppen von Individuen entstehen. Die ökonomische Theorie der Politik[1] versucht, diese Vorgänge durch einen ökonomischen Ansatz zu erklären und bietet dadurch gleichzeitig Hinweise für die Kompetenzzuweisung und die zweckentsprechende institutionelle Ausgestaltung dieser Prozesse. Das Einwirken der Europäischen Union auf die Handlungs- und Gestaltungsspielräume der Kommunen wird aus Sicht dieser - bereits weitgehend als ausgereift anzusehenden - Theoriekonzepte untersucht. Diese Theoriekonzepte werden deshalb in ihren wesentlichen Merkmalen nur kurz dargestellt.

---

[1] Die ökonomische Theorie der Politik wird auch „Neue Politische Ökonomie" oder „Public Choice" genannt. (Vgl. hierzu Frey, Bruno S. (1980): Ökonomische Theorie der Politik, S. 658; zur Nuancierung auch Kirsch, Guy (1993): Neue Politische Ökonomie, S. VI, 3-8.)

A. Theorie der öffentlichen Güter als allokative Begründung für staatliches Handeln

Ausgangspunkt der modernen Ökonomie ist das Individuum mit seinen Bedürfnissen.[1] Ihr Ziel besteht darin, diese individuellen Bedürfnisse bestmöglich zu befriedigen. Die Begrenztheit der verfügbaren Ressourcen und die Unbegrenztheit menschlicher Bedürfnisse umfassen dabei das Wirkungsfeld der Ökonomie. In diesen Zusammenhang ist auch staatliche Tätigkeit eingebettet. Ziele staatlichen Handelns werden häufig nach Allokations-, Distributions- und Stabilisierungszielen unterschieden.[2]

Nach dem Allokationsziel sollen die Produktionsfaktoren effizient zur Produktion von Gütern und Dienstleistungen eingesetzt werden. Das bedeutet, daß die produzierten Güter den Präferenzen der Bürger entsprechen und die Produktion zu minimalen Kosten erfolgt.[3] Dabei bedarf die Bewertung einer möglichen Allokation von Ressourcen eines Optimalitätskriteriums. Die sogenannte Pareto-Effizienz besagt, daß eine optimale Ressourcenallokation dann erreicht ist, wenn es nicht mehr möglich ist, durch Reallokation der Ressourcen ein Individuum besserzustellen, ohne ein anderes schlechter zu stellen.[4] Die moderne Mikroökonomie versucht nachzuweisen, daß der Markt grundsätzlich ein pareto-effizienter Allokationsmechanismus ist, weil individuelle Bedürfnisse durch dezentrale Steuerung mit Preissignalen am besten erkannt und aus Eigennutz bedient werden. Unter bestimmten Annahmen ist jede marktliche Allokation pareto-optimal (Erstes Theorem der Wohlfahrtstheorie).[5]

---

[1] Das Menschenbild des methodologischen Individualismus, das die philosophische Grundlage der hier verwandten Theorien ist, geht davon aus, daß das Individuum der einzig legitime Entscheidungsträger ist, es frei nach seinen Interessen entscheidet und zwar sowohl hinsichtlich der Wahl zwischen Gütern, als auch zwischen Entscheidungsverfahren und Einbindungen in soziale Strukturen. (Vgl. hierzu und zum methodologischen Individualismus als Grundlage der Wohlfahrtstheorie Mackscheidt, Klaus (1972): Die wohlfahrtsökonomische Suche nach dem optimalen Budget, S. 77. Zum methodologischen Individualismus in der Neuen Politischen Ökonomie vgl. Kirchgässner, Gerhard (1988): Ökonomie als imperial(istisch)e Wissenschaft, S. 129-131; Frey, Bruno S. (1990): Ökonomie ist Sozialwissenschaft, S. 4-10.)

[2] Diese Unterteilung geht auf Richard. A. Musgrave zurück. (Vgl. grundlegend Musgrave, Richard, A. (1959): The Theory of Public Finance, S. 6-27.)

[3] Vgl. Peffekoven, Rolf (1980): Finanzausgleich I, S. 611-613.

[4] Zur Definition vgl. Sohmen, Egon (1992): Allokationstheorie und Wirtschaftspolitik, S. 38; auch Reiter, Stanley (1987): Efficient Allocation, S. 107. Eine Diskussion des Kriteriums bietet beispielsweise Külp, Bernhard (1982). Wohlfahrtsökonomik I, S. 474-485.

[5] Eine optimale Faktorallokation durch den Markt bedarf bestimmter, optimaler Voraussetzungen. Diese umfassen insbesondere vollständige Konkurrenz bei konstanten oder sinkenden Skalenerträgen, vollständige Information, Existenz reiner Individualgüter, bei denen das Ausschlußprinzip anwendbar ist und externe Effekte fehlen. Die genannten Voraussetzungen sind Bedingung für ein allgemeines Gleichgewicht bei vollkommener Konkurrenz, das nach dem Ersten Theorem der Wohlfahrtstheorie stets pareto-optimal ist. (Vgl. dazu Geanakoplos,

Staatliche Eingriffe sind theoretisch dann erforderlich, wenn der Markt versagt bzw. kein optimales Angebot zustande bringt. Folgt man der Theorie der öffentlichen Güter, so tritt Marktversagen auf, wenn aufgrund der Nichtanwendbarkeit des Ausschlußprinzips kein privates Angebot zustande kommt oder, wie im Fall der Nichtrivalität im Konsum, das private Angebot nicht pareto-optimal ist.[1] Als klassische öffentliche Güter, von denen niemand ausgeschlossen werden kann bzw. bei denen der Ausschluß nicht optimal wäre, gelten beispielsweise die Eigentums- und Wettbewerbsordnung, innere und äußere Sicherheit, Außenpolitik.

Marktunvollkommenheiten, die ebenso wie Marktversagen staatliche Eingriffe erfordern können, treten beispielsweise bei externen Effekten oder natürlichen Monopolen auf.[2] Externe Kosten oder Nutzen sind per Definition nicht in der Wirtschaftsrechnung der Wirtschaftssubjekte enthalten. Die Wirtschaftssubjekte besitzen dadurch beispielsweise einen Anreiz, mit hohen externen Kosten verbundene Handlungen auszudehnen, wodurch eine optimale volkswirtschaftliche Allokation behindert wird.[3] Als besonderes Problem werden externe Kosten im Umweltbereich angesehen. Sogenannten natürlichen Monopolen liegen steigende Skalenerträge zugrunde, wodurch große Anbieter begünstigt werden. Leitungsnetze, beispielsweise in der Energieversorgung, sind typische natürliche Monopole.

Eine weitere Begründung für staatliche Eingriffe stellen sogenannte meritorische Güter, insbesondere Bildungs- und Gesundheitsdienste, dar.[4] Der Staat handelt durch das Angebot dieser Güter verdienstvoll (meritorisch), weil die Wirtschaftssubjekte ihren zukünftigen Nutzen nur ungenügend berücksichtigen könnten.

John (1987): Arrow-Debreu model of general equilibrium, S. 116-120. Zu den Voraussetzungen vgl. auch Sohmen, Egon (1992): Allokationstheorie und Wirtschaftspolitik, S. 68-73. Zum Ersten Theorem der Wohlfahrtstheorie vgl. auch Varian, Hal R. (1992): Microeconomic Analysis, S. 323-326.)

[1] Vgl. Musgrave, Richard, A.; Musgrave Peggy B. und Kullmer, Lore (1994): Die öffentlichen Finanzen in Theorie und Praxis. Bd. 1, S. 67-72. Als grundlegend gilt neben Musgrave insbesondere Samuelson, Paul A. (1954): The Pure Theory of Public Expenditure, S. 387-389. (Im Fall der Nichtanwendbarkeit des Ausschlußprinzips kann ein Anbieter die Nutzer nicht zur Zahlung heranziehen. Für die Nutzer besteht ein Anreiz, ihre Präferenzen für dieses Gut zu verbergen und darauf zu hoffen, im Fall einer Bereitstellung kostenlos konsumieren zu können (Freifahrerhaltung). Besteht Nichtrivalität im Konsum, so ist ein privates Angebot möglicherweise nicht pareto-optimal, weil unnötig zusätzliche Nutzer ausgeschlossen werden würden.)

[2] Vgl. Zimmermann, Horst und Henke, Klaus-Dirk (1994): Finanzwissenschaft, S. 43.

[3] Zur Definition und Wirkung externer Effekte, u.a. im Umweltbereich vgl. Luckenbach, Helga (1986): Theoretische Grundlagen der Wirtschaftspolitik, S. 138-143.

[4] Vgl. Musgrave, Richard, A.; Musgrave Peggy B. und Kullmer, Lore (1994): Die öffentlichen Finanzen in Theorie und Praxis. Bd. 1, S. 87-90. Das Konzept der meritorischen Güter wird insbesondere wegen der mangelnden individualistischen Grundlage kritisch betrachtet. Vgl. zusammenfassend zur Diskussion beispielsweise Tietzel, Manfred und Müller, Christian (1998): Noch mehr zur Meritorik, S. 87-127.

Neben dem Allokationsziel gelten die gerechte Verteilung der Ressourcen und die Stabilisierung (Konjunktur- und Wachstumspolitik) als weitere Ziele staatlichen Handelns. Um durch die Verteilungspolitik ein als gerecht empfundenes Pareto-Optimum zu bewirken, sollte in erster Linie die Ausgangsverteilung der Ressourcen verändert werden und nicht in den Marktmechanismus eingegriffen werden.[1] Konjunktur- und wachstumspolitische Probleme lassen sich schwer durch den komparativ-statischen Ansatz der Wohlfahrtstheorie fassen, weshalb für die theoretische Fundierung dieser Aufgabenbereiche neue Ansätze entwickelt wurden. Wachstum wird teilweise auch als Ergebnis „dynamischer Allokationseffizienz" interpretiert.[2]

In der Arbeit wird vorrangig auf allokative Fragestellungen (einschließlich dynamischer Aspekte) und in geringerem Umfang auf verteilungspolitische Aufgaben eingegangen. Für konjunkturpolitische Fragen ergeben sich aus dem Thema kaum Anknüpfungspunkte.[3]

---

[1] Vgl. zur Schlußfolgerung aus dem Zweiten Theorem der Wohlfahrtstheorie Geanakoplos, John (1987): Arrow-Debreu model of general equilibrium, S. 120; Varian, Hal R. (1992): Microeconomic Analysis, S. 326-329.

[2] Wachstumspolitik kann auch als Allokationsproblem verstanden werden. Oates beispielsweise faßt unter das Allokationsziel auch „an efficient allocation of resources through time or, in other words, an efficient rate and pattern of growth" (Oates, Wallace E. (1972): Fiscal federalism, S. XIV-XV.) In diesem Zusammenhang wird dann von der Förderung der „dynamischen Allokationseffizienz" bzw. der „dynamischen Effizienz" durch die Wirtschaftspolitik gesprochen.

[3] Konjunkturpolitische Kompetenzen werden grundsätzlich nicht der dezentralen Ebene zugeordnet. Da die Konjunkturverläufe in den Mitgliedstaaten der EU noch voneinander abweichen, wäre nicht die EU, sondern der Mitgliedstaat noch die relevante Zentralebene. In der Praxis wurden weder der EU noch den Gemeinden konjunkturpolitische Kompetenzen zugeordnet. Auch die Europäische Zentralbank ist vorrangig dem Ziel der Währungsstabilität verpflichtet.

B. Ökonomische Theorie des Föderalismus: Begründung für die Vorteile eines dezentralen Staatsaufbaus und zur Entwicklung von Kriterien für die Zuordnung von Kompetenzen

I. Vorrang dezentraler Einheiten bei der Wahrnehmung öffentlicher Aufgaben (Subsidiaritätsprinzip)

Ansätze der ökonomischen Theorie des Föderalismus[1] begründen, daß es ökonomisch vorteilhaft ist, staatliche Aufgaben auf mehreren Ebenen wahrzunehmen, und sie entwickeln Kriterien für die Zuordnung von bestimmten staatlichen Aufgaben auf diese Ebenen. Grundsätzlich können alle staatlichen Aufgaben zentral wahrgenommen werden. Die Effizienz einer dezentralen Ebene bei der Aufgabenerfüllung wird vor allem allokativ begründet.[2] Dabei wird von regional oder lokal unterschiedlichen Präferenzen für öffentliche Güter mit begrenztem Nutzenkreis ausgegangen. Diese können durch ein dezentrales Angebot, das an diese Präferenzen angepaßt ist, besser und, aufgrund geringerer Informations-, Entscheidungsfindungs- und Kontrollkosten, kostengünstiger befriedigt werden.[3] Selbst bei identischen Präferenzen für lokale öffentliche Güter ist eine zentrale Lösung höchstens gleichwertig; wenn von konstanten Skalenerträgen ausgegangen wird und interregionale externe Effekte vernachlässigt werden.[4] Aus diesen im Dezentralisierungstheorem von Oates angelegten Erkenntnissen wird der grundsätzliche Vorrang der Aufgabenerfüllung durch dezentrale Einheiten abgeleitet.[5] Dieser Vorrang wird teilweise auch mit einer ökonomischen Interpretation des aus der katholischen Soziallehre stammenden Subsidiaritätsprinzips unterlegt.[6] Sinkende Skalenerträge bei der Produktion öffentlicher Güter sprechen ebenso für eine Dezentralisierung. Steigende Skalenerträge sind dagegen ein Ar-

---

[1] Grundlegend zur ökonomischen Theorie des Föderalismus ist insbesondere Oates, Wallace E. (1972): Fiscal federalism. Als Vorläufer gelten u.a. Tiebout, Charles M. (1956): A Pure Theory of Local Expenditures, S. 416-424; Olson, Mancur (1969): The Principle of „Fiscal Equivalence", S. 479-487. Eine Zusammenfassung der Kernaussagen bieten Thöni, Erich (1986): Politökonomische Theorie des Föderalismus, S. 35-61; Postlep, Rolf-Dieter und Döring, Thomas (1996): Entwicklungen in der ökonomischen Föderalismusdiskussion und im föderativen System der Bundesrepublik Deutschland, S. 8-11.

[2] Vgl. Postlep, Rolf-Dieter und Döring, Thomas (1996): Entwicklungen in der ökonomischen Föderalismusdiskussion und im föderativen System der Bundesrepublik Deutschland, S. 9.

[3] Vgl. Seidel, Barbara (1992): Die Einbindung der Bundesrepublik Deutschland in die Europäischen Gemeinschaften als Problem des Finanzausgleichs, S. 28-31.

[4] Vgl. Klodt, Henning; Stehn, Jürgen et al. (1992): Die Strukturpolitik der EG, S. 13 in Anlehnung an Oates, Wallace E. (1972): Fiscal federalism, S. 35.

[5] Vgl. Blankart, Charles B. (1998): Öffentliche Finanzen in der Demokratie, S. 527.

[6] Vgl. Seidel, Barbara (1992): Die Einbindung der Bundesrepublik Deutschland in die Europäischen Gemeinschaften als Problem des Finanzausgleichs, S. 27-28; Döring, Thomas (1994): Subsidiaritätsprinzip, S. 243-246.

gument für Zentralisierung. Die dezentralen Gebietskörperschaften könnten sich allerdings in Verhandlungen auf eine zentrale Produktion einigen.[1]

Auf die Kommunen bezogen, wird diesen die Aufgabe zugeordnet, lokale öffentliche Güter entsprechend den Präferenzen ihrer Bürger kostengünstig anzubieten. Idealerweise sollten lokale Leistungen nur mit geringen externen Effekten verbunden sein und eine effiziente Produktion in kleinen Einheiten möglich sein; es darf keine Abstimmungsprobleme zwischen den Kommunen geben, und eine Mindestversorgung muß garantiert sein.[2]

II. Prinzip der fiskalischen Äquivalenz

Neben dem Prinzip des grundsätzlichen Vorrangs der dezentralen Ebene ist das Prinzip der fiskalischen Äquivalenz ein wichtiges Element für die Gestaltung eines effizienten föderativen Staatsaufbaus. Zu einem allokativ optimalen Ergebnis gelangt man nämlich nur dann, wenn Nutzen-, Finanzierungs- und Entscheiderkreis identisch sind.[3] Diese Übereinstimmung soll bewirken, daß nur Entscheidungen über eigene Ressourcen getroffen werden können, die der Erfüllung eigener Bedürfnisse dienen, da es andernfalls zu Verschwendung oder Unterversorgung kommen kann. Die Eigenverantwortlichkeit soll Finanzierungsillusion vermeiden und ein Abwägen zwischen dem Nutzen der Ausgaben und den Kosten der Einnahmen begünstigen.[4]

Treten interregionale externe Effekte bei einer öffentlichen Aufgabe auf, ist das Prinzip der fiskalischen Äquivalenz verletzt, was eine suboptimale Allokation öffentlicher Güter zur Folge haben kann.[5] Diese interregionalen externen Effekte könnten dadurch internalisiert werden, daß die betroffene öffentliche Aufgabe

---

[1] Vgl. Kirsch, Guy (1984): Fiscal Federalism, S. 119.

[2] Vgl. Peffekoven, Rolf und Kirchhoff, Ulrike (1997): Deutscher und europäischer Finanzausgleich im Lichte des Subsidiaritätsprinzips, S. 108, 117; Peffekoven, Rolf (1980): Finanzausgleich I, S. 615.

[3] Olson spricht genau genommen nur von der Übereinstimmung von Nutzen- und Zahlerkreisen: „...so daß sichergestellt werden kann, daß jene, die aus einem öffentlichen Gut einen Nutzen erhalten, auch die sind, die dafür bezahlen. Die Übereinstimmung wollen wir als fiskalische Äquivalenz („fiscal equivalence") bezeichnen." (Olson, Mancur (1977): Das Prinzip „fiskalische Gleichheit", S. 71.) Es hat sich aber eingebürgert, unter fiskalischer Äquivalenz eine Übereinstimmung von Nutzen-, Zahler- und Entscheiderkreis zu definieren. (Vgl. etwa Postlep, Rolf-Dieter (1992): Gewichtsverlagerung im föderativen Staatsaufbau der Bundesrepublik Deutschland unter EG-Einfluß, S. 141; auch Brümmerhoff, Dieter (1992): Finanzwissenschaft, S. 486; Kirsch, Guy (1984): Fiscal Federalism, S. 119.) Da Nutzen individuell unterschiedlich definiert werden kann und eine Abwägung von Kosten und Nutzen gemäß dem individualistischen Konzept individuell erfolgen sollte, wird diese weitere Interpretation bevorzugt.

[4] Vgl. Zimmermann, Horst und Henke, Klaus-Dirk (1994): Finanzwissenschaft, S. 175-176.

[5] Vgl. Olson, Mancur (1977): Das Prinzip „fiskalische Gleichheit", S. 69-70.

zentral erfüllt wird. Andere Lösungen, die die Autonomie der dezentralen Gebietskörperschaften weniger beeinträchtigen, können zum selben Ergebnis führen[1] und sollten aus Sicht des Subsidiaritätsprinzips vorrangig berücksichtigt werden. Hierzu zählen insbesondere Verhandlungen zwischen den betroffenen dezentralen Gebietskörperschaften, die Bildung von Zweckverbänden und Zweckzuweisungen der übergeordneten Ebenen.[2] Hinzuweisen bleibt aber auf die Unsicherheit rein dezentraler Abstimmungslösungen wegen einer möglichen Freifahrerhaltung der Gebietskörperschaften, die Nutznießer der interregionalen externen Effekte sind.[3]

Fiskalische Eigenverantwortung setzt eine klare Aufgabenabgrenzung zwischen den Gebietskörperschaften voraus.[4] Aufgabenverflechtungen würden dagegen das Streben nach Finanzierung aus fremden Quellen fördern.[5] Außerdem erfordern sie aufwendigere Verhandlungslösungen und können wegen der Intransparenz und der Diffusion der Verantwortung zu Lähmungserscheinungen führen.[6]

Das Prinzip der fiskalischen Äquivalenz gebietet weiterhin, daß die Kompetenz zur Wahrnehmung von Aufgaben mit der Ausgabenverantwortung zusammenfällt (Konnexitätsprinzip).[7] Fallen hingegen Aufgaben- und Ausgabenverantwortung auseinander, so spricht man vom „unsichtbaren Finanzausgleich“. In diesem Fall erläßt eine Gebietskörperschaft Regelungen, sieht also die Erfüllung einer Aufgabe vor, und be- oder entlastet dabei andere Gebietskörperschaften finanziell.[8] Auf diese Weise beeinflußt sie auch deren Autonomiespielräume. Für einen funktionierenden Abwägungsprozeß zwischen Einnahmen und Ausgaben ist ebenfalls erforderlich, daß jede Ebene ihre Einnahmen mit den wahrzunehmenden Aufga-

---

[1] Vgl. hierzu und zum folgenden Andel, Norbert (1998): Finanzwissenschaft, S. 506.

[2] Zum Ausgleich externer Effekte durch Zweckzuweisungen vgl. schon Olson, Mancur (1977): Das Prinzip „fiskalische Gleichheit“, S. 75; Breton, Albert (1977): Eine Theorie staatlicher Finanzzuweisungen, S. 89. Vgl. auch Pollak, Helga und Voß, Wolfgang (1985): Die Berücksichtigung von Spillover-Effekten im kommunalen Finanzausgleich, S. 150-153.

[3] Zur Unsicherheit von Verhandlungslösungen vgl. Olson, Mancur (1977): Das Prinzip „fiskalische Gleichheit“, S. 70-71; Pollak, Helga und Voß, Wolfgang (1985): Die Berücksichtigung von Spillover-Effekten im kommunalen Finanzausgleich, S. 148-149. Ein aktuelles Beispiel für eine solche Abstimmungslösung ist das Engagement der Kommunen für weltweiten Klimaschutz.

[4] Vgl. Seidel, Barbara (1992): Die Einbindung der Bundesrepublik Deutschland in die Europäischen Gemeinschaften als Problem des Finanzausgleichs, S. 49.

[5] Vgl. Blankart, Charles B. (1998): Öffentliche Finanzen in der Demokratie, S. 552-553.

[6] Vgl. Scharpf, Fritz W. (1994). Die Politikverflechtungsfalle, S. 25-27.

[7] Vgl. Fischer-Menshausen, Herbert (1980): Finanzausgleich II, S. 643-644.

[8] Vgl. Zimmermann, Horst und Henke, Klaus-Dirk (1994): Finanzwissenschaft, S. 180.

ben in Einklang bringen kann und ein hohes Maß an Einnahmenautonomie besitzt.[1]

III. Wirkung von Mobilität: Wettbewerb zwischen Gebietskörperschaften

Bis hierher wurde Mobilität aus der Betrachtung ausgeklammert. Bei dezentraler Aufgabenwahrnehmung kann Mobilität zusätzliche wohlfahrtssteigernde Effekte hervorbringen. Diese Überlegungen gehen auf Tiebout (1956) zurück.[2] Bürger können in eine andere dezentrale Gebietskörperschaft, die ihre Präferenzen besser befriedigt, auswandern und so ihr Wohlfahrtsniveau steigern. Auf diese Weise legen sie auch ihre Präferenzen für lokale öffentliche Güter offen, wodurch marktähnliche Vorgänge ablaufen können. Diese Exit-Möglichkeit führt gleichzeitig zu Wettbewerb zwischen den Gebietskörperschaften, die deshalb gezwungen sind, präferenzgerechte Lösungen möglichst kostengünstig anzubieten, und zum Anreiz für die Gebietskörperschaften, innovative Lösungen zu entwickeln.[3] Dadurch kann Wachstum gefördert werden.[4] Hinzuweisen ist auch darauf, daß durch dezentrale Kompetenzen in Verbindung mit Mobilität staatliche (Monopol-)macht begrenzt wird.[5] Mobilität ist bei diesen Wirkungen von entscheidender Bedeutung.

Der Wettbewerb zwischen Gebietskörperschaften kann dann zu suboptimalen Ergebnissen führen, wenn sich diese strategisch verhalten und zur Attrahierung mobiler Faktoren (z.B. mobiler Bevölkerungsschichten oder, bei einer Erweiterung des ursprünglichen Modells, Unternehmen) öffentliche Güter nicht kostendeckend für die mobilen Nutzer anbieten und diese durch steigende Verschuldung oder überhöhte Besteuerung immobiler Faktoren finanzieren.[6] Auf Gemeindeebene wird in diesem Zusammenhang von Subventionskonkurrenz gesprochen,[7] in der Europäischen Union wird ein Subventionswettlauf der Mitgliedstaaten oder

---

1 Vgl. Seidel, Barbara (1992): Die Einbindung der Bundesrepublik Deutschland in die Europäischen Gemeinschaften als Problem des Finanzausgleichs, S. 52-53.

2 Vgl. hierzu und zum folgenden Tiebout, Charles M. (1956): A Pure Theory of Local Expenditures, S. 416-424.

3 Vgl. Oates, Wallace E. (1977): Ein ökonomischer Ansatz zum Föderalismusproblem, S. 21.

4 Zum kommunalen Innovationswettbewerb vgl. Postlep, Rolf-Dieter (1993): Gesamtwirtschaftliche Analyse kommunaler Finanzpolitik, S. 119-126.

5 Vgl. Posner, Richard A. (1986): Economic Analysis of Law, S. 599-600.

6 Vgl. Klodt, Henning; Stehn, Jürgen et al. (1992): Die Strukturpolitik der EG, S. 26. Eine spieltheoretische Modellierung dieser Vorgänge erfolgt ebenda, S. 26-30.

7 Vgl. zur Subventionskonkurrenz bei Gemeinden Postlep, Rolf-Dieter (1993): Gesamtwirtschaftliche Analyse kommunaler Finanzpolitik, S. 126, 128-131. Danach geht die Nichteinhaltung der gruppenmäßigen Äquivalenz zu Lasten der marktlichen Allokation und führt zu wettbewerbs- und standortverzerrenden Strukturen. Kritisch zum interkommunalen Wettbewerb, insbesondere wenn die Ressourcen Dritter (z.B. Zuweisungen) verwandt werden, äußert sich auch Benkert, Wolfgang (1996): Interkommunale Konkurrenz, S. 167-186.

Regionen befürchtet. Die suboptimalen Ergebnisse kommen dann zustande, wenn das Prinzip der fiskalischen Äquivalenz verletzt wird.

Nach der ökonomischen Theorie des Föderalismus werden verteilungspolitische Kompetenzen eher der Zentralebene zugeordnet.[1] Wesentlich für diese Zuordnung ist die Mobilität der Bevölkerung im Sinne des Tiebout-Modells, die vorausgesetzt wird.[2] Bei geographisch variierender Umverteilungspolitik besteht für die besonders belasteten Bevölkerungsgruppen einer Gebietskörperschaft der Anreiz, in eine andere, weniger Umverteilung praktizierende, Gebietskörperschaft auszuwandern. Im Extremfall würden solche Wanderungen zu einer Polarisierung von armen und reichen Gebietskörperschaften führen. Damit würde das Ziel einer Gebietskörperschaft, mehr umzuverteilen, konterkariert werden. Eine dezentrale Umverteilungspolitik ist jedoch bei geringer Mobilität, wie sie gegenwärtig noch zwischen den einzelnen Mitgliedstaaten der EU aufgrund sprachlicher und kultureller Barrieren etc. besteht, möglich.[3] In der EU wird aber interregionale Umverteilung praktiziert. Das ist u.a. darauf zurückzuführen, daß wegen verbleibender oder befürchteter interregionaler und interpersonaler Einkommensunterschiede die Produktion supranationaler öffentlicher Güter wie des Binnenmarktes an die Umverteilung zwischen Bürgern, Ländern und Regionen gekoppelt wurde. Die Umverteilung ist insoweit dann selbst ein supranationales öffentliches Gut.[4]

Die Kompetenz für Stabilisierungspolitik wird ebenfalls eher einer zentralen Ebene zugeordnet, weil bei rein dezentralen Lösungen die Anreize zu eigenen stabilitätspolitischen Maßnahmen wegen interregionaler externer Effekte gering wären.[5] In dieser Arbeit werden, wie bereits erwähnt, konjunkturpolitische Fragestellungen ausgeklammert.[6] Wachstumsrelevante Gesichtspunkte werden teilweise unter dem Aspekt „dynamischer Allokationseffizienz" behandelt.

---

[1] Vgl. hierzu schon insbesondere Oates, Wallace E. (1972): Fiscal federalism, S. 7-8; auch Thöni, Erich (1986): Politökonomische Theorie des Föderalismus, S. 61; Postlep, Rolf-Dieter und Döring, Thomas (1996): Entwicklungen in der ökonomischen Föderalismusdiskussion und im föderativen System der Bundesrepublik Deutschland, S. 11.

[2] Wenn die Voraussetzung der Mobilität eingeschränkt wird, können dezentrale verteilungspolitische Kompetenzen ökonomisch vorteilhaft sein. Vgl. dazu im einzelnen Pauly, Mark V. (1973): Income Redistribution as a Local Public Good, S. 35-58.

[3] Vgl. Seidel, Barbara (1992): Die Einbindung der Bundesrepublik Deutschland in die Europäischen Gemeinschaften als Problem des Finanzausgleichs, S. 46.

[4] Vgl. Klodt, Henning; Stehn, Jürgen et al. (1992): Die Strukturpolitik der EG, S. 20.

[5] Vgl. Seidel, Barbara (1992): Die Einbindung der Bundesrepublik Deutschland in die Europäischen Gemeinschaften als Problem des Finanzausgleichs, S. 43-46.

[6] Vgl. auch in diesem Abschnitt Punkt A.

C. Politökonomische Argumente für die Zuordnung von Kompetenzen

Im vorigen Unterabschnitt wurden die allokativen Vorteile eines föderativen Aufbaus aus wohlfahrtstheoretischer Sicht begründet und Kriterien für die Zuordnung von öffentlichen Aufgaben auf die staatlichen Ebenen entwickelt. Nun werden Erkenntnisse der ökonomischen Theorie der Politik für die Entscheidungsfindung auf den föderativen Ebenen verarbeitet; dies geschieht im Hinblick auf eine den Präferenzen der Bürger entsprechende effiziente Wahrnehmung öffentlicher Aufgaben. In der ökonomischen Theorie der Politik[1] werden die grundlegenden Verhaltensannahmen, insbesondere des methodologischen Individualismus und des Eigennutzstrebens, auch auf den politischen Prozeß angewandt.[2] Die Organisierbarkeit und Durchsetzungsfähigkeit der Interessen verschiedener Gruppen spielen dabei eine wesentliche Rolle.[3] Zu untersuchen ist, inwiefern sich Bürgerpräferenzen über Wahlen (und eventuell Instrumente der direkten Demokratie) in politischen Entscheidungen und deren Umsetzung durch den bürokratischen Apparat widerspiegeln und ob es Unterschiede zwischen den Ebenen gibt.

In dem im wesentlichen auf A. Downs (1957) zurückgehenden Ansatz der ökonomischen Theorie der Politik wird unterstellt, daß Politiker aus Eigennutzstreben heraus versuchen, Regierungsämter zu erlangen und dabei die Präferenzen möglichst vieler Wähler berücksichtigen müssen, um gewählt zu werden.[4] Im Idealfall, d.h. unter sehr restriktiven Annahmen,[5] berücksichtigen Politiker nach dem Medianwählermodell von Downs gleichmäßig alle Wählerinteressen. Bei realitätsnäheren Annahmen entstehen aber ungleichgewichtige Wählereinflüsse und diskretionäre Spielräume, weshalb Politiker und Bürokraten Eigeninteressen verfolgen können.[6]

Diskretionäre Spielräume für Politiker kommen u.a. dadurch zustande, daß die Wähler Politikerverhalten nicht fortlaufend kontrollieren und bewerten können. Wahlen finden nur in bestimmten Zeitabständen statt, zwischen den Wahlterminen ergeben sich Spielräume. Auch sind Probleme oft komplex, ihre Lösung entzieht sich deshalb einer einfachen Bewertung durch die Wähler. Diese stehen zu-

---

[1] Es wird auch von „Public Choice" oder „Neuer Politischer Ökonomie" gesprochen.

[2] Vgl. Blankart, Charles B. (1998): Öffentliche Finanzen in der Demokratie, S. 9-17.

[3] Vgl. Kirsch, Guy (1993): Neue Politische Ökonomie, S. 284-285.

[4] Vgl. Downs, Anthony (1957): An Economic Theory of Democracy, S. 28-35.

[5] Diese Annahmen umfassen eindimensionale Parteiprogramme, Existenz von nur zwei Parteien, Politiker handeln als Stimmenmaximierer, Wähler entscheiden aufgrund ihrer Präferenzen, vollständige Information von Wählern und Politikern, permanent stattfindende Wahlen bei einer Wahlbeteiligung von 100 %. (Vgl. Blankart, Charles B. (1998): Öffentliche Finanzen in der Demokratie, S. 117).

[6] Vgl. zu den Ausführungen über Gründe für diskretionäre Handlungsspielräume von Politikern Blankart, Charles B. (1998): Öffentliche Finanzen in der Demokratie, S. 14-15; 118-119.

dem vor dem Problem, die für die Bewertung notwendigen Informationen zu erlangen, und sind dabei auf die Informationen von Politikern (und Bürokraten) angewiesen.

Um gewählt zu werden, müssen Politiker Wählerpräferenzen erkennen und in politische Programme umsetzen. Wählergruppen, die sich besser organisieren und artikulieren können, haben eine größere Chance, daß ihre Präferenzen wahrgenommen und umgesetzt werden. Insbesondere große Gruppen mit geringen Ressourcen haben aber Schwierigkeiten, sich zu organisieren (Olson-Dilemma).[1] Diese Schwierigkeiten gehen auf hohe Organisationskosten und den Anreiz zum „Schwarzfahren“ zurück, der aufgrund der relativ geringen Anteile der einzelnen Gruppenmitglieder an den Gesamtkosten entsteht.[2]

Bei der Vorbereitung und Umsetzung politischer Entscheidungen spielt die Bürokratie eine große Rolle. Entsprechend der ökonomischen Theorie der Bürokratie (Niskanen) besitzen Bürokraten aufgrund ihres Fachwissens einen Informationsvorsprung vor Politikern und Wählern, den sie im eigenen Interesse nutzen.[3] Dabei sind sie einerseits an der Maximierung des von ihnen verwalteten Budgetvolumens interessiert, weil dieses Einkommen und Aufstiegschancen bestimmt, andererseits auch an einem größtmöglichen diskretionären Budget, das sich aus der Differenz zwischen dem Budgetansatz und den Ausgaben bei kostenminimaler Produktion der öffentlichen Güter ergibt.[4] Diesen Zielen gemäße Verhaltensstrategien führen zu einer Budget- und Aufgabenausweitung über das von den Bürgern gewünschte Maß hinaus sowie zu einer Leistungserstellung, die nicht optimal ist. Diese Ineffizienz kann um so besser reduziert werden, je ausgeprägter die Möglichkeiten und Anreize zur Kontrolle durch Politiker und Wähler sind[5] und je wahrscheinlicher die Ausübung der Exit-Option, d.h. die Abwanderung der Bürger, ist.

Als Ergebnis ist festzuhalten, daß die politischen Entscheidungen sowie deren Umsetzung von den Wählern und ihren Interessengruppen, den gewählten Politikern und der Bürokratie bestimmt werden. Diese Gruppen gehören auf jeder Ebene zum Kreis der Entscheider. Für die Ebenen der Europäischen Union und die Kommunen ergeben sich folgende Besonderheiten:

---

[1] Vgl. Olson, Mancur (1968): Die Logik kollektiven Handelns, S. 42-49 sowie Olson, Mancur (1991): Umfassende Ökonomie, S. 67-69. Zum Begriff „Olson-Dilemma“ vgl. Woll, Artur (1993): Wirtschaftslexikon, S. 525.

[2] Vgl. Olson, Mancur (1968): Die Logik kollektiven Handelns, S. 43, 45-47.

[3] Vgl. grundlegend Niskanen, William A (1971): Bureaucracy and Representative Government, S. 5-42.

[4] Vgl. Frey, Bruno S. (1980): Ökonomische Theorie der Politik, S. 663-664.

[5] Vgl. Klodt, Henning; Stehn, Jürgen et al. (1992): Die Strukturpolitik der EG, S. 46-47.

Die dezentrale, kommunale Ebene ist gekennzeichnet durch Problemnähe sowie kurze Informations- und Entscheidungswege. Aufgrund des relativ hohen Gewichts der einzelnen Wählerstimme ist der Anreiz zu wählen hoch. Durch den Wettbewerb mit anderen lokalen Gebietskörperschaften sind diskretionäre Handlungsspielräumen von Politikern und Bürokraten ebenfalls eingeschränkt. Auch aus der Sicht der ökonomischen Theorie der Politik ist die dezentrale Ebene daher bei der Kompetenzzuordnung zu bevorzugen.[1] Bei der Durchsetzung von Wählerinteressen auf kommunaler Ebene gibt es dennoch Probleme. Hier ist insbesondere der Einfluß lokaler Interessengruppen, die sich aufgrund ihrer Eigenschaften als kleiner Gruppe besonders gut organisieren können, zu nennen, aber auch die Intransparenz von Verantwortlichkeiten wegen der Aufgabenverflechtung mit übergeordneten Ebenen sowie mangelndes Wählerinteresse wegen eingeschränkter lokaler Handlungsspielräume.[2] Die beiden zuletzt genannten Probleme sind konkret auf die Ausgestaltung des föderativen Systems in der Bundesrepublik Deutschland zurückzuführen und grundsätzlich behebbar.

Auf der Ebene der Europäischen Union sind insbesondere die mangelnden Kontroll- und Einflußmöglichkeiten der Wähler im Hinblick auf präferenzgerechte Entscheidungen und effiziente Aufgabenerfüllung problematisch.[3] Eine Ursache hierfür sind Informationsdefizite, die wegen der Entfernung dieser Ebene, der Nichtöffentlichkeit entscheidender Ratssitzungen sowie der komplexen Entscheidungs- und Abstimmungsverfahren bestehen. Hinzu treten der ohnehin geringe Einfluß eines einzelnen Wählers sowie das demokratische Defizit im Entscheidungsverfahren. Dieses beruht darauf, daß Entscheidungen auf der EU-Ebene nur indirekt durch die Wähler legitimiert sind.[4] Die Exit-Möglichkeiten für die Bürger sind außerdem gering. Aus Sicht der ökonomischen Theorie der Politik sollte da-

---

[1] Vgl. Postlep, Rolf-Dieter und Döring, Thomas (1996): Entwicklungen in der ökonomischen Föderalismusdiskussion und im föderativen System der Bundesrepublik Deutschland, S. 10-11.

[2] Vgl. Gaßmann, Uwe (1993): Kommunale Ausgaben als Ergebnis politisch-ökonomischer Entscheidungsprozesse, S. 236-240.

[3] Vgl. Klodt, Henning; Stehn, Jürgen et al (1992): Die Strukturpolitik der EG, S. 46-48. Die Autoren verweisen weiterhin auf die der Organisation innewohnende „X-Ineffizienz", bei der die Ineffizienz der nationalen Regierungen kumuliert. Beispielsweise können anstehende Wahlen in einem Mitgliedstaat nicht nur Entscheidungen in diesem Mitgliedstaat, sondern auch auf der EU-Ebene verzögern. Bei nunmehr 15 Mitgliedstaaten kann dies ein erhebliches Verzögerungspotential darstellen.

[4] Durch Ratsentscheidungen, insbesondere solche mit Mehrheit, und die zunehmende Mitentscheidung des Europäischen Parlaments schwindet der Einfluß der demokratisch legitimierten nationalen Parlamente. Das Europäische Parlament kann eine vollständige demokratische Legitimierung noch nicht leisten, da es nur eingeschränkt *mit*entscheidet und Wählerinteressen in ihm national ungleichgewichtig vertreten sind. (Vgl. zum demokratischen Defizit Piepenschneider, Melanie (1995): Europa der Bürger, S. 136-138. Zur Rekrutierung des Europäischen Parlaments vgl. Schmuck, Otto (1997): Europäisches Parlament, S. 184.)

her eine Kompetenzzuordnung auf diese Ebene vermieden werden, es sei denn, sie führt dazu, daß durch lokale und nationale Interessengruppen verursachte Verkrustungen aufgebrochen werden.[1]

Der politische Einfluß etablierter nationaler Interessengruppen kann durch Kompetenzverlagerung auf die EU beschnitten werden, weil dadurch die bestehenden Kontakte und Einflußmöglichkeiten gestört werden. Verschiedene nationale Interessengruppen stehen zunächst einmal in Wettbewerb miteinander, die Organisation supranationaler Interessengruppen braucht Zeit. Die Organisation supranationaler Interessengruppen ist um so schwieriger, je stärker die Präferenzen der nationalen Interessengruppen variieren und je größer die Gruppe ist.[2] Sind jedoch Interessengruppen europaweit eher homogen, liegt eine Zentralisierung von Kompetenzen in ihrem Interesse. Denn hier liegen die Informationskosten der Wähler höher, was deren Informations- und Kontrollanreize schwächt, und es bestehen kaum Ausweichmöglichkeiten durch Abwanderung. Außerdem sinken die Organisationskosten homogener Verbände eher, soweit das „Freifahrerproblem" überwunden wird. An die Stelle nationaler Interessengruppen können europäische treten.[3]

Aus Sicht der ökonomischen Theorie der Politik sollten staatliche Kompetenzen soweit wie möglich dezentralisiert werden, wobei eine klare Aufgabenabgrenzung und Trennung von Verantwortlichkeiten zu beachten ist. Ein Höchstmaß an Transparenz und Information ist zu fordern. Das Subsidiaritätsprinzip und das Prinzip der fiskalischen Äquivalenz werden zusätzlich zu wohlfahrtstheoretischen Begründungen durch politökonomische Argumente gestützt. Lediglich die Wirkung von Interessengruppen kann in diesem Zusammenhang eine eindeutige Zuordnung von Kompetenzen erschweren. Eine Zusammenfassung der theoretischen Kriterien enthält die Abbildung 4.

---

[1] Vgl. Klodt, Henning; Stehn, Jürgen et al. (1992): Die Strukturpolitik der EG, S. 48-49. Als Beispiel für das Aufbrechen von Verkrustungen wird hier der vollständige Abbau der Binnenzölle für gewerbliche Erzeugnisse nach der Übertragung handelspolitischer Kompetenzen auf die EG genannt. Vgl. auch Vaubel, Roland (1992): Die politische Ökonomie der wirtschaftspolitischen Zentralisierung in der Europäischen Gemeinschaft, S. 43: „die EG hätte dann ... den nationalen Regierungen als Sündenbock für die von ihnen gewünschte Deregulierung gedient."

[2] Vgl. Klodt, Henning; Stehn, Jürgen et al. (1992): Die Strukturpolitik der EG, S. 49; in Anlehnung an die Argumentation von Olson, Mancur (1991): Aufstieg und Niedergang von Nationen.

[3] Vgl. Vaubel, Roland (1992): Die politische Ökonomie der wirtschaftspolitischen Zentralisierung in der Europäischen Gemeinschaft, S. 38. (Die Europäische Agrarpolitik ist der Beispielfall.)

Abbildung 4: Übersicht der zugrundeliegenden theoretischen Kriterien

Subsidiaritätsprinzip: Vorrang dezentraler Aufgabenerfüllung	
Argumente für dezentrale Aufgabenerfüllung	Argumente für zentrale Aufgabenerfüllung
– regional/lokal unterschiedliche Präferenzen – negative Skaleneffekte – geringere Informations-, Verwaltungs- und Kontrollkosten (in der Leistungserstellung) – dezentraler Wettbewerb – geringere Entscheidungsfindungskosten – bessere Kontrollmöglichkeiten für Wähler	– positive Skaleneffekte – „Subventionskonkurrenz" – Aufbrechen von „Verkrustungen"
Prinzip der fiskalischen Äquivalenz: Äquivalenz von Nutzen-, Zahler- und Entscheiderkreis	
– Aufgabenerfüllung entsprechend dem Nutzenkreis, keine wesentlichen externen Effekte: d.h. dezentrale Aufgabenerfüllung bei vorwiegend lokalem Nutzenkreis, bei überregionalem Nutzenkreis zentrale Aufgabenerfüllung oder, soweit möglich, dezentrale Alternativlösungen (z.B. Verhandlungen) – klare Aufgabenabgrenzung – Konnexitätsprinzip: Ausgabenverantwortung folgt Aufgabenverantwortung – Einnahmenautonomie	
Voraussetzung für wohlfahrtstiftenden Wettbewerb durch **Mobilität** zwischen Gebietskörperschaften ist die Einhaltung des Prinzips der (gruppenmäßigen) fiskalischen Äquivalenz.	

Quelle: Eigene Darstellung.

Abschnitt 3: Zur Rolle der deutschen kommunalen Ebene in der Europäischen Union aus ökonomischer Sicht

Die Theorien, die der ökonomischen Bewertung zugrunde liegen, wurden im vorhergehenden Abschnitt 2 vorgestellt. Aus dieser ökonomischen Sicht sollen nun die wesentlichen institutionellen Strukturen beleuchtet werden, in welche die Kommunen eingebunden sind, damit die tatsächlichen Einwirkungen der EU auf kommunale Handlungsfelder, die anschließend ausführlich erläutert werden, besser eingeordnet werden können. Zunächst wird auf die schwache Stellung der Kommunen im deutschen und europäischen Rechtssystem eingegangen.

A. Die schwache Stellung der Kommunen im deutschen und europäischen Rechtssystem

Ausgangspunkt für die ökonomische Betrachtung sind die grundsätzlichen Bestimmungen über die institutionelle Verankerung der kommunalen Ebene und über den Schutz ihrer Handlungsspielräume. Dabei wird auf den einführenden Abschnitt 1 (Punkte B. und C.) zurückgegriffen. In der ökonomischen Interpretation wird vor allem auf nationale Bestimmungen Bezug genommen, da die Rolle der Kommunen immer noch grundlegend von ihrer nationalen Verankerung bestimmt wird und die europäische Ebene sich erst allmählich herausbildet. Europarechtliche Vorschriften sind jedoch eng mit nationalen Bestimmungen verwoben und gewinnen zunehmend an Bedeutung. Zunächst soll sich der verfassungsrechtlichen Verankerung der kommunalen Ebene zugewendet werden.

Nach deutschem Verfassungsrecht sind die Kommunen keine vollständig ausgestaltete staatliche Ebene. Diese Ebene ist jedoch demokratisch legitimiert und muß unter politischen, administrativen und finanziellen Gesichtspunkten als staatliche Ebene betrachtet werden.[1] Dies gilt insbesondere bei einer Betrachtung der kommunalen Ebene aus ökonomischer Sicht.[2]

Die verfassungsmäßige Zuständigkeit der Kommunen für „alle Angelegenheiten der örtlichen Gemeinschaft“ nach Art. 28 Abs. 2 GG entspricht der ökonomisch definierten Aufgabe, für das Angebot von öffentlichen Gütern mit lokalem Nutzenkreis zu sorgen. Gegen einen „Rahmen der Gesetze“ (Art. 28 Abs. 2 GG), der aus nationalen und europäischen Rechtsnormen gebildet werden kann, ist prinzipiell nichts einzuwenden. Denn kommunale Handlungsspielräume, die aus allokativen Gründen notwendig sind, sollten begrenzt werden können, wenn erhebliche externe Effekte (beispielsweise in der Verteilungspolitik) auftreten.[3] In diesem Zusammenhang ist jedoch kritisch zu beurteilen, daß den Gemeinden kein konkreter Aufgabenkatalog zugeteilt wurde. Diese Ausgestaltung bietet zwar auf der einen Seite die Möglichkeit, sich aller auftuenden Angelegenheiten der örtlichen Gemeinschaft anzunehmen, und enthält eine große Flexibilität. Auch sind Änderungen in der Aufgabenverteilung zwischen den Ebenen leicht möglich, beispielsweise wenn höhere Mobilität zu steigenden externen Effekten führt und sich

---

[1] Vgl. Böhret, Carl und Frey, Rainer (1982): Staatspolitik und Kommunalpolitik, S. 12.

[2] Vgl. beispielsweise Peffekoven, Rolf und Kirchhoff, Ulrike (1997): Deutscher und Europäischer Finanzausgleich im Lichte des Subsidiaritätsprinzips, S. 116-118.

[3] Vgl. ausführlich Postlep, Rolf-Dieter (1993): Gesamtwirtschaftliche Analyse kommunaler Finanzpolitik, S. 238-242.

deshalb eine Aufgabenzuordnung auf eine höhere Ebene anbietet. Auf der anderen Seite ist aber, solange ein - schwierig zu definierender - Kernbereich verbleibt, der Eingriff in alle kommunalen Aufgaben möglich. Diese Konstruktion kann faktisch zu einer Aushöhlung führen, da im konkreten Fall nachzuweisen wäre, warum gerade in diese Aufgabe nicht eingegriffen werden sollte.

Folgt man der Logik der ökonomischen Theorie der Politik, so haben die Politiker (und Bürokraten) übergeordneter Ebenen ein Eigeninteresse daran, Kompetenzen an sich zu ziehen, woran sie aufgrund der verfassungsmäßigen Konstruktion (einschließlich der wenig ausgeprägten Mitwirkungsrechte) nur ungenügend gehindert werden. Grenzen werden allenfalls durch Gerichte und die Bürger gesetzt. Tatsächlich werden in Deutschland zunehmend kommunale Kompetenzen ausgehöhlt.[1]

Kommunale Handlungsspielräume sind im deutschen Verfassungsrecht durch das Prinzip der kommunalen Selbstverwaltung (Art. 28 Abs. 2 GG) geschützt. Den Gemeinden muß danach das Recht gewährleistet sein, ihre Angelegenheiten in „eigener Verantwortung“ zu regeln. Wegen der aus ökonomischer Sicht erforderlichen Einnahmenautonomie ist es zu begrüßen, daß die Gewährleistung der Selbstverwaltung nach Art. 28 Abs. 2 S. 3 GG auch die finanzielle Eigenverantwortung umfaßt. Diese wird beispielsweise durch Hebesatzrechte auf die Realsteuern konkretisiert. Das Prinzip der kommunalen Selbstverwaltung wurde aber nicht mit einer „Ewigkeitsgarantie“[2] versehen und ist dem EU-Recht untergeordnet.

Die Europäische Union steht als noch relativ schwach ausgeprägte obere Ebene verschieden aufgebauter Mitgliedstaaten am Anfang ihrer institutionellen Entwicklung. Sie nimmt daher auf die Kommunen direkt wenig Bezug. Von einer „Kommunalblindheit“[3] in den Verträgen kann jedoch nicht mehr gesprochen werden.[4] Entwicklungsschritte zu einem „Europa der Kommunen“, „dem Modell einer dezentralen Europäischen Union, das - mit den kommunalen Gebietskörper-

---

[1] Vgl. dazu etwa Peffekoven, Rolf und Kirchhoff, Ulrike (1997): Deutscher und europäischer Finanzausgleich im Lichte des Subsidiaritätsprinzips, S. 118-119; o.V. (1996): Strukturfragen der finanziellen Sicherung der kommunalen Selbstverwaltung. Eine Dokumentation zur Anhörung des Innenausschusses des Deutschen Bundestages am 24. Juni 1996, S. 517-526; weitere Hinweise in Teil 5, Abschnitt 1, Punkt B.

[2] Art. 79 Abs. 3 GG in Verbindung mit Art. 28 Abs. 2 GG. Das Prinzip der kommunalen Selbstverwaltung gehört nicht zu den Bestandteilen des Grundgesetzes, die nicht geändert werden dürfen. Vgl. auch Teil 1, Abschnitt 1, Punkt B. I.

[3] Vgl. Faber, Angela (1991): Die Zukunft kommunaler Selbstverwaltung und der Gedanke der Subsidiarität in den Europäischen Gemeinschaften, S. 1127.

[4] Vgl. Stober, Rolf (1996): Kommunalrecht in der Bundesrepublik Deutschland, S. 19. Stober verweist auf die explizite Nennung der lokalen Gebietskörperschaften beispielsweise in Art. 8b, 104a, 104b, 129b, 198a EGV.

schaften als Grundeinheiten - von unten nach oben aufgebaut ist"[1], sind bereits sichtbar.[2]

Die Verträge, die der EU zugrunde liegen, enthalten kein dem deutschen Recht entsprechendes Prinzip der kommunalen Selbstverwaltung. Ein Schutz kommunaler Handlungsspielräume in der EU könnte jedoch indirekt dadurch gegeben sein, daß die Entscheidungen entsprechend dem Subsidiaritätsprinzip möglichst bürgernah getroffen werden sollen (Präambel EUV). Ein funktionierendes Subsidiaritätsprinzip würde auch die bürgernächste, kommunale Ebene schützen.[3] Außerdem hat die Union die nationale Identität der Mitgliedstaaten zu achten (Art. F EUV). Ihre Aufgaben sind zudem vertraglich begrenzt.

Trotz dieser Vorschriften gilt das Prinzip der kommunalen Selbstverwaltung aus dem deutschen Verfassungsrecht als nicht „europafest".[4] Interessanterweise sind im Vergleich zur deutschen Situation auf der EU-Ebene jedoch stärkere Mitwirkungs- und Konsultationsrechte für die Kommunen installiert. Hier ist die kommunale Ebene durch den Ausschuß der Regionen[5] in einer eigenen, beratenden Institution vertreten.

Sofern der „Rahmen der Gesetze" (nach Art. 28 Abs. 2 GG) kommunale Belange berührt, könnten verstärkte kommunale Mitwirkungsrechte daran erforderlich und sinnvoll sein, um ein gesundes Maß der Kompetenzabgrenzung zu erreichen. Solche formalen Mitwirkungsrechte sind auf der EU-Ebene stärker ausgeprägt als im nationalen Kontext. Andererseits könnten derartige Mitwirkungsrechte die Politikverflechtung und die mit ihr verbundenen Nachteile, beispielsweise die Verzögerung von notwendigen Entscheidungen, verstärken. Deshalb dürfte einem stärkeren Schutz autonomer Handlungsmöglichkeiten gegenüber verstärkten Mitwirkungsrechten der Vorrang einzuräumen sein.

In der institutionellen Ausgestaltung der kommunalen Ebene sind positive Elemente, die vom Ansatz her Handlungsspielräume eröffnen, enthalten. Dazu gehören die grundsätzliche Allzuständigkeit der Kommunen für die Angelegenheiten der örtlichen Gemeinschaft und die normierte Einnahmenautonomie. Gleichzeitig

---

1 Heberlein, Horst (1995): Europa der Kommunen, S. 9.

2 Vgl. ausführlich Heberlein, Horst (1995): Europa der Kommunen. Beispiele dafür sind ein kommunales Wahlrecht für EU-Bürger (Art. 8b EGV) oder die Vertretung lokaler Gebietskörperschaften im Ausschuß der Regionen (Art. 198a EGV). Auf diese Elemente wird später eingegangen.

3 Das Subsidiaritätsprinzip ist in Art. B EUV und Art. 3b EGV normiert. Vgl. umfassend zum Schutz kommunaler Handlungsspielräume durch das Subsidiaritätsprinzip Teil 5, Abschnitt 1, Punkt A.

4 Vgl. Teil 1, Abschnitt 1, Punkt B. I. und C. III.

5 Vgl. dazu ausführlich Teil 5, Abschnitt 2, Punkt A.

bestehen aber die schon beschriebenen großen Schwächen. Um diese zu beseitigen, wäre zu überlegen, ob nicht die Kommunen als vollwertige Ebene ausgestaltet und gemeindliche Kompetenzen durch einen expliziten Kompetenzkatalog stärker geschützt werden sollten.[1] In diesem Zusammenhang wird immer wieder gefordert, kommunale Mitwirkungs- und Zustimmungsrechte auf nationaler Ebene stärker zu verankern.[2] Diese vorrangig national zu entscheidenden Fragen sollen hier nicht weiter verfolgt werden.

Die Stellung der Kommunen in der EU ist mit der institutionellen Entwicklung der Union verknüpft. Wird diese Entwicklung vorangetrieben, so muß die Frage der Stellung der Kommunen geklärt werden. Das Zwischenstadium, in dem sich die Union befindet, wirft viele Fragen auf und beinhaltet fast zwangsläufig Unstimmigkeiten. Die Wirksamkeit des bestehenden Schutzes kommunaler Handlungsspielräume wird in Teil 5 der Arbeit ausführlicher behandelt, nachdem die Notwendigkeit eines derartigen Schutzes anhand der konkreten Betroffenheit der Kommunen und den daraus resultierenden Problemen herausgearbeitet wurde. Die auf europäischer Ebene verankerten Mechanismen, die kommunale Handlungsspielräume schützen könnten, und die aktiven Mitwirkungsmöglichkeiten der Kommunen werden dort mit Blick auf die Probleme, die aus den Einwirkungen der EU resultieren, genauer erläutert.

Hingewiesen sei noch einmal darauf, daß kommunale Handlungsspielräume nicht nur durch diese institutionellen Faktoren bestimmt werden, sondern auch pro-

---

[1] Diese Überlegung lehnt sich an Scharpf an. Scharpf verweist auf die Gefahr der Aushöhlung einer umfassenden, nicht konkret bestimmten Kompetenz, bezieht sich allerdings auf die Kompetenzabgrenzung zwischen Bund und Ländern. Er plädiert deshalb für eine bipolare Kompetenzordnung, in der auch die Kompetenzen der untergeordneten Ebene explizit definiert werden und dadurch besser geschützt werden können. (Vgl. Scharpf, Fritz W. (1994): Kann es in Europa eine stabile föderale Balance geben, S. 126-127.) Analoge Überlegungen können für die Gemeinden angestellt werden, da diese ebenfalls über keinen explizit geschützten Aufgabenkatalog verfügen und ihre Kompetenzen durch einen immer enger gesetzten Rahmen der Gesetze beschnitten wurden.

[2] Beispielsweise plädierte die Präsidentin des Deutschen Städtetags, Petra Roth, für die Einrichtung von Gemeindekammern in allen Bundesländern und eine stärkere Verankerung der kommunalen Rechte auf der Bundesebene. Dabei verwies sie auf das Beispiel Österreich, wo nach kürzlich beschlossenem Verfassungszusatz Gesetze, die Städte und Gemeinden betreffen, nicht ohne deren Zustimmung verabschiedet werden dürfen. Vgl. dazu o.V. (1997): Kommunen wollen an Gesetzgebung beteiligt werden, S. 4. Vgl. auch o.V. (1996): Strukturfragen der finanziellen Sicherung der kommunalen Selbstverwaltung. Eine Dokumentation zur Anhörung des Innenausschusses des Deutschen Bundestages am 24. Juni 1996, S. 520; zu Überlegungen in den 70er Jahren Mombaur, Peter Michael (1994): Kommunalpolitik in der Europäischen Union, S. 9.

blem- und aufgabenspezifische Faktoren[1] eine Rolle spielen. Inwieweit die Kommunen aufgrund ihrer rechtlich schwachen Stellung durch EU-Einwirkungen wirklich an Aufgaben und Einnahmen verlieren, muß genauer untersucht werden.

B. Bedeutungsverlust der Kommunen in der Konkurrenz der staatlichen Ebenen um öffentliche Aufgaben und Einnahmen?

Die EU entwickelt sich Schritt für Schritt zu einer neuen staatlichen Ebene im föderativen System. Dieser Ebene wurden im Verlauf ihrer Geschichte immer mehr Aufgaben übertragen. Eine ökonomische Begründung dafür könnte sein, daß eine wachsende Zahl von Aufgaben einen übernationalen Nutzenkreis haben, die dann sinnvollerweise auf der supranationalen Ebene wahrgenommen werden sollten. Zunehmende internationale Verflechtung und Mobilität können erhebliche externe Effekte verursachen und eine Aufgabenzuordnung auf die übergeordnete Ebene sinnvoll erscheinen lassen. Typische Beispiele dafür sind eine gemeinsame Außenhandels- und Wettbewerbspolitik, die Bemühungen zur Schaffung eines Binnenmarktes und europaweite Umweltprobleme.

Da eine Ebene hinzugekommen ist, aber keine abgeschafft wurde, teilen sich immer mehr Ebenen den Bestand an öffentlichen Aufgaben. Diese Tatsache bedingt automatisch einen *relativen* Bedeutungsverlust aller anderen föderativen Ebenen zusammen.

Aus ökonomischer Sicht könnte die Gliederung in mehr staatliche Ebenen zu einer besseren Abstimmung mit den Nutzenkreisen der angebotenen Güter und damit zu Effizienzgewinnen führen. Die Unterhaltung und Ausgestaltung mehrerer Ebenen ist aber institutionell aufwendig.

Ein zunehmender Bestand öffentlicher Aufgaben könnte eine zusätzliche Ebene ebenso rechtfertigen. Der Bestand an Aufgaben hat mit der Entwicklung vom klassischen Ordnungsstaat zum Wohlfahrtsstaat wegen der Übernahme sozial- und umweltpolitischer Aufgaben immer mehr zugenommen, was sich auch in einem wachsenden Staatsanteil zeigte. Seit einigen Jahren wird aber versucht, diesen Bestand zurückzuführen. Privatisierungen in verschiedenen Bereichen werden vorgenommen.

Geht man von einem relativ festen Bestand öffentlicher Aufgaben aus, so konkurrieren immer mehr Ebenen, insbesondere die Politiker und Bürokraten dieser

---

[1] Beispielsweise können die im Vergleich zu anderen staatlichen Ebenen wesentlich umfangreicheren Investitionsausgaben zeitlich flexibler gestaltet werden. Viele gemeindliche Aufgaben sind gebührenfähig, was Handlungsspielräume über die Gebührengestaltung eröffnet.

Ebenen, um die Wahrnehmung öffentlicher Aufgaben. Nach ökonomischer Logik müßte die EU, wie bereits ausgeführt, Aufgaben des übernationalen oder überregionalen Nutzenkreises zugewiesen bekommen, die vorher typischerweise auf den Ebenen von Bund und Ländern wahrgenommen wurden. Dadurch dürften die Aufgaben der Gemeinden selbst kaum berührt sein. Bund und Länder könnten aber versuchen, ihren Aufgabenverlust durch die Übernahme gemeindlicher Aufgaben zu kompensieren. Die relativ schwache institutionelle Stellung der Kommunen könnte dies begünstigen. Der natürliche Aufgabenbestand der Kommunen dürfte dabei allerdings nicht auf die EU übergehen. Eine wichtige Aufgabe der übergeordneten Ebenen besteht jedoch in der Setzung des Rahmens für gemeindliche Tätigkeit, der wiederum gemeindliche Handlungsspielräume auf den kommunalen Handlungsfeldern bestimmt. Diese Aufgabe geht langsam auf die EU über. Wie später festzustellen sein wird, ergeben sich viele Berührungspunkte zwischen kommunaler Tätigkeit und der EU daraus, daß Aufgabenbereiche übergeordneter und lokaler Ebenen miteinander verflochten sind. Teilweise greift die EU aber auch in typische Gemeindeaufgaben mit lokalem Nutzenkreis ein.

Aufgaben werden auf der EU-Ebene vor allem durch Rechtsetzung erfüllt, aber auch durch einen, wenn auch noch auf einem geringen Niveau, wachsenden Haushalt. Diese Entwicklung drückt sich auch in einem wachsenden Anteil der Einnahmen der EU[1] an den Einnahmen der föderativen Ebenen aus. (Vgl. die Tabelle 2.)

Aus der relativen Einnahmeentwicklung läßt sich kein Bedeutungsverlust der Gemeinden erkennen. Statt dessen gehen die durch wachsende EU-Anteile bedingten relativen Verluste fast vollständig zu Lasten des Bundes und der Länder, wenn der gesamte Zeitraum von 1975 bis 1995 betrachtet wird. Diese Ergebnisse entsprechen der Überlegung, daß die EU vor allem Aufgaben von Bund und Ländern übernimmt und mit ihnen auch entsprechende Anteile an den Einnahmen. Die EU selbst verfügt jedoch kaum über Einnahmenautonomie. Das Haushaltsvolumen der EU wird durch die Festsetzung von Obergrenzen durch die Mitglied-

---

[1] Die hier verwandten bereinigten Einnahmen sind Einnahmen nach Abzug haushaltstechnischer Verrechnungen sowie von der gleichen Ebene empfangenen Zahlungen. Sie sagen aus, welche Einnahmen zur Deckung der Ausgaben für die Aufgabenerfüllung bereitstanden. (Vgl. dazu Statistisches Bundesamt (1998): Fachserie 14. Reihe 3.3., S. 6.) Der EU-Anteil beinhaltet die deutschen Zahlungen an die EU. Er wird erst ab 1974 explizit ausgewiesen. (Vgl. Statistisches Bundesamt (1998): Fachserie 14. Reihe 3.1, S. 5, 11, 14.) Die Zahlen in Tabelle 2 sollen das finanzielle Gewicht der einzelnen Ebenen näherungsweise abbilden. Da ein Teil der Ausgaben von Bund, Ländern und Gemeinden durch Kreditaufnahme finanziert wird, würde eine Betrachtung der Ausgaben das Bild verfälschen. Die Inzidenzwirkung der Ausgaben (einschließlich der Problematik der deutschen Nettozahlerposition) wird nicht betrachtet. Zur Vergleichbarkeit der Daten siehe auch die folgende Fußnote.

staaten beschränkt. Mit der Kompetenzzuordnung wurden also auch Einnahmen (relativ geringen Volumens) übertragen.

Tabelle 2: Einnahmen der Ebenen

Bereinigte Einnahmen* in Mill. DM								
Jahr	***EU***		***Bund***		***Länder***		***Gemeinden***	
1975	6.256	1,8%	125.141	35,4%	126.395	35,8%	95.457	27,0%
1980	11.531	2,2%	189.949	35,6%	186.209	34,9%	145.768	27,3%
1985	16.178	2,5%	236.546	36,4%	226.201	34,8%	170.212	26,2%
1990	22.028	2,7%	287.488	35,8%	280.239	34,9%	214.002	26,6%
1995	40.158	3,2%	439.336	34,8%	444.722	35,2%	339.723	26,9%
*ohne Sondervermögen des Bundes und Sozialversicherung, Gemeinden einschließlich Gemeindeverbände und Zweckverbände								

Quelle: Statistisches Bundesamt (1998): Fachserie 14. Reihe 3.1.
Rechnungsergebnisse des öffentlichen Gesamthaushalts 1995, S. 14; eigene Berechnungen.[1]

Die eigenen Haushalte der Ebenen bilden nur in begrenztem Maße den Einfluß dieser Ebene und die eigenbestimmte Aufgabenerfüllung ab.[2] Insbesondere über die Rechtsetzung gewinnt die EU Einfluß und kann dabei die Erfüllung öffentlicher Aufgaben vorsehen und die Haushalte der anderen Ebenen finanziell be- oder entlasten. Deshalb muß im Detail untersucht werden, inwieweit die EU die ihr vertraglich übertragenen Kompetenzen ausfüllt und welcher Instrumente sie sich dabei bedient, um konkrete Auswirkungen für kommunale Handlungsspielräume auf den Handlungsfeldern feststellen und aus ökonomischer Sicht bewerten zu können. Dieser Untersuchung ist insbesondere der folgende Teil 2 gewidmet.

---

[1] Zur Vergleichbarkeit der Daten vgl. Statistisches Bundesamt (1998): Fachserie 14. Reihe 3.1 Rechnungsergebnisse des öffentlichen Gesamthaushalts 1995, S. 9-10. Die Sondervermögen wurden in der Aufstellung herausgelassen, weil sie aufgrund statistischer Veränderungen in den 90er Jahren nur stark eingeschränkt vergleichbar sind. Die Rechnungsergebnisse der Gemeinden und Gemeindeverbände wurden teilweise erheblich durch die Ausgliederung von Einrichtungen beeinflußt. Beide Effekte wirken, was die relativen Anteile betrifft, in unterschiedliche Richtungen und kompensieren sich in gewissem Maße.

[2] Vgl. hierzu Zimmermann, Horst und Henke, Klaus-Dirk (1994): Finanzwissenschaft, S. 180, 23-27; auch Zimmermann, Horst (1973/74): Die Ausgabenintensität der öffentlichen Aufgabenerfüllung, S. 1-9.

Teil 2: Unmittelbare Betroffenheit der Kommunen durch die Politik der Europäischen Union

Zur Vorstrukturierung: Berührungspunkte zwischen Politikbereichen der Europäischen Union und kommunalen Handlungsfeldern

In diesem Abschnitt soll ein erster Überblick über Berührungspunkte zwischen Politikbereichen der Europäischen Union und kommunaler Tätigkeit gewonnen werden. Dazu werden die Aufgabenbereiche der EU anhand der Verträge (Vertrag von Maastricht, EG-Vertrag sowie EGKS- und Euratom-Vertrag) auf Berührungspunkte mit kommunalen Handlungsfeldern, d.h. mit dem kommunalen Entscheiderkreis, den Aufgaben, der Leistungserstellung und den Einnahmen, untersucht. Unerheblich ist es zunächst, ob die EU nur über die Rechtsetzung oder auch eigene Ausgaben wirkt.

Diese Vorgehensweise wird gewählt, weil im Gegensatz zur gemeindlichen Allzuständigkeit die Kompetenzen der Gemeinschaft durch Einzelermächtigung bestimmt werden und grundsätzlich in einem Aufgabenkatalog enthalten sind.[1] Dieses Herangehen entspricht auch dem Wirkungsverlauf bei der Aufgabenwahrnehmung, der in der Regel von der Ebene der Europäischen Union ausgeht.

Die Tabelle 3 bietet eine Gesamtübersicht über Verbindungen zwischen den Aufgabenbereichen der Europäischen Union und den Kommunen. In der ersten Spalte der Tabelle wurde der Aufgabenkatalog der EU gemäß dem Vertrag über die Europäische Union (Art. B EUV) und der Gliederung in Art. 2 und 3 EGV aufgeführt. In Spalte 2 wird auf die spezifischen Rechtsgrundlagen in den Verträgen hingewiesen. In den Spalten 3 und 4 werden den Politikbereichen der EU die Felder und die Art kommunaler Betroffenheit[2] gegenübergestellt.[3] Auf die einzelnen Bereiche der kommunalen Betroffenheit wird in den folgenden Abschnitten genauer eingegangen. Hier sollen die Berührungspunkte zwischen der Politik der

---

[1] Häufig wurden Aufgaben bereits über die Ausnahmebestimmung des Art. 235 EGV wahrgenommen, bevor sie explizit in den Aufgabenkatalog des Vertrages aufgenommen wurden. Mittlerweile ist dieser Aufgabenkatalog sehr umfassend, so daß die Bedeutung des Art. 235 EGV abnimmt.

[2] Vgl. zur Systematisierung kommunaler Handlungsfelder und zu den bestehenden Handlungsspielräumen Teil 1, Abschnitt 1, Punkt B.

[3] Die Zuordnung der kommunalen Handlungsfelder beruht auf einer Auswertung der gesamten Literatur. Für einen Überblick über die kommunale Betroffenheit durch die Politik der EU vgl. beispielsweise Ameln, Ralf von (1993): Binnenmarkt und Kommunalpolitik, S. 7-34; Mombaur, Peter Michael (1994): Kommunalpolitik in der Europäischen Union; Kommunalwissenschaftliches Dokumentationszentrum (Hrsg.)(1993/1994): Europareife Gemeinden; Schäfer, Thomas (1998): Die deutsche kommunale Selbstverwaltung in der Europäischen Union.

EU und den kommunalen Handlungsfeldern nur überblicksartig erläutert werden. Dazu wird im folgenden die Tabelle 3 kommentiert und interpretiert.

Bei der Untersuchung des Aufgabenkatalogs der EU ist die enge Verzahnung der verschiedenen Politiken der Union zu beachten. Beispielsweise sind besonders die Freizügigkeitsbestimmungen des Binnenmarktprogramms mit anderen Politikbereichen der Gemeinschaft eng verflochten: Die im EG-Vertrag geregelte Unionsbürgerschaft dient der Förderung der Freizügigkeit von Personen, weil ein Teil der Bürgerrechte nun auch in einem anderen Mitgliedstaat der Union wahrgenommen werden kann, und hat ebenfalls Auswirkungen auf die Bereiche Justiz und Inneres. Ein weiteres Beispiel ist die Liberalisierung der Finanzdienstleistungen, die - auch vertraglich - eng verbunden ist mit der Liberalisierung des Kapitalverkehrs. Ferner bestehen Verbindungen zwischen der gemeinsamen Verkehrspolitik und der Liberalisierung der Verkehrsdienstleistungen.

Aus der Aufstellung wird deutlich, daß sich die personenbezogenen Rechte, Freizügigkeit und Unionsbürgerschaft, insbesondere auf den kommunalen Entscheiderkreis, aber auch auf das Meldewesen (sowie andere Bereiche von Polizei und Inneres) auswirken.

In der Sozialpolitik ist die Gemeinschaft bislang vor allem im Gesundheits- und Arbeitsschutz aktiv geworden, was die Kommunen als Arbeitgeber betrifft. Hinzu kommt die Unterstützung von Maßnahmen zur Bekämpfung der Arbeitslosigkeit durch den Sozialfonds. Eine weitgehende Harmonisierung der Sozialsysteme ist bisher ausgeblieben,[1] so daß die Kommunen vor allem bei der für sie bedeutenden Sozialhilfe wenig betroffen sind. Zu dieser noch geringen Betroffenheit trägt auch bei, daß Freizügigkeitsrechte in der Regel nur bei ausreichenden eigenen Mitteln gewährt werden.[2]

Die Harmonisierung bzw. gegenseitige Anerkennung von Normen und Vorschriften im Rahmen des freien Warenverkehrs im Binnenmarkt beeinflußt die Kommunen auf vielfältige Weise, z.B. beim Lebensmittelrecht oder durch die Harmonisierung der indirekten Steuern.

---

[1] Vgl. Engel, Christian (1997): Sozialpolitik, S. 304.

[2] Um den Mißbrauch der weiterhin national geregelten Sozialsysteme zu vermeiden, gilt das Recht auf Freizügigkeit noch nicht für diejenigen, die auf staatliche Hilfeleistungen angewiesen sind. (Vgl. Hillenbrand, Olaf (1997): Europa-ABC in Stichworten, S. 383.)

Tabelle 3: Verbindungen von Politiken der EU zu kommunalen Handlungsfeldern

Politik der Europäischen Union	Rechtliche Grundlage	Felder kommunaler Betroffenheit	Art kommunaler Betroffenheit
A. Gemeinsame Außen- und Sicherheitspolitik	Art. B, C, J, L, P EUV	keine	höchstens mittelbar
B. Zusammenarbeit in den Bereichen Justiz und Inneres	Art. B, K1-9 EUV		
- Justitielle und polizeiliche Zusammenarbeit		Meldewesen, Polizei	übertragener Wirkungskreis
- Asyl- und Einwanderungspolitik		evtl. Sozialhilfe	übertragener Wirkungskreis
C. Europäische Gemeinschaften			
1. Europäische Gemeinschaft			
Unionsbürgerschaft	Art. B EUV, Art. 8-8e EGV		
- Freizügigkeit		Meldewesen	übertragener Wirkungskreis
- Wahlrecht		Kommunales Wahlrecht für Bürger der EU	kommunale Selbstverwaltung
- Diplomatischer Schutz			Entscheiderkreis
Binnenmarkt	Art. B EUV, Art. 2 EGV, Art. 3a,c,d; 7a-c; 100c EGV		
freier Personenverkehr			
- Niederlassungsfreiheit und	Art. 52-58 EGV	Gewerbeaufsicht, Meldewesen	übertragener Wirkungskreis
- Beschäftigungsfreiheit	Art. 48ff. EGV	Beschäftigte in der Kommunalverwaltung	Selbstverwaltung, Entscheiderkreis sowie Arbeitgeberfunktion

Politik der Europäischen Union	Rechtliche Grundlage	Felder kommunaler Betroffenheit	Art kommunaler Betroffenheit
freier Warenverkehr		Öffentliche Auftragsvergabe	Selbstverwaltung
- Harmonisierung oder gegenseitige Anerkennung von Normen u. Vorschriften	Art. 100; 100a,b EGV	vielfältig, z.B. Lebensmittelaufsicht	übertragener Wirkungskreis
- Steuerharmonisierung	Art. 95-99 EGV	Steuereinnahmen	Einnahmenautonomie
freier Dienstleistungsverkehr	Art. 59-66 EGV		
- Liberalisierung der Finanzdienste	Art. 61 Abs. 2 EGV	kommunale Sparkassen	Selbstverwaltungsaufgabe
- Harmonisierung der Banken- und Versicherungsaufsicht			
- Öffnung der Transport- und Telekommunikationsmärkte	Art. 61 Abs. 1 EGV	Öffentlicher Personennahverkehr	Selbstverwaltungsaufgabe
freier Kapitalverkehr	Art. 67-73h EGV	kommunale Sparkassen	Selbstverwaltungsaufgabe
Europäische Wirtschafts- und Währungsunion	Art. B EUV, Art. 102a-109m EGV		
bedeutet Europäischer Binnenmarkt plus			
- feste Wechselkurse bzw. einheitliche Währung	Art. 105-109m EGV	einmalige Umstellungskosten	
- einheitliche Geld- und Wechselkurspolitik		keine	höchstens mittelbar
- Koordinierung der Wirtschaftspolitik	Art. 103 EGV	noch unklar	
- Vermeidung von übermäßigen Haushaltsdefiziten	Art. 104c EGV	Kreditfinanzierung	Einnahmenautonomie
- Verbot der Kreditfinanzierung bei der Zentralbank bzw. der Bevorrechtigung	Art. 104, 104a EGV	keine	

Politik der Europäischen Union	Rechtliche Grundlage	Felder kommunaler Betroffenheit	Art kommunaler Betroffenheit
Gemeinsame Politiken nach Art. 3 EGV			
a) Abschaffung der Zölle zwischen den Mitgliedstaaten	Art. 12-17 EGV	keine	höchstens mittelbar
b) Gemeinsame Handelspolitik	Art. 110-116 EGV	keine	höchstens mittelbar
c) Binnenmarkt: freier Waren-, Personen-, Dienstleistungs- und Kapitalverkehr	Konkretisierung für den Binnenmarkt		
d) Einreise in den Binnenmarkt und Personenverkehr innerhalb des Binnenmarkts			
e) Gemeinsame Agrar- und Fischereipolitik	Art 38-47 EGV		
- Agrarstrukturpolitik		kommunale Wirtschaftsförderung	Selbstverwaltungsaufgabe
- Agrarpreispolitik		keine	höchstens mittelbar
f) Gemeinsame Verkehrspolitik	Art. 74-84 EGV	ÖPNV, evtl. Verkehrsinfrastruktur	Selbstverwaltungsaufgaben auch übertragener Wirkungskreis möglich
g) Wettbewerbspolitik im Binnenmarkt	Art. 85-94 EGV		
- Gewährleistung von Wettbewerb (einschl. Unzulässigkeit staatlicher Beihilfen)		Geber staatlicher Beihilfen sowie Empfänger von Fördermitteln	Selbstverwaltungsaufgabe, kommunale Einnahmen
- Einführung von Wettbewerb in die Ausnahmebereiche Verkehr, Energie, Telekommunikation		kommunale Monopole im Energie- und Verkehrsbereich	Selbstverwaltungsaufgaben
h) Angleichung von Rechtsvorschriften für den Gemeinsamen Markt	Art. 100-102 EGV	vielfältig	meist übertragener Wirkungskreis, oft Folgewirkungen
i) Sozialpolitik	Art. 117-125 EGV		
- Arbeits- und Gesundheitsschutz, Arbeitnehmerrechte		Beschäftigte in der Verwaltung	Arbeitgeberfunktion
- Bekämpfung von Arbeitslosigkeit		kommunale Arbeitsmarktpolitik	Selbstverwaltungsaufgabe
- Soziale Sicherung		evtl. zukünftig von Bedeutung	

Politik der Europäischen Union	Rechtliche Grundlage	Felder kommunaler Betroffenheit	Art kommunaler Betroffenheit
j) Stärkung des wirtschaftlichen und sozialen Zusammenhalts	Art. 130a-e EGV		
- Struktur- und Regionalpolitik		kommunale Wirtschaftsförderung, Fördermittel	Selbstverwaltungsaufgabe Einnahmen
k) Umweltpolitik	Art. 130r-t EGV	kommunale Umweltpolitik	Querschnittsaufgabe Selbstverwaltung u.a.
l) Industriepolitik	Art. 130 EGV	keine	höchstens mittelbar
m) Förderung von Forschung und Entwicklung	Art. 130f-p EGV	keine	höchstens mittelbar
n) Transeuropäische Netze - Energie-, Verkehrs- und Telekommunikationsnetze	Art. 129b-d EGV	noch unklar, Bezug zu kommunaler Energie- und Verkehrspolitik; evtl. Raumordnung	Selbstverwaltungsaufgaben
o) Beitrag zu einem hohen Gesundheitsschutzniveau	Art. 129 EGV	evtl. kommunale Gesundheitspolitik	übertragener Wirkungskreis
p) Beitrag zur allgemeinen und beruflichen Bildung sowie zum Kulturleben	Art. 126-128 EGV	keine bzw. evtl. Fördermittel für kommunale Kulturpolitik	Selbstverwaltungsaufgabe
q) Entwicklungshilfe	Art. 130u-y EGV	keine	
r) Assoziierungspolitik	Art. 131-136a EGV	keine	
s) Verbraucherschutz	Art. 129a EGV	evtl. in wirtschaftlicher Betätigung Aufsichtsaufgaben (z.B. Lebensmittelrecht)	Selbstverwaltungsaufgaben übertragener Wirkungskreis
t) Maßnahmen in den Bereichen			
Energie,		kommunale Energieversorgung	Selbstverwaltungsaufgabe
Katastrophenschutz und		kommunaler Katastrophenschutz	Selbstverwaltungsaufgabe
Fremdenverkehr		kommunale Wirtschaftsförderung	Selbstverwaltungsaufgabe

Politik der Europäischen Union	Rechtliche Grundlage	Felder kommunaler Betroffenheit	Art kommunaler Betroffenheit
2. Europäische Gemeinschaft für Kohle und Stahl - Gemeinsamer Markt für Kohle und Stahl	EGKS-Vertrag	evtl. kommunale Wirtschaftsförderung, Energiewirtschaft	Selbstverwaltungsaufgaben
3. Euratom - Kontrolle und Koordinierung ziviler Nuklearwirtschaft	EAG-Vertrag	gering, evtl. Energiewirtschaft	Selbstverwaltungsaufgaben

Quelle: Eigene Darstellung.[1]

[1] Die Ordnung der Politiken der EU erfolgte nach dem Vertrag über die Europäische Union (Art. B EUV) und Art. 2 und 3 EGV. Die Unterpunkte zu den Politikbereichen sowie deren rechtliche Grundlagen orientieren sich an Weidenfeld, Werner und Wessels, Wolfgang (Hrsg.)(1995): Europa von A-Z, insbesondere dem Stichwortverzeichnis. Die Zuordnung der kommunalen Handlungsfelder beruht auf einer Auswertung der gesamten Literatur. Für einen Überblick über die kommunale Betroffenheit durch die Politik der EU vgl. beispielsweise Ameln, Ralf von (1993): Binnenmarkt und Kommunalpolitik, S. 7-34. Vgl. auch die Systematisierung kommunaler Handlungsfelder in Teil 1, Abschnitt 1, Punkt B.

Die Gewährleistung des freien Dienstleistungsverkehrs betrifft die Kommunen in ihrer wirtschaftlichen Betätigung. Dies gilt beispielsweise für die Finanzdienstleistungen durch kommunale Sparkassen oder die Transportleistungen im Öffentlichen Personennahverkehr.

Der Binnenmarkt ist durch eine einheitliche Währung ergänzt worden, um die Handelshemmnisse, die sich insbesondere aus Transaktionskosten und Wechselkursschwankungen ergeben, abzubauen. Die Kommunen sind von der Umstellung der Währung sowie durch die vereinbarte Vermeidung übermäßiger Defizite in den öffentlichen Haushalten betroffen. Geld- und Währungspolitik gehören nicht zu ihren Aufgaben, eine Kreditfinanzierung bei der Zentralbank war ihnen schon vorher verwehrt.

Von den Gemeinsamen Politiken - ein Teil der für den Binnenmarkt notwendigen Maßnahmen ist hier noch einmal im Detail geregelt - sind die Kommunen durch die Verkehrs-, Wettbewerbs-, Sozial-, Struktur- und Umweltpolitik betroffen. Die Förderung von Forschung und Entwicklung, allgemeine und berufliche Bildung, Industriepolitik, Agrarmarktpolitik und Entwicklungshilfe sind keine vorrangigen kommunalen Angelegenheiten. Inwieweit die Gemeinschaft ihre Kompetenzen hinsichtlich der transeuropäischen Netze, der Gesundheitspolitik, der Entfaltung des Kulturlebens, des Verbraucherschutzes sowie der Bereiche Energie, Katastrophenschutz und Fremdenverkehr wahrnimmt, wodurch sich Berührungspunkte zur Kommunalpolitik ergeben könnten, bleibt abzuwarten. Bisher sind die Aktivitäten über einzelne Aktions- und Förderprogramme relativ geringen Umfangs nicht hinausgegangen. Der Beschäftigungstitel des Vertrages von Amsterdam, der auf Beschluß des Rates bereits ab 1998 wirksam ist,[1] läßt Bezüge zu kommunaler Wirtschafts- und Arbeitsmarktpolitik erkennen, auch wenn die Hauptstoßrichtung beschäftigungsfreundliche Rahmenbedingungen und die Arbeitsmarktpolitik des Bundes sind.[2]

Die Europäische Gemeinschaft für Kohle und Stahl und die Europäische Atomgemeinschaft führen sektorale Strukturpolitiken durch. Bezugspunkte ergeben sich zur kommunalen Wirtschaftsförderung sowie zur wirtschaftlichen Betätigung der Kommunen in der Energieversorgung.

Aus Sicht der Kommunen beeinflußt die Europäische Union hauptsächlich ihre Aufgaben Wirtschaftsförderung (im weitesten Sinne, einschließlich Arbeitsmarkt-

---

[1] Vgl. Europäische Kommission (1998): Gesamtbericht über die Tätigkeit der Europäischen Union 1997. Ziff. 142-149, S. 63-66.

[2] Vgl. die Zielsetzung in Art. 125 (ex-Artikel 109n) EGV in der Fassung des Vertrages von Amsterdam sowie die Leitlinien für beschäftigungspolitische Maßnahmen der Mitgliedstaaten für das Jahr 1998 in Europäische Kommission (1998): Gesamtbericht über die Tätigkeit der Europäischen Union 1997. Ziff. 142-149, S. 63-66.

politik), und zwar durch Regional- und Strukturpolitik sowie die Beihilfenaufsicht des Wettbewerbsrechts, welche die Kommunen als Empfänger und Geber staatlicher Beihilfen betrifft; den Querschnittsbereich Umweltpolitik sowie ihre wirtschaftliche Betätigung in den Bereichen Energie, Verkehr und Sparkassen, hier insbesondere wegen der Liberalisierungsbemühungen im Rahmen des Binnenmarktprogramms. Aufgaben des übertragenen Wirkungskreises sind vor allem durch die Harmonisierung bzw. gegenseitige Anerkennung von Rechtsvorschriften betroffen.

Die Art und Weise der kommunalen Leistungserstellung wird wesentlich durch die Regulierung der Vergabe öffentlicher Aufträge sowie durch Bestimmungen zur Freizügigkeit und zum Arbeits- und Gesundheitsschutz beeinflußt. Die zuletzt genannten Regelungen berühren die Kommunen in ihrer Funktion als Arbeitgeber.

Verbindungen zum Einnahmebereich der Kommunen ergeben sich aus der gemeinsamen Nutzung von öffentlichen Einnahmequellen, der Steuerharmonisierung im Rahmen des Binnenmarkts sowie den eingeschränkten Verschuldungsmöglichkeiten durch die Maastricht-Kriterien.

Die aufgezeigten Verbindungen stellen wesentliche Bereiche dar, ohne Anspruch auf Vollständigkeit zu erheben. Eine vollständige Aufzählung ist schon deshalb nicht möglich, weil „nahezu alle Bereiche kommunaler Selbstverwaltung und der damit zusammenhängenden wirtschaftlichen Betätigung der Gemeinden Berührungspunkte zu den gemeinschaftsrechtlich gewährleisteten Marktfreiheiten aufweisen“[1]. Aber auch daraus, daß die gemeindlichen Aufgaben kaum erschöpfend aufgezählt werden können, erklärt sich die Unvollständigkeit des Katalogs von Berührungspunkten zwischen Europäischer Union und Kommunen.

Die folgende Bearbeitung der einzelnen Berührungspunkte wird entsprechend der gewählten Themenstellung aus der Perspektive kommunaler Handlungsfelder gegliedert. Die konkrete Betroffenheit der kommunalen Handlungsfelder durch verschiedene Fachpolitiken der EU soll auf diese Weise verdeutlicht werden.

Untersucht werden aus Sicht des ökonomischen Kriterienkatalogs die Einwirkungen der EU auf:
- den kommunalen Entscheiderkreis (Abschnitt 1),
- die Aufgaben der kommunalen Selbstverwaltung (Abschnitt 2),
- die Leistungserstellung (Abschnitt 3) und
- die Einnahmen (Abschnitt 4).

---

[1] Lenz, Carl Otto (1990): Entwicklung und unmittelbare Geltung des Gemeinschaftsrechts, S. 7.

Die Aufzeichnung der grundsätzlichen Wirkungsabläufe, die in den meisten Fällen von der EU-Ebene ausgehen, und die ausgewogene Beurteilung der Einwirkungen aus Sicht der ökonomischen Theorie bedingen jedoch einen ständigen Wechsel der Perspektive bei der Bearbeitung.

Abschnitt 1: Entscheiderkreis in der Kommune

In diesem und den folgenden Abschnitten werden die einzelnen Berührungspunkte zwischen den Politikbereichen der EU und den Kommunen, die in der Vorstrukturierung überblicksartig vorgestellt wurden, genauer untersucht. Dabei werden die Einwirkungen der EU auf die kommunalen Handlungsfelder dargestellt und herausgearbeitet, wie sie die kommunalen Handlungsspielräume auf diesen Feldern beeinflussen. Diese Betroffenheit der Kommunen durch die EU wird dann aus ökonomischer Sicht bewertet. Als erstes werden die Auswirkungen auf die Wähler, Politiker und Bürokraten in den Kommunen, d.h. die Betroffenheit des kommunalen Entscheiderkreises, behandelt, weil dadurch alle Entscheidungen in den Kommunen beeinflußt werden können.

A. Kommunales Wahlrecht für Bürger der Europäischen Union

Die Bestimmungen über das kommunale Wahlrecht für Bürger der EU sind von besonderer Bedeutung, da die EU auf diese Weise sowohl auf die Zusammensetzung der Wähler als auch der Politiker Einfluß nimmt. Auf diesen Bereich kommunaler Betroffenheit wird deshalb zuerst eingegangen.

I. Regelungen auf europäischer Ebene und ihre Umsetzung in Deutschland

Bereits 1974 wurde ein kommunales Wahlrecht für EG-Bürger an ihrem Wohnsitz in der EG diskutiert.[1] Ein entsprechender Vorschlag wurde 1975 von der Kommission dem Rat vorgetragen, der die Gewährung besonderer Rechte für die Staatsangehörigen der Mitgliedstaaten untersuchen lassen hatte. Dieser Vorschlag wurde vom Europäischen Parlament fortwährend unterstützt. Für seine Umsetzung mußten politische und verfassungsrechtliche Widerstände überwunden werden.[2] Erst die Einigung der Staats- und Regierungschefs auf eine Unionsbürgerschaft parallel zur eigentlichen Staatsbürgerschaft führte zu einem praktischen

---

[1] Vgl. Kommission der Europäischen Gemeinschaften (1986): Das Wahlrecht der Bürger der Mitgliedstaaten der Gemeinschaft bei Kommunalwahlen, S. 5.

[2] Vgl. Kommission der Europäischen Gemeinschaften (1988): Vorschlag für eine Richtlinie des Rates über das Wahlrecht der Staatsangehörigen der Mitgliedstaaten bei Kommunalwahlen im Aufenthaltsstaat, S. 29-30.

Ergebnis.[1] Mit dem Vertrag von Maastricht wurde ein kommunales Wahlrecht für EU-Bürger in ihrem jeweiligen Wohnsitzstaat in der EU explizit in Art. 8b EGV verankert:

> Jeder Unionsbürger mit Wohnsitz in einem Mitgliedstaat, dessen Staatsangehörigkeit er nicht besitzt, hat in dem Mitgliedstaat, in dem er seinen Wohnsitz hat, das aktive und passive Wahlrecht bei Kommunalwahlen, wobei für ihn dieselben Bedingungen gelten wie für die Angehörigen des betreffenden Mitgliedstaates.

Zur Umsetzung des Vertrages von Maastricht mußte das Grundgesetz in Art. 28 GG bezüglich des kommunalen Wahlrechts geändert werden. Bei Wahlen in Kreisen und Gemeinden sind auch Personen, die die Staatsangehörigkeit eines Mitgliedstaates der Europäischen Gemeinschaft besitzen, nach Maßgabe von Recht der Europäischen Gemeinschaft wahlberechtigt und wählbar (Art. 28 Abs. 1 S. 3 GG).

Einzelheiten zur Ausübung des Wahlrechts nach Art. 8b EGV wurden in einer Richtlinie bestimmt.[2] Diese Richtlinie war bis zum 1. Januar 1996 in nationales Recht umzusetzen. In Deutschland waren dafür die Länder zuständig, die bis Ende 1995 ihre Landesverfassungen, Gemeindeordnungen und Kommunalwahlgesetze an den neuen Art. 28 GG und das EG-Recht angepaßt haben.[3]

---

[1] Vgl. Roth, Uwe; Kamprich, Dirk und Klein, Ute M. (1996): EU-Kommunal in Stichworten, S. 63.

[2] Richtlinie des Rates 94/80/EG vom 19.12.1994 über die Einzelheiten der Ausübung des aktiven und passiven Wahlrechts bei den Kommunalwahlen für Unionsbürger mit Wohnsitz in einem Mitgliedstaat, dessen Staatsangehörigkeit sie nicht besitzen. ABl. Nr. L 368 vom 31.12.1994, S. 38; geändert durch Richtlinie 96/30/EG des Rates vom 13. Mai 1996. ABl. Nr. L 122 vom 22.5.1996, S. 14 um dem Beitritt Österreichs, Finnlands und Schwedens zur Europäischen Union Rechnung zu tragen.

[3] Zur Transformation der Richtlinie durch die einzelnen Bundesländer vgl. ausführlich Zimmermann-Wienhues, Sigrid von (1997): Kommunale Selbstverwaltung in einer Europäischen Union, S. 98-122.
Bei der Umsetzung der Richtlinie besaßen die Länder einige Spielräume. So hat der Freistaat Bayern von der Möglichkeit Gebrauch gemacht, nach Art. 5 Abs. 3 RL 94/80/EG das passive Wahlrecht einzuschränken, und behält das Amt des ersten Bürgermeisters und des Landrats Deutschen im Sinn des Art. 116 Abs. 1 GG vor. (Art. 36 Abs. 1 des Bayrischen Gemeinde- und Landkreiswahlgesetzes in der Fassung vom 27. August 1995). Wahlberechtigte Ausländische Unionsbürger müssen in Bayern einen Antrag auf Aufnahme in das Wählerverzeichnis stellen (Art. 11 Abs. 1 Bayrisches GemLKrWG). Art. 7 der Richtlinie 94/80/EG erlaubt diese Bedingung. Brandenburg hat von den o.g. Einschränkungsmöglichkeiten dagegen keinen Gebrauch gemacht (Art. 11 und 23 des Brandenburgischen Kommunalwahlgesetzes vom 22. April 1993 in der Fassung vom 14.12.1995).

II. Erweiterung der Definition des Gemeindebürgers durch EU-Recht

Im Fall des kommunalen Wahlrechts für EU-Bürger werden kommunale Handlungsspielräume allenfalls indirekt berührt. Die Einwirkung der Europäischen Union setzt logisch vorher an. Über ein kommunales Wahlrecht für EU-Bürger wird bestimmt, wer Gemeindebürger ist und über kommunale Belange mitentscheiden darf. Die Gemeinden konnten über diese Frage auch vor der Regelung über die EU-Ebene nicht entscheiden. Die Definition des Gemeindebürgers war den Gemeinden von einer übergeordneten Ebene vorgegeben, durch Grundgesetz und Landesrecht. Insofern ist weder eine Erweiterung noch eine Einengung kommunaler Handlungsspielräume zu verzeichnen. Die Bestimmung durch die EU hat jedoch zu einer veränderten Definition der Grundlagen kommunalen Handelns geführt.

Als Ursache für diese Veränderung ist zumindest in der Bundesrepublik Deutschland das Bestreben anzusehen, das Ansehen der europäischen Ebene bei den Bürgern zu stärken. Dafür sprechen eine Reihe von Argumenten. Im Gegensatz zu Deutschland hatten andere Länder schon vorher ein kommunales Wahlrecht für bestimmte Gruppen von Ausländern.[1] In Deutschland scheiterten die dahingehenden Versuche der Landesgesetzgeber in Schleswig-Holstein und Hamburg am Bundesverfassungsgericht, das auf die Notwendigkeit einer vorhergehenden Verfassungsänderung hinwies.[2] Ob die notwendige Verfassungsänderung unabhängig von der Ratifizierung des Vertrages von Maastricht zustande gekommen wäre, ist zumindest fraglich. Dagegen sprechen die ursprünglich ablehnende Haltung der Bundesregierung und der von großen Teilen der CDU/CSU-Fraktion eingebrachte Normenkontrollantrag beim Bundesverfassungsgericht, der zu o.g. Entscheidungen führte.[3]

Diese ablehnende Haltung vieler Politiker entsprach auch der Einstellung eines großen Teils der Bürger in Deutschland. Diese hatten sich Ende der 80er Jahre in Meinungsumfragen überwiegend negativ zu einem kommunalen Ausländerwahlrecht geäußert.[4] Ein solches Verhalten ist durchaus rational, sichert es doch Entscheidungsrechte über andere, impliziert aber auch, daß die Mehrheit davon ausgeht, nicht EU-weit mobil sein zu müssen. Eine Bewertung des Kommunalwahlrechts für EU-Bürger ist eher politischer und staatswissenschaftlicher Natur, geht es doch vor allem um die Frage der (Staats-)bürgerschaft. Das Problem weist je-

---

[1] Vgl. dazu Weninger, Thomas (1994): Kommunales Wahlrecht, S. 127-129.

[2] Entscheidungen des Bundesverfassungsgerichts vom 31.10.1990. BVerfGE 83, 37 und 60.

[3] Vgl. dazu Liegmann, Gabriele (1990): Kommunales Wahlrecht für Ausländer in den Bundesländern und Europa, S. 29-30, 33.

[4] Vgl. Liegmann, Gabriele (1990): Kommunales Wahlrecht für Ausländer in den Bundesländern und Europa, S. 26.

doch auch einen Bezug zu ökonomischen und fiskalföderalistischen Problemlagen und Argumenten auf, die im folgenden erläutert werden.

III. Ausländerwahlrecht auf Gemeindeebene aus ökonomischer Sicht

Aus Sicht der europäischen Ebene ging es anfangs vor allem darum, die Kosten des freien Personenverkehrs im Gemeinsamen Markt zu senken. Bei Ausübung dieser im Vertrag verankerten Grundfreiheit gerät nämlich das Wahlrecht in Gefahr. So wurde 1988 mehr als 4 Mill. EU-Bürgern das kommunale Wahlrecht allein aus dem Grund vorenthalten, daß sie sich nicht mehr in dem Mitgliedstaat aufhielten, dessen Staatsbürgerschaft sie besaßen.[1] Wurde die Exit-Option im Sinne Tiebouts derart ausgeübt, daß dabei die Grenzen von Mitgliedstaaten überquert wurden, ging das Recht auf den Entscheidungsmechanismus „voting" zum Teil verloren. Dieser Sachverhalt wurde zu Recht als „disincentive" für die im Markt wichtige Mobilität angesehen. Ausländische Einwohner einer Gemeinde waren dann von Entscheidungen in der Gemeinde betroffen, ohne sie durch Wahlen beeinflussen zu können. Ebenso wie andere Gemeindebürger sind sie jedoch abgabenpflichtig.[2] Sie nehmen am Wirtschafts- und Sozialleben der Gemeinde teil, nutzen gemeindliche Leistungen und sind in Fragen des täglichen Lebens von den Entscheidungen der Gemeinde abhängig.[3] So wäre es nur folgerichtig, sie auch an den Entscheidungen in der Gemeinde gleichberechtigt zu beteiligen, da nach dem Prinzip der fiskalischen Äquivalenz für eine optimale Allokation der Ressourcen Nutznießer-, Entscheider- und Finanzierungskreis identisch sein sollten.[4]

Gegen ein kommunales Ausländerwahlrecht aus Sicht des Prinzips der fiskalischen Äquivalenz spräche, daß ausländische Einwohner, die nicht auf Dauer bleiben wollen, eventuell Entscheidungen mitfällen, die die Gemeinde langfristig beeinflussen, sie selbst aber nicht mehr betreffen.[5] Eine Möglichkeit, dieses Problem zu begrenzen, bestünde in einer längeren Mindestaufenthaltsdauer, so wie sie

---

[1] Vgl. Kommission der Europäischen Gemeinschaften (1988): Vorschlag für eine Richtlinie des Rates über das Wahlrecht der Staatsangehörigen der Mitgliedstaaten bei Kommunalwahlen im Aufenthaltsstaat, S. 29-34.

[2] Vgl. Liegmann, Gabriele (1990): Kommunales Wahlrecht für Ausländer in den Bundesländern und Europa, S. 14.

[3] Vgl. Kommission der Europäischen Gemeinschaften (1988): Vorschlag für eine Richtlinie des Rates über das Wahlrecht der Staatsangehörigen der Mitgliedstaaten bei Kommunalwahlen im Aufenthaltsstaat, S. 31.

[4] Vgl. zum kommunalen Ausländerwahlrecht aus Sicht der fiskalischen Äquivalenz Rauch, Uwe (1995): Auswirkungen der Europäischen Union auf die kommunalen Aufgaben, Ausgaben und Einnahmen, S. 29.

[5] Vgl. Weninger, Thomas (1994): Kommunales Wahlrecht, S. 123.

noch im Richtlinienvorschlag von 1988[1] enthalten war oder in Dänemark für alle Ausländer galt.[2] Letztlich tritt das beschriebene Problem aber auch bei Staatsangehörigen auf, die aus der Gemeinde fortziehen. Deshalb hat man sich in der verabschiedeten Richtlinie grundsätzlich für gleiche Bedingungen bezüglich der Aufenthaltsdauer für alle Wahlberechtigten entschieden.

Nur Ausländer, die Staatsbürger eines Mitgliedstaates der EU sind, haben bisher das kommunale Wahlrecht in Deutschland. Eine schrittweise Erweiterung dieses Rechts auf alle Ausländer, wie sie beispielsweise in Dänemark erfolgt ist oder im „Übereinkommen über die Beteiligung der Ausländer am öffentlichen Leben auf lokaler Ebene“ des Europarates von 1992 vorgesehen ist[3], gilt als denkbar und wäre aus Sicht des Prinzips der fiskalischen Äquivalenz ebenfalls zu befürworten.

Die Beteiligung an Entscheidungen in der Wohnsitzgemeinde wird auch als wesentlicher Schritt für die Integration angesehen und soll Fremdenfeindlichkeit entgegenwirken, weil Ausländer dadurch nicht anders behandelt werden als die übrige Bevölkerung.[4] Von den Gemeinden wird die Integration von Ausländern als Problem und kommunale Aufgabe gesehen.[5] Gemeindliche Bestrebungen zur stärkeren Integration von Ausländern richteten sich jedoch nicht auf ein getrenntes kommunales Wahlrecht, sondern auf eine verstärkte Einbürgerung, die vollwertige Bürgerrechte zur Folge hat.[6] Begründet wurde dies damit, daß ausländische Einwohner von den politischen Entscheidungen von Bund und Ländern ebenso, wenn nicht gar stärker, betroffen sind. Aus diesem Grund wurde eine Wahlrechtsteilung mit einem ausschließlich kommunalen Wahlrecht abgelehnt.[7]

---

[1] Art. 4 und 8 des Richtlinienvorschlag von 1988. (Vgl. dazu Kommission der Europäischen Gemeinschaften (1988): Vorschlag für eine Richtlinie des Rates über das Wahlrecht der Staatsangehörigen der Mitgliedstaaten bei Kommunalwahlen im Aufenthaltsstaat.)

[2] Vgl. Weninger, Thomas (1994): Kommunales Wahlrecht, S. 127.

[3] Vgl. Weninger, Thomas (1994): Kommunales Wahlrecht, S. 126-127, 134.

[4] Vgl. Weninger, Thomas (1994): Kommunales Wahlrecht, S. 123.

[5] Vgl. Schäfer, Rudolf und Stricker, Hans-Joachim (1992): Probleme und Aufgaben der Kommunalpolitik in den 90er Jahren, S. 15.

[6] Vgl. Mombaur, Peter Michael und von Lennep, Hans Gerd (1988): Europarecht und deutsche kommunale Selbstverwaltung, S. 31-32; Liegmann, Gabriele (1990): Kommunales Wahlrecht für Ausländer in den Bundesländern und Europa, S. 34, 38, 40; Müller, Ewald (1996): Manfred Rommel geht und bleibt, S. 786. Vgl. auch den Beschluß des Hauptausschusses des Deutschen Städtetags, die von der Bundesregierung angestrebten Erleichterungen für den Erwerb der deutschen Staatsbürgerschaft zu unterstützen, in o.V. (1998): Aktuelle Vorhaben der neuen Bundesregierung, S. 794.

[7] Vgl. zur Position der kommunalen Spitzenverbände Liegmann, Gabriele (1990): Kommunales Wahlrecht für Ausländer in den Bundesländern und Europa, S. 33-39. Für ein kommunales Wahlrecht, und zwar überwiegend aus europapolitischen Gründen, sprachen sich dagegen der Bayrische und Niedersächsische Städtetag aus. Vgl dazu ebenda, S. 34-39.

Befürchtet wurde außerdem eine Deklassierung des kommunalen Wahlrechts.[1] Es hätte aber auch der Einstieg in umfassendere Rechte sein können.

Ein europaweites Wahlrecht für Staatsangehörige der Mitgliedstaaten gibt es auch zum Europäischen Parlament.[2] Wenn man die im Vergleich zu Bund und Ländern noch relativ schwache institutionelle Stellung der EU-Ebene und der Kommunen in Betracht zieht, könnten diese europaweiten Wahlrechte zum Europäischen Parlament und für die Kommunalwahl nur eine Test- oder Alibifunktion haben. Dann könnte die nationale Wahlrechtsteilung tatsächlich als Abwertung der kommunalen Ebene verstanden werden. Eine solche Abwertung wäre auch wegen der ökonomischen Bedeutung dieser dezentralen Ebene nicht zu befürworten.

Ein kommunales Wahlrecht für EU-Bürger kann aber auch dahingehend interpretiert werden, daß die Kommunen, zusammen mit dem Europäischen Parlament, Bund und Ländern in der politischen europäischen Integration einen Schritt voraus sind. Gerade die unmittelbare Betroffenheit der Bürger durch kommunale Belange und damit die Bedeutung der kommunalen Ebene hat dann zu diesem Schritt geführt.[3] Diese Rechte können als Keimzelle für die Entwicklung einer echten Unionsbürgerschaft interpretiert werden, die langfristig die Staatsbürgerschaft ersetzen kann.

Erst seit dem 1.1.1996 sind Bürger der Europäischen Union Wähler in deutschen Gemeinden und können Kommunalpolitiker werden. Kommunalwahlen nach neuem Recht fanden bereits in einigen Bundesländern statt, beispielsweise am 2. März 1997 in Hessen. Die Politiker begannen jedoch schon frühzeitig, sich verstärkt den Interessen dieser Wählergruppe anzunehmen.[4] Im Gegensatz zur stark ablehnenden Haltung Ende der 80er Jahre haben viele Parteien ausländische EU-Bürger als Kandidaten aufgestellt, von denen viele auch gewählt worden sind.[5] Wieviele ausländische EU-Bürger von ihrem Wahlrecht Gebrauch gemacht ha-

---

[1] Vgl. Liegmann, Gabriele (1990): Kommunales Wahlrecht für Ausländer in den Bundesländern und Europa, S. 34-39; Zimmermann, Friedrich (1988): Neue Qualität der Politik, S. 75.

[2] Nach Art. 8b Abs. 2 EGV hat jeder Unionsbürger in dem Mitgliedstaat, in dem er seinen Wohnsitz hat, das aktive und passive Wahlrecht zum Europäischen Parlament. Bereits 1994 fanden die ersten Wahlen auf dieser Grundlage statt.

[3] Eher eine Aufwertung der kommunalen Ebene durch die Einführung des Kommunalwahlrechts für ausländische EU-Bürger sieht auch Cathaly-Stelkens, Anne (1996): Kommunale Selbstverwaltung und Ingerenz des Gemeinschaftsrechts, S. 168-170.

[4] Vgl. Brok, Elmar (1994): Unionsbürgerschaft und kommunales Wahlrecht der EU-Mitbürger, S. 87.

[5] Beispielsweise wurden in der Stadt Marburg für die SPD ein Grieche und für die CDU eine Schwedin in das Stadtparlament gewählt. Die Kandidatenlisten hatten noch weitere EU-Ausländer enthalten. (Informationen des Wahlamts der Stadt Marburg im Januar 1998). Aggregierte Daten, die den Anteil von ausländischen EU-Bürgern unter den Kommunalpolitikern ausweisen, sind (noch) nicht verfügbar.

ben, wird nicht ermittelt.[1] Inwieweit durch die neuen Regelungen politische Entscheidungen anders getroffen werden und sich die (anderen?) Interessen der neuen Entscheider in der Erfüllung kommunaler Aufgaben widerspiegeln, bleibt abzuwarten. Der (noch) geringe Anteil von Unionsbürgern aus anderen Mitgliedstaaten (ca. 2,4 %) läßt vorerst keine tiefgreifenden Änderungen erwarten.[2]

B. Kommunalverwaltung: Zusammensetzung und Einfluß

Die Rechtsetzung auf europäischer Ebene führt nicht nur dazu, daß ausländische EU-Bürger in deutschen Kommunen wählen und sich als Kommunalpolitiker betätigen können, sondern eröffnet auch den Zugang zur Beschäftigung in der Kommunalverwaltung. Ausländische EU-Bürger können somit Teil der „Bürokratie“ werden und dadurch in allen relevanten Entscheidergruppen auf kommunaler Ebene vertreten sein.

Die rechtliche Grundlage für die Beschäftigung in der Kommunalverwaltung ist die Freizügigkeit der Arbeitnehmer im Binnenmarkt. So muß nach Art. 48 Abs. 2 EGV jede auf der Staatsangehörigkeit beruhende unterschiedliche Behandlung der Arbeitnehmer der Mitgliedstaaten in bezug auf Beschäftigung, Entlohnung und sonstige Arbeitsbedingungen abgeschafft werden. Dies gilt nach Art. 48 Abs. 4 EGV zwar nicht für die Beschäftigung in der öffentlichen Verwaltung. Die Bestimmung ist nach der Rechtsprechung des Europäischen Gerichtshofes jedoch eng auszulegen. Sie gilt danach nur für Beamte und Angestellte der öffentlichen Verwaltung, deren Beschäftigung mit der Ausübung hoheitlicher Gewalt verbunden ist.[3] Das deutsche Beamtenrecht wurde 1993 an die Rechtsprechung des EuGH angepaßt.[4] Im Gegensatz zum Wahlrecht, das vorerst noch auf die kommunale Ebene beschränkt ist, betrifft die Arbeitnehmerfreizügigkeit im Bereich der öffentlichen Verwaltung alle staatlichen Ebenen.

---

[1] Nach Informationen des Wahlamtes der Stadt Marburg (im Januar 1998) sind aus melderechtlichen Gründen keine Zahlen über den Anteil ausländischer EU-Bürger an den Wahlberechtigten und den Wählern (und damit auch über die Wahlbeteiligung) verfügbar. Eine Erfassung erfolgt nur nach Alter und Geschlecht.

[2] So beträgt der Anteil ausländischer Unionsbürger unter den in Deutschland lebenden EU-Bürgern ca. 2,4 %. (Zum 31.12.1996 betrug die Zahl der Deutschen 74.582.000, die der ausländischen EU-Bürger 1.839.900. Vgl. dazu Statistisches Bundesamt (1997): Statistisches Jahrbuch 1997, S. 46, 67.) Außerdem besteht ab einem Anteil von 20 % nach Art. 12 der Richtlinie 94/80/EG die Möglichkeit, das aktive und passive Wahlrecht dahingehend einzuschränken, daß eine Mindestaufenthaltsdauer zur Erlangung des Wahlrechts vorgeschrieben wird.

[3] Vgl. Roth, Uwe; Kamprich, Dirk und Klein, Ute M. (1996): EU-Kommunal in Stichworten, S. 72. Mombaur, Peter Michael (1994): Kommunalpolitik und Europäische Union, S. 32.

[4] Vgl. Roth, Uwe; Kamprich, Dirk und Klein, Ute M. (1996): EU-Kommunal in Stichworten, S. 71-72.

Bei den Kommunen unterliegen z.B. alle Einrichtungen, die wirtschaftliche Dienstleistungen erbringen und verwalten, wie öffentlicher Nahverkehr, Abfallentsorgung, Strom- und Gasversorgung, der Arbeitnehmerfreizügigkeit.[1] Die noch geringe Mobilität der Arbeitnehmer zwischen den Mitgliedstaaten bedingt jedoch, daß die tatsächlichen Auswirkungen auf die Zusammensetzung der Kommunalverwaltung noch gering sind.[2] Die Erweiterung des Entscheiderkreises in der öffentlichen Verwaltung um ausländische EU-Bürger ist aus Sicht des Prinzips der fiskalischen Äquivalenz zu befürworten. Ähnlich wie beim kommunalen Wahlrecht kann mit der Betroffenheit der Bürger durch kommunale Entscheidungen argumentiert werden.[3] Auch in diesem Fall wurden Strukturen, die durch nationale Interessengruppen festgefügt wurden, über die europäische Ebene verändert.

Die Europäische Union beeinflußt nicht nur die Zusammensetzung der Kommunalverwaltung, sondern auch deren Einfluß. In ihrer täglichen Arbeit muß sich die Kommunalverwaltung z.B. zwangsläufig mit den kommunalpolitischen Aspekten von EU-Recht oder den Förderprogrammen befassen. Sie könnte dadurch einen Informationsvorsprung gegenüber den Bürgern und Politikern erhalten[4] und diesen zum Ausbau diskretionärer Handlungsspielräume ausnutzen. Die Kompliziertheit vieler EU-Regelungen begünstigt eine solche Entwicklung.[5] Gerade aus Sicht der ökonomischen Theorie der Bürokratie, die nachweist, daß Anreize für die Bürokratie bestehen, diese Spielräume in eigenem Interesse, das sich nicht vollständig mit Wählerpräferenzen deckt, auszunutzen, ist eine solche Entwicklung zu beanstanden. Um einen derartigen Informationsvorsprung der Verwaltung zu unterbinden, wäre eine möglichst geringe und transparente Einwirkung der EU auf kommunale Belange und eine verstärkte Information von Wählern und Politikern zu fordern. Zwar werden durch EU-Recht auch Einflußmöglichkeiten für direkt betroffene Bürger gegenüber der Verwaltung geschaffen, beispielsweise

---

[1] Vgl. Roth, Uwe; Kamprich, Dirk und Klein, Ute M. (1996): EU-Kommunal in Stichworten, S. 71.

[2] So sind nur insgesamt 3 der ca. 1.100 Beschäftigten der Stadt Marburg ausländische EU-Bürger. Diese sind im gewerblichen Bereich beschäftigt. Nur vereinzelt würden Bewerbungen von ausländischen EU-Bürgern eingehen. Diese haben jedoch noch nicht den reinen Verwaltungs-, Sozial- und Erziehungsbereich betroffen. (Auskunft der Personalabteilung der Stadt Marburg im Januar 1998) Wie bereits angeführt, beträgt der Anteil ausländischer Unionsbürger unter den in Deutschland lebenden EU-Bürgern nur ca. 2,4 %. (Zum 31.12.1996 betrug die Zahl der Deutschen 74.582.000, die der ausländischen EU-Bürger 1.839.900. Vgl. dazu Statistisches Bundesamt (1997): Statistisches Jahrbuch 1997, S. 46, 67.) Ausländer insgesamt sind in der öffentlichen Verwaltung noch stark unterrepräsentiert: Während 10 % der Deutschen in der öffentlichen Verwaltung beschäftigt sind, beträgt der Anteil aller Ausländer nur 2,2 %. (Vgl. dazu Statistisches Bundesamt (1997): Statistisches Jahrbuch 1997, S. 109.)

[3] Vgl. die Argumentation im vorigen Unterabschnitt A.

[4] Eine solche Entwicklung wird befürchtet von Roth, Uwe; Kamprich, Dirk und Klein, Ute M. (1996): EU-Kommunal in Stichworten, S. 221.

[5] Für diese Kompliziertheit geben die folgenden Abschnitte dieses Teils anschauliche Beispiele.

durch die Öffentlichkeitsbeteiligung bei der Umweltverträglichkeitsprüfung oder das Recht auf Umweltinformationen.[1] Dabei handelt es sich aber eher um Ausnahmen, die die Wirkung der meisten Regelungen, die unter anderem aufgrund ihrer Kompliziertheit den Einfluß der Verwaltung tendenziell stärken, nicht kompensieren.

Abschnitt 2: Kommunale Aufgabenerfüllung

In diesem Abschnitt wird die Betroffenheit einzelner kommunaler Aufgaben durch die Politik der EU behandelt. Den Schwerpunkt der Europäischen Integration bilden immer noch wirtschaftliche Belange.[2] Viele Berührungspunkte zwischen der EU und den Kommunen sind deshalb in den wirtschaftlichen Aufgabenbereichen zu verzeichnen. So wird auch die kommunale Wirtschaftsförderung durch eine Vielzahl von EU-Politiken beeinflußt. Den Ausführungen über die konkrete Betroffenheit wird daher im Unterabschnitt über die Regionalpolitik eine ausführliche Beschreibung der kommunalen Wirtschaftsförderung und von Anknüpfungspunkten zu verschiedenen EU-Politiken vorangestellt. Diese Darstellung soll auch als Grundlage für die Erörterung anderer kommunaler Aufgaben, die auch für die Wirtschaftsförderung von Bedeutung sind, dienen.

A. Kommunale Wirtschaftsförderung und die Regionalpolitik der EU

I. Kommunale Wirtschaftsförderung

1. Definition, Ziele, Instrumente und Bedeutung kommunaler Wirtschaftsförderung

Die kommunale Wirtschaftsförderung ist eine Selbstverwaltungsaufgabe der lokalen Gebietskörperschaften mit langer Tradition.[3] Diese kommunale Aufgabe muß sich jedoch in den ordnungsrechtlichen Rahmen einfügen, durch den sie be-

---

[1] Vgl. ausführlicher die Ausführungen über die Umweltpolitik in Teil 2, Abschnitt 2, Punkt F.

[2] Vgl. Teil 1, Abschnitt 1, Punkt C. I.

[3] Vgl. von der Heide, Hans-Jürgen und Cholewa, Werner (1996): Stellung und Aufgaben der kommunalen Gebietskörperschaften, S. 4. Die Autoren heben z.B. die Rolle der kommunalen Selbstverwaltung bei der Schaffung der Infrastruktur im Zeitalter der Industrialisierung und beim Wiederaufbau nach dem Ende des Zweiten Weltkriegs hervor. Zur langen Tradition kommunaler Wirtschaftsförderung vgl. ebenso Faber, Angela (1992): Europarechtliche Grenzen kommunaler Wirtschaftsförderung, S. 32-37. Auch Ralf von Ameln geht von der festen Verankerung der Wirtschaftsförderung im kommunalen Aufgabenkatalog aus. Vgl. Ameln, Ralf von (1990): Planung, Organisation und Instrumente kommunaler Wirtschaftsförderung, S. 21.

grenzt wird.[1] Kommunale Wirtschaftsförderung wird in Anlehnung an Ehlers und Faber definiert als diejenige Tätigkeit einer Gemeinde, die primär auf die Begünstigung der privaten wirtschaftlichen Unternehmen abzielt.[2] Diese Aufgabe muß in Zusammenhang mit ihren Zielen und Instrumenten gesehen werden. Als wichtigste Ziele kommunaler Wirtschaftsförderung werden genannt:[3]

- Erhaltung bzw. Steigerung der Zahl der Arbeitsplätze in der Gemeinde und damit die Senkung der Arbeitslosigkeit (Auf diese Weise soll eine stabile Entwicklung der Einwohnerzahlen und der Einkommen der privaten Haushalte ermöglicht werden. Das Arbeitsplatzziel gilt mit Abstand als wichtigstes Ziel.)
- Verbesserung der lokalen Wirtschaftsstruktur (Krisenanfällige Monostrukturen sollen zugunsten einer ausgewogenen Wirtschaftsentwicklung überwunden werden.)
- Erhöhung der Steuereinnahmen, insbesondere der Gewerbesteuereinnahmen, aber auch des Gemeindeanteils an der Einkommensteuer (Die Erhöhung eigener Einnahmen vergrößert kommunale Handlungsspielräume bei der Aufgabenerfüllung.)

Die kommunalen Gebietskörperschaften bedienen sich in der Wirtschaftsförderung einer Vielzahl von Instrumenten, die sich grob in direkte und indirekte Maßnahmen einteilen lassen.[4] Diese Unterscheidung ist wichtig, weil die Europäische Union in unterschiedlicher Weise auf direkte und indirekte Wirtschaftsförderung einwirkt. Maßnahmen der direkten Wirtschaftsförderung zielen auf das einzelne Unternehmen selbst ab, während die indirekte Wirtschaftsförderung allgemeine Rahmenbedingungen für die wirtschaftliche Entwicklung schafft. Der Unterschied soll durch die folgende Aufzählung illustriert werden.

---

[1] Vgl. dazu beispielsweise die Stellungnahme der Innenministerkonferenz zur Frage der kommunalen Wirtschaftsförderung vom 12.3.1981. Diese Stellungnahme ist nach Informationen des hessischen Wirtschaftsministerium (Januar 1998) noch gültig. Vgl. auch die folgenden Ausführungen zur „Subventionskonkurrenz".

[2] Vgl. Ehlers, Dirk: Kommunale Wirtschaftsförderung und kommunale Selbstverwaltung, S. 103-104; Faber, Angela (1992): Europarechtliche Grenzen kommunaler Wirtschaftsförderung, S. 9.

[3] Vgl. etwa Schäfer, Rudolf und Stricker, Hans-Joachim (1992): Probleme und Aufgaben der Kommunalpolitik in den 90er Jahren, S. 60; Grosse Siemer, Stephan (1993): Die kommunale Wirtschaftsförderung und die Regionalpolitik der EG, S. 13-14; Zill, Gerda (1981): Kommunale Wirtschaftsförderung in Großbritannien und der Bundesrepublik Deutschland, S. 73-74.

[4] Zu dieser Unterscheidung vgl. Faber, Angela (1992): Europarechtliche Grenzen kommunaler Wirtschaftsförderung, S. 15-16. Zum Begriff der kommunalen Wirtschaftsförderung hat die Autorin eine umfangreiche Literaturauswertung vorgenommen.

So kommen als Maßnahmen der *direkten* Wirtschaftsförderung insbesondere in Betracht:[1]

- Gewährung von Zuschüssen, Darlehen, Bürgschaften, Garantien; Beteiligungen,
- Veräußerung oder Vermietung von Grundstücken oder Sachen unter dem Marktwert,
- Stundung und Erlaß von Kommunalabgaben (z.B. Stundung von Gewerbesteuern oder Freistellung von Erschließungsbeiträgen),
- bevorzugte Vergabe öffentlicher Aufträge,
- Erteilung von Dispensen von gemeinde-, bau- oder gewerberechtlichen Normen,
- Beratung und Hilfe für Unternehmen.

Als Maßnahmen *indirekter* Wirtschaftsförderung gelten dagegen:[2]

- allgemeine Bodenbevorratungspolitik,
- Bereitstellung wirtschaftsnaher örtlicher Infrastruktur (z.B. Zugang von Grundstücken zu Strom, Gas, Wasser, Abwasserentsorgung, Anbindung an das öffentliche Verkehrsnetz),
- Information, Beratung, Werbung,
- Beschleunigung von Verwaltungsverfahren,
- Gestaltung der Hebesätze von Realsteuern und anderer öffentlicher Abgaben,
- Beeinflussung des Qualifikationsniveaus der Einwohner der Gemeinde.

Die kommunale Wirtschaftsförderung soll als Teil staatlicher Wirtschaftspolitik der Sicherung und Erhöhung der Wohlfahrt der Bevölkerung dienen.[3] Aus der Perspektive der Theorie öffentlicher Güter ist besonders auf die Bereitstellung und Unterhaltung der wirtschaftsnahen materiellen und sozialen Infrastruktur, die den Charakter eines lokalen öffentlichen Gutes aufweist, sowie auf Information und Beratung der ansässigen und zuzugsbereiten Unternehmen hinzuweisen. Werden durch kommunale Wirtschaftsförderung zusätzliche Arbeitsplätze geschaffen, verbessert sich die Allokation in der Gemeinde, Unterbeschäftigung wird reduziert und kommunale Gelder, z.B. für Sozialhilfe an Arbeitslose, können für andere den Bürgern nutzenstiftende öffentliche Leistungen verwendet werden. Zusätzliche Arbeitsplätze weisen durch die Schaffung von zusätzlichen Einkommensmöglichkeiten ebenso eine verteilungspolitische Komponente auf. Erhöhen

---

[1] Vgl. Faber, Angela (1992): Europarechtliche Grenzen kommunaler Wirtschaftsförderung, S. 16-17.

[2] Vgl. Grosse Siemer, Stephan (1993): Die kommunale Wirtschaftsförderung und die Regionalpolitik der EG, S. 17; Faber, Angela (1992): Europarechtliche Grenzen kommunaler Wirtschaftsförderung, S. 17.

[3] Zur wirtschaftspolitischen Einordnung der kommunalen Wirtschaftsförderung vgl. Milbradt, Georg (1990): Ziele und Effizienz kommunaler Wirtschaftsförderung, S. 5-17.

sich die Steuereinnahmen, so steigt der finanzielle Spielraum für die Erstellung lokaler öffentlicher Güter. Hierbei sind jedoch die nivellierenden Wirkungen des kommunalen Finanzausgleichs zu beachten. Hinzuweisen ist aber auf die Gefahr der „Subventionskonkurrenz", bei der öffentliche Mittel zur Attrahierung von Unternehmen aufgewandt werden, die in keinem Verhältnis zur Gegenleistung stehen und einen Interessenausgleich zwischen Unternehmen und Wohnbevölkerung nicht mehr gewährleisten.[1] Dabei werden insgesamt keine zusätzlichen Arbeitsplätze geschaffen, sondern es wird nur „abgeworben". In der Praxis sind die Übergänge fließend.

2. Auswirkungen der Politik der Europäischen Union auf die kommunale Wirtschaftsförderung im Überblick

Aus dem Charakter der kommunalen Wirtschaftsförderung als Querschnittsaufgabe resultieren vielfältige Berührungspunkte mit Politikbereichen der Europäischen Union, von denen einige wesentliche Verbindungen untersucht werden. Diese Verbindungen, die später an verschiedenen Stellen beleuchtet werden, sollen zunächst im Überblick skizziert werden.

Die Europäische Union betreibt eine eigene Regional- und Strukturpolitik, in der die Mitgliedstaaten und ihre Untergliederungen eingebunden sind. Zwischen den Zielen und den Instrumenten der kommunalen Wirtschaftsförderung und der europäischer Strukturpolitik sind inhaltliche Berührungspunkte zu verzeichnen. Im Rahmen dieses Politikbereiches fließen im Maßstab des EU-Haushalts umfangreiche Finanzmittel in die Mitgliedstaaten und zum Teil direkt an die Kommunen. Diese direkte finanzielle Beziehung zwischen der Europäischen Union und den Kommunen ist ein besonderes Kennzeichen der Regional- und Strukturpolitik. In den anderen Politikbereichen, die in dieser Arbeit in ihrer Wirkung auf die Kommunen untersucht werden, bedient sich die EU in der Regel des Instruments der Rechtsetzung.

Im Rahmen der kommunalen Wirtschaftsförderung werden Beihilfen an Unternehmen geleistet. Auch der Bund und die Länder haben Beihilfeprogramme, die sie im Rahmen regional- und strukturpolitischer Kompetenzen durchführen. Von diesen Beihilfeprogrammen erhält die kommunale Wirtschaftsförderung finanzielle Unterstützung. Alle diese Beihilfen unterliegen der Wettbewerbsaufsicht der Europäischen Union. In der Wettbewerbspolitik verfügt die EU über weitreichende Kompetenzen bei der Durchführung, die mittels eigener Organe erfolgt und nicht, wie in anderen Politikbereichen üblich, durch Verwaltungseinheiten der

[1] Vgl. dazu ausführlich Postlep, Rolf-Dieter (1993): Gesamtwirtschaftliche Analyse kommunaler Finanzpolitik, S. 47, 126-133; Klodt, Henning; Stehn, Jürgen et al. (1992): Die Strukturpolitik der EG, S. 26-30 oder den Theorieabschnitt (Teil 1, Abschnitt 2).

Mitgliedstaaten. Durch die Beihilfenaufsicht werden die Kommunen als Wirtschaftsförderer in ihren rechtlichen und finanziellen Handlungsmöglichkeiten eingeschränkt.

Die gezielte Vergabe öffentlicher Aufträge kann als Instrument der direkten kommunalen Wirtschaftsförderung eingesetzt werden. Die Vergabe öffentlicher Aufträge dient jedoch vorrangig der Leistungserstellung. Aspekte der Wirtschaftsförderung werden eher zusätzlich berücksichtigt. Deshalb wird die Regulierung des Vergabewesen nicht unter der Aufgabe Wirtschaftsförderung, sondern unter kommunaler Leistungserstellung behandelt.[1] Ziele der Wirtschaftsförderung werden auch bei der wirtschaftlichen Betätigung der Kommunen, beispielsweise in der Energieversorgung oder in der Unterhaltung eines Sparkassennetzes verfolgt. Diese Aspekte werden weiter unten in den entsprechenden Unterabschnitten[2] aufgegriffen.

In diesem und im folgenden Unterabschnitt soll ausführlicher untersucht werden, wie die Regional- und Strukturpolitik und die Beihilfenaufsicht der EU auf die rechtlichen und finanziellen Handlungsmöglichkeiten der Kommunen in der Wirtschaftsförderung wirkt.

II. Die Regional- und Strukturpolitik der EU

1. Grundzüge der EU-Regional- und Strukturpolitik

Titel XIV (Art. 130a-d) EGV über den wirtschaftlichen und sozialen Zusammenhalt ist die vertragliche Grundlage der Regionalpolitik der EU. Seit der Schaffung des Europäischen Fonds für Regionale Entwicklung (EFRE) im Jahr 1975 finanziert die EU bereits eigene regionalpolitische Maßnahmen. Im Verlaufe der Entwicklung weitete die EU ihre regionalpolitischen Kompetenzen aus.[3] Ihre Politik richtet sich nach Art. 130a EGV darauf, eine harmonische Entwicklung der Gemeinschaft als Ganzes zu fördern (Kohäsionsziel) und die Unterschiede im Entwicklungsstand der verschiedenen Regionen sowie den Rückstand der am stärksten benachteiligten Regionen zu verringern (Konvergenzziel). Die in Art. 130a EGV festgelegten Ziele sollen

- durch die Wirtschaftspolitik der Mitgliedstaaten und deren Koordination,
- die Berücksichtigung dieser Ziele bei der Festlegung und Durchführung der Politiken und Aktionen der Gemeinschaft (einschließlich der Errichtung des Binnenmarktes) sowie

---

[1] Vgl. Teil 2, Abschnitt 3, Punkt A.

[2] Vgl. Teil 2, Abschnitt 2, Punkte C. und D.

[3] Vgl. Ridinger, Rudolf (1996): EG-Regionalpolitik, S. 4. Zur Geschichte der EG-Regionalpolitik vgl. z.B. die zusammenfassende Darstellung in Klodt, Henning; Stehn, Jürgen et al. (1992): Die Strukturpolitik der EG, S. 54-67.

- die Unterstützung durch die Gemeinschaft mit Hilfe der Strukturfonds, der EIB und der sonstigen Finanzierungsinstrumente

erreicht werden.[1] Die finanzielle Unterstützung durch die Strukturfonds gilt als Kern der Strukturpolitik der EU. Zu den Strukturfonds zählen neben dem EFRE auch der Europäische Sozialfonds (ESF), der Europäische Ausrichtungs- und Garantiefonds für die Landwirtschaft (EAGFL), Abteilung Ausrichtung, und das Finanzierungsinstrument für die Ausrichtung der Fischerei (FIAF).[2]

Die EU-Regionalpolitik basiert seit der Reform der Strukturfonds im Jahr 1988 auf den Prinzipien Konzentration, Additionalität, Partnerschaft und Programmbindung. Die Gemeinschaft konzentriert Maßnahmen und Mittel auf die Lösung der dringendsten Probleme, für die sie Förderziele formuliert hat.

Die aktuellen Förderziele der EU und ihre Finanzierung aus den Fonds (bis 1999) einschließlich des Anteils eines Ziels an den gesamten Strukturfondsmitteln (1994-1999) sind in der Tabelle 4 dargestellt.[3] Für die regionalpolitischen Ziele 1, 2, 5b und 6, die 85 % der Strukturfondsmittel beanspruchen und damit den Schwerpunkt bilden, werden durch die Europäische Union Förderregionen bestimmt.[4] Die übrigen Ziele gelten für das gesamte Gemeinschaftsgebiet. Die Ziele 3 und 4 dienen ausschließlich der Beschäftigungspolitik.[5] In Zusammenarbeit mit nationalen, regionalen und lokalen Behörden, die durch den Mitgliedstaat zu

---

[1] Art. 130b Abs. 1 EGV

[2] Der 1994 geschaffene Kohäsionsfonds zählt nicht zu den Strukturfonds und finanziert Projekte auf den Gebieten des Umweltschutzes und der Verkehrsinfrastruktur nur in Griechenland, Irland, Portugal und Spanien. Er soll wegen dieser regionalen Begrenzung hier nicht weiter betrachtet werden.

[3] Ab dem Jahr 2000 sollen die Strukturfonds nach Vorschlägen der Kommission in der Agenda 2000 reformiert werden. Mit dem Abschluß der Reformdiskussion ist erst im Frühjahr 1999 zu rechnen. Nach dem bisherigen Verlauf der Diskussion zu urteilen, ist kaum eine derartig grundlegende Neuordnung zu erwarten, so daß eine Veränderung der Bewertung erforderlich werden würde. Die bestehenden Fonds bleiben erhalten, neue Fonds kommen durch die Osterweiterung hinzu. Die Förderziele sollen formal auf 3 Ziele reduziert werden, ebenso soll die Zahl der Gemeinschaftsinitiativen eingeschränkt werden. Inwiefern wirklich eine Flexibilisierung und Entbürokratisierung der Verwaltung sowie eine Stärkung der Partnerschaft zustande kommen wird, ist äußerst fraglich. Eine Übersicht über die neuen Verordnungsvorschläge enthält Europäische Kommission (1998): Agenda 2000. Überblick über die Legislativvorschläge, insbesondere S. 8-12.

[4] Vgl. Ridinger, Rudolf (1996): EG-Regionalpolitik, S.12; Waniek, Roland W. (1994): EG-Regionalpolitik für die Jahre 1994 bis 1999, S. 43.

[5] Durch den Vertrag von Amsterdam wird dem Beschäftigungsziel eine größere Priorität eingeräumt und ihm ein eigener Titel gewidmet, in dem die Entwicklung einer koordinierten Beschäftigungsstrategie der Mitgliedstaaten und die besondere Berücksichtigung des Beschäftigungsziels bei den Gemeinschaftspolitiken gefordert wird. (Art. 125-130 (ex-Artikel 109n-109s) EGV in der Fassung des Vertrages von Amsterdam) Dadurch erfolgte übrigens auch eine Annäherung an die kommunale Priorität des Beschäftigungsziels.

bestimmen sind, werden Gemeinschaftliche Förderkonzepte erarbeitet, welche die spezifischen Entwicklungsprobleme der Förderregion beschreiben, daraus Förderziele ableiten, Maßnahmen bestimmen und die Finanzierung regeln.[1] Auf der Grundlage der genehmigten Förderkonzepte werden operationelle Programme mit einer Laufzeit von 3 bis 6 Jahren erstellt.[2]

Tabelle 4: Förderziele der EU-Strukturfonds

	Entwicklungsziel	Fonds	%
Ziel 1	Entwicklung und strukturelle Anpassung der Regionen mit erheblichem Entwicklungsrückstand (Regionen mit einem BIP je Einwohner unter 75 % des Gemeinschaftsdurchschnitts)	EFRE, ESF, EAGFL-A, FIAF	68 %
Ziel 2	Umstellung der Regionen mit rückläufiger industrieller Entwicklung	EFRE, ESF	11,1%
Ziel 3	Bekämpfung der Langzeitarbeitslosigkeit und berufliche Eingliederung von Jugendlichen und vom Ausschluß aus dem Arbeitsleben bedrohten Personen in das Erwerbsleben	ESF	9,4 %
Ziel 4	Anpassung der Arbeitskräfte an den industriellen Wandel	ESF	1,6 %
Ziel 5a	Anpassung der Agrarstrukturen und Modernisierung der Fischerei	EAGFL-A, FIAF	4,4 %
Ziel 5b	Entwicklung und strukturelle Anpassung des ländlichen Raumes	EFRE, ESF, EAGFL-A	5,0 %
Ziel 6	Förderung der Entwicklung und strukturellen Anpassung von Gebieten mit einer extrem niedrigen Bevölkerungsdichte	EFRE, ESF, EAGFL-A, FIAF	0,5 %

Quelle: Europäische Kommission (1996): Erster Kohäsionsbericht. KOM (96) 542 endg., S. 82-83, 135; Verordnung (EWG) Nr. 2081/93 des Rates vom 20. Juli 1993. ABl. Nr. L 193 vom 31.7.1993, S. 5.

Für die Förderprogramme werden Mittel aus den Strukturfonds der EU bereitgestellt. Eine Kofinanzierung durch nationale Mittel ist nach dem Grundsatz der Additionalität stets erforderlich. Die Gemeinschaft beteiligt sich an den Pro-

[1] Zu den folgenden Ausführungen über Förderkonzepte und die Fonds vgl. insbesondere Ridinger, Rudolf (1996): EG-Regionalpolitik, S. 15-17.

[2] Seit 1993 können die operationellen Programme auch mit den Förderkonzepten zusammen aufgestellt und zur Genehmigung eingereicht werden, um das Verfahren zu beschleunigen.

grammen für das Ziel 1 mit höchstens 75 % und mindestens 50 % und für die übrigen Förderregionen mit höchstens 50 % und mindestens 25 % der öffentlichen Ausgaben.[1]

Im Rahmen der gemeinschaftlichen Strukturfonds kann eine breite Palette von Maßnahmen unterstützt werden.[2] So werden durch den EFRE Infrastrukturinvestitionen, die sogenannte Erschließung des endogenen Potentials (Beihilfen für Dienstleistungseinrichtungen von Unternehmen, Finanzierung des Technologietransfers, Verbesserung des Zugangs der Unternehmen zu den Kapitalmärkten, direkte Investitionsbeihilfen), Investitionen im Gesundheits- und Bildungswesen (für Ziel 1), Maßnahmen im Bereich der Forschung und technologischen Entwicklung, produktive Investitionen und entsprechende Infrastrukturinvestionen für den Umweltschutz sowie Aktionen für die Regionalentwicklung auf Gemeinschaftsebene, besonders in Grenzregionen, unterstützt. Die Schwerpunkte des Sozialfonds liegen bei der beruflichen Bildung zur Erleichterung der beruflichen Eingliederung, Umschulung und Weiterbildung. Zum Förderkatalog des EAGFL, Abteilung Ausrichtung, zählen Maßnahmen zur Umstellung und Diversifizierung des Produktionspotentials, Absatzförderung, Flurbereinigung, Bewässerung, Sanierung und Entwicklung der Dörfer, Förderung von Investitionen zur Entwicklung des Fremdenverkehrs und des Handwerks. Das FIAF hat seinen Schwerpunkt bei der Umstrukturierung und Erneuerung der Fischereiflotte in den geförderten Regionen, der Verbesserung der Verarbeitungs- und Vermarktungsbedingungen für Fischereierzeugnisse und der Ausrüstung der Fischereihäfen. Vergleicht man die ursprünglich breite Förderpalette der Strukturfonds mit dem Maßnahmenkatalog kommunaler Wirtschaftsförderung, so stellt man eine große Übereinstimmung fest, beispielsweise bei Infrastrukturmaßnahmen, der Unterstützung von produktiven Investitionen, dem Wissens- und Informationstransfer oder bei dem Zugang zu den Kapitalmärkten.

Aus den Strukturfonds werden ebenfalls die Gemeinschaftsinitiativen finanziert, für die 9 % der Fondsmittel reserviert sind.[3] Dabei handelt es sich um kleinere Förderprogramme, die von Interesse für das gesamte Gemeinschaftsgebiet sein sollen. Sie können Maßnahmen umfassen, die über nationale Grenzen hinausgehen (z.B. INTEREG), eine echte Gemeinschaftsdimension enthalten oder neue

---

[1] Eine Ausnahme bildet die Finanzierung aus dem Kohäsionsfonds, für den erhöhte Grenzwerte gelten, der jedoch nur durch die Kohäsionsländer in Anspruch genommen werden kann.

[2] Zu den Ausführungen über die Fonds vgl. weiter Ridinger, Rudolf (1996): EG-Regionalpolitik, S. 15-18; Waniek, Roland W. (1994): EG-Regionalpolitik für die Jahre 1994 bis 1999, S. 44-45.

[3] Vgl. Europäische Kommission (1996): Erster Kohäsionsbericht. KOM (96) 542 endg., S. 6.

Konzepte zur Innovation der Regional- und Strukturförderung beinhalten.[1] Ungefähr 1 % der Strukturfondsmittel sind den innovativen Maßnahmen vorbehalten. Die Europäische Investitionsbank (EIB) unterstützt die Regionalpolitik, indem sie Darlehen und Bürgschaften zu günstigen Bedingungen vorrangig für regionale Entwicklungsmaßnahmen in finanzschwachen Regionen gewährt.[2]

2. Umsetzung der EU-Regionalpolitik in der Bundesrepublik Deutschland

Förderprogramme der EU bedürfen der Kofinanzierung durch nationale Mittel. Die gemeinschaftlichen Förderkonzepte werden durch Mittel aus der Gemeinschaftsaufgabe „Verbesserung der regionalen Wirtschaftsstruktur“ und/oder Landesmittel kofinanziert. Die Kommunen können für die Verbesserung ihrer wirtschaftsnahen Infrastruktur Anträge auf Förderung aus diesen Programmen stellen.[3] Sie müssen dann ebenfalls einen Finanzierungsanteil tragen.

a) Fördervolumen

Die gesamten Transfers im Rahmen der Strukturfonds in die Bundesrepublik Deutschland betrugen in der Periode 1989-1993 6,431 Mrd. ECU. Von 1994-1999 sind 21,729 Mrd. ECU geplant.[4] Die Bedeutung der EU-Hilfen variiert stark entsprechend den Problemlagen. In der zweiten Periode (1994-1999) werden sich die Mittel im Rahmen der Strukturfonds in den neuen Ländern auf 945 ECU je Kopf (d.h. ca. 157,5 ECU je Kopf und Jahr) belaufen. In die Ziel-2- und Ziel-5b-Regionen fließen 37 bzw. 26 ECU je Kopf und Jahr aus den Strukturfonds. Die Bedeutung des Volumens der EU-Regionalförderung ist jedoch im Vergleich zu nationalen Maßnahmen zu sehen. So wurden für die neuen Länder von 1991-1993 3 Mrd. ECU aus den Strukturfonds bereitgestellt.[5] Von der Kommission wurde das Volumen der innerdeutschen Finanztransfers, das mit der Art der europäischen Fonds vergleichbar ist, auf 150 Mrd. ECU für die Periode 1991-1993 geschätzt.[6] Die Bedeutung der Strukturfonds ergibt sich allerdings nicht nur aus dem Fördervolumen, sondern auch aus ihrem Einfluß auf die nationale Strukturpolitik.

---

[1] Vgl. Kommission der Europäischen Gemeinschaften (1993): Die Zukunft der Gemeinschaftsinitiativen im Rahmen der Strukturfonds. KOM (93) 282 endg.; Ridinger, Rudolf (1996): EG-Regionalpolitik, S. 18.

[2] Vgl. Klodt, Henning; Stehn, Jürgen et al. (1992): Die Strukturpolitik der EG, S. 64-66.

[3] Vgl. Eckey, Hans-Friedrich (1996): Rahmenplan der Gemeinschaftsaufgabe „Verbesserung der regionalen Wirtschaftsstruktur“, S. 22-23

[4] Zu den folgenden Zahlen über das Fördervolumen vgl. Europäische Kommission (1997): Die Auswirkungen der Strukturpolitik auf die wirtschaftliche und soziale Kohäsion in der Union 1989-1999, S. 25-27.

[5] Vgl. Ridinger, Rudolf (1996): EG-Regionalpolitik, S. 26.

[6] Vgl. Europäische Kommission (1997): Die Auswirkungen der Strukturpolitik auf die wirtschaftliche und soziale Kohäsion in der Union 1989-1999, S. 27.

b) Umsetzung durch die Gemeinschaftsaufgabe „Verbesserung der regionalen Wirtschaftsstruktur"

Der Hauptteil der EU-Strukturmittel wird in Deutschland im Rahmen der Gemeinschaftsaufgabe „Verbesserung der regionalen Wirtschaftsstruktur" eingesetzt. Die Gemeinschaftsaufgabe ist ähnlich strukturiert wie die EU-Regionalförderung. Ihr Rahmenplan enthält Förderziele, Fördergebiete, die mittels wirtschaftlicher Indikatoren bestimmt werden, Förderinstrumente und Fördersätze.[1] Die Kommunen sind an den Planungen und Maßnahmen bei der Durchführung der Gemeinschaftsaufgabe lediglich als Berater ohne Stimmrecht beteiligt.[2] Die Maßnahmen der Gemeinschaftsaufgabe konzentrierten sich ursprünglich vor allem auf die Förderung der gewerblichen Investitionen und die wirtschaftsnahe Infrastruktur. Die Kommission drang auf eine breitere Nutzung des Förderspektrums des EFRE und entsprach damit auch dem Wunsch der östlichen Bundesländer, Vorhaben zu unterstützen, die nicht unter die Gemeinschaftsaufgabe fielen, wie z.B. Umwelt- und Forschungsvorhaben.[3] Um eine weitgehende Kofinanzierung der Gemeinschaftsaufgabe durch die EU-Strukturfonds auch weiterhin zu gewährleisten, wurde das Förderspektrum erweitert.[4] Die Erweiterung umfaßt z.B. Umweltinvestitionen, Aus- und Weiterbildung, Forschungsvorhaben. Im Ergebnis wurden durch ein verbreitertes Förderspektrum die Handlungsmöglichkeiten der unteren Ebenen erweitert und eine präferenzgerechtere, flexiblere Mittelverwendung ermöglicht. Eine wesentliche Ursache für diese Wirkung war, daß zuvor das Subsidiaritätsprinzip innerstaatlich nicht ausreichend beachtet wurde.[5]

c) Bezug zur kommunalen Wirtschaftsförderung

Im Rahmen ihrer Wirtschaftsförderung können die Kommunen von den Förderprogrammen profitieren und zum Aufbau ihrer Infrastruktur selbst Mittel beantra-

---

[1] Vgl. 25. Rahmenplan der Gemeinschaftsaufgabe „Verbesserung der regionalen Wirtschaftsstruktur" für den Zeitraum 1996 bis 1999 (2000).

[2] Vgl. von der Heide, Hans-Jürgen und Cholewa, Werner (1996): Stellung und Aufgaben der kommunalen Gebietskörperschaften, S. 8-9. Die Autoren weisen auf die Bedeutung informeller Kontakte zwischen Wirtschaftsverwaltung des Landes und kommunalen Spitzenverbänden sowie auf die Anhörung der Kommunen im Rahmen des Antragsverfahrens auf die Fortschreibung der Gemeinschaftsaufgabe hin

[3] Vgl. Thomas, Ingo P. (1994): Finanzausgleich und Kohäsion in der Europäischen Union, S. 487; 25. Rahmenplan der Gemeinschaftsaufgabe „Verbesserung der regionalen Wirtschaftsstruktur" für den Zeitraum 1996 bis 1999 (2000), S. 11-12.

[4] Vgl. 25. Rahmenplan der Gemeinschaftsaufgabe „Verbesserung der regionalen Wirtschaftsstruktur" für den Zeitraum 1996 bis 1999 (2000), S. 11-14; Güntner, Karin (1995): Der Freistaat Sachsen und die Europäische Union, S. 73.

[5] Vgl. Thomas, Ingo P. (1994): Finanzausgleich und Kohäsion in der Europäischen Union, S. 487.

gen oder sich darum bemühen, daß Unternehmen und andere Einrichtungen auf ihrem Gebiet Anträge stellen.[1] An die Beratung und Information der ansässigen Unternehmen werden dabei erhöhte Anforderungen gestellt.

Mittels wirtschaftspolitischer Maßnahmen wollen sowohl die EU als auch die Kommunen eine harmonische Entwicklung ihres Gebietes, d. h. letztendlich die Wohlfahrt, fördern. Durch die besondere Unterstützung ärmerer Regionen versucht die EU auch, regionale Disparitäten abzubauen, was verteilungspolitischen Charakter hat. Für die EU gilt die nationale Wirtschaftspolitik, zu der in Deutschland auch die Kommunalpolitik gehört, als ein Mittel, um die angestrebten Ziele zu erreichen. Deshalb unterstützt die EU die Wirtschaftsförderung durch ihre Fonds. Von Bedeutung sind, besonders in Fördergebieten, die allgemeinen Strukturfondsprogramme, aber auch Gemeinschaftsinitiativen und innovative Maßnahmen.[2] Ebenso können EIB-Kredite in Anspruch genommen werden.

Der Maßnahmenkatalog kommunaler Wirtschaftsförderung deckt sich, wie bereits festgestellt, größtenteils mit Fördermöglichkeiten im Rahmen der Strukturfonds und anderer Finanzinstrumente der EU. An der Ausarbeitung der Gemeinschaftlichen Förderkonzepte und der Operationellen Programme sind die Kommunen jedoch kaum beteiligt.[3] Ursache für die geringe Beteiligung der Kommunen sind Entscheidungen des Bundes und der Länder, nicht der EU-Ebene, die es in den Strukturfondsverordnungen grundsätzlich dem Mitgliedstaat überläßt, die Partner in der Strukturpolitik zu bestimmen.

Finanzielle Unterstützung bekommen vor allem Kommunen in Fördergebieten, insbesondere des Ziels 1, auf welche die EU ihre Strukturfondsmittel konzentriert.[4] Aber auch Gemeinden außerhalb von Zielgebieten können an Struktur-

---

[1] Vgl. Derenbach, Rolf (1996): Europäische Strukturpolitik und die Kommunen: Handlungsfelder und Aktionsprogramme, S. 400.

[2] Aus den Förderprogrammen der anderen Fachpolitiken, beispielsweise aus dem Energiesparprogramm SAVE, können die Kommunen ebenfalls Mittel beantragen. Bei dieser „Strukturförderung im weiteren Sinne“ treten ähnliche Probleme auf, die deshalb nicht extra diskutiert werden. Eine ausführliche Übersicht über kommunalrelevante Gemeinschaftsinitiativen, aber auch über die Förderprogramme der übrigen Fachpolitiken findet sich beispielsweise im Handbuch EU-Kommunal. Vgl. in dem Handbuch Derenbach, Rolf (1996): Europäische Strukturpolitik und die Kommunen: Handlungsfelder und Aktionsprogramme, S. 390-444.

[3] Vgl. Güntner, Karin (1995): Der Freistaat Sachsen und die Europäische Union, S. 112-113; Grosse Siemer, Stephan (1993): Die kommunale Wirtschaftsförderung und die Regionalpolitik der EG, S. 79, 88-89. Vgl. auch die Aussagen des Präsidenten der Deutschen Sektion des RGRE, Heinrich Hoffschulte, in o.V. (1998): Europäische Strukturfonds. Kommunen fordern höheren Anteil, S. 4-5.

[4] Vgl. Prunzel, Regine (1996): Vom Umgang mit Programmen der Europäischen Union, S. 139; Derenbach, Rolf (1993): Europäische Strukturpolitik: Strukturfonds und Aktionsprogramme von kommunaler Bedeutung, S. 102.

fondsmitteln partizipieren.[1] Die genaue Höhe der EU-Mittel, welche der *kommunalen Ebene* in Deutschland zugeflossen ist, wird auf aggregiertem Niveau nicht ermittelt, so daß dazu leider keine Angaben möglich sind.[2] Die Größenordnung wäre interessant, um die tatsächliche Bedeutung besser abschätzen zu können. Nach Mombaur wird die Bedeutung der Förderprogramme der EU für die kommunale Ebene vielfach überschätzt.[3] Dabei spielt aber bis in die neunziger Jahre auch das mangelnde Interesse deutscher Kommunen eine Rolle.[4]

Als Ergebnis kann festgestellt werden, daß kommunale Wirtschaftsförderung als Teil staatlicher Wirtschaftspolitik vor allem im Hinblick auf das Kohäsionsziel in wirtschaftsschwächeren Gebieten durch die Gemeinschaft unterstützt wird. Bei der Konzeption und Verwaltung der Förderprogramme spielen die deutschen Kommunen aufgrund nationaler Entscheidungen keine bedeutende Rolle.

3. Kritische Betrachtung der EU-Regionalpolitik

Aus der Beteiligung der Kommunen an EU-Förderprogrammen ergeben sich aus finanzwissenschaftlicher Sicht alle Probleme einer zweckgebundenen Zuweisung mit Mitfinanzierungspflicht. Für die EU ist die effektive und effiziente Umsetzung ihrer regional- und strukturpolitischen Ziele möglicherweise nicht gewährleistet.

a) Grundsätzliche Wirksamkeit des Politikinstrumentes

Die Kritik, die an die Regionalförderung der EU gerichtet wird, ist sehr vielfältig und zum Teil grundsätzlicher Natur. So wird die Notwendigkeit einer staatlichen Konvergenzpolitik unter dem Einsatz öffentlicher Mittel überhaupt bezweifelt und gefragt, ob nicht das Konvergenzziel besser auf dem Weg der Marktintegration erreicht werden könnte.[5] Die Verwirklichung des Binnenmarkts wäre für die Konvergenz hinreichend. Hinter diesen Überlegungen stehen beispielsweise neoklas-

---

[1] So hat die Stadt Marburg, die weder Zielgebiet noch Fördergebiet der Gemeinschaftsaufgabe ist, seit Mitte der 90er Jahre mehrere Mill. DM Fördermittel aus der EU-Gemeinschaftsinitiative KONVER und Konversionsmitteln des Landes Hessen (Kofinanzierung) beantragt und erhalten, um den Umbau von ehemaligen Kasernen zu finanzieren. Aufgrund der besonderen Problemlage ist Marburg im Rahmen der Gemeinschaftsinitiative KONVER förderfähig. Vgl. auch Franke, Thomas und Heinz, Werner (1997): EU-Aktivitäten deutscher Städte und Gemeinden. Ergebnisse einer Difu-Umfrage, S. 37.

[2] Auskunft der Generaldirektion XVI der Europäischen Kommission im Januar 1998.

[3] Vgl. Mombaur, Peter Michael (1994): Kommunalpolitik in der Europäischen Union, S. 20.

[4] Vgl. Franke, Thomas und Heinz, Werner (1997): EU-Aktivitäten deutscher Städte und Gemeinden. Ergebnisse einer Difu-Umfrage, S. 37. Danach gab 1991 nur ein Siebentel der auf die Umfrage antwortenden Städte an, Mittel aus Strukturfondsprogrammen zu erhalten, Ende 1996 waren es knapp zwei Drittel.

[5] Vgl. Döring, Thomas (1993): Subsidiaritätsprinzip und EG-Regionalpolitik, S. 83; Schäfer, Manfred (1993): Die Kohäsionspolitik der Europäischen Gemeinschaften, S. 184.

sische Theoriekonzepte, deren Hauptaussage eine Konvergenz von Pro-Kopf-Einkommen und Faktorpreisen durch Güteraustausch und Faktorwanderung ist.[1] In neueren Ansätzen, die die Bedeutung von Skaleneffekten und Agglomerationsvorteilen herausheben, wird gefolgert, daß Marktintegration in gewissem Maße divergente Entwicklungen hervorrufen kann.[2] Die Entwicklung der Disparitäten in der Gemeinschaft, aber auch die Erfahrungen, die bisher mit der EU-Regionalpolitik gewonnen wurden, geben kein einheitliches Bild. Phasen konvergenter und divergenter Entwicklung wechselten einander ab.[3] Ein Bezug zum regionalpolitischen Instrumentarium läßt sich aufgrund der Komplexität kaum herstellen. Hinsichtlich der Wirksamkeit der EU-Politik insgesamt wurde schon die mangelnde Budgetinzidenz zugunsten ärmerer Mitgliedstaaten bemängelt, weil vor allem die Agrarpolitik mit hohem Finanzvolumen den Ausgleichseffekt der Strukturfonds reduzierte.[4]

Will man divergente wirtschaftliche Entwicklung mittels staatlicher Politik mildern, so stellt sich die grundsätzliche Frage nach geeigneten Instrumenten zur Induzierung lokalen Wachstums, wenn das Ziel nicht nur sein soll, die Ergebnisse des Binnenmarkts „gerecht“ umzuverteilen. So hebt Martin die Bedeutung makroökonomischer Stabilität für die Wirksamkeit von Investitionen in die Infrastruktur und das Humankapital hervor.[5] Waniek verweist auf die Relevanz funktionierender Institutionen, vor allem auf kommunaler Ebene und den bestehenden Beratungsbedarf.[6] Diese Faktoren wurden bisher bei der Regionalpolitik kaum beachtet. In der vorliegenden Arbeit soll aber vorrangig bewertet werden, inwieweit den Vorteilen des föderativen Aufbaus Rechnung getragen wird.

---

[1] Vgl. Schäfer, Manfred (1993): Die Kohäsionspolitik der Europäischen Gemeinschaften, S. 184-185.

[2] Vgl. Schäfer, Manfred (1993): Die Kohäsionspolitik der Europäischen Gemeinschaften, S. 184. Eine Übersicht über die Polarisationstheorien findet sich ebenda, S. 198-200. Vgl. auch Krieger-Boden, Christiane (1995): Neue Argumente für Regionalpolitik?, S. 211.

[3] Vgl. beispielsweise Kommission der Europäischen Gemeinschaften (1992): Die gemeinschaftlichen Strukturpolitiken. Bilanz und Perspektiven, S. 2-7; Europäische Kommission (1996): Erster Kohäsionsbericht. KOM (96) 542 endg., S. 2-3. Danach haben sich die Disparitäten beim BIP je Kopf seit den 80er Jahren zwischen den Mitgliedstaaten aufgrund des Aufholens der Kohäsionsländer verringert. Gleichzeitig sind die Disparitäten zwischen Regionen weitgehend unverändert geblieben.

[4] Vgl. Klodt, Henning; Stehn, Jürgen et al. (1992): Die Strukturpolitik der EG, S. 91-94. Die Autoren greifen hauptsächlich auf die Studie von Franzmeyer, Fritz et al. (1991): Die regionalen Auswirkungen der Gemeinschaftspolitiken, zurück.

[5] Vgl. Martin, Reiner (1997): Regional Convergence in the EU, S. 32-33.

[6] Vgl. Waniek, Roland W. (1994): EG-Regionalpolitik für die Jahre 1994 bis 1999, S. 47-48.

b) Unzureichende Beachtung des Subsidiaritätsprinzips

Gerade im Bereich der Regionalpolitik sind sowohl regionale und lokale Problemlagen als auch die möglichen Maßnahmen zur Abhilfe sehr verschieden. So sind die Probleme in alten Industriegebieten andere als in den Randgebieten oder ländlichen Regionen der Union. Auch das Entwicklungspotential ist unterschiedlich. Eine zentralistische Regionalpolitik bietet jedoch nur eine begrenzte Zahl von Einheitslösungen, deren Zuschnitt auf regionale und lokale Problemlagen schwierig sein kann. Das zeigt nicht zuletzt der Versuch der EU-Kommission, durch Vervielfältigung von Zieldefinitionen, möglichen Fördermaßnahmen und einer „Flut" von Gemeinschaftsinitiativen und Pilotprojekten den unterschiedlichen Problemlagen gerecht zu werden.[1] Bietet die EU vielfältige Lösungen an, erhöht sich das Informationsproblem bei den Betroffenen, und der Verwaltungsaufwand bei der EU steigt.[2] Trotz der hohen Anzahl spezifischer Fördermaßnahmen wird gerade von den Kommunen die Abstraktheit der Informationen hinsichtlich der Anwendbarkeit vor Ort betont, was darauf hinweist, daß die EU-Förderung für viele Kommunen nur schwer verständlich ist.[3] Die Informationsferne und mangelnde Überschaubarkeit wurden von Kommunalvertretern ausdrücklich beklagt.[4] Des weiteren werden die aufwendigen Antragsverfahren kritisiert.[5] Hierin können, neben der relativ geringen Erfolgsquote bei Förderanträgen, die Gründe für die geringe Beteiligung westdeutscher Kommunen an den Förderprogrammen der EU liegen, die von den Verantwortlichen bei den kommunalen Spitzenverbänden beklagt wird.[6]

---

[1] Vgl. Spiekermann, Bernd et al. (1988): Europäische Regionalpolitik, S. 31; Waniek, Roland W. (1992): Die Regionalpolitik der Europäischen Gemeinschaft, S. 159.
Der in den Reformbestrebungen der Agenda 2000 gemachte Versuch, die Zahl der Förderziele von 7 auf 3 und die der Gemeinschaftsinitiativen von 13 auf 3 zu reduzieren, wird angesichts der Vielfalt der Problemlagen wohl höchstens auf eine formale Vereinfachung hinauslaufen. Innerhalb der Ziele wird wahrscheinlich durch die Bildung von Unterzielen o.ä. differenziert werden müssen.

[2] Vgl. Klodt, Henning; Stehn, Jürgen et al. (1992): Die Strukturpolitik der EG, S. 86.

[3] Vgl. Güntner, Karin (1995): Der Freistaat Sachsen und die Europäische Union, S. 108. Die Autorin wertet so ihre Befragungen von Kommunalvertretern im Regierungsbezirk Chemnitz aus. Vgl. zur kommunalen Sicht auch Franke, Thomas und Heinz, Werner (1997): EU-Aktivitäten deutscher Städte und Gemeinden Ergebnisse einer Difu-Umfrage, S. 24-25; 37-38.

[4] Vgl. Güntner, Karin (1995): Der Freistaat Sachsen und die Europäische Union, S. 108.

[5] Vgl. Güntner, Karin (1995): Der Freistaat Sachsen und die Europäische Union, S. 114; Ridinger, Rudolf (1996): EG-Regionalpolitik, S. 29-30; oder den Beitrag im Städtetag: o.V. (1997): Brüssokratie oder: How to get money, S. 479-480.

[6] Vgl. Poth-Mögele, Angelika (1993): Das Prinzip der „Partnerschaft" in der Strukturpolitik der Europäischen Gemeinschaft, S. 209; Derenbach, Rolf (1993). Europäische Strukturpolitik: Strukturfonds und Aktionsprogramme von kommunaler Bedeutung, S. 88. Die kommunale Beteiligung hat sich seitdem, auch durch die Aufnahme der neuen Bundesländer als

Auf der EU-Ebene ist man sich der Bedeutung einer ausreichenden Einbindung der lokalen Ebene für den Erfolg der Regionalpolitik zunehmend bewußt. So wird von der Kommission in einer Analyse der Beschäftigungswirkungen der Strukturinterventionen vor allem eine aktivere Beteiligung der lokalen Behörden als entscheidende Voraussetzung für eine verstärkte Wirkung der Interventionen gefordert.[1] Besonders lokale Beschäftigungsinitiativen sollen im Rahmen der Strukturpolitik stärker unterstützt werden. Wird in Betracht gezogen, daß die Schaffung von Arbeitsplätzen in der kommunalen Wirtschaftsförderung Priorität hat und dezentrale Aufgabenerfüllung aus ökonomischer Sicht vorteilhaft ist, so kann die Schlußfolgerung der Kommission nicht überraschen. Die Frage ist, wie lokales Wissen und Engagement im Hinblick auf die sowohl von der Kommission als auch den Kommunen gewünschte Beschäftigungswirkung am besten aktiviert werden können.

Eine zentralistische Regionalpolitik schränkt nicht nur eine den lokalen Präferenzen und Problemlagen entsprechende Wirtschaftspolitik ein. Sie vermindert auch den Wettbewerb der Standorte um innovative Problemlösungen durch den Anreiz zur Mitnahme zusätzlicher Finanzmittel und reduziert auf diese Weise Wahlmöglichkeiten für die Bürger. Angesichts hoher Informations- und Verwaltungskosten kann von steigenden Skalenerträgen nicht ausgegangen werden.[2] Die Regionalpolitik der EU entspricht als Wachstumspolitik wohl nicht dem Subsidiaritätsprinzip.

Aus Sicht des Äquivalenzprinzips könnten externe Effekte öffentlicher Güter, z.B. der geschaffenen Infrastruktur, für eine zentrale Kompetenz sprechen. Bevor der Zentralebene die Kompetenz zugeordnet wird, sollten aber die Reichweite der externen Effekte und dezentrale Alternativlösungen geprüft werden. Normalerweise kommen Maßnahmen, die durch die Strukturfonds gefördert werden, z.B. wirtschaftsnahe Infrastruktur oder Ausbildungsmaßnahmen, speziell den Fördergebieten und eventuell noch den benachbarten Regionen zugute. Regionale externe Effekte sind daher begrenzt und sprechen in den seltensten Fällen für eine europäische Kompetenz.[3] Außerdem sind Kooperationslösungen zwischen benachbarten Gemeinden und Regionen möglich. Diese werden von Kommunen, die sich in Regionalverbünden zusammenschließen, zunehmend praktiziert. Das betrifft auch die grenzüberschreitende Kooperation. Eine europäische Unterstützung dieser Kooperation wie sie durch das INTERREG-Programm erfolgt, kann akzep-

---

„Zielgebiet", etwas erhöht. Vgl. hierzu Franke, Thomas und Heinz, Werner (1997): EU-Aktivitäten deutscher Städte und Gemeinden Ergebnisse einer Difu-Umfrage, S. 37.

[1] Vgl. hierzu und zur stärkeren Unterstützung lokaler Beschäftigungsinitiativen Europäische Kommission (1997): Gesamtbericht über die Tätigkeit der Europäischen Union 1996. Ziff. 294, S. 126.

[2] Vgl. Klodt, Henning; Stehn, Jürgen et al. (1992): Die Strukturpolitik der EG, S. 88.

[3] Vgl. Klodt, Henning; Stehn, Jürgen et al. (1992): Die Strukturpolitik der EG, S. 87-88.

tiert werden, da die Vernetzung von europäischen Regionen im gemeinschaftlichen Interesse ist[1] und von den Nationalstaaten möglicherweise unzureichend gefördert wird. Ebenso könnten Verkehrsverbindungen von gesamteuropäischer Bedeutung von der EU koordiniert werden.

Die Strukturfonds werden als Instrument der interregionalen Umverteilung eingesetzt, da Finanzmittel aus den Strukturfonds hauptsächlich in die ärmeren Regionen, vor allem des Ziels 1, fließen. Eine zentrale Kompetenz für Verteilungspolitik gilt föderalismustheoretisch als angemessen.[2] Das Konvergenzziel ist auch im EG-Vertrag verankert worden, die Präferenzen der Bevölkerung für eine europaweite Umverteilung sind jedoch noch wenig ausgeprägt.[3] Die Errichtung des Binnenmarkts war aber mit der Verdopplung der Strukturfonds ab 1993 verknüpft. Die ärmeren Regionen stimmten dem Binnenmarktprojekt nur nach Aufstockung der Strukturfonds zum Ausgleich befürchteter Nachteile zu.[4] Insofern bedingte die Produktion des supranationalen Gutes Binnenmarkt eine Umverteilung zugunsten ärmerer Regionen. Diese Umverteilung durch die Strukturfonds ist jedoch verwaltungsmäßig sehr aufwendig. Ungebundene Finanzhilfen oder Beitragsrabatte wären eine kostengünstigere Lösung.[5]

c) Wirkung auf kommunale Handlungsspielräume

In der gegenwärtigen Ausgestaltung wirken Mittel aus den Strukturfonds wie Zweckzuweisungen mit Mitfinanzierungspflicht. Die Bewertung hinsichtlich des Einflusses auf kommunale Handlungsspielräume hängt vom Referenzmaßstab ab. Zusätzliche finanzielle Mittel, auch zweckgebundene, erhöhen grundsätzlich den Handlungsspielraum des Empfängers, wenn sie rational eingesetzt werden. Die Mitfinanzierungspflicht (und der Aufwand der Antragstellung) fördert ein Abwägen zwischen Kosten und Nutzen und dadurch den Einsatz entsprechend den lokalen Präferenzen. Dieses Abwägen wird, unbeabsichtigt, durch die Unsicherheit, ob Fördermittel genehmigt werden, noch gefördert.[6] Geht man jedoch davon aus, daß Finanzmittel, beispielsweise aus verteilungspolitischen Gründen, auf jeden Fall fließen, schränkt diese Form der Zuweisung die wünschenswerte Autonomie

---

[1] Vgl. Döring, Thomas (1993): Subsidiaritätsprinzip und EG-Regionalpolitik, S. 65.
[2] Vgl. den Theorieabschnitt (Teil 1, Abschnitt 2).
[3] Vgl. Waniek, Roland W. (1994): EG-Regionalpolitik für die Jahre 1994 bis 1999, S. 49.
[4] Vgl. Vaubel, Roland (1992): Die politische Ökonomie der wirtschaftspolitischen Zentralisierung in der Europäischen Gemeinschaft, S. 37.
[5] Vgl. Waniek, Roland W. (1994): EG-Regionalpolitik für die Jahre 1994 bis 1999, S. 49; Klodt, Henning; Stehn, Jürgen et al. (1992): Die Strukturpolitik der EG, S. 20.
[6] So wird den Kommunen vom Europabüro der Deutschen kommunalen Selbstverwaltung dringend geraten, nur an solchen Projekten teilzunehmen, die sie sowieso umsetzen würden. Vgl dazu Prunzel, Regine (1996): Vom Umgang mit Programmen der Europäischen Union, S. 138.

der Empfänger am stärksten ein.[1] Zuweisungen können nicht frei entsprechend den Präferenzen unter voller Wahrung der politischen Verantwortung vor Ort eingesetzt werden, sondern geplante Projekte müssen in Förderrichtlinien und -programme eingepaßt werden.[2] Weiterhin bindet die Mitfinanzierungspflicht eigene Mittel für diese Zwecke. Die Mitfinanzierungpflicht kann außerdem vor allem bei ärmeren Gebietskörperschaften zu Problemen führen, wenn Eigenmittel nicht (mehr) aufgebracht werden können.[3] Die zur Informationsgewinnung und zur Antragstellung für Fördermittel aufgewandten Ressourcen stehen weder den Gemeinden selbst noch dem eigentlichen Förderzweck zur Verfügung.

Aus Sicht des Zuweisungsgebers stellen sogenannte Mitnahmeeffekte bzw. die mangelnde Gewährleistung der Additionalität der Finanzmittel ein Problem dar, weil seine Mittel die Maßnahme dann nicht initiieren bzw. wirksam aufstocken und aus seiner Sicht verschwendet worden sind. Eine strengere Ausrichtung auf die Bedürftigkeit könnte Mitnahmeeffekte beschränken. Mitnahmeeffekte können aus ökonomischer Sicht ein Problem darstellen, wenn EU-Mittel dabei aufgrund der geringeren Merklichkeit möglicherweise nicht ausreichend in die Kosten-Nutzen-Rechnung einbezogen werden und beispielsweise überdimensionierte Projekte realisiert werden.[4] Mögliche Folgekosten bleiben aber allein bei den Kommunen.

4. Reformvorschläge

Ausgehend von der Kritik an der Regionalpolitik der EU wurden zahlreiche Reformvorschläge entwickelt, von denen hier nur einige aufgegriffen werden. Als besonders weitgehend gilt der Vorschlag, einen ungebundenen Finanzausgleich einzuführen, der, wenn er bis zur kommunalen Ebene durchgreifen würde, dort zu ungebundenen Zuweisungen führen und die bisherigen Zweckzuweisungen ersetzen würde. Dieser vor allem in der wissenschaftlichen Literatur diskutierten Lösung steht eine Vertiefung der Partnerschaft mit den lokalen Behörden, so wie sie beispielsweise von der Kommission gewünscht wird, gegenüber. Der Bedeutung dezentraler Problemlösungskompetenz würde ein dritter Vorschlag über lokale und regionale Entwicklungspartnerschaften gerecht werden.

---

[1] Vgl. Zimmermann, Horst (1983): Allgemeine Probleme und Methoden des Finanzausgleichs, S. 45.

[2] Vgl. Prunzel, Regine (1996): Vom Umgang mit Programmen der Europäischen Union, S. 139.

[3] Vgl. hierzu und zum Mitnahmeeffekt Zimmermann, Horst (1985): Der Mitnahmeeffekt, S. 293-312.

[4] Vgl. Seidel Barbara (1992): Die Einbindung der Bundesrepublik Deutschland in die Europäischen Gemeinschaften als Problem des Finanzausgleichs, S. 208-211.

a) Ungebundener Finanzausgleich

Zuweisungen im Rahmen eines ungebundenen Finanzausgleichs würden gegenüber den gegenwärtigen Zweckzuweisungen höhere Autonomie für die empfangenden Kommunen bedeuten. Sie könnten die Mittel mit wesentlich geringerem administrativen Aufwand flexibler entsprechend den lokalen Problemlagen einsetzen und adäquate Instrumente wählen.[1] Die eigene Verantwortung dürfte den Anreiz schaffen, Mittel sparsam einzusetzen.[2] Die Transparenz von Verantwortung wäre erhöht, die demokratische Kontrolle erleichtert. Innovative Lösungen könnten im Wettbewerb entwickelt werden. Ein ungebundenes Finanzausgleichssystem würde dem verteilungspolitisch motivierten Ausgleichsanliegen am besten gerecht werden.[3] Dieses System dürfte sich jedoch nicht nur auf die Beziehungen zwischen EU und den Mitgliedstaat erstrecken, sondern müßte bis zur kommunalen Ebene reichen, so daß die ineffiziente Regulierung der obersten Ebene nicht durch die der anderen oberen Ebenen ersetzt wird. Gegen ein solches System vorgebrachte Argumente sind ein gering ausgeprägtes europäisches Solidaritätsgefühl, mangelnde Kontrollmöglichkeiten der Geberländer sowie Verschwendung durch regionale und lokale Politiker, z.B. aufgrund des Einflusses lokaler Interessengruppen.[4] Ein Kompromiß könnte in der größtmöglichen Vereinfachung des gegenwärtigen Systems auf wenige Förderrichtlinien und in Informations- und Rechenschaftspflichten der empfangenden Gebietskörperschaften bestehen.

b) Verstärkte „Partnerschaft"

Eine weitere Möglichkeit, lokale Belange in die europäische Regionalpolitik einzubringen, bestünde in einer verstärkten Partnerschaft nach Lesart der Kommission, also einer erhöhten Einbindung aller Betroffenen, hier der lokalen Gebietskörperschaften, in die Entscheidungsfindung. Dieser Weg wird von der Kommission bevorzugt. Bislang sind die Kommunen in Deutschland kaum in die Planung

---

1 Vgl. Döring, Thomas (1993): Subsidiaritätsprinzip und EG-Regionalpolitik, S. 90.

2 Anders Schicker, Rudolf (1994): Regionalförderung. Die Regionalpolitik der Europäischen Union verändert Österreichs Politik der Regionalförderung, S. 71. Schicker begrüßt die Ablösung der freihändigen Mittelvergabe der österreichischen Regional- und Kommunalpolitik durch die mit dem EG-Beitritt notwendige Programmplanung, die einen gezielteren und effizienteren Einsatz der Mittel bringen würde.

3 Vgl. Döring, Thomas (1993): Subsidiaritätsprinzip und EG-Regionalpolitik, S. 104-105; Lammers, Konrad (1992): Mehr regionalpolitische Kompetenzen für die EG im Europäischen Binnenmarkt?, S. 75. Vgl. zum folgenden auch Zimmermann, Horst (1986): EG-Begrenzung für deutsche Regionalpolitik, S. 93-96, der darauf hinweist, daß eine effektive Konvergenzpolitik notwendigerweise alle föderativen Ebenen einschließt.

4 Vgl. Waniek, Roland W. (1994): EG-Regionalpolitik für die Jahre 1994 bis 1999, S. 49.

und Konzeption der Regionalpolitik einbezogen.[1] Durch Partnerschaft könnten lokale Problemlösungskompetenzen genutzt werden, ohne daß die oberen Ebenen wesentliche Entscheidungs- und Einflußmöglichkeiten verlieren. Dieser Weg erscheint aus Sicht der Interessenlagen der Ebenen unter Beachtung der Erkenntnisse der ökonomischen Theorie der Politik gangbar.

Das Einbringen von verschiedenen Erfahrungen und Sichtweisen in den Entscheidungsprozeß kann der Problemlösung dienen und zu effizienten Lösungen führen. Dem stünden jedoch durch die Einbeziehung verschiedener Ebenen die Nachteile eines erschwerten Entscheidungsfindungsprozesses (höhere Transaktionskosten bei der Entscheidungsfindung) und der Diffusion von Verantwortung gegenüber.[2] Durch die Zusammenarbeit von Kommission, Landesministerien und lokalen Behörden würde die Rolle der Bürokratie wachsen, während die Kontrollmöglichkeiten von Politikern und Wählern sinken würden.[3] Dem könnte nur mit einer klaren Zuordnung von Entscheidungskompetenzen begegnet werden. Aus fiskalföderalistischer Sicht sollte dabei wiederum die gegenwärtige Situation, bei der Kommission und Mitgliedstaat letztendlich beschließen, umgekehrt werden. Die lokalen Ebenen könnten über ihren Bereich entscheiden und gegenüber ihren Bürgern die Verantwortung tragen. Informationspflichten über Mittelverwendung und Projekterfahrungen wären denkbar. Die oberen Ebenen könnten mit Beratungs- und Informationsleistungen den Entscheidungsprozeß unterstützen.[4]

Aus Sicht der lokalen Ebenen würden alle Varianten einer verstärkten Mitentscheidung ihre Handlungsmöglichkeiten erweitern, soweit der Entscheidungsprozeß durch die Politikverflechtung nicht gänzlich gelähmt ist. Insofern würde eine verstärkte Partnerschaft Vorteile gegenüber der gegenwärtigen Situation bringen.[5] Auch wenn diese Alternative gegenwärtig am praktikabelsten erscheint, da die

---

[1] Vgl. Grosse Siemer, Stephan (1993): Die kommunale Wirtschaftsförderung und die Regionalpolitik der EG, S. 72, 88-89, 94; o.V. (1998): Europäische Strukturfonds. Kommunen fordern höheren Anteil, S. 4-5.

[2] Vgl. zur Kritik der Politikverflechtung grundsätzlich Scharpf, Fritz W.; Reissert, Bernd und Schnabel, Fritz (1976): Politikverflechtung, S. 230-240.

[3] Die speziell mit dem Partnerschaftskonzept verbundene Politikverflechtung mehrerer Ebenen und der relativ geringe Demokratiegehalt, da es sich hauptsächlich um die Zusammenarbeit von Behörden handelt, werden aus politikwissenschaftlicher Sicht ebenfalls kritisch betrachtet. Vgl. dazu Poth-Mögele, Angelika (1993): Das Prinzip der „Partnerschaft" in der Strukturpolitik der Europäischen Gemeinschaft, S. 214.

[4] So auch Döring, Thomas (1993): Subsidiaritätsprinzip und EG-Regionalpolitik, S. 101-102. Der Erfahrungs- und Informationsaustausch zwischen lokalen Gebietskörperschaften wird bereits durch verschiedene kleinere EU-Programme, beispielsweise ECOS oder OVERTURE, sporadisch und verwaltungsaufwendig gefördert.

[5] Der Ansatz der Partnerschaft wird begrüßt von Grosse Siemer, Stephan (1993): Die kommunale Wirtschaftsförderung und die Regionalpolitik der EG, S. 94.

oberen Ebenen keine Macht abgeben wollen, so bleibt sie doch nur die zweitbeste Lösung.[1]

c) Entwicklungspartnerschaften zwischen Gemeinden unterschiedlichen Entwicklungsstandes

Hilfestellung bei einer entwicklungsorientierten Mittelverwendung könnte nicht nur durch die oberen Ebenen, sondern durch die direkt mit ähnlichen Problemen konfrontierten lokalen Ebenen gegeben werden. Denkbar wären Entwicklungspartnerschaften zwischen entwickelten und unterstützungsbedürftigen Kommunen und Regionen, die auf Städtepartnerschaften aufbauen könnten.[2] Für diese Partnerschaften könnten unter dem Umverteilungsgesichtspunkt Mittel zentraler Ebenen (EU-, nationale, regionale Mittel), aber auch Finanzen der reicheren Gemeinde bereitgestellt werden. Insbesondere im letzten Fall würde sich die Merklichkeit der Mittelaufbringung und -verwendung erhöhen und dadurch den Anreiz bieten, die Gelder verantwortungsbewußt einzusetzen. Eine stärkere Solidarität könnte eine Folge sein. Auf lokale Probleme zugeschnittene Lösungen unter Zuhilfenahme eines direkten Wissens- und Informationstransfers könnten die Wirksamkeit und Effizienz von Strukturmaßnahmen steigern. Der Aufbau funktionsfähiger Institutionen, Organisation und Management könnten ebenso unterstützt werden.

Solche Entwicklungspartnerschaften sind nicht nur einseitig nutzbringend. Lösungsansätze in der ärmeren Gemeinde bzw. gemeinsam entwickelte Lösungen können Hinweise und Ideen für ähnliche Problemlagen in den reicheren bieten[3]

---

[1] Vgl. Döring, Thomas (1996): Zum „angemessenen" Zentralisierungsgrad einer europäischen Regionalpolitik aus ökonomischer Sicht, S. 112.

[2] Diese Idee entstammt einer Form der Entwicklungshilfe in Frankreich. Der französische Staat stellt den Gemeinden Mittel zur Verfügung, mit denen sie in ihren Partnergemeinden, z.B. in Afrika, Entwicklungshilfe leisten. Diese Städtepartnerschaften, auf denen aufgebaut wird, beispielsweise zwischen Chambéry und Ouahigonya in Afrika, bestehen teilweise schon sehr lange.

Auch die Hilfeleistungen westdeutscher Kommunen an ostdeutsche Städte und Gemeinden nach 1989 im Rahmen von Städtepartnerschaften können gedanklicher Ansatzpunkt für eine solche Entwicklungspartnerschaft sein. Zu Beispielen für Hilfeleistungen und den Erfahrungsaustausch vgl. etwa Kamps, Marlies (1990): „Betrachten Sie unsere Sorgen als die Ihren", S. 553. Marburg hat seine Partnerstadt Eisenach in Thüringen auf vielfältige Weise unterstützt: materielle Hilfe durch die Lieferung von Geräten und Bussen für die Stadtwerke oder bei der Reparatur der Kanalisation, Beratung bei der Altstadtsanierung, Austausch von Verwaltungsfachleuten... (Vgl. dazu - statt der vielen einzelnen Beiträge in der Lokalpresse - Förster, Robert (1990): Partnerstädte in der DDR - Chancen für die Einheit, S. 38-39; o.V. (1990): Marburg will Verwaltung in Eisenach auf die Beine helfen.)

[3] Vgl. in der vorigen Fußnote die Ausführungen zur Entwicklungshilfe durch französische Gemeinden. Bei der intensiven Projektauswertung durch die französische Gemeinde wird auch

und darüber hinaus die Kohäsion fördern. Voraussetzungen für eine solche Partnerschaft sind weitgehende Autonomie bei der Mittelverwendung durch die Partnerschaften und gleichberechtigte Kooperation innerhalb der Partnerschaften. Die bereits angesprochenen Beratungs- und Informationsdienstleistungen könnten also nicht nur von oberen Ebenen geleistet werden, sondern möglicherweise effizienter und wirkungsvoller direkt von den lokalen und regionalen Ebenen.

5. Fazit

Die Regionalpolitik mittels der Strukturfonds der EU bedeutet für die betroffenen Kommunen Unterstützung ihrer Wirtschaftspolitik durch zweckgebundene Mittel, aber auch erhöhte Anforderungen an die Information und Beratung ortsansässiger Unternehmen. Kritisch sind die hohen Verwaltungs- und Informationskosten zu beurteilen, die sowohl aus der Abstimmung mit EU-Förderrichtlinien als auch mit nationalen Programmen resultieren. Durch die Zweckbindung der Fördermittel werden Ressourcen möglicherweise in nicht präferenz- bzw. sachgerechte Verwendungen gelenkt. Wenn Fördermittel dagegen für geplante Projekte nur „mitgenommen" werden, besteht die Gefahr, daß sie in der Kosten-Nutzen-Rechnung des Projekts nicht ausreichend berücksichtigt worden sind.

Bei weitgehender Ziel- und Mittelkongruenz der EU-Regionalförderung und kommunaler Wirtschaftsförderung sowie der anerkannten Rolle lokaler Partner, beispielsweise im Hinblick auf die Beschäftigungswirkung von Strukturinterventionen, wäre ein ungebundener Finanzausgleich bzw. eine größtmögliche Vereinfachung der EU-Strukturförderung auf wenige Rahmenrichtlinien die effizientere Alternative. Ein solcher ungebundener Finanzausgleich, der beim gegenwärtigen Stand der Integration noch nicht realistisch ist, dürfte jedoch nicht nur auf die Ebenen der EU und der Mitgliedstaaten beschränkt sein, sondern müßte bis zur lokalen Ebene durchgreifen. Ein Ersatz der EU-Regulierung durch nationale oder regionale Regulierung würde kaum eine grundlegende Verbesserung bedeuten, da diese ähnlich problemfern und durch weitergehende nationale und regionale Durchgriffsrechte noch einschränkender sein können.

Eine verstärkte „Partnerschaft" unter den vertikalen Ebenen bietet keinen Ersatz für lokale Autonomie. Der für Entwicklungsmaßnahmen hilfreiche Wissenstransfer sowie der Kohäsionsgedanke könnten auch über lokale Entwicklungspartnerschaften verfolgt werden.

---

untersucht, welche Maßnahmen, z.B. zur Integration ärmerer Bevölkerungsschichten, in Frankreich angewandt werden können.

B. Kommunale Wirtschaftsförderung und die Beihilfenaufsicht der EU

Im vorigen Unterabschnitt A. wurde behandelt, wie die EU durch eigene Ausgaben auf die kommunale Wirtschaftsförderung einwirkt. In diesem Abschnitt soll es um Einwirkungen auf die kommunale Wirtschaftsförderung über ein Rechtsinstrument, die Beihilfenaufsicht, gehen. Dabei werden sowohl rechtliche als auch finanzielle Handlungsspielräume der Kommunen betroffen. Nach einer kurzen Darstellung der im Wettbewerbstitel des EG-Vertrages verankerten Beihilfenaufsicht (Punkt I.) wird die Verengung des rechtlichen Handlungsrahmens für eigenständige kommunale Wirtschaftsförderungsmaßnahmen durch die Beihilfenaufsicht untersucht (Punkt II.). Wie festzustellen sein wird, sind für die Kommunen insbesondere größenabhängige Erleichterungen in den Prüfverfahren der Beihilfenaufsicht von Bedeutung. Finanzielle Handlungsspielräume der Kommunen sind insbesondere durch die Beschränkung kommunalrelevanter Förderprogramme von Bund und Ländern betroffen (Punkt III.). Wettbewerbliche Ausnahmebestimmungen für regionalpolitisch motivierte Beihilfen, die auch für eigenständige kommunale Wirtschaftsförderung relevant sein können, werden dort erörtert.

I. Allgemeine vertragliche Bestimmungen zur Beihilfenaufsicht

Die Beihilfenaufsicht der EU ist ein Instrument der Wettbewerbspolitik und dient der Funktion des Wettbewerbs als dem - aus ökonomischer Sicht - wichtigsten Ordnungsprinzip im Binnenmarkt. Ihr Ziel liegt darin, gleiche Wettbewerbsbedingungen für alle Unternehmen innerhalb des Gemeinsamen Marktes zu schaffen und zu bewahren, wettbewerbsverzerrende Beihilfepolitiken der einzelnen Mitgliedstaaten zu vermeiden, einen hierdurch ausgelösten Subventionswettlauf der Mitgliedstaaten zu verhindern und auf diese Weise die Funktionsfähigkeit des Wettbewerbs als Ordnungsprinzip in räumlicher Hinsicht sicherzustellen.[1] Die Schaffung einheitlicher Wettbewerbsbedingungen als Teil des Ordnungsrahmens wirtschaftlicher Betätigung gilt als klassisches öffentliches Gut. Gegen eine zentrale Kompetenz bei der EU ist daher grundsätzlich nichts einzuwenden.[2]

Im Kapitel über die Wettbewerbspolitik ist die Beihilfenaufsicht in Art. 92ff. EGV geregelt. Art. 92 Abs. 1 EGV enthält ein grundsätzliches, obwohl an bestimmte Bedingungen geknüpftes und Ausnahmeregelungen ermöglichendes, Beihilfeverbot:

> Soweit in diesem Vertrag nicht etwas anderes bestimmt ist, sind staatliche oder aus staatlichen Mitteln gewährte Beihilfen gleich welcher Art, die durch die Begünstigung bestimmter Unternehmen

---

[1] Vgl. Klodt, Henning; Stehn, Jürgen et al. (1992): Die Strukturpolitik der EG, S. 75.

[2] Vgl. Klodt, Henning; Stehn, Jürgen et al (1992): Die Strukturpolitik der EG, S. 94-95.

> oder Produktionszweige den Wettbewerb verfälschen oder zu verfälschen drohen, mit dem Gemeinsamen Markt unvereinbar, soweit sie den Handel zwischen den Mitgliedstaaten beeinträchtigen.

Bund, Länder und Kommunen sind als staatliche Ebenen betroffen, ebenso kommunale Unternehmen, soweit sie staatliche Mittel gewähren.[1] Der Beihilfebegriff ist weit gefaßt und beinhaltet nicht nur Subventionen, sondern alle Arten von Begünstigungen, soweit sie an bestimmte Unternehmen und Produktionszweige gerichtet sind. Das sind alle sich wirtschaftlich auswirkenden, unentgeltlichen, also ohne angemessene Gegenleistung ausgestatteten, Maßnahmen.[2] Unter den Beihilfebegriff fallen beispielsweise Zuschüsse, Befreiungen von Steuern und Abgaben, Zinszuschüsse, Übernahme von Bürgschaften zu Vorzugsbedingungen, unentgeltliche oder besonders preiswerte Überlassung von Grundstücken und Gebäuden, Lieferung von Gütern und Dienstleistungen zu Vorzugsbedingungen sowie die Übernahme von Verlusten. Öffentliche Kaptitalbeteiligungen an Unternehmen können ebenfalls Beihilfen darstellen. Soweit sie an bestimmte, d.h. nicht an alle Unternehmen gerichtet sind, verfälschen Beihilfen den Wettbewerb oder sind dazu zumindest geeignet.[3] Für den gemeinsamen Markt wird eine Beihilfe dann relevant, wenn sie den Handel zwischen den Mitgliedstaaten beeinträchtigt oder auch nur zu beeinträchtigen droht.[4]

Das in Art. 92 Abs. 1 EGV formulierte grundsätzliche Beihilfenverbot erlaubt jedoch Ausnahmen. So sind Beihilfen sozialer Art an einzelne Verbraucher, wenn sie nicht nach Herkunft der Waren gewährt werden, und Beihilfen zur Beseitigung von Schäden, die durch Naturkatastrophen o.ä. verursacht werden, mit dem Gemeinsamen Markt vereinbar (Art. 92 Abs. 2 EGV).[5] Einem Erlaubnisvorbehalt unterliegen die in Art. 92 Abs. 3 EGV aufgeführten Beihilfen.[6] Von Bedeutung

---

[1] Vgl. Maibaum, Thomas und König, Eva Maria (1993): Die Wettbewerbskontrolle der Europäischen Gemeinschaften, S. 239; Bleckmann, Albert (1990): Die kommunale Leistungsverwaltung, insbesondere die Subventionsvergabe im europäischen Binnenmarkt, S. 107.

[2] Vgl. hierzu und zu den folgenden Ausführungen über den Beihilfebegriff Ameln, Ralf von (1993): Kommunale Wirtschaftsförderung und EG-Beihilfenkontrolle, S. 116.

[3] Vgl. Faber, Angela (1992): Europarechtliche Grenzen kommunaler Wirtschaftsförderung, S. 126-130; Ameln, Ralf von (1993): Kommunale Wirtschaftsförderung und EG-Beihilfenkontrolle, S. 118.

[4] Vgl. Faber, Angela (1992): Europarechtliche Grenzen kommunaler Wirtschaftsförderung, S. 135.

[5] Die Gewährung sozialer Vergünstigungen, beispielsweise Sondertarife für ärmere Bevölkerungsschichten, ist demnach nicht verboten.

[6] Darunter fallen, neben den nachfolgend im Text behandelten regionalpolitischen Ausnahmen, Beihilfen zur Förderung wichtiger Vorhaben von gemeinschaftlichem Interesse oder zur Behebung einer beträchtlichen Störung im Wirtschaftsleben eines Mitgliedstaates (Art. 92 Abs. 3b EGV), Beihilfen zur Förderung der Kultur und der Erhaltung des kulturellen Erbes

sind vor allem die regionalpolitisch motivierten Ausnahmeregelungen in Art. 92 Abs. 3a und 3c.[1] (Diese Bestimmungen werden unter Punkt III. behandelt.)

Bei der praktischen Ausübung der Wettbewerbsaufsicht steht es im Ermessen der Kommission, Verfahrenserleichterungen zuzulassen. Hiervon hat die Kommission vor allem bei Beihilfen, die tendenziell weniger geeignet sind, den Handel zwischen den Mitgliedstaaten zu beeinträchtigen, Gebrauch gemacht. Auf diese Weise wird die Aufsicht über alle Beihilfen erleichtert.

Die Beihilfenaufsicht wird durch die Europäische Kommission selbst wahrgenommen.[2] Deshalb ist sie von jeder beabsichtigten Einführung oder Umgestaltung einer Beihilfe rechtzeitig zu unterrichten.[3] Der betreffende Mitgliedstaat darf die beabsichtigte Maßnahme nicht durchführen, bevor die Kommission eine abschließende Entscheidung erlassen hat.[4] Die Notifizierung geplanter Beihilfen erfolgt über den Bund. Beihilfevorhaben der Länder und Gemeinden sind dem Bundeswirtschaftsministerium mitzuteilen, das die Vorhaben der Kommission notifiziert. Das Genehmigungsverfahren ist in eine Vorprüfphase und eine Hauptprüfphase unterteilt. Die Vorprüfphase ist auf 2 Monate begrenzt und beginnt mit der Notifizierung. Der Vorprüfphase kann sich nach Art. 93 Abs 3. S. 2 EGV das Hauptprüfungsverfahren anschließen, in dem die Kommission unter Beteiligung der Betroffenen ihre Entscheidung fällt.[5] Bei einer negativen Entscheidung kann die Kommission verlangen, daß bereits geleistete Beihilfen zurückgefordert werden.[6]

Je nachdem, ob es sich um die eigenständige kommunale Wirtschaftsförderung oder um Förderprogramme von Bund und Ländern handelt, welche die Kommunen bei ihren Wirtschaftsförderungsmaßnahmen unterstützen, wirkt die Beihilfenaufsicht in unterschiedlicher Weise auf die Handlungsspielräume der Kommunen ein. Deshalb werden diese zunächst einmal getrennt unter Beachtung der relevanten Ausnahmeregelungen und Erleichterungen erörtert.

(Art. 92 Abs. 3d EGV) sowie sonstige Beihilfen, die der Rat durch eine Entscheidung mit qualifizierter Mehrheit auf Vorschlag der Kommission bestimmt (Art. 92 Abs. 3e EGV).

1 Vgl. Maibaum, Thomas und König, Eva Maria (1993): Die Wettbewerbskontrolle der Europäischen Gemeinschaften, S. 242.

2 Art. 93 Abs. 1 EGV. Vgl. zum Genehmigungsverfahren auch Maibaum, Thomas und König, Eva Maria (1993): Die Wettbewerbskontrolle der Europäischen Gemeinschaften, S. 243-244.

3 Art. 93 Abs. 3 S. 1 EGV

4 Art. 93 Abs. 3 S. 3 EGV

5 Vgl. Maibaum, Thomas und König, Eva Maria (1993): Die Wettbewerbskontrolle der Europäischen Gemeinschaften, S. 243-244.

6 Vgl. Ameln, Ralf von (1993): Kommunale Wirtschaftsförderung und EG-Beihilfenkontrolle, S. 122.

II. Rechtliche Beschränkung der eigenständigen kommunalen Wirtschaftsförderung durch die Beihilfenaufsicht

1. Unterschiedliche Betroffenheit der direkten und der indirekten Wirtschaftsförderung

Die kommunale Wirtschaftsförderung zielt auf die Begünstigung der wirtschaftlichen Unternehmen durch direkte und indirekte Maßnahmen. Maßnahmen der direkten Wirtschaftsförderung sind auf das *einzelne* Unternehmen selbst gerichtet und unterliegen deshalb der Beihilfenaufsicht. So fallen beispielsweise der Verkauf von Grundstücken unterhalb des Verkehrswertes, der Verzicht auf Erschließungsbeiträge und Gemeindesteuern oder Sondertarife für Gas, Wasser und Strom unter den Beihilfebegriff.[1] Maßnahmen der indirekten Wirtschaftsförderung dagegen, die lediglich die Rahmenbedingungen für wirtschaftliches Handeln schaffen, unterliegen grundsätzlich nicht der Beihilfenaufsicht.[2] Das betrifft die Förderung von allgemeinen Standortbedingungen durch Planung, Infrastrukturbereitstellung, allgemeine Gestaltung öffentlicher Abgaben, z.B. der Hebesätze auf die Realsteuern, Informationen etc.[3] Hier fehlt es an der Ausrichtung auf bestimmte Unternehmen, denn alle in der Gemeinde ansässigen Unternehmen, auch Unternehmen, die sich dort ansiedeln wollen, profitieren von diesen allgemeinen Maßnahmen.[4] In der Praxis ist die Grenze zwischen allgemeinen Wirtschaftsförderungsmaßnahmen und der Förderung eines bestimmten Unternehmens manchmal nicht leicht zu ziehen. Deshalb hat die Kommission ihre Kontrolle in den 90er Jahren auch auf Teilbereiche der wirtschaftsnahen Infrastruktur, beispielsweise die Überlassung von Räumlichkeiten in Technologie-, Gründer- und Innovationszentren, ausgedehnt.[5] Allgemeine Infrastrukturmaßnahmen können durch die Beihilfenaufsicht jedoch nicht untersagt werden. Im Ergebnis werden daher kommunale Handlungsspielräume bei der indirekten Wirtschaftsförderung, die durch ihre allgemeine Ausrichtung den Charakter eines lokalen öffentlichen Gutes aufweist

---

[1] Vgl. Roth, Uwe; Kamprich, Dirk und Klein, Ute M. (1996): EU-Kommunal in Stichworten, S. 211; Bleckmann, Albert (1990): Die kommunale Leistungsverwaltung, insbesondere die Subventionsvergabe im europäischen Binnenmarkt, S. 107.

[2] Vgl. Grosse Siemer, Stephan (1993): Die kommunale Wirtschaftsförderung und die Regionalpolitik der EG, S. 124; Seidel, Martin (1990): Europarechtliche Schranken der kommunalen Wirtschaftsförderung, S. 152; Maibaum, Thomas und König, Eva Maria (1993): Die Wettbewerbskontrolle der Europäischen Gemeinschaften, S. 240.

[3] Vgl. Faber, Angela (1992): Europarechtliche Grenzen kommunaler Wirtschaftsförderung, S. 112; Ameln, Ralf von (1993): Kommunale Wirtschaftsförderung und EG-Beihilfenkontrolle, S. 116. Vgl. auch den Katalog von Maßnahmen der Wirtschaftsförderung in Teil 2, Abschnitt 1, Punkt A. I. 1.

[4] Vgl. Grosse Siemer, Stephan (1993): Die kommunale Wirtschaftsförderung und die Regionalpolitik der EG, S. 122-123.

[5] Vgl. Schultze, Claus J. (1997): Die deutschen Kommunen in der EU, S. 61.

und den bedeutendsten Teil kommunaler Wirtschaftsförderung ausmacht, durch die Beihilfenaufsicht rechtlich nicht beschränkt.

2. Die Beihilfenaufsicht über die direkte kommunale Wirtschaftsförderung

Die Kommission hat seit Mitte der 80er Jahren einige kommunale Beihilfen in der Bundesrepublik Deutschland geprüft. Bekannt geworden sind insbesondere die folgenden Fälle:[1]

- das Frankfurter Innovationsförderprogramm,[2] durch das Beihilfen in Höhe von 2,1 % Nettosubventionsäquivalent nur an Unternehmen mit bis zu 100 Beschäftigten und einem Jahresumsatz von höchstens 10 Mill. ECU vergeben wurden und welches genehmigt wurde,
- die Vergaberichtlinien des regionalen Entwicklungsfonds Marburg-Biedenkopf der Stadt Marburg und des Landkreises Marburg-Biedenkopf[3], durch den in erster Linie Existenzgründungen und Investitionen in kleineren Unternehmen gefördert werden,[4]
- die Richtlinien zur Förderung von Existenzgründungen und zur Sicherung von Standorten in Gemengelagen der Landeshauptstadt Wiesbaden,
- die von den Landkreisen Lüchow-Dannenberg, Lüneburg und Uelzen im Verbund mit Bund und Land gezahlten Beihilfen in Höhe von 69,2 Mio DM anläßlich der Übernahme der Stärkefabrik „Wendlandstärke“ in Lüchow[5],
- die geplante Beihilfegewährung der Stadt Rastatt an Daimler-Benz bei der Erschließung eines Grundstücks[6],

---

[1] Vgl. zu den Beispielen aus den 80er Jahren Faber, Angela (1992): Europarechtliche Grenzen kommunaler Wirtschaftsförderung, S. 85; Mombaur, Peter Michael und Lennep, Hans Gerd von (1988): Die deutsche kommunale Selbstverwaltung und das Europarecht, S. 992. Hinzuweisen ist darauf, daß viele Vermutungen über unerlaubte Beihilfen seitens der Kommission zuerst außerhalb des förmlichen Verfahrens durch Anfragen überprüft werden. Diese „Prüfungen“ werden dann nicht bekannt.

[2] Es wurde keine Beeinträchtigung des gemeinsamen Marktes festgestellt. Vgl. Kommission der Europäischen Gemeinschaften (1986): XV. Bericht über die Wettbewerbspolitik. Ziff. 235, S. 195-196.

[3] Es wurde keine Beeinträchtigung mit dem Gemeinsamen Markt festgestellt. (Vgl. Mombaur, Peter Michael und Lennep, Hans Gerd von (1988): Die deutsche kommunale Selbstverwaltung und das Europarecht, S. 992.)

[4] Vgl. zu den Förderregeln im einzelnen Thies, Martin (1995): Zur Situation der gemeindlichen Selbstverwaltung im europäischen Einigungsprozeß, S. 163-166.

[5] Diese Beihilfe wurde genehmigt. (Vgl. o.V. (1990): Klage gegen Beihilfeentscheidung, S. 366.)

[6] Die Kommission eröffnete 1986 das Hauptverfahren, um eine geplante Beihilfe des Landes Baden-Würtemberg und der lokalen Rastatter Behörden für ein neues Autowerk der Daimler-Benz AG in Rastatt näher zu prüfen. Das Verfahren wurde 1987 eingestellt, weil die ursprüngliche Beihilferegelung für das Projekt zurückgezogen wurde und die Daimler-Benz AG die Erschließung des Grundstücks nun selbst finanzieren wollte. Vgl. Kommission der Europäischen Gemeinschaften (1987): XVI. Bericht über die Wettbewerbspolitik. Ziff. 278,

- die untersagte Beihilfe der Stadt Mainz an eine Tochtergesellschaft der Siemens AG in Höhe von ca. 4,9 Mill. DM, die durch den Verkauf eines Grundstücks der Stadt zu einem unter dem Marktpreis liegenden Kaufpreis an die Gesellschaft gewährt wurde.[1]

Diese Entwicklung ließ die Absicht erkennen, das umfassende Beihilfeverbot des Art. 92 Abs. 1 EGV für die Gemeinden voll durchzusetzen.[2] Bis in die 80er Jahre wurde die Relevanz der Beihilfenaufsicht für die Gemeinden kaum beachtet.[3] Bei den bisher aufgetretenen Fällen geprüfter und beanstandeter kommunaler Beihilfen fällt auf, daß neben den Kommunen oft Bund und Land als Beihilfegeber mit beteiligt waren und/oder es sich um die Ansiedlung von international tätigen Großunternehmen handelte. Beihilfen an kleine und mittlere Unternehmen, die gerade für die lokale Wirtschaftsstruktur besonders wichtig sind,[4] wurden zwar geprüft, aber in der Regel genehmigt.

Zeitgleich mit der Ausweitung der Prüfungstätigkeit wurden seit den 80er Jahren für kleinere Beihilfen Erleichterungen in den Prüfungsverfahren geschaffen.[5] Zunächst wurde ein vereinfachtes Verfahren eingeführt, durch das Bagatellbeihilfen im Vorprüfungsverfahren beschleunigt behandelt wurden. Binnen 20 Arbeitstagen, nicht - wie im normalen Verlauf - binnen 2 Monaten, wurde entschieden.[6]

S. 181; Kommission der Europäischen Gemeinschaften (1988): XVII. Bericht über die Wettbewerbspolitik. Ziff. 220, S. 168.

[1] Vgl. Europäische Kommission (1997): XXVI. Bericht über die Wettbewerbspolitik, S. 305. Ausführlich Kommission der Europäischen Gemeinschaften (1996): Entscheidung der Kommission vom 17. Juli 1996 (96/631/EG). ABl Nr. L 283 vom 5.11.1996, S. 43. Die Kommission stellte fest, daß der Verkauf des Grundstücks zu einem Preis unter dem Marktwert eine staatliche Beihilfe in Höhe von ca. 4,9 Mio. DM darstellt. Diese Beihilfe wurde für rechtswidrig erklärt, und Deutschland hat die Beihilfe von dem begünstigten Unternehmen zurückzufordern.

[2] Vgl. Faber, Angela (1992): Europarechtliche Grenzen kommunaler Wirtschaftsförderung, S. 85; Bleckmann, Albert (1990): Die kommunale Leistungsverwaltung, insbesondere die Subventionsvergabe im europäischen Binnenmarkt, S. 105.

[3] Vgl. Faber, Angela (1992): Europarechtliche Grenzen kommunaler Wirtschaftsförderung, S. 84. Eine von Faber mit Hilfe des Landkreistages Nordrhein-Westfalen durchgeführte Umfrage bei sämtlichen Kreisen in Nordrhein-Westfalen ergab, daß weder die Kreise noch die ihnen angehörigen Gemeinden bisher mit der Beihilfenaufsicht der Kommission Kontakt gehabt haben.

[4] Vgl. Schäfer, Rudolf und Stricker, Hans-Joachim (1992): Probleme und Aufgaben der Kommunalpolitik in den 90er Jahren, S. 50.

[5] Vgl. Ameln, Ralf von (1993): Kommunale Wirtschaftsförderung und EG-Beihilfenkontrolle, S. 120.

[6] Vgl. Ameln, Ralf von (1993): Kommunale Wirtschaftsförderung und EG-Beihilfenkontrolle, S. 120, 126. Dieses Verfahren ist noch in Kraft. Lediglich die Definition von KMU wurde angepaßt. (Vgl. auch Kommission der Europäischen Gemeinschaften (1992): Mitteilung der

Diese Verfahrenserleichterung gilt nur für Beihilfen an kleinere und mittlere Unternehmen (KMU), jedoch nicht für Exportbeihilfen und Krisensektoren, die Sondervorschriften unterliegen.[1] Kleine und mittlere Unternehmen werden hier definiert als Unternehmen, die weniger als 250 Personen beschäftigen und einen Jahresumsatz von höchstens 40 Mio. ECU oder eine Jahresbilanzsumme von höchstens 27 Mio. ECU haben.[2] Die unter das vereinfachte Genehmigungsverfahren fallenden Beihilfen dürfen 7,5 % der Investitionskosten nicht überschreiten, wenn es sich um eine Investitionsförderungsregel handelt, oder nicht mehr als 3.000 ECU je geschaffenem Arbeitsplatz betragen, soweit die Regelung der Schaffung von Arbeitsplätzen dient, oder insgesamt 200.000 ECU nicht überschreiten, wenn die Beihilfe weder der Förderung von Investitionen noch der Schaffung von Arbeitsplätzen dient.[3] Bei diesen Beihilfen erhebt die Kommission in der Regel keine Einwände.[4] Sie müssen jedoch notifiziert werden.[5] (Die Genehmigung des Frankfurter Innovationsförderungsprogramms im Dezember 1985

Kommission über das beschleunigte Genehmigungsverfahren für Beihilferegelungen für KMU und von Änderungen bestehender Beihilferegelungen. ABl. Nr. C 213 vom 19.8.1992, S. 10.)

[1] Sondervorschriften gelten gegenwärtig für die Stahl-, Kohlen-, Schiffbau-, Synthesefaser- und Kfz-Industrie, Fischerei, Verkehr sowie bestimmte Erzeugnisse. (Vgl. Kommission der Europäischen Gemeinschaften (1996): Gemeinschaftsrahmen für staatliche Beihilfen an kleine und mittlere Unternehmen. ABl. Nr. C 213 vom 23.7.1996, S. 4.)

[2] Diese dürfen sich zudem nicht zu 25 % oder mehr des Kapitals oder der Stimmanteile im Besitz eines oder mehrerer Unternehmen befinden, die dieser Definition nicht entsprechen. Ausnahmen gelten für den Besitz öffentlicher Beteiligungsgesellschaften, Risikokapitalgesellschaften u.ä. (Vgl. dazu Kommission der Europäischen Gemeinschaften (1996): Gemeinschaftsrahmen für staatliche Beihilfen an kleine und mittlere Unternehmen. ABl. Nr. C 213 vom 23.7.1996, S. 4.) Die Schwellenwerte für Jahresumsatz und Bilanzsumme wurden im Vergleich zur Definition von 1992 angehoben. Sie betrugen 20 Mio. ECU bzw. 10 Mio. ECU. (Vgl. dazu Kommission der Europäischen Gemeinschaften (1992): Gemeinschaftsrahmen für staatliche Beihilfen an kleine und mittlere Unternehmen. ABl. Nr. C 213 vom 19.8.1992, S. 2.)

[3] Vgl. Kommission der Europäischen Gemeinschaften (1992): Mitteilung der Kommission über das beschleunigte Genehmigungsverfahren für Beihilferegelungen für KMU und von Änderungen bestehender Beihilferegelungen. ABl. Nr. C 213 vom 19.8.1992, S. 10. Die Bedingung der Beihilfeintensität wurde seit der Einführung der Vereinfachungsregelung beibehalten. Für kleine Unternehmen gelten noch großzügigere Regelungen. (Vgl. zur ursprünglichen Regelung Kommission der Europäischen Gemeinschaften (1985): XIV. Bericht über die Wettbewerbspolitik. Ziff. 203, S. 148.)

[4] Vgl. Mombaur, Peter Michael (1994): Kommunalpolitik in der Europäischen Union, S. 49; Maibaum, Thomas und König, Eva Maria (1993): Die Wettbewerbskontrolle der Europäischen Gemeinschaften, S. 240.

[5] Vgl. Kommission der Europäischen Gemeinschaften (1992): Mitteilung der Kommission über das beschleunigte Genehmigungsverfahren für Beihilferegelungen für KMU und von Änderungen bestehender Beihilferegelungen. ABl. Nr. C 213 vom 19.8.1992, S. 10.

stellte die erstmalige Anwendung der neuen Verfahrensregelungen für Beihilfen von geringer Bedeutung auf eine regionale Beihilfe dar.[1])

Erst 1992 wurde eine echte „De-minimis"-Regel eingeführt, bei der auch die Notifizierungspflicht entfällt.[2] Es wurde ein absoluter Höchstbetrag für Beihilfen festgesetzt, unterhalb dessen Art. 92 Abs. 1 EGV als nicht anwendbar angesehen wird und die Anmeldepflicht nach Art. 93 Abs. 3 EGV nicht mehr gilt.[3] Es wird davon ausgegangen, daß diese geringfügigen Beihilfen, die häufig von lokalen und regionalen Behörden verwaltet werden, keine spürbare Wirkung auf den Handel und den Wettbewerb zwischen den Mitgliedstaaten haben. Diese „De-minimis"-Regel wurde sowohl im Interesse der Verwaltungsvereinfachung in den Mitgliedstaaten und der Kommission als auch im Interesse der KMU eingeführt. Der maximale Gesamtbetrag der „De-minimis"-Beihilfe beträgt 100.000 ECU innerhalb von 3 Jahren (ab dem Zeitpunkt der ersten „De-minimis"-Beihilfe).[4] Diese Regelung gilt jedoch nicht für Ausfuhrbeihilfen und für bestimmte Krisensektoren und ist unabhängig von der Größe des unterstützten Unternehmens.

Von kommunaler Bedeutung sind auch die anderen im Gemeinschaftsrahmen für kleine und mittlere Unternehmen aufgeführten Beihilferegelungen, die innerhalb bestimmter Höchstsätze, welche auch nach regionalpolitischen Kriterien gestaffelt

---

[1] Vgl. Kommission der Europäischen Gemeinschaften (1986): XV. Bericht über die Wettbewerbspolitik. Ziff. 235, S. 195-196; Kommission der Europäischen Gemeinschaften (1985): XIV. Bericht über die Wettbewerbspolitik. Ziff. 203, S. 148.

[2] Vgl. Ameln, Ralf von (1993): Kommunale Wirtschaftsförderung und EG-Beihilfenkontrolle, S. 120, 128. Die ursprüngliche Regelung ist integriert in Kommission der Europäischen Gemeinschaften (1992): Gemeinschaftsrahmen für staatliche Beihilfen an kleine und mittlere Unternehmen. ABl. Nr. C 213 vom 19.8.1992, S. 2; ab 1996 neu gefaßt in Kommission der Europäischen Gemeinschaften (1996): Mitteilung der Kommission über „De-minimis"-Beihilfen. ABl. Nr. C 68 vom 6.3.1996, S. 9.

[3] Zu dieser Regel vgl. Kommission der Europäischen Gemeinschaften (1992): Gemeinschaftsrahmen für staatliche Beihilfen an kleine und mittlere Unternehmen. ABl. Nr. C 213 vom 19.8.1992, S. 2; dieselbe (1996): Mitteilung der Kommission über „De-minimis"-Beihilfen. ABl. Nr. C 68 vom 6.3.1996, S. 9.

[4] Vgl. Kommission der Europäischen Gemeinschaften (1996): Mitteilung der Kommission über „De-minimis"-Beihilfen. ABl. Nr. C 68 vom 6.3.1996, S. 9. Mit dieser Mitteilung wurde die 1992 eingeführte „De-minimis"-Regel vereinfacht und in ihrem Anwendungsbereich erweitert. Die Obergrenze für Investitionen und sonstige Aufwendungen (je 50.000 ECU) wird durch diesen einheitlichen Höchstbetrag von 100.000 ECU ersetzt. Des weiteren wurden alle Beschränkungen für die Kumulierung von „De-minimis"-Beihilfen mit anderen, der Kommission notifizierten und von ihr genehmigten Beihilfen für ein gleiches Vorhaben aufgehoben. (Vgl. dazu Bull. EU 1/2-1996. Ziff. 1.3.59 , S. 34) Ameln weist auf Interpretationsschwierigkeiten der vorigen Höchstbetragsregel hin. (Vgl. dazu Ameln, Ralf von (1993): Kommunale Wirtschaftsförderung und EG-Beihilfenkontrolle, S. 120.)

sind, grundsätzlich von der Kommission genehmigt werden können.[1] Des weiteren können auch die Gemeinschaftsrahmen (bzw. Leitlinien) für staatliche Umweltschutzbeihilfen, für Forschung und Entwicklung, für Übernahmebeihilfen bei der Übertragung von KMU oder für Beschäftigungsbeihilfen die Grundlage für die Genehmigung kommunaler Beihilfen bilden.[2] Der Vollständigkeit halber wird darauf hingewiesen, daß innerstaatlich den Kommunen bei den hier behandelten direkten Wirtschaftsförderungsmaßnahmen Zurückhaltung empfohlen wird.[3]

Sieht man von immer wieder auftretenden Einzelfällen ab, scheint die generelle Bedeutung der Beihilfenaufsicht für direkte kommunale Wirtschaftsförderungsmaßnahmen gering zu sein.[4] Das gilt auch, wenn man berücksichtigt, daß die Beihilfenaufsicht präventive Wirkung hat. Kommunale Beihilfen werden das für eine europaweite Bedeutung notwendige Finanzvolumen regelmäßig nicht erreichen.[5] Bei Beihilfen an kleine und mittlere Unternehmen, die gerade für die lokale Wirtschaftsstruktur besonders wichtig sind,[6] gelten weitere Erleichterungen. Besonders nach Einführung der echten „De-minimis"-Regel, mit der die Kommission einem langjährigen deutschen Anliegen entsprochen hat,[7] sind auch der Aufwand durch das Notifizierungsverfahren und eventuelle Zeitverzögerungen durch die

---

[1] Vgl. Kommission der Europäischen Gemeinschaften (1996): Gemeinschaftsrahmen für staatliche Beihilfen an kleine und mittlere Unternehmen. ABl. Nr. C 213 vom 23.7.1996, S. 4. Diese Entscheidung der Kommission ersetzt den bisherigen Gemeinschaftsrahmen (Vgl. Kommission der Europäischen Gemeinschaften (1992): Gemeinschaftsrahmen für staatliche Beihilfen an kleine und mittlere Unternehmen. ABl. Nr. C 213 vom 19.8.1992, S. 2). Zu den Änderungen (Anpassung der Definition von KMU, Behandlung immaterieller Investitionen etc.) vgl. Bull. EU 3-1996. Ziff. 1.3.38, S. 30.

[2] Vgl. Kommission der Europäischen Gemeinschaften (1996): Gemeinschaftsrahmen für staatliche Beihilfen an kleine und mittlere Unternehmen. ABl. Nr. C 213 vom 23.7.1996, S. 4. Dort sind als Quellen der aufgeführten Regelungen angegeben: ABl. Nr. C 72 vom 10.3.1994, S. 3; ABl. Nr. C 45 vom 17.2.1996, S. 5; ABl. Nr. C 385 vom 31.12.1994, S. 14; ABl. Nr. C 334 vom 12.12.1995, S. 4.

[3] Vgl. Stellungnahme der Innenministerkonferenz zur Frage der kommunalen Wirtschaftsförderung vom 12.3.1981. Diese Stellungnahme ist nach Informationen des hessischen Wirtschaftsministerium (Januar 1998) noch gültig. Vgl. auch die einführenden Bemerkungen zur Wirtschaftsförderung als kommunaler Aufgabe (Teil 2, Abschnitt 2, Punkt A. I.)

[4] So auch Mombaur, Peter Michael (1994): Kommunalpolitik in der Europäischen Union, S. 49; Informationen des Hessischen Wirtschaftsministeriums im Januar 1998. Letzteres verweist aber darauf, daß ein neues Problem durch privatisierte kommunale Einheiten entstehen könnte, welche noch nicht unter Marktbedingungen arbeiten und kommunale Vergünstigungen erhalten.

[5] Vgl. Mombaur, Peter Michael (1994): Kommunalpolitik in der Europäischen Union, S. 49. Der Beihilfewert an ein einzelnes Unternehmen müßte in der Regel 100.000 ECU überschreiten.

[6] Vgl. Schäfer, Rudolf und Stricker, Hans-Joachim (1992): Probleme und Aufgaben der Kommunalpolitik in den 90er Jahren, S. 50.

[7] Vgl. Schütterle, Peter (1993): EG-Beihilfenkontrolle und kommunale Grundstücksverkäufe, S. 626.

Prüfung eher als gering einzuschätzen. Bei geplanten Beihilfen über 100.000 ECU müßten sich die Gemeinden über aktuelle sektorale und regionale Regelungen informieren, um eine Genehmigung zu erreichen.

In der Praxis bietet zudem eine rechtliche Grauzone weiteren Gestaltungsspielraum, da das Beihilfeelement häufig schwierig zu ermitteln ist.[1] Nicht nur die Abgrenzung einer Beihilfe von allgemeinen, indirekten Wirtschaftsförderungsmaßnahmen kann Probleme bereiten,[2] sondern auch die Ermittlung des Beihilfeelements bei marktlichen Transaktionen. Besonders bei Grundstücksverkäufen ist der Marktpreis des Grundstücks und damit das Beihilfeelement nicht eindeutig zu bestimmen.[3] Hat eine Kommune alle Maßnahmen ergriffen, die das Zustandekommen eines Marktpreises vermuten lassen, beispielsweise ausreichende Publizität, Ausschreibung, Einholung von Verkehrsgutachten etc., dürfte ein Beihilfeelement schwer nachzuweisen sein.[4]

Hinsichtlich des Rechtscharakters der eingeräumten Erleichterungen für Bagatellbeihilfen ist darauf hinzuweisen, daß sie auf Entscheidungen der Kommission beruhen und in ihrem Ermessen verändert oder zurückgenommen werden können. Die veröffentlichten Gemeinschaftsrahmen für die Beihilfegewährung sind rechtlich nicht verbindlich, was kritisiert wird.[5] Allein aus Gründen der Praktikabilität ist jedoch eine substantielle Ausweitung der Prüfverfahren auf kleine Beihilfen nicht zu erwarten.[6]

Insgesamt erscheint die gegenwärtige Regelung gut geeignet, rechtliche Handlungsspielräume der Kommunen bei eigenständigen Wirtschaftsförderungsmaß-

---

[1] Vom Hessischen Wirtschaftsministerium wird insbesondere auf die im Grundstücksbereich bestehende Grauzone, in welcher der Marktpreis und damit das Beihilfeelement schwierig zu bestimmen ist, verwiesen. Zu den Gestaltungsspielräumen vgl. ausführlich Schultze, Claus J. (1997): Die deutschen Kommunen in der EU, S. 64-71.

[2] Auf diese Schwierigkeiten wurde schon hingewiesen. (Vgl. Teil 2, Abschnitt 2, Punkt B.I.1.)

[3] Vgl. hierzu den Konkretisierungsversuch der Kommission in: Kommission der Europäischen Gemeinschaften (1997): Mitteilung der Kommission betreffend Elemente staatlicher Beihilfe bei Verkäufen von Bauten oder Grundstücken durch die öffentliche Hand. ABl. Nr. C 209 vom 10.7.1997, S. 3.

[4] Vgl. hierzu Schultze, Claus J. (1997): Die deutschen Kommunen in der EU, S. 68; auch Kommission der Europäischen Gemeinschaften (1997): Mitteilung der Kommission betreffend Elemente staatlicher Beihilfe bei Verkäufen von Bauten oder Grundstücken durch die öffentliche Hand. ABl. Nr. C 209 vom 10.7.1997, S. 3.

[5] Vgl. Schütterle, Peter (1995): Die Beihilfenkontrollpraxis der Europäischen Kommission im Spannungsfeld zwischen Recht und Politik, S. 396.

[6] Vgl. die Begründung der Kommission zur Einführung der Schwellenwerte in: Kommission der Europäischen Gemeinschaften (1985): XIV. Bericht über die Wettbewerbspolitik. Ziff. 203, S. 147-148.

nahmen zu erhalten[1] und gleichzeitig Wettbewerbsverzerrungen größeren Ausmaßes im Unternehmenssektor zu verhindern, ohne umfangreiche Verwaltungskosten zu verursachen. Das öffentliche Gut europaweiter Wettbewerb wird geschützt, ohne die aus allokativen und wachstumspolitischen Gründen erwünschte Autonomie dezentraler Entscheidungseinheiten übermäßig einzuschränken.

III. Betroffenheit finanzieller Handlungsspielräume durch beihilferechtliche Einschränkung kommunalrelevanter Förderprogramme von Bund und Ländern

Förderprogramme von Bund und Ländern sind vom Umfang und der Förderintensität weitaus bedeutender als die zuvor behandelten eigenständigen kommunalen Beihilfemaßnahmen. Hierunter fallen auch die Förderprogramme der Stadtstaaten, die gleichzeitig Bundesland und Gemeinde sind.[2] Diese Förderprogramme haben seit langem die Aufmerksamkeit der Wettbewerbsaufsicht gefunden. Jährlich werden viele sektorale und regionale Programme von der Kommission genehmigt, aber es kommt auch vergleichsweise häufig vor, daß das Hauptverfahren eingeleitet wird und Förderprogramme zumindest in Teilbereichen für unzulässig erklärt oder Anpassungen gefordert werden.[3]

Inwiefern die Kommunen von der Beihilfenaufsicht betroffen sind, hängt von der Ausrichtung der Programme ab. Kommunen sind in vielen Programmen Empfänger von Fördermitteln, d.h. sie beantragen Finanzmittel zur Unterstützung kommunaler Maßnahmen. Bei Verbot oder Kürzung der Förderprogramme werden kommunale Maßnahmen zum Ausbau der Infrastruktur, für die Aus- und Weiterbildung, Arbeitsmarktpolitik etc. finanziell berührt. Diese Maßnahmen werden dann eingeschränkt oder nicht durchgeführt. Werden Förderungen für ortsansässige Unternehmen verringert, so sind die Kommunen indirekt, in der Entwicklung der örtlichen Wirtschaftsstruktur, betroffen. Das Einwirken der Europäischen Union auf die Ausgestaltung der Gemeinschaftsaufgabe „Verbesserung der regionalen Wirtschaftsstruktur" und deren Bedeutung für die Kommunen soll beispielhaft für die Wirkungen der Einschränkung eines Förderprogramms einer übergeordneten Ebene erläutert werden.

---

[1] So auch Maibaum, Thomas und König, Eva Maria (1993): Die Wettbewerbskontrolle der Europäischen Gemeinschaften, S. 245.

[2] So wurde ein Beihilfeprogramm der Stadt Hamburg, das Investitionszuschüsse gewährte, mit denen die Abwanderung von Unternehmen gebremst werden sollte, 1989 für unzulässig erklärt. Bereits gezahlte Beihilfen waren wieder einzuziehen (Vgl. dazu Kommission der Europäischen Gemeinschaften (1991): XX. Bericht über die Wettbewerbspolitik. Ziff. 310, S. 212-213.)

[3] Vgl. z. B. Kommission der Europäischen Gemeinschaften (1985): XIV. Bericht über die Wettbewerbspolitik. Ziff. 264-265, S. 191-192; dieselbe (1995): XXIV. Bericht über die Wettbewerbspolitik, S. 534.

1. Beschränkung der Gemeinschaftsaufgabe „Verbesserung der regionalen Wirtschaftsstruktur"

Für die Genehmigung von regionalen Programmen,[1] zu denen auch die Gemeinschaftaufgabe „Verbesserung der regionalen Wirtschaftsstruktur" gehört, sind besonders die Art. 92 Abs. 3a) und 3c) EGV von Bedeutung. Art. 92 EGV ist für die Gemeinschaftsaufgabe deshalb relevant, weil aus diesem Programm zu einem wesentlichen Teil Beihilfen an Unternehmen finanziert werden.[2] Diese sind aus wettbewerbspolitischen Gründen grundsätzlich untersagt, wenn sie den Handel zwischen den Mitgliedstaaten beeinträchtigen (Art. 92 Abs. 1 EGV). Aus regionalpolitischen Erwägungen sind jedoch Ausnahmen vom Wettbewerbsziel gemäß Art. 92 Abs. 3a) und 3c) möglich, die im Ermessen der Kommission liegen.[3] Als mit dem Gemeinsamen Markt vereinbar können danach Beihilfen zur Förderung der wirtschaftlichen Entwicklung von Gebieten, in denen die Lebenshaltung außergewöhnlich niedrig ist oder eine erhebliche Unterbeschäftigung herrscht (Art. 92 Abs. 3a EGV), und Beihilfen zur Förderung der Entwicklung gewisser Wirtschaftszweige oder Wirtschaftsgebiete, soweit sie die Handelsbedingungen nicht in einer Weise verändern, die dem gemeinsamen Interesse zuwiderläuft (Art. 92 Abs. 3c S. 1 EGV), angesehen werden. Zur Prüfung von Einzelbeihilfen und Beihilfeprogrammen in diesen Gebieten hat die Kommission teilweise ein Indikatorensystem und Beihilfeobergrenzen entwickelt und veröffentlicht.[4] Im folgenden wird das von 1988 bis 1998 angewandte System mit seinen Auswirkungen beschrieben.[5]

---

[1] Auch für kommunale Wirtschaftsförderungsmaßnahmen, soweit sie nicht bereits unter die Bagatellregelungen fallen, können diese Ausnahmebestimmungen als Grundlage für eine Genehmigung in Frage kommen.

[2] Vgl. Teil 2, Abschnitt 2, Punkt A.II.2.b).

[3] Vgl. Streinz, Rudolf (1996): Europarecht. Rn. 837-839 zu Art. 92 EGV, S. 282-283; Oppermann, Thomas (1991): Europarecht. Rn. 992-999 zu Art. 92 EGV, S. 380-383.

[4] Vgl. 25. Rahmenplan der Gemeinschaftsaufgabe „Verbesserung der regionalen Wirtschaftsstruktur" für den Zeitraum 1996 bis 1999 (2000), S. 25. Für die Bewertung sektoraler und horizontaler Programme hat die Kommission ebenfalls Grundsätze und Leitlinien veröffentlicht, innerhalb der diese Programme genehmigt werden können. Eine Übersicht über diese Leitlinien und einheitlichen Grundsätze sind enthalten im 25. Rahmenplan der Gemeinschaftsaufgabe „Verbesserung der regionalen Wirtschaftsstruktur" für den Zeitraum 1996 bis 1999 (2000), S. 26-27. Ausführlicher Europäische Kommission (1997): Wettbewerbsrecht in den Europäischen Gemeinschaften. Bd. II B. Erläuterungen zu den Wettbewerbsregeln für staatliche Beihilfen.

[5] Die angewandte Methode ist im wesentlichen in der folgenden Quelle veröffentlicht: Kommission der Europäischen Gemeinschaften (1988): Mitteilung der Kommission über die Methode zur Anwendung von Artikel 92 Absätze 3a) und c) auf Regionalbeihilfen. ABl. Nr. C 212 vom 12.8.1988, S. 2. Diese Methode wurde 1998 durch die Leitlinien für staatliche Beihilfen mit regionaler Zielsetzung (ABl. Nr. C 74 vom 10.3.1998, S. 9) ersetzt. Dabei wurde an den Prüfmethoden zur Genehmigung von Regionalbeihilfen nach Art. 92 Abs. 3a) EGV

Nach diesem Indikatorensystem fallen unter den Art. 92 Abs. 3a) EGV Regionen, deren Bruttoinlandsprodukt pro Kopf der Bevölkerung gemessen in Kaufkraftstandards 75 % des Gemeinschaftsdurchschnitts nicht überschreitet.[1] Zu diesen Regionen zählen in Deutschland die neuen Bundesländer.[2] Bei der Bewilligung von Regionalbeihilfen in diesen „armen" Gebieten wird großzügiger verfahren.[3] Diese Regionen sind grundsätzlich förderfähig, und vergleichsweise hohe Beihilfeintensitäten dürfen erreicht werden. Für die ärmsten Regionen können Investitionsbeihilfen je nach Art, Intensität und Dringlichkeit der regionalen Schwierigkeiten bis zu 75 % des Nettoinvestitionsäquivalents bei einer Erstinvestition erreichen.[4] Ferner können Betriebs- und Vertriebsbeihilfen erlaubt werden, nicht zulässig dagegen sind Ausfuhrbeihilfen. Gemeinschaftsregeln für bestimmte Sektoren sind dabei aber zu beachten. Dieses Vorgehen wird als Ausgleich für Standortnachteile, Infrastrukturschwächen und weite Entfernungen zu den Absatzmärkten im Binnenmarkt, also mit regionalpolitischen Zielen, begründet. Innerhalb der Wettbewerbsaufsicht wird auf diese Weise versucht, das Konvergenzziel zu berücksichtigen. Die Ausnahmebestimmungen sind grundsätzlich nicht wettbewerbspolitisch motiviert.[5]

Bei Anwendung des Art. 92 Abs. 3c) wird die wirtschaftliche Lage einer Region sowohl im nationalen als auch im Gemeinschaftsrahmen geprüft.[6] Das Bruttoinlandsprodukt je Kopf der betreffenden Region muß mindestens 15 % unter oder die strukturelle Arbeitslosigkeit wenigstens 10 % über dem Landesdurchschnitt liegen, oder die Bevölkerungsdichte beträgt weniger als 12,5 Einwohner je km².[7]

---

wenig geändert. Die Auswirkungen der Änderung der Methode nach Art. 92 Abs. 3c) sind noch nicht konkretisiert.

1 Vgl. Europäische Kommission (1997): Wettbewerbsrecht in den Europäischen Gemeinschaften. Bd. II B. Erläuterungen zu den Wettbewerbsregeln für staatliche Beihilfen, S. 15-16; Kommission der Europäischen Gemeinschaften (1988): Mitteilung der Kommission über die Methode zur Anwendung von Artikel 92 Absätze 3a) und c) auf Regionalbeihilfen. ABl. Nr. C 212 vom 12.8.1988, S. 2.

2 Vgl. die explizite Zuordnung in Kommission der Europäischen Gemeinschaften (1996): Entscheidung der Kommission vom 29. Mai 1996 (96/545/EG). ABl. Nr. L 239 vom 19.9.1996, S. 1.

3 Vgl. Döring, Thomas (1996): Zum „angemessenen" Zentralisierungsgrad einer europäischen Regionalpolitik aus ökonomischer Sicht, S. 109.

4 Vgl. hierzu und zum folgenden Kommission der Europäischen Gemeinschaften (1988): Mitteilung der Kommission über die Methode zur Anwendung von Artikel 92 Absätze 3a) und c) auf Regionalbeihilfen. ABl. Nr. C 212 vom 12.8.1988, S. 2.

5 Siehe den genauen Wortlaut des Art. 92 Abs. 1 und 3 EGV.

6 Vgl. hierzu und zum folgenden Kommission der Europäischen Gemeinschaften (1988): Mitteilung der Kommission über die Methode zur Anwendung von Artikel 92 Absätze 3a) und c) auf Regionalbeihilfen. ABl. Nr. C 212 vom 12.8.1988, S. 2.

7 Das letzte Prüfkriterium wurde nach dem Beitritt der nordischen Länder eingeführt. Vgl. Kommission der Europäischen Gemeinschaften (1994): Mitteilung der Kommission an die Mitgliedstaaten und andere Betroffene über die Änderung des Abschnitts II der Mitteilung

Bei Mitgliedstaaten, deren Bezugswerte über dem Gemeinschaftsdurchschnitt liegen, müssen die Abweichungen einer Region vom Landesdurchschnitt entsprechend größer sein, damit eine Beihilfe zugelassen werden kann.[1] Auch diese Regelung wurde mit dem Konvergenzziel begründet. Eine Verschärfung bestehender Unterschiede und des Entwicklungsrückstands der am wenigsten entwickelten Gebiete würde dem gemeinsamen Interesse zuwiderlaufen.[2] Auf die Kritik an diesem Vorgehen aus ökonomischer Sicht wird noch eingegangen. Festzuhalten ist an dieser Stelle, daß der Vertrag eine großzügigere Behandlung ärmerer Regionen ausdrücklich zuläßt und der Kommission bei den fakultativen Ausnahmeregelungen des Art. 92 Abs. 3 EGV ein weites Ermessen eingeräumt wird.[3] Für Deutschland betragen die Schwellenwerte nach Anwendung der Berechnungsformel 74 % für das BIP pro Kopf oder 143 % für die strukturelle Arbeitslosigkeit.[4]

Selbst wenn eine Region im ersten Prüfschritt die entsprechenden Schwellenwerte erreicht hat, kommt sie nicht in jedem Fall für die Gewährung einer staatlichen Beihilfe in Frage. In einem zweiten Prüfschritt werden weitere ökonomische Indikatoren berücksichtigt, z.B. Struktur und Entwicklung der Arbeitslosigkeit, Wanderungssalden, geographische Lage und Infrastruktur.[5] Auf diese Weise können nach dem ersten Prüfschritt förderungswürdige Regionen herausfallen, aber auch Regionen, welche die Schwellenwerte nicht erreichen, in die Förderung aufgenommen werden.[6] Je nach Grad der regionalen Schwierigkeiten werden Inten-

---

der Kommission über die Methode zur Anwendung von Artikel 92 Absätze 3 Buchstaben a) und c) auf Regionalbeihilfen. ABl. Nr. C 364 vom 20.12.1994, S. 8.

[1] Vgl. Kommission der Europäischen Gemeinschaften (1988): Mitteilung der Kommission über die Methode zur Anwendung von Artikel 92 Absätze 3a) und c) auf Regionalbeihilfen. ABl. Nr. C 212 vom 12.8.1988, S. 2.

[2] ebenda.

[3] Vgl. Wallenberg, Gabriela von (1996): Rn 48, 52 zu Art. 92 EGV. In: Grabitz, Eberhard und Hilf, Meinhard (1998) (Hrsg.): Kommentar über die Europäische Union; Oppermann, Thomas (1991): Europarecht. Rn. 992 zu Art. 92 EGV, S. 380. Kritisch zur restriktiven Handhabung dieser Ausnahmebestimmung durch die Kommission, insbesondere bei der Auswahl der Fördergebiete in reicheren Mitgliedstaaten, äußern sich Püttner und Spannowsy, die jedoch darauf verweisen, daß ihre Auffassung von der überwiegenden Literaturmeinung und der Rechtsprechung des EuGH abweicht. (Vgl. Püttner, Günter und Spannowsky, Willi (1998): Beihilfenrecht und Beihilfenaufsicht, S. 336-337.)

[4] Vgl. Kommission der Europäischen Gemeinschaften (1988): Mitteilung der Kommission über die Methode zur Anwendung von Artikel 92 Absätze 3a) und c) auf Regionalbeihilfen. ABl. Nr. C 212 vom 12.8.1988, S. 2; dieselbe (1990): Mitteilung der Kommission zur Methode der Anwendung von Artikel 92 Absatz 3 Buchstabe c) auf Regionalbeihilfen. ABl. Nr. C 163 vom 4.7.1990, S. 5.

[5] Vgl. Kommission der Europäischen Gemeinschaften (1988): Mitteilung der Kommission über die Methode zur Anwendung von Artikel 92 Absätze 3a) und c) auf Regionalbeihilfen. ABl. Nr. C 212 vom 12.8.1988, S. 2.

[6] Vgl. Rolfes, Karl-Heinrich (1990): Regionale Wirtschaftsförderung und EWG-Vertrag: die Aktionsräume von Bund, Ländern und Kommunen, S. 153-154.

sitätshöchstgrenzen für Beihilfen festgelegt. Die förderfähigen Regionen und die dazugehörigen Beihilfehöchstsätze sind veröffentlicht.[1]

In der Praxis sind die Höchstgrenzen, die die Kommission bei ihren Entscheidungen anwendet, häufig niedriger als die o.g. Maximalwerte.[2] An diesem bei der Anwendung des Art. 92 Abs. 3c) verwandten Prüfverfahren wird kritisiert, daß der zweite Prüfschritt intransparent ist und die konkreten Intensitätshöchstgrenzen im Einzelfall im Ermessen der Kommission bleiben. Tatsächlich werden Entscheidungen zwischen der Kommission und den Mitgliedstaaten oft ausgehandelt.[3]

Bei der Gemeinschaftsaufgabe „Verbesserung der regionalen Wirtschaftsstruktur“ hat die Kommission eine sukzessive Verringerung der Fördergebiete erreicht. So reduzierte sich der Anteil der in Fördergebieten wohnenden Bevölkerung von 45 % im Jahre 1987 auf 38 % im Zeitraum von 1988 bis 1990.[4] Der Plafond wurde für die Periode von 1994 bis 1996 auf 22 % der westdeutschen Bevölkerung reduziert,[5] und für den Zeitraum 1997 bis 1999 wurde ein Plafond von 20,8 % ausgehandelt.[6]

Die Gemeinden sind an der Fördergebietsauswahl nicht beteiligt. Die Konkurrenzlage untereinander, in der die Kommunen sich befinden, macht auch kaum eine gemeinsame Interessenvertretung möglich[7] und dadurch wiederum deutlich, daß großräumige regionalpolitische Zielsetzungen, die auch eine Umverteilungskomponente einschließen, eine vorrangige Aufgabe der übergeordneten Ebene sind. In der Gemeinschaftsaufgabe sind Gemeinden vorzugsweise Träger von Maßnahmen zur Förderung der Infrastruktur.[8] Der Ausbau der wirtschaftsnahen

---

[1] Vgl. Kommission der Europäischen Gemeinschaften (1988): Mitteilung der Kommission über die Methode zur Anwendung von Artikel 92 Absätze 3a) und c) auf Regionalbeihilfen. ABl. Nr. C 212 vom 12.8.1988, S. 2.

[2] Vgl. Kommission der Europäischen Gemeinschaften (1988): Mitteilung der Kommission über die Methode zur Anwendung von Artikel 92 Absätze 3a) und c) auf Regionalbeihilfen. ABl. Nr. C 212 vom 12.8.1988, S. 2.

[3] Vgl. o.V. (1996): Bonn und Brüssel über Regionalpolitik einig, S. 1; auch Klemmer, Paul (1998): Regionalpolitik, S. 494.

[4] Vgl. Kommission der Europäischen Gemeinschaften (1988): XVII. Bericht über die Wettbewerbspolitik. Ziff. 241, S. 181.

[5] Vgl. Eckey, Hans-Friedrich (1996): Rahmenplan der Gemeinschaftsaufgabe „Verbesserung der regionalen Wirtschaftsstruktur“, S. 8.

[6] Vgl. o.V. (1996): Bonn und Brüssel über Regionalpolitik einig, S. 1; Bull. EU 12-1996, Ziff. 1.3.78, S. 62.

[7] Vgl. Grosse Siemer, Stephan (1993): Die kommunale Wirtschaftsförderung und die Regionalpolitik der EG, S. 113-114.

[8] Vgl. 25. Rahmenplan der Gemeinschaftsaufgabe „Verbesserung der regionalen Wirtschaftsstruktur“ für den Zeitraum 1996 bis 1999 (2000), S. 13-14; 35-36. Als förderfähige Maßnahmen kommen dabei in Betracht: Erschließung und Wiederherrichtung von Industrie- und Gewerbegelände einschließlich in Zusammenhang damit stehender Umweltschutzmaßnahmen,

Infrastruktur kann mit Investitionszuschüssen, die bis zu 80 % der förderfähigen Investitionen betragen, gefördert werden.[1] Bei den Kommunen, die aus der Fördergebietskulisse der Gemeinschaftsaufgabe herausfallen, werden eigene Wirtschaftsförderungsmaßnahmen durch die Gemeinschaftsaufgabe nicht mehr unterstützt. Ebenso erhalten dort ansässige Betriebe keine Beihilfen aus der Gemeinschaftsaufgabe mehr. Dies betraf von 1987 bis 1997 immerhin fast 25 % der westdeutschen Bevölkerung. Das Einwirken der Kommission auf die Ausgestaltung der Gemeinschaftsaufgabe führte jedoch nicht nur zu einer Verringerung der Fördergebiete. Ebenfalls reduziert wurden die Fördersätze, hier insbesondere für Investitionsbeihilfen an große Unternehmen,[2] und das Mittelvolumen.[3] Bei den Kommunen verringerten sich im Ergebnis finanzielle Handlungsspielräume.

Zu beachten ist, daß durch die Kopplung von indirekten und direkten Wirtschaftsförderungsmaßnahmen in der Gemeinschaftsaufgabe die Beihilfenaufsicht auch die für die Gemeinden wichtigen allgemeinen Fördermaßnahmen tangiert. Das wirft einerseits die Frage auf, ob aus wettbewerbspolitischer Sicht eine Reduzierung der Gebiete, in denen regionalpolitisch motivierte Beihilfen zum Einsatz kommen, der geeignete Ansatzpunkt ist, anderseits aber auch, ob beihilferechtlich relevante und beihilferechtlich unschädliche Maßnahmen in nationalen Programmen nicht stärker entkoppelt werden sollten. Auf diese Fragen wird im folgenden noch eingegangen.

Anfang 1998 hat die Kommission neue Leitlinien für staatliche Beihilfen mit regionaler Zielsetzung veröffentlicht.[4] Danach will sie eine „Fördergebietsbevölkerungshöchstgrenze“ für die gesamte Gemeinschaft festlegen. Gebieten mit einem BIP je Kopf gemessen in Kaufkraftstandards von bis zu 75 % des Gemeinschaftsdurchschnitts fällt aufgrund dieses Kriteriums der Fördergebietsstatus nach Art. 92 Abs. 3a) EGV zu. Der sich nach Abzug der nach Art.92 Abs. 3a) EGV förderfähigen Gebiete ergebende restliche Bevölkerungsplafond wird nach verschiedenen Kriterien auf die Mitgliedstaaten aufgeteilt. Nach Art. 92 Abs. 3c) soll

---

Errichtung oder Ausbau von Verkehrsverbindungen für Gewerbebetriebe, Energie- und Wasserversorgung, Anlagen für Abwasser und Abfallbeseitigung, Einrichtungen der beruflichen Bildung, Fortbildung und Umschulung, Gewerbezentren für KMU, Erstellung integrierter Entwicklungskonzepte.

[1] Vgl. 25. Rahmenplan der Gemeinschaftsaufgabe „Verbesserung der regionalen Wirtschaftsstruktur“ für den Zeitraum 1996 bis 1999 (2000), S. 13-14, 35-36.

[2] Vgl. 25. Rahmenplan der Gemeinschaftsaufgabe „Verbesserung der regionalen Wirtschaftsstruktur“ für den Zeitraum 1996 bis 1999 (2000), S. 12-15. Im Vergleich zum 24. Rahmenplan mußten die Förderhöchstsätze für größere Unternehmen in den alten Bundesländern um 10 % auf 18 % zurückgenommen werden.

[3] Vgl. Döring, Thomas (1993): Subsidiaritätsprinzip und EG-Regionalpolitik, S. 76.

[4] Vgl. zu den folgenden Ausführungen Kommission der Europäischen Gemeinschaften (1998): Leitlinien für staatliche Beihilfen mit regionaler Zielsetzung. ABl. Nr. C 74 vom 10.3.1998, S. 9.

jeder Mitgliedstaat zwischen 15 % und 50 % seiner Bevölkerung, die nicht bereits der Freistellungsvoraussetzung des Art. 92 Abs. 3a) EGV unterliegt, fördern können. Eine detaillierte Aufteilung wurde noch nicht vorgenommen, so daß die konkreten Auswirkungen auf die Regionalföderung in Deutschland noch nicht abzusehen sind. Da aber gleichzeitig der „Fördergebietsbevölkerungsplafond" für den Zeitraum von 2000 bis 2006 auf 42,7 % festgesetzt werden soll, was einer Senkung des bisherigen Plafonds um vier Prozentpunkte entspricht,[1] ist zu vermuten, daß auch der deutsche Bevölkerungsplafond sinken wird. Hinsichtlich der nachfolgend vorgenommenen Bewertung hat sich durch diese neuen Regelungen wenig geändert.

2. Kritische Betrachtung aus ökonomischer Sicht

Das Vorgehen der Kommission in der Beihilfenaufsicht, und besonders das regionalpolitisch motivierte differenzierte Vorgehen, wird aus wettbewerbs-, wachstums-, regional- und verteilungspolitischen Gründen kritisch betrachtet. Aus wettbewerbspolitischer Sicht sollten in einem einheitlichen Binnenmarkt einheitliche Wettbewerbsregeln für Unternehmen gelten. Eine unterschiedliche Behandlung von Unternehmensbeihilfen in Abhängigkeit von der Region wird diesem Grundsatz nicht gerecht.[2] Wenn Beihilferegelungen nicht für alle gleichermaßen gelten, verliert die Beihilfenkontrolle ihren Charakter als supranationales öffentliches Gut.[3] Aus wettbewerbspolitischer (und regionalpolitischer) Sicht sollte daher auch zur Reduzierung regionalpolitisch motivierter Beihilfen eher an der Beihilfeintensität, d.h. an einer Senkung der Beihilfesätze, als an der Bestimmung von regionalpolitischen Fördergebieten angesetzt werden.[4]

Durch die Begrenzung von Fördergebieten wird die Verfolgung eigener regionaler Ausgleichsziele, besonders in reicheren Mitgliedstaaten, beschränkt. Hier werden nicht nur nationale Maßstäbe angelegt, sondern die Kopplung an den Gemeinschaftsdurchschnitt bewirkt, daß im nationalen Durchschnitt arme Gebiete nicht mehr durch Beihilfen gefördert werden können. Dieses Vorgehen wurde mit dem Konvergenzziel begründet, jedoch erscheint dieses Argument aus mehreren Gründen nicht stichhaltig. Erstens ist eine ausgeglichene Entwicklung der Mitgliedstaaten eine Voraussetzung für eine gute Entwicklung der Gemeinschaft. In der Zeit von 1986 bis 1996 haben aber sowohl die Einkommensdisparitäten als auch die Unterschiede in den Arbeitslosenraten zwischen den Regionen *innerhalb*

---

[1] Vgl. Europäische Kommission (1998): XXVII. Bericht über die Wettbewerbspolitik 1997, Ziff. 209, S. 87.

[2] Vgl. Klodt, Henning; Stehn, Jürgen et al. (1992): Die Strukturpolitik der EG, S. 94-95.

[3] Vgl. Lammers, Konrad (1992): Mehr regionalpolitische Kompetenzen für die EG im Europäischen Binnenmarkt?, S. 74.

[4] Vgl. dazu Spiekermann, Bernd et al. (1988): Europäische Regionalpolitik, S. 38-39.

der meisten Mitgliedstaaten zugenommen.[1] Diese Entwicklung spricht deutlich dafür, die Beschränkung regionalpolitischer Kompetenzen der Mitgliedstaaten zu lockern. Zweitens ist zweifelhaft, ob die Behinderung der Umverteilung von einer reichen in eine etwas ärmere Region das Aufholen der ärmsten Regionen fördert. Es ist nämlich fraglich, ob die Unternehmen, an welche die Beihilfen gerichtet sind, wenn sie in etwas ärmeren Gebieten nicht gefördert werden, statt dessen in den ärmsten Gebieten der Gemeinschaft investieren und nicht in reichen Ballungsgebieten bleiben oder wirtschaftliche Aktivitäten in Regionen außerhalb der Europäischen Union verlagern. Wie sollte eine strukturschwache Gemeinde dann akzeptieren, daß sie nicht gefördert wird, nur um durch ihre Nichtförderung einer armen Gemeinde in Irland oder Portugal das Aufholen zu erleichtern.[2] Die Behinderung der Wirtschaftspolitik in den reicheren Mitgliedstaaten kann dort Wachstumseinbußen hervorrufen, die der Union insgesamt schaden und auch das Volumen für Umverteilungsmaßnahmen innerhalb der Union verringern kann.

An dieser Stelle sei jedoch darauf hingewiesen, daß die Mitgliedstaaten nur in der Begünstigung bestimmter Unternehmen und Wirtschaftszweige durch die Beihilfenaufsicht eingeschränkt werden. Regional- und wachstumspolitische Maßnahmen anderer Art, wie Finanzausgleichsmaßnahmen, allgemeine Steuersenkungen, Infrastrukturmaßnahmen und Ausbildungsprogramme fallen nicht unter den Beihilfebegriff und werden nicht behindert.[3] So könnten Infrastrukturmaßnahmen in strukturschwachen Gemeinden außerhalb der Gemeinschaftsaufgabe gefördert werden, beispielsweise nach Art des Strukturhilfegesetzes, durch das in den 80er Jahren Finanzhilfen zur Investitionsförderung in strukturschwachen Ländern und Gemeinden bereitgestellt wurden.[4] Trotz der vom Ansatz her restriktiveren Behandlung von Beihilfen in reicheren Mitgliedstaaten, erreichen die Beihilfen dort immer noch ein wesentlich höheres Volumen.[5] Die bessere staatliche Finanzlage in reicheren Mitgliedstaaten und die verschiedenen sektoralen Regelungen werden dabei eine Rolle spielen.

---

[1] Vgl. Europäische Kommission (1996): Erster Kohäsionsbericht. KOM (96) 542 endg., S. 2. Danach haben die Einkommensdisparitäten zwischen den Regionen in sämtlichen Mitgliedstaaten außer den Niederlanden zugenommen. Regionale Unterschiede in den Arbeitslosenraten sind innerhalb vieler Mitgliedstaaten angestiegen.

[2] Vgl. hierzu und zum folgenden Zimmermann, Horst (1986): EG-Begrenzung für deutsche Regionalpolitik, S. 97.

[3] Vgl. Klodt, Henning; Stehn, Jürgen et al. (1992): Die Strukturpolitik der EG, S. 96.

[4] Vgl. Karrenberg, Hanns (1992): Vorzeitige Aufhebung des Strukturhilfegesetzes, S. 97.

[5] Beispielsweise fließen 85 % der jährlich gezahlten staatlichen Beihilfen an Industrieunternehmen in Höhe von insgesamt 180 Mrd. DM in vergleichsweise wohlhabenden Regionen. Die angeführte Zahl stammt von der Europäischen Kommission. Vgl. o.V. (1997): Brüssel setzt Sündern eine Frist bis 1999, S. 11.

Die Akzeptanz des Vorgehens der Beihilfenaufsicht in bezug auf nationale und regionale Förderprogramme, insbesondere bei der Reduzierung der Fördergebiete, wird dadurch erschwert, daß die EU sich in Deutschland Fördergebiete größeren Umfangs zugesteht, als sie nationalen und regionalen Ebenen zubilligt. So umfaßt das Regionalfördergebiet in den alten Ländern (einschließlich West-Berlin) 21,84 Mio. Einwohner, das Fördergebiet der Gemeinschaftsaufgabe nur rund 14,27 Mio. Einwohner.[1] Die in den Regionalfördergebieten der EU ansässigen Gemeinden, die keine nationale Förderung erhalten, können zwar von der Regionalförderung der EU, die auf ihre speziellen Problemlagen Rücksicht nimmt - das betrifft vor allem ländliche Gebiete - profitieren, jedoch reduziert eine solche Inkonsistenz weiter die Akzeptanz der Beihilfenkontrolle. Aus Sicht des Subsidiaritätsprinzips sollten die regionalpolitischen Förderkompetenzen der EU auf den Territorien der Mitgliedstaaten keinesfalls weiter gehen als die Kompetenzen der Mitgliedstaaten selbst. Für die EU-Regionalpolitik sollten die Regelungen der Beihilfenaufsicht in gleicher Weise gelten.[2]

IV. Fazit: Kommunale Wirtschaftsförderung unter der Beihilfenaufsicht und der Regionalpolitik der EU

Die Beihilfenaufsicht schränkt gemeinderelevante Förderprogramme von Bund und Ländern ein, aus denen die Gemeinden eigene Wirtschaftsförderungsmaßnahmen finanzieren bzw. von denen ansässige Unternehmen profitieren könnten. Dadurch werden vor allem finanzielle Handlungsspielräume der betroffenen Kommunen begrenzt. Eigenständige kommunale Wirtschaftsförderungsmaßnahmen - und damit rechtliche Handlungsspielräume bei der kommunalen Wirtschaftsförderung - werden dagegen kaum durch die Beihilfenaufsicht beschränkt.

Die Reduzierung von Beihilfen an Unternehmen aus wettbewerbspolitischen Gründen wäre grundsätzlich zu akzeptieren. Sie dient der Funktion des öffentlichen Gutes Gemeinsamer Markt. Das Vorgehen der Beihilfenkontrolle ist jedoch zu intransparent und leidet unter der Vermischung mit dem Konvergenzziel. Mit dem Konvergenzziel wird die unterschiedliche Behandlung von Beihilfen in Abhängigkeit von der Region begründet. Durch diese unterschiedliche Behandlung werden aber keine einheitlichen Wettbewerbsbedingungen geschaffen. Die Beihilfenaufsicht behindert in diesem Zusammenhang eine eigenständige, interne Ausgleichspolitik der Mitgliedstaaten für ihr Staatsgebiet. Diese Behinderung ist aus verteilungs- und wachstumspolitischen Gründen problematisch und fördert nicht unbedingt die Konvergenz innerhalb der Union. Zieht man noch in Betracht, daß die EU für die Fördergebiete ihrer Regionalpolitik einen großzügigeren Maß-

---

[1] Vgl. 25. Rahmenplan der Gemeinschaftsaufgabe „Verbesserung der regionalen Wirtschaftsstruktur" für den Zeitraum 1996 bis 1999 (2000), S. 10.

[2] Vgl. auch Döring, Thomas (1993): Subsidiaritätsprinzip und EG-Regionalpolitik, S. 100-101.

stab anlegt, als sie dem Mitgliedstaat zugesteht, so ist ein solches Vorgehen weder aus wettbewerbspolitischen noch aus regionalpolitischen Gründen angemessen.

Ein konsistentes, streng an Wettbewerbszielen orientiertes und zugleich transparentes Regelwerk, durch das alle Marktteilnehmer und Wirtschaftsförderer unabhängig von ihrer regionalen Zugehörigkeit gleich behandelt werden, könnte die Nachteile des gegenwärtig praktizierten Systems weitgehend beseitigen und die Offenheit der Märkte sichern. Die Akzeptanz einer wettbewerbspolitisch ausgerichteten Beihilfenaufsicht der EU und der Wirtschaftsförderung als souverän wahrzunehmende Aufgabe von Bund, Ländern und Gemeinden müßte jedoch auch dazu führen, daß von diesen Ebenen möglichst allgemeine Wirtschaftsförderungsmaßnahmen gewählt werden, die nicht bestimmte Unternehmen begünstigen bzw. nur in so geringem Umfang, daß der Handel zwischen den Mitgliedstaaten nicht beeinträchtigt wird. Der Charakter regionaler oder lokaler öffentlicher Güter, den diese allgemeinen Maßnahmen aufweisen, würde zudem die Vorteile breiter streuen und potentiell mehr Marktteilnehmern zugute kommen lassen. Diese Akzeptanz setzt allerdings voraus, daß auf den regionalpolitischen Einsatz der Beihilfenaufsicht verzichtet wird und ein Subventionswettlauf aller Regionen durch ein konsistentes und transparentes Regelwerk verhindert wird, indem eigenständige Handlungsspielräume der unteren Ebenen klar bestimmt sind und nicht einem aufwendigen Genehmigungsverfahren unterliegen. Mit der Einführung von Geringfügigkeitsgrenzen, innerhalb derer teilweise sogar auf Notifizierung verzichtet wird, bietet die Beihilfenkontrolle erste Ansatzpunkte für die Entwicklung eines Rahmens, der verstärkt autonome Entscheidungen zuläßt.

Im Ergebnis ist festzustellen, daß die Politik der EU, und zwar sowohl die eigenständige Regionalpolitik mittels der Strukturfonds als auch die Beihilfenaufsicht, trotz relativ geringen Fördervolumens die Struktur und Organisation der Regionalpolitik bis zur kommunalen Wirtschaftsförderung formt. Der Einfluß reicht von der Festlegung der Fördergebiete bis zur Bestimmung des Instrumenteneinsatzes einschließlich der Fördersätze. Aus ökonomischer Sicht sollte die EU sich auf ihre Aufgaben in der europaweiten Verteilungs- und Wettbewerbspolitik konzentrieren und durch ihre Regional- und Strukturpolitik nicht nationale Politik bis in die kommunale Ebene steuern. Autonome lokale und regionale Handlungsspielräume sollten zum Vorteil einer problemnahen Lösung soweit wie möglich erhalten bleiben. Die Regionalpolitik des Bundes und der Länder im Rahmen der Gemeinschaftsaufgabe erscheint aus lokaler Sicht oder sogar aus Sicht kleinerer Länder ebenfalls nicht optimal, weil sie zu strikt und wenig flexibel ist. Eine Konfrontation mit der breiteren EU-Förderpalette hat hier eine Erweiterung des Katalogs möglicher Fördermaßnahmen bewirkt. Insofern hat die EU in diesem Fall zum Aufbrechen festgezurrter nationalstaatlicher Strukturen beigetragen.

Gleichzeitig bedürfen sowohl die EU-Regionalpolitik mittels der Strukturfonds als auch die Beihilfenaufsicht einer gründlichen Reform.

C. Kommunale Sparkassen

Im vorhergehenden Unterabschnitt wurde gezeigt, wie die EU über die Beihilfenaufsicht, ein Instrument der Wettbewerbspolitik, auf die kommunale Wirtschaftsföderung Einfluß nimmt. Ein weiteres Aufgabenfeld der Kommunen, das die EU über die Gestaltung des wettbewerblichen Rahmens beeinflußt, sind die kommunalen Sparkassen. In Deutschland gehören die Einrichtung und der Betrieb kommunaler Sparkassen zum eigenen Wirkungskreis der Kommunen. Sparkassen sind organisatorisch, von wenigen Ausnahmen abgesehen, öffentlich-rechtliche Anstalten mit kommunaler Gewährträgerschaft, agieren aber im wesentlichen wie privatwirtschaftliche Kreditinstitute.[1] Ihre öffentliche Aufgabe wird in der flächendeckenden Bereitstellung von lokaler Infrastruktur im Finanzdienstleistungsbereich für Wirtschaft und Bevölkerung gesehen. Die Geschäftspolitik der Sparkassen soll auf die Belange der heimischen Wirtschaft ausgerichtet sein und damit auch der lokalen Wirtschaftsförderung dienen.[2] Indem Sparkassen für die bevorzugte Anlage und Verwaltung von öffentlichen Geldern genutzt werden, unterstützen sie die fiskalische Funktion.[3] Aus fiskalischen Motiven werden teilweise auch Gewinne an die Gewährträger abgeführt, vorrangig werden diese aber für die Eigenkapitalbildung verwendet.[4] Die genannten öffentlichen Aufgaben werden seit über 100 Jahren von den kommunalen Sparkassen wahrgenommen. Inwieweit diese Art öffentlicher Betätigung heute noch notwendig ist oder nicht besser privaten Kreditinstituten überlassen werden sollte, ist durchaus zu diskutieren.[5]

Kommunale Sparkassen sind auf zweifache Weise von EU-Regulierungen betroffen. Einerseits unterliegen sie den EU-Richtlinien für den Bankenbereich, die der

---

[1] Vgl. Seele, Günther (1991): Der Kreis aus europäischer Sicht, S. 95.

[2] Zur öffentlichen Aufgabe der Sparkassen vgl. Prautzsch, Wolf-Albrecht (1990): Geschäftsgebiet und Geschäftstätigkeit der kommunalen Sparkassen im europäischen Binnenmarkt, S. 138-139.

[3] Vgl. Seele, Günther (1991): Der Kreis aus europäischer Sicht, S. 96.

[4] Vgl. Zügel, Walter (1993): Die Sparkassen zwischen öffentlicher Aufgabe und kreditwirtschaftlichem Wettbewerb, S. 16; Möschel, Wernhard (1993): Privatisierung als ordnungspolitische Aufgabe, S. 120. Vgl. auch die folgenden Ausführungen zu erhöhten Anforderungen an das Eigenkapital durch die Liberalisierung der Finanzdienstleistungen.

[5] Zu dieser Diskussion vgl. etwa Dennig, Ulrike (1990): Plädoyer für die Umwandlung von Sparkassen in Privatbanken, S. 529-536; Ketzel, Eberhard (1990): Privatisierung der Sparkassen - nicht zu Ende gedacht, S. 623-626; Möschel, Wernhard (1993): Privatisierung als ordnungspolitische Aufgabe, S. 117-132; Finzel, Frank und Thuy, Peter (1996): Privatisierung der Sparkassen - tagespolitische Modeerscheinung oder ordnungspolitische Notwendigkeit?, S. 241-261.

Harmonisierung und Liberalisierung des Finanzdienstleistungs- und Kapitalmarktes dienen. Auf der anderen Seite stellen kommunale Sparkassen eine wirtschaftliche Betätigung der öffentlichen Hand dar und sind von speziell auf den öffentlichen Sektor gerichteten Regulierungen potentiell betroffen. Diese Zwitterstellung birgt besondere Probleme.[1]

Zur Liberalisierung des Finanzdienstleistungssektors wurden auf der EU-Ebene eine Reihe von Rechtsakten erlassen, von denen die Bankrechtskoordinierungs-, die Eigenmittel- und die Solvabilitätsrichtlinie als die wichtigsten für die kommunalen Sparkassen gelten.[2] Es wird davon ausgegangen, daß die Sparkassen generell den verschärften Eigenkapitalanforderungen der Eigenmittelrichtlinie genügen können. Von der Eigenmittelausstattung hängt auch ab, inwieweit die Sparkassen entsprechend der Solvabilitätsrichtlinie kreditgewährend tätig sein und damit ihre öffentliche Aufgabe erfüllen können. Die selbstgewählte Regionalbeschränkung der deutschen Sparkassen kann beibehalten werden.[3] Jedoch sind im Rahmen der Niederlassungsfreiheit im Bankensektor, deren Schranken die Bankenrechtskoordinierungsrichtlinie beseitigen sollte, verstärkt Wettbewerber aus anderen EU-Ländern zu erwarten.[4] Damit unterliegen auch die kommunalen Sparkassen den Wettbewerbsbedingungen des Binnenmarktes. Günstige Finanzierungsmöglichkeiten für die Kommunen über eigene Sparkassen könnten deshalb über den Wettbewerb beschränkt werden. Andererseits können die Kommunen von der allgemeinen Liberalisierung profitieren.[5] Die Sparkassen stellen sich auf den Wettbewerb durch eine verstärkte Orientierung auf ihre lokalen Kunden und durch Kooperationen mit anderen Sparkassen und den Landesbanken, die der Bewältigung zunehmender Auslandsaktivitäten dienen, ein.[6] Bislang soll es „keine

---

[1] Vgl. Ameln, Ralf von (1992): Auswirkungen des Europäischen Binnenmarktes auf Kommunalpolitik und Kommunalrecht der EG-Mitgliedstaaten, S. 482. Einige Beispiele werden in diesem Unterabschnitt genannt.

[2] Vgl. insbesondere Mombaur, Peter Michael (1994): Kommunalpolitik in der Europäischen Union, S. 50 sowie die auf S. 52-53 enthaltene Übersicht. Der Autor verweist darauf, daß die Kommunen als Gewährträger die vielfältigen Richtlinien mitberaten haben. Vgl. auch Ameln, Ralf von (1993): Binnenmarkt und Kommunalpolitik, S. 20-21; Prautzsch, Wolf-Albrecht (1990): Geschäftsgebiet und Geschäftstätigkeit der kommunalen Sparkassen im europäischen Binnenmarkt, S. 137.

[3] Vgl. hierzu und zum folgenden Seele, Günther (1991): Der Kreis aus europäischer Sicht, S. 96; Roth, Uwe; Kamprich, Dirk; Klein, Ute (1996): EU-Kommunal in Stichworten, S. 317.

[4] Vgl. Prautzsch, Wolf-Albrecht (1990): Geschäftsgebiet und Geschäftstätigkeit der kommunalen Sparkassen im europäischen Binnenmarkt, S. 137.

[5] Vgl. auch zum Binnenmarkt Teil 3, Abschnitt 1.

[6] Vgl. Prautzsch, Wolf-Albrecht (1990): Geschäftsgebiet und Geschäftstätigkeit der kommunalen Sparkassen im europäischen Binnenmarkt, S. 138-141.

Probleme" mit ausländischer Konkurrenz geben, auch nicht in Grenzgebieten.[1] Diese Situation könnte sich nach der Einführung des Euro und der mit ihr verbundenen Erhöhung der Marktransparenz und Senkung der Transaktionskosten aber wesentlich ändern.

Der öffentlich-rechtliche Charakter der Sparkassen bedingt, daß diese potentiell unter die Wettbewerbsregeln und andere Vorschriften für die öffentliche Hand fallen. So wurden im Rahmen der Dienstleistungsrichtlinie Überlegungen angestellt, Kommunalkredite und Kredite der Sparkassen als Dienstleistungen anzusehen und damit den Regeln der öffentlichen Auftragsvergabe zu unterwerfen, was weitreichende Folgen für die kommunale Finanzierungspraxis und die Existenz der Sparkassen hätte haben können.[2] Die potentielle Betroffenheit der kommunalen Sparkassen als öffentlich-rechtliche Kreditinstitute macht auch eine Erklärung zur Schlußakte des Vertrages von Amsterdam deutlich.[3] Mit dieser Erklärung wurde seitens der Bundesrepublik Deutschland versucht, die Gewährträgerhaftung der öffentlich-rechtlichen Kreditinstitute durch ihre lokalen und regionalen Gebietskörperschaften und den damit verbundenen Ausgleich von Anstaltslasten ausdrücklich von den Beihilfevorschriften des Vertrages auszunehmen. Bisher wurden lediglich nationale Eigentumsordnungen in Art. 222 EGV garantiert. Die in den Vertrag aufgenommene Erklärung beinhaltet hinsichtlich ihrer Formulierung keine generelle Ausnahme, und ihr Rechtsstatus erreicht nicht die völkerrechtliche Bindewirkung eines förmlichen Zusatzes zum Vertrag.[4] Diese Strukturmerkmale werden damit aber nicht von vornherein der Wettbewerbsaufsicht entzogen, und sie werden gegenwärtig von der Kommission überprüft.[5]

---

[1] Vgl. Roth, Uwe; Kamprich, Dirk; Klein, Ute (1996): EU-Kommunal in Stichworten, S. 317. Die Autoren berufen sich auf eine Aussage des deutschen Sparkassen- und Giroverbandes.

[2] Vgl. Ameln, Ralf von (1993): Binnenmarkt und Kommunalpolitik, S. 21.

[3] Die unter Punkt 37 aufgeführte Erklärung zu öffentlich-rechtlichen Kreditinstituten in Deutschland lautet wie folgt: „Die Konferenz nimmt die Auffassung der Kommission zur Kenntnis, daß die bestehenden Wettbewerbsregeln der Gemeinschaft es zulassen, Dienstleistungen von allgemeinem wirtschaftlichen Interesse, welche die in Deutschland bestehenden öffentlich-rechtlichen Kreditinstitute erfüllen, sowie ihnen zum Ausgleich für die mit diesen Leistungen verbundenen Lasten gewährte Fazilitäten voll zu berücksichtigen. Dabei bleibt es der Organisation dieses Mitgliedstaats überlassen, auf welche Weise er insoweit den Gebietskörperschaften die Erfüllung ihrer Aufgabe ermöglicht, in ihren Regionen eine flächendekkende und leistungsfähige Finanzinfrastruktur zur Verfügung zu stellen. Diese Fazilitäten dürfen die Wettbewerbsbedingungen nicht in einem Ausmaß beeinträchtigen, das über das zur Erfüllung der besonderen Aufgaben erforderliche Maß hinausgeht und zugleich dem Interesse der Gemeinschaft entgegenwirkt." (Vertrag von Amsterdam)

[4] Vgl. o.V. (1997): Subventionen an Auflagen geknüpft, S. 10.

[5] Vgl. Ropp, Nina von der (1998): Sparkassen und Landesbanken müssen nicht öffentlich-rechtlich sein, S. 2; Monopolkommission (1998): Hauptgutachten 1996/97, S. 49.

Die Stärkung des Wettbewerbs im Finanzdienstleistungsbereich durch die Liberalisierungsanstrengungen im Rahmen des Binnenmarktprogramms und das auf diese Weise erfolgende Einbringen von mehr marktwirtschaftlichen Elementen ist aus ökonomischer Sicht positiv zu bewerten. Verstärkte Bemühungen, den Präferenzen der lokalen Kunden gerecht zu werden, deuten auf diese positiven Auswirkungen hin. Mit der Liberalisierung wird jedoch eine seit über 100 Jahren gewachsene Struktur im Finanzdienstleistungsbereich mit starker öffentlicher Beteiligung zunehmend in Frage gestellt. Ist diese Struktur noch zeitgemäß, oder sollte und kann nicht die Finanzinfrastruktur stärker durch private Unternehmen bereitgestellt und betrieben werden? Öffentliches Handeln wurde dadurch gerechtfertigt, daß der Finanzinfrastruktur zumindest teilweise der Charakter eines öffentlichen Gutes zugesprochen wurde. Theoretische Konstrukte, wie das Konzept lokaler öffentlicher Güter, können dabei zwar eine Hilfestellung bieten, bei ihrer Operationalisierung und Anwendung auf die Praxis sind aber wertende Entscheidungen notwendig. Der wissenschaftliche Beirat beim Bundeswirtschaftsministerium beispielsweise hatte den Vorschlag der Bundesregierung kritisiert, weil es sich bei Anstaltslast und Gewährträgerhaftung um ein Privileg handele, das ein ordnungspolitisches Ärgernis sei.[1]

Die grundsätzliche Frage, inwieweit eine öffentliche Finanzinfrastruktur gewünscht wird, sollte auch national offen diskutiert werden. Dies geschieht zunehmend selbst bei den Sparkassen.[2] Dabei sollte dann ebenfalls die föderative Problematik berücksichtigt werden,[3] da die Sparkassen ein wichtiges Instrument kommunaler Wirtschafts- und Finanzpolitik sind. Die Diskussion um die Zukunft der Sparkassen soll hier nicht vertieft werden. Hinzuweisen ist jedoch darauf, daß die Politik auf EU-Ebene auch im Sparkassenbereich zum Aufbrechen und Infragestellen überkommener nationaler Strukturen beiträgt.

D. Kommunale Energiepolitik im Europäischen Binnenmarkt

Ein wichtiges Aufgabenfeld der Kommunen, auf dem gegenwärtig bereits nationale Strukturen über die EU-Ebene aufgebrochen werden, ist die Energieversor-

---

[1] Vgl. o.V. (1997): Die Sparkassen wollen keinen Sonderstatus beanspruchen, S. 19. Auch die Monopolkommission hält die Anstaltslast und die Gewährträgerhaftung nicht mehr für gerechtfertigt. (Vgl. dazu Monopolkommission (1998): Hauptgutachten 1996/97, S. 48.)

[2] Diskussionen bei den Sparkassen, die sich lange Zeit ablehnend zur Privatisierung verhielten, fanden beispielsweise anläßlich des Treffens der deutschen Sparkassenorganisationen im Frühjahr 1998 statt. (Vgl. dazu Ropp, Nina von der (1998): Sparkassen und Landesbanken müssen nicht öffentlich-rechtlich sein, S. 2.) Die Privatisierungsdiskussion erhält nach Einschätzung der Monopolkommission durch die o.g. Untersuchung der Europäischen Kommission zur Gewährträgerhaftung neue Dynamik. (Vgl. dazu Monopolkommission (1998): Hauptgutachten 1996/97, S. 49.)

[3] Vgl. generell zur föderativen Problematik der Liberalisierung Teil 4, Abschnitt 2, Punkt B.

gung. Wie durch den Liberalisierungsrahmen für den Energiebinnenmarkt kommunale Handlungsspielräume berührt werden, soll im folgenden dargestellt werden.

I. Kommunale Kompetenzen im Energiesektor und Liberalisierungsrahmen

Die deutschen Kommunen waren bislang für die Ordnung der Energieversorgung auf ihrem Gebiet zuständig. Sie nahmen diese Aufgabe durch eigene Stadtwerke und durch den Abschluß von Konzessionsverträgen mit anderen Versorgern wahr.[1] Diese kommunale Regelungskompetenz wurde als wesentlicher Bestandteil der verfassungsrechtlich garantierten kommunalen Selbstverwaltung angesehen.[2] Aufgrund dieser Aufgabenzuordnung auf die Gemeinden in Verbindung mit den wettbewerblichen Ausnahmebestimmungen im Gesetz gegen Wettbewerbsbeschränkungen wurde der Energiemarkt, wie in anderen europäischen Ländern, von Versorgungsmonopolen dominiert. Vergleichsweise höhere Strompreise gehen mit dieser ordnungsrechtlichen Gestaltung einher.[3] Im Rahmen der Liberalisierungsbemühungen zur Schaffung des Binnenmarktes wird versucht, Elektroenergie als ein Gut wie jedes andere zu betrachten. Ein offenes Versorgungsnetz, in dem Energie vom jeweils günstigsten Anbieter bezogen werden kann, ist die Zielvorstellung. Produktion, Transport und Verteilung sollen entflochten und ausschließliche Rechte für Erzeugung und Transport abgeschafft werden.[4]

Mit der Richtlinie 96/92/EG vom 19.12.1996[5] gelang nach langjährigen Diskussionen der Einstieg in eine umfassende Liberalisierung des Elektrizitätsbinnenmarktes.[6] Durch die Richtlinie wird die Elektrizitätserzeugung für die Konkurrenz

---

1 Vgl. Mombaur, Peter Michael (1994): Kommunalpolitik in der Europäischen Union, S. 30.

2 Dies ist vorrangig die Auffassung der Kommunen. (Vgl. z.B. Recker, Engelbert (1997): Mehr Wettbewerb bei Strom und Gas, S. 167-171; o.V. (1997): Energienovelle ist für die Städte nicht akzeptabel, S. 6-7.)

3 Strom- und Gaspreise für industrielle Abnehmer liegen in Deutschland um 20 % bis 30 % (bzw. 3 Pf. bis 4 Pf. je kWh für Strom) über dem Niveau der konkurrierenden Industriestandorte in Europa. (Vgl. Kley, Max Dietrich (1997): Liberalisierung des Energiemarktes aus Sicht der Industrie, S. 173.) Zum alten Regulierungsrahmen und den im internationalen Vergleich höheren Preisen vgl. auch Deregulierungskommission (1991): Marktöffnung und Wettbewerb, S. 27-30, 45-46; Monopolkommission (1994): Hauptgutachten 1992/93, S. 56.

4 Vgl. Mombaur, Peter Michael (1994): Kommunalpolitik in der Europäischen Union, S. 30-31.

5 ABl. Nr. L 27 vom 30.1.1997, S. 20.

6 In einer ersten Stufe auf dem Weg zum Energiebinnenmarkt wurden Anfang der 90er Jahre drei Richtlinien verabschiedet, welche die Transparenz der Strom- und Gaspreise für industrielle Endverbraucher sowie den Transit von Elektrizität und Gas zwischen den Mitgliedstaaten betreffen. (Vgl. Klodt, Henning; Stehn, Jürgen et al. (1992): Die Strukturpolitik der EG, S. 147; zur Geschichte vgl. auch Kumkar, Lars (1995): Widerstände und Spannungen auf dem Weg zum Europäischen Binnenmarkt für Elektrizität, S. 458-470.)

geöffnet. Grundlage hierfür ist entweder ein transparentes und objektives Genehmigungsverfahren oder ein Ausschreibungsverfahren, das durch ein Zulassungsverfahren für die unabhängigen Erzeuger und Eigenerzeuger ergänzt wird.[1] Der Markt für Stromeinkäufer wird schrittweise geöffnet, zunächst unionsweit zu 22 % des Jahresstromverbrauchs und in Stufen steigend bis auf eine Marktquote von etwa 33 % im Jahr 2006. Für Deutschland würde dies freie Verhandlungs- und Netzzugangsrechte für anfänglich rund 600 und bis zum Jahr 2006 für 2.800 Unternehmen bedeuten.[2] Zu den Unternehmen, für die diese Rechte vorgesehen sind (zugelassene Kunden), gehören automatisch große Endverbraucher in der Industrie (und die Verteilerunternehmen für den Verbrauchsanteil ihrer zugelassenen Kunden in der Industrie). Die Mitgliedstaaten legen darüber hinaus fest, wer ein zugelassener Kunde ist.[3]

Der Netzzugang für Elektrizitätserzeuger und zugelassene Kunden wird nach einem System auf Vertragsbasis (verhandelter Netzzugang) oder nach einem Alleinabnehmersystem mit Preisempfehlungen oder auch öffentlichen Tarifen geregelt. Das Recht, Direktleitungen zu ziehen, ist ebenfalls vorgesehen.[4] Die Mitgliedstaaten können innerhalb eines Gemeinschaftsrahmens unter Aufsicht der Kommission öffentliche, transparente, nicht diskriminierende und nachprüfbare Verpflichtungen auferlegen, die sich auf Versorgungssicherheit, Regelmäßigkeit, Qualität und Preis der Lieferung beziehen können.[5] Dabei darf die Entwicklung des Handelsverkehrs nicht in einem Ausmaß beeinträchtigt werden, der den Interessen der Gemeinschaft zuwiderläuft (Art. 90 EGV).[6] Nationale Regelungen, die Energieerzeugungsanlagen den Vorrang einräumen, in denen erneuerbare Energieträger oder Abfälle eingesetzt werden oder die nach dem Prinzip der Kraft-Wärme-Kopplung arbeiten, sind zulässig.[7] Außerdem sind Übergangs- und Aus-

---

Ein weiterer Schritt zum Energiebinnenmarkt ist die am 22. Juni 1998 verabschiedete Richtlinie 98/30/EG des Europäischen Parlaments und des Rates betreffend gemeinsame Vorschriften für den Erdgasbinnenmarkt. (ABl. Nr. L 204 vom 21.7.1998, S. 1.) Diese Richtlinie wurde hier nicht mehr berücksichtigt. Das Vorgehen ist ähnlich dem bei der Liberalisierung des Elektrizitätsbinnenmarktes. (Vgl. zu den wahrscheinlichen Auswirkungen auf die Kommunen: Haberzettel, Manfred; Roth, Uwe und Schläger, Wolfgang (1998): Europa im Rathaus, S. 26-29.) Auf Grundlage der Richtlinie werden zusätzliche nationale Regelungen für Gas getroffen.

[1] Art. 4-6 Richtlinie 96/92/EG. ABl. Nr. L 27 vom 30.1.1997, S. 20. Vgl. zu den Ausführungen über diese Richtlinie auch die Zusammenfassung im Bulletin der EU. Bull. EU 12-1996. Ziff. 1.3.130., S. 78-79.

[2] Vgl. Mombaur, Peter Michael (1997): Elektrizitätsbinnenmarkt, S. 26.

[3] Art. 19 Richtlinie 96/92/EG. ABl. Nr. L 27 vom 30.1.1997, S. 20.

[4] Art. 17, 18, 21 Richtlinie 96/92/EG. ABl. Nr L 27 vom 30.1.1997, S. 20.

[5] Art. 3 Richtlinie 96/92/EG. ABl. Nr. L 27 vom 30.1.1997, S. 20.

[6] Art. 3 Richtlinie 96/92/EG. ABl. Nr. L 27 vom 30.1.1997, S. 20; in Verbindung mit Art. 90 EGV.

[7] Art. 8, 11 Richtlinie 96/92/EG. ABl. Nr. L 27 vom 30.1.1997, S. 20.

nahmeregelungen für "stranded investments" und für kleine isolierte Netze vorgesehen. Die Umsetzungsfrist beträgt 2 Jahre.[1] Die Richtlinie hindert keinen Mitgliedstaat daran, innerstaatlich seine Stromwirtschaft stärker zu öffnen, als es das europäische Recht vorsieht.

Unabhängig oder parallel zu den Liberalisierungsbestrebungen auf europäischer Ebene gab es auf nationaler Ebene gleichgerichtete Überlegungen und Bemühungen. Hier soll nur beispielhaft auf die Vorschläge der Deregulierungskommission 1991[2] und die gescheiterte Gesetzesinitiative zur Liberalisierung des Energiemarktes der Legislaturperiode 1990 bis 1994[3] erinnert werden. Zeitgleich zur Vorbereitung der europäischen Richtlinie über den Elektrizitätsbinnenmarkt wurde auf nationaler Ebene die Energierechtsnovelle vorbereitet. Das vom Bundestag am 28.11.1997 verabschiedete neue Energiewirtschaftsrecht[4] löst das alte Energiewirtschaftsgesetz aus dem Jahr 1935 ab und setzt die Ausnahmeregelungen im Gesetz gegen Wettbewerbsbeschränkungen (§§ 103, 103a GWB) für Elektrizität und Gas außer Kraft.[5]

Es wird davon ausgegangen, daß diese Gesetzesinitiative ohne die Liberalisierungsauflagen der Europäischen Stromrichtlinie erneut Schiffbruch erlitten hätte, weil die Besitzstände, Privilegien und die damit verbundenen Widerstände vor

---

[1] Art. 24, 25 Richtlinie 96/92/EG. ABl. Nr. L 27 vom 30.1.1997, S. 20.

[2] Vgl. Deregulierungskommission (1991): Marktöffnung und Wettbewerb, S. 25-93.

[3] Vgl. hierzu Monopolkommission (1994): Hauptgutachten 1992/93, S. 60-61.

[4] Gesetz zur Neuregelung des Energiewirtschaftsrechts (BGBl I 1998, 730). Vgl. zu den folgenden Ausführungen über die Neuregelung des Energierechts in Deutschland insbesondere Schürmann, Heinz Jürgen (1997): Bundestag verabschiedet Energierechtsnovelle der Bundesregierung, S. 2; auch Eickhof, Norbert (1998): Die Neuregelung des Energiewirtschaftsrechts, S. 21-25.

[5] Art. 1, 2 und 5 des Gesetzes zur Neuregelung des Energiewirtschaftsrechts, das am 25.4.1998 in Kraft getreten ist (BGBl I 1998, 730). (Vgl. dazu auch Bechthold, Rainer (1998): Das neue Kartellgesetz, S. 2773.)
Ob zu diesem Gesetz die Zustimmung des Bundesrates notwendig ist und in einem solchen Fall die o.g. Gesetze geändert werden bzw. letzteres nach dem Wahlsieg der SPD in der Bundestagswahl Herbst 1998 ohnehin geschieht, war Anfang 1999 noch offen. Die SPD-Bundestagsfraktion sowie die Länder Saarland, Hessen und Hamburg haben ein Normenkontrollverfahren vor dem Bundesverfassungsgericht eingeleitet, um die Zustimmungsbedürftigkeit zu klären (Vgl. Schürmann, Heinz Jürgen (1998): SPD will Energiewirtschaftsgesetz der Bundesregierung kippen, S. 2.) Die Koalitionsvereinbarung von SPD und Bündnis 90/Die Grünen enthält kein konkretes Vorhaben zur Novellierung des Energiewirtschaftsgesetzes. (Vgl. Koalitionsvereinbarung vom 20.10.1998, S. 15-16.) Eine Novellierung wird deshalb vom Deutschen Städtetag angemahnt (Vgl. den Beschluß des Hauptausschusses des Deutschen Städtetags zur Bewertung der Koalitionsvereinbarung vom 20.10.1998 in o.V. (1998): Aktuelle Vorhaben der neuen Bundesregierung, S. 793.)
Ungeachtet dessen müssen jedoch die Mindestanforderungen der EU-Stromrichtlinie umgesetzt werden.

allem der Kommunen zu groß waren.[1] Insofern ist die auf der Ebene der EU vorangetriebene schrittweise Liberalisierung des Strommarktes ein Beispiel für das langsame Aufbrechen von Verkrustungen auf nationaler Ebene gegen den Widerstand der dort etablierten nationalen Interessengruppen. Die Schaffung der Wettbewerbs- und Handelsfreiheit als Teil der Grundprinzipien des Gemeinsamen Marktes stellt, wie schon ausgeführt, ein supranationales öffentliches Gut dar und fällt eindeutig in die Kompetenz der supranationalen Ebene. Die Aufgabenzuordnung zur EU-Ebene ist aus fiskalföderalistischer Sicht „richtig".[2]

II. Auswirkung der Liberalisierung auf kommunale Energie-, Verkehrs- und Umweltpolitik

Durch die Reform des Energierechts werden die traditionellen Gebietsmonopole in der leitungsgebundenen Energieversorgung beseitigt.[3] Demarkationsverträge zur Abgrenzung von Versorgungsgebieten werden unzulässig und die Kommunen verpflichtet, ihre Wege allen Energieversorgungsunternehmen diskriminierungsfrei zur Verfügung zu stellen.[4] Von dieser Verpflichtung wird wahrscheinlich das Volumen der Konzessionsabgaben, welche die Kommunen für die Überlassung der öffentlichen Verkehrswege erhalten,[5] betroffen sein. Für einfache Wegerechte können weiterhin Konzessionsabgaben verlangt werden. Jedoch entfällt die gleichzeitige Einräumung eines ausschließlichen Wegebenutzungsrechts und damit der entsprechende wirtschaftliche Gegenwert.[6] Die Verluste wurden von Vertretern der Kommunen ursprünglich auf ca. 3 Mrd. DM (von 6 Mrd. DM) geschätzt.[7] In Änderungen zum ursprünglichen Gesetzentwurf wurde versucht, die Konzessionsabgabenverordnung so zu gestalten, daß den Kommunen ein großer Teil des Konzessionsabgabevolumens vorerst erhalten bleibt. Rein rechtlich können die Kommunen weiterhin die Höchstsätze gemäß der Konzessionsabgabenverordnung verlangen.[8] Es wird aber befürchtet, daß sie diese Sätze bei den unter Wettbewerbsdruck stehenden Energieversorgungsunternehmen nicht mehr durch-

---

[1] Vgl. Schürmann, Heinz Jürgen (1997): Bundestag verabschiedet Energierechtsnovelle der Bundesregierung, S. 2; auch Kühne, Gunther und Scholtka, Boris (1998): Das neue Energiewirtschaftsrecht, S. 1902.

[2] Vgl. etwa Klodt, Henning; Stehn, Jürgen et al. (1992): Die Strukturpolitik der EG, S. 177.

[3] Vgl. Eickhof, Norbert (1998): Die Neuregelung des Energiewirtschaftsrechts, S. 18.

[4] Vgl. Recker, Engelbert (1997): Mehr Wettbewerb bei Strom und Gas, S. 167-168.

[5] Gemäß § 14 Abs. 1 EnWG (in der Fassung vom 25.4.1998) sind Konzessionsabgaben Entgelte, die Energieversorgungsunternehmen für die Einräumung des Rechts zur unmittelbaren Versorgung von Letztverbrauchern im Gemeindegebiet mit Energie mittels Benutzung öffentlicher Verkehrswege für die Verlegung und den Betrieb von Leitungen entrichten.

[6] Vgl. Recker, Engelbert (1997): Mehr Wettbewerb bei Strom und Gas, S. 168.

[7] Vgl. Hennerkes, Jörg (1997): Es geht um mehr als die Zukunft der Stadtwerke, S. 603.

[8] Vgl. Eickhof, Norbert und Kreikenbaum, Dieter (1997): Liberalisierung des Energiewirtschaftsrechts und Befürchtungen der Kommunen, S. 280.

setzen können.[1] Zukünftig erscheint daher ein Abschmelzen dieser Einnahme aufgrund ihrer Konstruktion nicht unwahrscheinlich.[2] Mit der Liberalisierung sollte - ökonomisch interpretiert - schrittweise die aufgrund der Wettbewerbsbeschränkung erzielbare Monopolrente und die kommunale Beteiligung daran entfallen. Aus allgemeiner wettbewerbspolitischer und allokativer Sicht wäre der Wegfall der Monopolrente positiv zu bewerten, da sie auf Marktbeschränkung beruht bzw. als kommunale Energiesteuer[3] gewertet werden kann. Für die Kommunen entfällt dann eine bequeme eigene Einnahmequelle, die zwar gerade aus wettbewerbspolitischer Perspektive ungeeignet erscheinen muß, was aber im Ergebnis die kommunale Einnahmenautonomie senkt und den Druck auf die Reform des Gemeindefinanzsystems verstärkt.

Die freie Wahl des Energielieferanten durch große Verbraucher wird Wettbewerbsprozesse auslösen und dazu führen, daß die Bezugspreise zumindest für große Kunden sinken werden.[4] Das wird bedeuten, daß die Erlöse der kommunalen Stadtwerke aufgrund der verlorenen Monopolstellung geringer ausfallen, zugleich werden an die Stadtwerke höhere Anforderungen gestellt.[5] Diesen versuchen sie sich durch steigende Kundenorientierung, Kooperationen, Straffung der innerbetrieblichen Organisation etc. zu stellen,[6] was grundsätzlich die Allokation im Energiesektor verbessert und Anreiz zu Innovationen bietet.

Die Wettbewerbsintensität wird jedoch dadurch gemindert, daß auf der kommunalen Ebene vorerst (bis 2005) ein Alleinabnehmersystem installiert werden kann, das sichert, daß die Kommunen Vertragspartner der lokalen Verbraucher bleiben, auch wenn diese billiger angekauften Strom übernehmen und den Preisvorteil

---

[1] Vgl. Leutner, Barbara und Scholz, Stephan G. (1998): Ein Nachruf auf die Konzessionsabgabe?, S. 241-245.

[2] Vgl. dazu Weigt, Norbert (1998): Die Stellung der kommunalen Unternehmen im neuen Energiewirtschaftsrecht, S. 77; Leutner, Barbara und Scholz, Stephan G. (1998): Ein Nachruf auf die Konzessionsabgabe?, S. 241-245 Zumindest für gefährdet halten die Konzessionsabgabe auch Eickhof, Norbert und Kreikenbaum, Dieter (1997): Liberalisierung des Energiewirtschaftsrechts und Befürchtungen der Kommunen, S. 279-280; Lang, Volker (1999): Die Regulierung der deutschen Stromwirtschaft, S. 207-208.

[3] Vgl. Monopolkommission (1994): Hauptgutachten 1992/93. Tz. 733, S. 330.

[4] Vgl. Schürmann, Heinz Jürgen (1997): Bundestag verabschiedet Energierechtsnovelle der Bundesregierung, S. 2. Eine solche Entwicklung war Ende 1998/Anfang 1999 schon zu beobachten.

[5] Die Stadtwerke Marburg erwarten sinkende Erträge, weil 1999 der Strommarkt liberalisiert wird. Für 1998 werden noch 5,1 Mio. DM Gewinn aus der Stromversorgung erwartet. Auf lange Sicht sollen es immerhin noch 3 bis 4 Mio. DM sein. „Weg vom Monopolisten, hin zum Kunden" heißt die Entwicklungsperspektive der Stadtwerke. (Vgl. dazu Pupat, Matthias (1997): Erlöse des Semestertickets sollen den Verlust verringern.)

[6] Vgl. auch die Vorhaben verschiedener Stadtwerke und Energieversorgungsunternehmen im Handelsblatt vom 23. September 1997, S. B10 - B13.

weitergeben müssen.[1] Beim verhandelten Netzzugang wird lediglich die Durchleitung verhandelt und vergütet. Der Wettbewerb wird auch dadurch begrenzt, daß bei privaten Durchleitungsgeschäften - gemäß der Verbändevereinbarung[2] - die Entgelte stark entfernungsabhängig sind.[3] Eine vollständige Verdrängung leistungsfähiger Stadtwerke ist vorerst nicht zu befürchten, auch wenn strukturelle Veränderungen, z. B. Kooperationen, Allianzen und teilweise auch die Aufgabe von Stadtwerken, erfolgen werden. Im Ergebnis ist tendenziell aber mit sinkenden Erlösen bei den Stadtwerken zu rechnen.[4]

Inwieweit der im Gesetz verankerte Vorrang für Energie aus meist noch teureren erneuerbaren Energiequellen und der besonders energieeffizienten und klimaschonenden Kraft-Wärme-Kopplung durchgesetzt bzw. deren Expansion noch gefördert werden kann, bleibt offen.[5] Besonders kommunale Versorger haben in

---

[1] Vgl. Monopolkommission (1998): Hauptgutachten 1996/97, S. 40; Eickhof, Norbert (1998): Die Neuregelung des Energiewirtschaftsrechts, S. 24; Schürmann, Heinz Jürgen (1997): Bundestag verabschiedet Energierechtsnovelle der Bundesregierung, S. 2. Anders Kumkar, Lars (1998): Die deutsche Energierechtsnovelle aus ökonomischer Sicht, S. 27, 35-36.

[2] Vgl. Bundesvereinigung der Deutschen Industrie e.V. (BDI), Verband der Industriellen Energie- und Kraftwirtschaft e.V. (VIK) und Vereinigung Deutscher Elektrizitätswerke e.V. (VDEW) (1998): Verbändevereinbarung über Kriterien zur Bestimmung von Durchleitungsentgelten, S. 6-7.

[3] Vgl. hierzu kritisch Monopolkommission (1998): Hauptgutachten 1996/97, S. 40; mehr noch Lang, Volker (1999): Die Regulierung der deutschen Stromwirtschaft, S. 215-216.

[4] Die Mindereinnahmen der Kommunen aus der Reform des Energierechts wegen Wegfall von Konzessionsabgaben und Erlösreduzierung wurden 1997 im Städtetag insgesamt auf 10 Mrd. DM geschätzt. (Vgl. dazu Articus, Stephan (1997): Keine Entwarnung, S. 127.) Inwieweit diese Zahlen sich angesichts der danach erfolgten Nachbesserungen und der Marktentwicklung, sich als zutreffend erweisen, bleibt abzuwarten. Der Trend scheint jedoch eindeutig zu sein.

[5] Hierbei ist die Auslegung der neuen europäischen und nationalen Rechtsgrundlagen sowie die zukünftige Rechtsentwicklung von Bedeutung. § 6 Abs. 3 EnWG wird so interpretiert, daß eine Durchleitung verweigert werden kann, wenn aufgrund der Durchleitung Strom aus Kraft-Wärme-Kopplungsanlagen oder aus Anlagen zur Nutzung erneuerbarer Energien verdrängt werden würde. (Vgl. Monopolkommission (1998): Hauptgutachten 1996/97, S. 38; moderater Eickhof, Norbert (1998): Die Neuregelung des Energiewirtschaftsrechts, S. 25.) Zur Diskussion des dieser Regelung zugrundeliegenden Art. 3 Richtlinie 96/92/EG vgl. Lang, Volker (1999): Die Regulierung der deutschen Stromwirtschaft, S. 121-123; Kumkar, Lars (1998): Die deutsche Energierechtsnovelle aus ökonomischer Sicht, S. 29. Auch die Zukunft des deutschen Stromeinspeisungsgesetzes, das die höhere Vergütung des Stroms aus erneuerbaren Energiequellen regelt, ist von Bedeutung. Der Wettbewerbskommissar der Europäischen Kommission hat die allzu pauschale Förderung der erneuerbaren Energiequellen durch das Stromeinspeisungsgesetz schon kritisiert, ohne jedoch unmittelbaren Handlungsdruck auszuüben. (Vgl. dazu Schürmann, Heinz Jürgen (1998): Subventionen für Ökostrom verzerren den Wettbewerb, S. 2.) Die Kommission prüft gegenwärtig die unterschiedlichen Fördersysteme der Mitgliedstaaten für Strom aus erneuerbaren Energiequellen auf Wettbewerbsverzerrungen. (Vgl. Kommission der Europäischen Gemeinschaften (1998): Bericht an den Rat

diese Energiequellen investiert.[1] Die Verweigerung der Durchleitung von Strom aus anderen Energiequellen mit dem Ziel, die Produktion aus den umweltfreundlichen Energiequellen zu schützen, könnte als Mißbrauch gewertet werden.

Mit der Reform der Struktur der Energiewirtschaft sinken die autonomen Einnahmen der Gemeinden. Darunter wird vermutlich in erster Linie die kommunale Energie-, Umwelt- und Verkehrspolitik leiden, die nicht in der bisherigen Struktur weitergeführt werden kann. So wurden im Rahmen einer haushaltsbezogenen Umwelt- und Energiepolitik durch die Stadtwerke - als Alternative zur allgemeinen Strompreissenkung - Zuschüsse zu energiesparenden Haushaltsgeräten gezahlt und die Bürger umfassend zu Energiesparmaßnahmen beraten.[2] Aber auch die bisher übliche Quersubventionierung der Verluste des ÖPNV durch Gewinne aus dem Stromgeschäft wird in Frage gestellt. Vor allem die Finanzierung des ÖPNV muß zukünftig auf eine andere Grundlage gestellt werden.

Ungeachtet dessen, wie diese notwendigen Änderungen erfolgen werden, durch Preiserhöhungen oder offene Zuschüsse aus den kommunalen Haushalten, die Transparenz der Finanzierung und damit das offene Abwägen von Kosten und Nutzen werden gestärkt. Die Transparenz wird auch durch offene umweltfreundliche Angebote an Haushalte, wie z.B. Stromlieferungen aus umweltfreundlichen Quellen zu "green tariffs",[3] die nun erwogen werden, erhöht.

Trotz dieser Alternativen bleibt festzuhalten, daß das Potential für autonome gemeindliche Umwelt- und Energiepolitik aus einer Reihe von Gründen sinken wird. Durch die Liberalisierung wird die Wahl von Energiebezugsquellen zunehmend den Nachfragern übertragen. Übergeordnete Ebenen können den Energie-

---

und das Europäische Parlament über den Harmonisierungsbedarf: Richtlinie 96/92/EG betreffend gemeinsame Vorschriften für den Elektrizitätsbinnenmarkt. KOM(98) 167 endg.)

[1] Beispielsweise haben die Stadtwerke Marburg in den 90er Jahren in verschiedene kleine Blockheizkraftwerke (Kraft-Wärme-Kopplung) investiert, wodurch u.a. die CO_2-Emissionen substanziell reduziert wurden. So wurde mit dem Umbau des Heizkraftwerks Ortenberg zum Blockheizkraftwerk 1995 bis 1997 eine Reduzierung von Marburgs CO_2-Emissionen um 6 % erreicht. Die Stadtwerke fördern die solare Energieerzeugung dezentraler Betreiber u.a. durch eine kostengerechte Vergütung von Solarstrom mit 0,99 DM/kWh. (Vgl. Stadtwerke Marburg; Frank, Hans-Peter (1997): Maßnahmen der Stadt Marburg im Sinne der lokalen Agenda 21 der UN-Konferenz für Umwelt und regionale Entwicklung in Rio 1992.)

[2] Vgl. z.B. Stadtwerke Marburg; Frank, Hans-Peter (1997): Maßnahmen der Stadt Marburg im Sinne der lokalen Agenda 21 der UN-Konferenz für Umwelt und regionale Entwicklung in Rio 1992.

[3] Information der Stadtwerke Marburg am 12.12.1997 anläßlich des Diskussionskreises „Energie in Marburg". Ein solcher „Umwelttarif" wurde 1998 eingeführt. (Vgl. Stadtwerke Marburg (1999): Förderprogramm für Stromeinsparmaßnahmen 1999, S. 18.)

markt durch Umweltschutzregulierungen flankieren.[1] Einkünfte aus der wirtschaftlichen Betätigung im Energiesektor werden sinken, wenn diese Erwerbstätigkeit nicht sogar gänzlich aufgegeben werden muß.[2] Gemeindliche Handlungsspielräume hinsichtlich der Aufgabenwahrnehmung und der Einnahmen sinken somit. Lokale politische Steuerung wird zunehmend durch marktliche Steuerung ersetzt. Die Durchsetzung des Wettbewerbsprinzips reduziert Spielräume lokaler Umwelt-, Sozial- und Verkehrspolitik und macht flankierende umweltpolitische Regeln erforderlich.[3] Eine ökonomische Bewertung hängt wesentlich von der Gewichtung lokaler öffentlicher Politikoptionen gegenüber marktlichen Steuerungsformen ab.[4] Hierbei kommt es auch auf die sich entwickelnde Marktstruktur an, d.h. ob es gelingen wird, das natürliche Monopol der Energieleitungsnetze ordnungspolitisch so zu regeln, daß es zu einem wirksamen Wettbewerb der Stromanbieter kommt[5] und nicht nur ein lokales öffentliches Monopol durch private Monopole ersetzt wird.

E. Liberalisierung des Öffentlichen Personennahverkehrs?

Wie unter Punkt D. festgestellt, wird die Liberalisierung der Energieversorgung außerdem die Strukturen im öffentlichen Nahverkehr beeinflussen. Der öffentliche Personennahverkehr, der weitgehend eine kommunale Aufgabe ist, wird aber

---

[1] So wird auf der EU-Ebene eine Gemeinschaftsstrategie zur Förderung der Kraft-Wärme-Kopplung diskutiert. Vgl. dazu das Basisdokument Europäische Kommission (1997): Mitteilung der Kommission an den Rat und das Europäische Parlament über eine Gemeinschaftsstrategie zur Förderung der Kraft-Wärme-Kopplung (KWK) und zum Abbau von Hindernissen die ihrer Entwicklung im Wege stehen. KOM (97) 514 endg.

[2] Gegenzurechnen wären auch hier die Einsparungen, die bei der gemeindlichen Aufgabenerfüllung durch sinkende Energiepreise als Auswirkung des Energiebinnenmarktes entstehen. Vgl. Teil 3, Abschnitt 1.

[3] Zur Notwendigkeit flankierender umweltpolitischer Regeln schreibt die Deregulierungskommission: „Die durch die Deregulierung freigesetzten Anreize für alle - Anbieter wie Nachfrager - , die einzelwirtschaftlich optimale Lösung für das Problem der Elektrizitätsversorgung zu finden, sind zu verknüpfen mit den durch die umweltpolitische Regulierung zu setzenden Anreize, dabei aus eigenem Interesse die gebotene Rücksicht auf die Umwelt zu nehmen. Dann und nur dann ist die einzelwirtschaftlich optimale Lösung zugleich die gesamtwirtschaftlich optimale."(Deregulierungskommission (1991): Marktöffnung und Wettbewerb, S. 86-87.) Vgl. auch Hoffmann-Reim, Wolfgang und Schneider, Jens-Peter (1995): Wettbewerbs- und umweltorientierte Re-Regulierung im Großhandels-Strommarkt, S. 51. Für eine umfassende Bewertung der Auswirkungen auf die Gemeinden vgl. Lang, Volker (1999): Die Regulierung der deutschen Stromwirtschaft, S. 202-218; zur Reduzierung kommunaler Handlungsspielräume auch Kumkar, Lars (1998): Die deutsche Energierechtsnovelle aus ökonomischer Sicht, S. 38.

[4] Vgl. auch die grundsätzliche Diskussion unter Teil 4, Abschnitt 2, Punkt B.

[5] So hält es die Monopolkommission für nicht verläßlich vorhersehbar, ob der Ordnungsrahmen zu funktionsfähigem Wettbewerb auf den Energiemärkten führen wird. (Vgl. Monopolkommission (1998): Hauptgutachten 1996/97, S. 41.)

auch durch andere europarechtliche Vorgaben berührt. Von besonderer Bedeutung sind in diesem Zusammenhang die Bestimmungen über die Subventionierung öffentlicher Nahverkehrsleistungen durch die öffentliche Hand und die Vergabe von Konzessionen, die im folgenden kurz vorgestellt werden. Die europarechtlichen Vorgaben sind durch ihre Struktur, die Verbindung mit den allgemeinen wettbewerbsrechtlichen Bestimmungen des Vertrages, Ausnahmeoptionen, nationalen Transformationsmaßnahmen und fortlaufende Änderungen hoch komplex und in ihrer Auslegung umstritten.[1]

Mit dem Regelungsrahmen wird beabsichtigt, auch den Verkehrssektor für den Wettbewerb zu öffnen. Besondere Bedeutung wird in diesem Zusammenhang der Verordnung (EWG) Nr. 1191/69[2] zugemessen, die seit dem 1.1.1996 auch für den öffentlichen Personennahverkehr gilt.[3] Ziel der Verordnung ist es, die Verpflichtungen, die mit dem Begriff des öffentlichen Dienstes verbunden sind, für Verkehrsunternehmen aufzuheben. [4] Statt dessen sollen Verträge über Verkehrsdienste abgeschlossen werden. Im ÖPNV können zwar Verpflichtungen, die mit dem Begriff des öffentlichen Dienstes verbundenen sind, auch weiterhin auferlegt werden, jedoch müssen die dadurch entstehenden wirtschaftlichen Nachteile dann durch die auferlegenden Behörden ausgeglichen werden.[5] Die Erbringung und Subventionierung nicht kostendeckender Verkehrsleistungen ist auch nach der Verordnung (EWG) Nr. 1191/69 noch möglich.[6] Der Regelfall sollte jedoch sein, daß Leistungen „bestellt" und bezahlt werden.[7] Sie sind nach den geltenden Regeln auszuschreiben, so daß der günstigste Anbieter zum Zuge kommen kann.[8]

---

[1] So schreibt Werner über die EG-rechtlichen Vorgaben: „Die einschlägigen Bestimmungen sind über verschiedene Verordnungen und Richtlinien verteilt. Sie sind wenig transparent. Wichtige Normen sind häufig unbekannt." (Werner, Jan (1998): Nach der Regionalisierung - der Nahverkehr im Wettbewerb, S. 71.) Berg führt aus: „Das Recht der öffentlichen Personenbeförderung ist seit Jahren im Fluß. Eine Stabilisierung des rechtlichen Rahmens und seiner wirtschaftlichen Ausfüllung zeichnet sich nur in groben Umrissen ab." (Berg, Wilfried (1998): Zum Geleit, S. III.)

[2] ABl. Nr. L 156 vom 28.6.1969, S. 1; geändert durch Verordnung (EWG) Nr. 1893/91. ABl. Nr. L 169 vom 29.6.1991, S. 1.

[3] Vgl. Maaß, Roland (1998): Der Wettbewerb im örtlichen Personenbeförderungswesen, S. 156.

[4] Art. 1 Abs. 3, 4 der Verordnung (EWG) Nr. 1191/69 in der Fassung der Verordnung (EWG) Nr.1893/91.

[5] Art. 1 Abs. 5 der Verordnung (EWG) Nr. 1191/69 in der Fassung der Verordnung (EWG) Nr. 1893/91.

[6] Vgl. Werner, Jan (1998): Nach der Regionalisierung - der Nahverkehr im Wettbewerb, S. 71.

[7] Vgl. dazu Bolsenkötter, Heinz (1995): Steuerliche Behandlung des Querverbunds, S. 129.

[8] Art. 3 Abs. 1 der Verordnung 1191/69 EWG in der Fassung der Verordnung (EWG) Nr. 1893/91, § 8 Abs. 4 des Personenbeförderungsgesetzes. Vgl. auch o.V. (1998): Städtischer Nahverkehr in der Europäischen Union, S. 456-457.

Zu den strittigsten Fragen bei der Auslegung der Verordnung (EWG) Nr. 1191/69 zählt, ob sie die Quersubventionierung des öffentlichen Personennahverkehrs durch den kommunalen Querverbund untersagt.[1] Nach allgemeiner Auffassung in Deutschland ist diese Quersubventionierung zugunsten des öffentlichen Nahverkehrs weiterhin möglich.[2] Wesentlich hierfür ist, daß die Kommunen *aufgrund ihrer Eigentümerstellung* in den Stadtwerken Leistungen vorsehen und Verluste ausgleichen. Dies wird so interpretiert, daß eine Leistung im Sinne der Verordnung (EWG) Nr. 1191/69 formal gar nicht auferlegt wird. Dann sind allerdings die beihilferechtlichen Bestimmungen des EG-Vertrages zu beachten.[3] Es bleibt die Rechtsentwicklung auf europäischer Ebene zu beobachten. Eine systematische, wettbewerbsrechtliche Auslegung der europarechtlichen Vorgaben kann zu dem Ergebnis führen, daß die Finanzierung kommunaler Unternehmen durch den Verlustausgleich im Querverbund für nicht zulässig erachtet wird.[4] Für die Kommunen hat sich in diesem Bereich auch aufgrund der nationalen Bestimmungen zum ÖPNV bisher wenig geändert: Der Querverbund bleibt bestehen. Die Finanzierung des öffentlichen Personennahverkehrs wird aber möglicherweise in der Zukunft auf eine andere Grundlage zu stellen sein.

Eine weitere Frage ist, ob die Kommunen im Bereich des ÖPNV weiterhin Konzessionen vergeben dürfen. Konzessionen sind Ausschließlichkeitsrechte, durch die der Wettbewerb begrenzt wird. Die Vergabe von Konzessionen im ÖPNV ist grundsätzlich zulässig, wenn sie durch übergeordnete Allgemeininteressen ge-

---

[1] Vgl. dazu Maaß, Roland (1998): Der Wettbewerb im örtlichen Personenbeförderungswesen, S. 161. Die strittige Vorschrift ist Art. 1 Abs. 5 Unterabsatz 2b der Verordnung (EWG) Nr. 1191/69 (in der Fassung der Verordnung (EWG) Nr. 1893/91), der vorschreibt, daß die Ausgaben für Verkehrsdienste aufgrund von Verpflichtungen des öffentlichen Dienstes durch Betriebseinnahmen und durch Zahlungen der öffentlichen Hand ohne Möglichkeit von Transfers von oder zu anderen Unternehmensbereichen auszugleichen sind.

[2] Vgl. hierzu und zum folgenden Schäfer, Thomas (1998): Die deutsche kommunale Selbstverwaltung in der Europäischen Union, S. 111-113 (mit weiteren Nachweisen); Bolsenkötter, Heinz (1995): Steuerliche Behandlung des Querverbunds, S. 129-130; Püttner, Günter (1995) Rechtliche Grundlagen und Grenzen des Querverbunds, S. 143-144. Vgl. in diesem Zusammenhang ebenfalls die Definition eigenwirtschaftlicher Verkehrsleistungen in § 8 Abs. 4 Personenbeförderungsgesetz, wonach Verkehrsleistungen auch eigenwirtschaftlich sind, wenn ihr Aufwand durch sonstige Unternehmenserträge im handelsrechtlichen Sinne gedeckt wird. Nur für die nicht „eigenwirtschaftlich" zu erbringenden Verkehrsleistungen wird auf die Anwendung der Verordnung (EWG) Nr. 1191/69 verwiesen. (Kritisch zu dieser weiten Auslegung der Eigenwirtschaftlichkeit Maaß, Roland (1998): Der Wettbewerb im örtlichen Personenbeförderungswesen, S. 183-191.)

[3] Vgl. Werner, Jan (1998): Nach der Regionalisierung - der Nahverkehr im Wettbewerb, S. 166-167.

[4] Vgl. ausführlich Maaß, Roland (1998): Der Wettbewerb im örtlichen Personenbeförderungswesen, S. 161-167.

rechtfertigt ist.[1] Eine Konzession muß aber nach den Grundsätzen und Vorschriften des EG-Vertrages, insbesondere der Gleichbehandlung und der Nichtdiskriminierung, vergeben werden.[2] Konzessionen im Dienstleistungssektor werden zwar noch nicht explizit durch die Richtlinien zur Vergabe öffentlicher Aufträge[3] erfaßt, die Europäische Kommission arbeitet allerdings gegenwärtig an einer entsprechenden Präzisierung des rechtlichen Rahmens. Hinzuweisen ist in diesem Zusammenhang auch auf Überlegungen der Kommission, künftig für alle öffentlichen Verkehrsleistungen Ausschreibungen vorzusehen.[4] Das hätte möglicherweise weitreichende Folgen für die Existenz der kommunalen Verkehrsbetriebe.

Da der rechtliche Rahmen noch im Entstehen ist und sich seine endgültige Gestalt nur in groben Umrissen abzeichnet, ist eine abschließende Beurteilung der Auswirkungen der europäischen Verkehrspolitik noch nicht möglich. Es lassen sich aber Aussagen über die sich abzeichnenden Tendenzen machen. Die rechtlichen Vorgaben stellen die gewachsenen Strukturen im öffentlichen Nahverkehr zunehmend in Frage. Ähnlich wie in der Energieversorgung sollen auch im ÖPNV die wettbewerblichen Elemente verstärkt werden. Es wird voraussichtlich weiterhin zulässig sein, im öffentlichen Interesse liegende Verkehrsleistungen vorzusehen und durch die öffentliche Hand zu subventionieren. Dies soll aber eindeutig offengelegt werden. Außerdem soll der günstigste Anbieter diese Leistungen erstellen. Insofern besteht die Option eines Ausschreibungswettbewerbs gegenüber dem freien Wettbewerb im Markt.[5]

Aus ökonomischer Sicht sind diese Bestrebungen nach mehr wettbewerblichen Elementen und einer wachsenden Einbindung privater Anbieter in den Prozeß der Leistungserstellung zu begrüßen. Positiv zu bewerten ist auch, daß kommunale Steuerungsmöglichkeiten bei der Ausgestaltung der Verkehrsdienstleistungen weitgehend erhalten bleiben. Der rechtliche Handlungsrahmen muß jedoch transparenter ausgestaltet werden. Da der Querverbund aus ökonomischer Sicht wegen wettbewerbsverzerrender Wirkung zu kritisieren ist,[6] wäre ein Anpassungsbedarf

---

[1] Vgl. Werner, Jan (1998): Nach der Regionalisierung - der Nahverkehr im Wettbewerb, S. 37-38, 29. Durch einen gezielten Zuschnitt der Konzession können beispielsweise ertragstarke und ertragschwache Linien miteinander kombiniert werden.

[2] Vgl. zur Vergabe von Dienstleistungskonzessionen Kommission der Europäischen Gemeinschaften (1998): Mitteilung der Kommission. Das öffentliche Auftragswesen in der Europäischen Union. KOM (98) 143 endg., S. 9-10.

[3] Vgl. zu den Richtlinien über die öffentliche Auftragsvergabe Teil 2, Abschnitt 3, Unterabschnitt A.

[4] Vgl. o.V. (1998): Städtischer Nahverkehr in der Europäischen Union, S. 456-457.

[5] Vgl. Werner, Jan (1998): Nach der Regionalisierung - der Nahverkehr im Wettbewerb, S. 29.

[6] Vgl. Eiermann, Rudolf (1995): Wettbewerbsrechtliche Aspekte des Querverbundes auf nationaler und supranationaler Ebene, S 170; Deregulierungskommission (1991): Marktöffnung und Wettbewerb. Tz. 312-313, S. 55-56; Monopolkommission (1994): Hauptgutachten 1992/93. Tz. 735, S. 330.

zu begrüßen. Mit einer Abschaffung des Querverbundes würde sich der Reformdruck auf das Gemeindefinanzsystem weiter erhöhen. Sollte aber die Liberalisierungspolitik der EU soweit gehen, auch die Existenz von kommunalen Verkehrsbetrieben in Frage zu stellen? Das dieser Frage zugrundeliegende grundsätzliche Problem wird in Teil 4 ausführlich erörtert werden.[1]

F. Kommunale Umweltpolitik

Die Einwirkungen der EU auf die Querschnittsaufgabe des kommunalen Umweltschutzes sind vielfältig. Die Betroffenheit kommunaler Umweltpolitik durch die Liberalisierungspolitik in der leitungsgebundenen Energieversorgung wurde im Unterabschnitt C bereits verdeutlicht. Im Rahmen ihrer eigenen Umweltpolitik macht die EU direkte umweltpolitische Vorgaben für die Kommunen. Die Auswirkungen von Regelungen dieser Art werden im folgenden untersucht. Dabei wird zuerst der Umweltschutz als öffentliche Aufgabe thematisiert.

I. Umweltschutz als öffentliche Querschnittsaufgabe aller Ebenen

Der Schutz der natürlichen Lebensgrundlagen der Menschen ist Anliegen der Umweltpolitik.[2] Dabei soll einerseits die menschliche Gesundheit vor anthropogenen Stoffen in der Umwelt, andererseits die Umwelt selbst vor den Einflüssen menschlichen Handelns geschützt werden.[3] Die zunehmende Bedeutung des Umweltschutzes als staatliche Aufgabe ist auf die Verknappung der Umweltgüter reine Luft, unbelastete Gewässer, kurz reiner Umweltmedien, im Zuge der wirtschaftlichen Entwicklung zurückzuführen. Die Selbstreinigungsfähigkeit der Natur reicht nicht mehr aus, um diese ehemals freien Güter in einem Maße bereitzustellen, das die Bedürfnisse der Menschen nach ihnen befriedigt.[4] In der Bevölkerung sind Präferenzen für saubere Umwelt in der Regel vorhanden. Staatliche Eingriffe werden als notwendig erachtet, weil Umweltgüter vom Charakter her öffentliche Güter sind. Diese haben jedoch unterschiedliche Nutzenreichweiten: So wird man einen Dorfteich als lokales öffentliches Gut einordnen können, weil von Verunreinigungen hauptsächlich die Dorfbewohner betroffen sind und diese einen sauberen Dorfteich in der Regel ohne Rivalität nutzen können, die Atmosphäre dagegen kann als globales öffentliches Gut bezeichnet werden.

---

[1] Vgl. Teil 4, Abschnitt 2, Punkt B.

[2] Der staatliche Schutz der natürlichen Lebensgrundlagen wurde auch im neuen Art. 20a GG normiert.

[3] Vgl. Fiedler, Klaus Peter (1993): Umweltmanagement der kommunalen Gebietskörperschaften in Europa, S. 18; Schäfer, Rudolf und Stricker, Hans-Joachim (1992): Probleme und Aufgaben der Kommunalpolitik in den 90er Jahren, S. 77.

[4] Vgl. hierzu und zum folgenden Zimmermann, Horst und Henke, Klaus-Dirk (1994): Finanzwissenschaft, S. 441-442.

Die Aufgabenbereiche der (kommunalen) Umweltpolitik lassen sich abgrenzen nach den durch menschliche Eingriffe betroffenen Umweltmedien Luft, Wasser, Boden, Tier- und Pflanzenwelt, aber auch nach anthropogenen Eingriffen in die Bereiche Lärm, Abfall, Energie und Verkehr.[1] Da die Umweltmedien miteinander verbunden sind, muß kommunale Umweltpolitik als vernetztes System von Handlungsansätzen verstanden werden, das in nahezu allen „klassischen Aufgabenbereichen“ von Bedeutung ist. Zu den Selbstverwaltungsaufgaben, in denen kommunaler Umweltschutz sich dokumentiert, werden üblicherweise gezählt: Planung von Wohn- und Gewerbegebieten sowie Grünflächen, Lärmbekämpfung, kommunale Abfallbeseitigung, kommunale Abwasserbeseitigung, Luftreinhaltung, Strahlenschutz, Naturschutz, Landschaftspflege, Öffentlichkeitsarbeit, umweltfreundliches Beschaffungswesen.[2] Aber auch die Versorgung mit Energie und Trinkwasser können dazu gezählt werden,[3] weil sie eng mit umweltpolitischen Fragen verknüpft sind.[4]

Die öffentliche Aufgabe Umweltschutz wird jedoch nicht nur von den Kommunen wahrgenommen, sondern ebenfalls von den anderen staatlichen Ebenen. Das ist einerseits - politökonomisch betrachtet - auf die große Bedeutung, die dem Umweltschutz beigemessen wird und Politiker aller Ebenen zum Handeln veranlaßt hat, zurückzuführen. Andererseits sind viele Umweltgüter aufgrund ihrer räumlichen Ausdehnung und gegenseitigen Vernetzung tatsächlich oft nur großräumig zu schützen, d.h. aus der Sicht der Theorie öffentlicher Güter ist ihr Nutzenkreis überlokal. So ist von der Verschmutzung eines Flusses durch eine Gemeinde eine andere flußabwärts liegende Gemeinde betroffen. Dieser externe Effekt bzw. der überlokale Nutzenkreis des Umweltgutes Fluß bedingt überlokale Anstrengungen zum Schutz der flußabwärts liegenden Gemeinde, sei es durch Kooperation oder eine zentrale Ebene. Die Zuständigkeitsbereiche der Ebenen sind damit durch den theoretischen Ansatz abgesteckt: Lokale Umweltprobleme sind das Aufgabengebiet der lokalen Ebene, treten signifikante externe Effekte auf, so ist eine überregionale Lösung zu befürworten.

Aus kommunaler Sicht haben schon Bund und Länder, insbesondere durch ihre detaillierte und ausdifferenzierte Umweltgesetzgebung (und weniger durch flexiblere ökonomische Anreizinstrumente), den gesetzlichen Rahmen für eigenver-

---

[1] Zur Systematisierung und Definition kommunaler Umweltpolitik vgl. Schäfer, Rudolf und Stricker, Hans-Joachim (1992): Probleme und Aufgaben der Kommunalpolitik in den 90er Jahren, S. 77.

[2] Vgl. Schröer, Alexander (1992): Kommunaler Umweltschutz in Europa, S. 7.

[3] Vgl. Fiedler, Klaus Peter (1993): Umweltmanagement der kommunalen Gebietskörperschaften in Europa, S. 21.

[4] Vgl. beispielsweise die Ausführungen zu einer umweltfreundlicher Energieerzeugung durch Kraft-Wärme-Kopplung in Teil 2, Abschnitt 2, Punkt D.

antwortliche kommunale Umweltpolitik immer enger gesetzt.[1] Hinzu kommen die Umweltschutzregulierungen seitens der EU. Ob diese Regelungen zusätzlich erfolgt sind oder ob sie nur andernfalls auf nationaler Ebene initiierte Regelungen ersetzen,[2] ist nicht genau zu bestimmen. Verzögerungen und Defizite bei der Transformation von Umweltschutzrichtlinien[3] deuten (zumindest teilweise) auf die erste Variante hin. Die auf der EU-Ebene getroffenen Regelungen sollen deshalb hier behandelt werden. Damit werden auch Probleme erfaßt, die aus der Entfernung dieser Ebene von lokalen Umweltproblemen sowie den intransparenten Entscheidungsverfahren entstehen.

Die Umweltpolitik hat auch auf der EU-Ebene an Bedeutung gewonnen. Umweltpolitische Kompetenzen werden seit 1972 wahrgenommen. Ein eigenes Kapitel im EG-Vertrag ist der Umweltpolitik seit der Einheitlichen Europäischen Akte 1986 gewidmet.[4] Die Umweltpolitik der EU verfolgt nach Art. 130r Abs. 1 EGV die Ziele Erhaltung und Schutz der Umwelt sowie Verbesserung ihrer Qualität, Schutz der menschlichen Gesundheit, umsichtige und rationelle Verwendung der natürlichen Ressourcen, Förderung von Maßnahmen auf internationaler Ebene zur Bewältigung regionaler und globaler Umweltprobleme. Die Zielvorstellungen aller Ebenen decken sich also weitgehend. Die Umweltpolitik auf der EU-Ebene zielt unter Berücksichtigung der Gegebenheiten in den einzelnen Regionen auf ein hohes Schutzniveau.[5] Sie soll präventiv angelegt sein und auf dem Verursacherprinzip beruhen.[6] Für die Umweltpolitik gilt das in Art. 3b EGV verankerte allgemeine Subsidiaritätsprinzip.[7] Die Mitgliedstaaten können verstärkte Schutzmaßnahmen ergreifen, die mit dem EG-Vertrag vereinbar sein müssen.[8] Seit dem Maastrichter Vertrag ist in der europäischen Umweltpolitik die qualifizierte

[1] Vgl. Schink, Alexander (1995): Möglichkeiten zur Deregulierung im Umweltschutz aus Sicht der Kommunen, S. 586; Fiedler, Klaus Peter (1993): Umweltmanagement der kommunalen Gebietskörperschaften in Europa, S. 19.

[2] Vgl. Rehbinder, Eckard (1990): Der europäische Binnenmarkt und das Umweltrecht, S. 72.

[3] Umsetzungsdefizite werden in den nachfolgenden Beispielen erörtert. Vgl. auch o.V. (1997): Letzte Mahnung aus Brüssel an die Adresse Deutschlands, S. 10. Die Kommission erwägt die Verhängung von empfindlichen Bußgeldern gegen die Bundesrepublik Deutschland wegen der Nichtumsetzung von 5 Richtlinien aus dem Umweltbereich. Ungeachtet bereits ergangener Urteile des EuGH aus den Jahren 1991 bis 1993 war die Transformation im Januar 1997 noch nicht erfolgt.

[4] Vgl. zu den allgemeinen Ausführungen über die EG- Umweltpolitik Klodt, Henning; Stehn, Jürgen et al. (1992): Die Strukturpolitik der EG, S. 160-162.

[5] Art. 130r Abs. 2 EGV

[6] Art. 130r Abs. 2 EGV

[7] Für die Umweltpolitik war das Subsidiaritätsprinzip schon durch die Einheitliche Europäische Akte festgeschrieben worden.

[8] Art. 130t EGV

Mehrheitsentscheidung der Regelfall. Das vorher geltende Einstimmigkeitsprinzip wurde weitgehend abgelöst.[1]

In der bisherigen gemeinschaftlichen Umweltpolitik kam den Rahmenprogrammen eine bedeutende Rolle zu. Diese haben sich in einer Vielzahl von Gesetzen und Richtlinien niedergeschlagen. Von kommunaler Bedeutung sind insbesondere EU-Regelungen in der Wasserwirtschaft, zur Umweltverträglichkeitsprüfung und zu Informationen über die Umwelt.[2] Diese Regelungen werden im folgenden ausführlicher behandelt.[3] Vergleichsweise weniger Relevanz für die Kommunen wird bislang dem Abfallrecht, das bisher kaum über nationale Regelungen hinausging, dem Naturschutz,[4] der Luftreinhaltung und dem Lärmschutz zugemessen.[5] Inwieweit sich dies künftig ändern wird, läßt sich zur Zeit nicht absehen.[6]

II. Überregulierung einer gemeindlichen Aufgabe durch die Trinkwasser-Richtlinie

Die Versorgung der Bevölkerung mit Trinkwasser gilt als klassische Aufgabe kommunaler Daseinsvorsorge mit überwiegend lokalem Nutzenkreis. Die Qualität des Trinkwassers berührt vor allem die Einwohner. Ihre Präferenzen, geographische und kulturelle Gegebenheiten können stark voneinander abweichen. Deshalb

---

[1] Noch bestehende Ausnahmen, für die weiterhin das Einstimmigkeitsprinzip gilt, sind nach Art. 130s Abs. 2 EGV steuerliche Vorschriften, Maßnahmen der Raumordnung und die Struktur der Energieversorgung.

[2] Vgl. Schröer, Alexander (1992): Kommunaler Umweltschutz in Europa, S. 207-209; Ameln, Ralf von (1992): Auswirkungen des Europäischen Binnenmarktes auf Kommunalpolitik und Kommunalrecht der EG-Mitgliedstaaten, S. 480; Mombaur, Peter Michael (1994): Kommunalpolitik in der Europäischen Union, S. 42-45; Leiß, Dieter (1995): Trinkwasserschutz. Wasserrecht der Europäischen Union, S. 201-204; Leiß, Dieter (1994): Aktuelle Vorschriften und Maßnahmen der Europäischen Union im Abfallbereich, S. 329-332.

[3] Zur Berücksichtigung von Umweltaspekten bei der Energieversorgung, der öffentlichen Auftragsvergabe oder im Städtebau vgl. die entsprechenden Unterabschnitte in diesem Teil der Arbeit.

[4] Das betrifft auch die sog. Flora-Fauna-Habitat-Richtlinie (Richtlinie 92/43/EWG vom 21. 5. 1992). Bei der Ausweisung von Schutzgebieten durch die Länder und die Gemeinschaft auf Grundlage dieser Richtlinie werden gemeindliche Planungen berührt. Das Ausmaß dieser Auswirkungen ist auch wegen der nationalen Umsetzungsdefizite noch nicht abzusehen. (Vgl. dazu Schäfer, Thomas (1998): Die deutsche kommunale Selbstverwaltung in der Europäischen Union, S. 175-176; zu den Umsetzungsdefiziten auch Mader, Hans-Joachim (1998): Planungsstand und Umsetzung der FFH-Richtlinie in Deutschland, S. 220-221.)

[5] Vgl. Schröer, Alexander (1992): Kommunaler Umweltschutz in Europa, S. 207-209.

[6] Vgl. etwa die neuen Vorschläge über Abfallentsorgung oder Luftqualität in Europäische Kommission (1998): Gesamtbericht über die Tätigkeit der Europäischen Union 1997. Ziff. 557 und Ziff. 547, S. 204-205; 200-201. Zu möglichen Auswirkungen verschiedener Regelungen im Abfallbereich vgl. auch Schäfer, Thomas (1998): Die deutsche kommunale Selbstverwaltung in der Europäischen Union, S. 161-164; 168-169. Vgl. die vorige Fußnote zur Bedeutung der Flora-Fauna-Habitat-Richtlinie für die Gemeinden.

sollte diese Kompetenz grundsätzlich auf der lokalen Ebene wahrgenommen werden.[1] Lediglich einheitliche Mindeststandards im Wirtschaftsraum könnten ökonomisch sinnvoll sein.

Von der EU wurden durch ihre Trinkwasser-Richtlinie 80/778/EWG vom 15.7.1980[2] Qualitätsstandards gesetzt, die teilweise weit über Mindestanforderungen hinausgehen.[3] Das betrifft sowohl die hohe Anzahl der einzuhaltenden Parameter, von denen etliche nicht mit Gesundheitsschutz begründet werden können,[4] als auch die Höhe der Grenzwerte, die sich nicht nach den unterschiedlichen toxikologischen Befunden für die einzelnen Wirkstoffe richten, sondern sich aus Vorsorgegründen an der meßtechnischen Grenze orientieren.[5] Die rechtliche und praktische Umsetzung dieser Richtlinie sorgte daher europaweit für Probleme. In Deutschland wurde die Richtlinie im Jahr 1986, d.h. erst 4 Jahre nach Ablauf der Umsetzungsfrist, und noch dazu unvollständig transformiert.[6] Die Klageandrohung durch die Kommission führte 1990 zu einer nochmaligen Revision der bundesdeutschen Trinkwasserverordnung. Da die Richtlinie in Teilen unmittelbare Geltung hatte, waren deren Anforderungen von den Kommunen ungeachtet der unvollständigen nationalen Umsetzung zu beachten.

Die Berücksichtigung von neuen (insgesamt z.Z. 67) Prüfparametern erforderte höheren Arbeitsaufwand und führte zu höheren Kosten.[7] In der praktischen Umsetzung sind vor allem die Einhaltung und die Nachweisbarkeit der vorgeschriebenen Grenzwerte, insbesondere für Nitrat (50 mg/l) und Pestizide (0,1 Mikrogramm/l je Substanz sowie 0,5 Mikrogramm/l insgesamt) problematisch. 1994 hat das Bayrische Umweltministerium in 9 % der untersuchten Anlagen Überschrei-

---

[1] Vgl. Hansjürgens, Bernd (1996): Föderalismustheorie und europäische Umweltpolitik, S. 92.

[2] ABl. Nr. L 229 vom 30.8.1980, S. 11.

[3] „Die Richtwerte der EG-Richtlinie sind dagegen Idealwerte, die - wo immer mit vertretbarem Aufwand möglich - vom Mitgliedstaat als Grenzwert festgelegt werden sollen. Sie stellen den Versuch dar, ein Wasser zu beschreiben, das über die gesundheitliche Unbedenklichkeit hinaus gewissermaßen eine höhere Qualitätsstufe hat und einem natürlichen Quellwasser entspricht..." (Schumacher, W. (1991): Entwicklung der Rechtsnormen für Trinkwasser, S. 21.) Grundlage dieser Richtlinie war ein als perfektionistisch eingestufter Vorschlag der Kommission, über den nach langwierigen Diskussionen politisch entschieden wurde. (Vgl. ebenda, S. 17-18.) Vgl. auch Glatz, Harald (1993): Umweltpolitik, S. 148, der die Richtlinie für anspruchsvoll hält.

[4] Vgl. Schumacher, W. (1991): Entwicklung der Rechtsnormen für Trinkwasser, S. 18-20; auch Rümmele, Stefan (1991): Trinkwasser in Europa, S. 29.

[5] Vgl. zu diesen Ausführungen von Dietrich Ruchay (Bundesumweltministerium) über die Grenzwerte für Pestizide Rümmele, Stefan (1991): Umweltpolitischer Skandal, S. 33-34.

[6] Zu den Ausführungen über die rechtlichen und praktischen Umsetzungsprobleme der Trinkwasserrichtlinie vgl. insbesondere Schröer, Alexander (1992): Kommunaler Umweltschutz in Europa, S. 118-119 und unter dem Stichwort „Trinkwasser" Roth, Uwe; Kamprich, Dirk und Klein, Ute M. (1996): EU-Kommunal in Stichworten, S. 337.

[7] Vgl. Schröer, Alexander (1992): Kommunaler Umweltschutz in Europa, S. 118-120.

tungen der Grenzwerte der EU-Richtlinie festgestellt.[1] Die tatsächliche Gewährleistung der Qualitätsanforderungen kann mit erheblichem finanziellen Aufwand verbunden sein.[2] Zur Gewährleistung der Qualitätsanforderungen kommen zuerst technische Maßnahmen in Frage, um das Wasser aufzubereiten oder mit weniger stark belastetem Wasser zu mischen. Wo dies nicht mehr möglich ist, kann die Trinkwasserversorgung über Fernleitungen erfolgen. Wegen der technischen und ökonomischen Grenzen der Aufbereitung des Rohwassers und von Trinkwasserfernleitungen ist die Sanierung der für die Trinkwassergewinnung genutzten Wasservorkommen der einzig allgemein realisierbare Weg zur tatsächlichen Einhaltung der Trinkwassergrenzwerte.

Die Trinkwasser-Richtlinie wurde von 1994 bis Ende 1998 überarbeitet, um den bei ihrer Umsetzung aufgetretenen praktischen Problemen und dem Subsidiaritätsprinzip stärker Rechnung zu tragen.[3] Die neue Richtlinie[4] sieht eine Verringerung der Anzahl der Prüfparameter[5] sowie die Anpassung an den wissenschaftlich-technischen Fortschritt und die Empfehlungen der Weltgesundheitsorganisation vor. Diese Anpassung bedeutet aber auch, daß Qualitätsziele, beispielsweise für Blei, noch verschärft werden und Kosten für den Austausch der Leitungsrohre anfallen werden.[6] Trotz des vertraglich fixierten Subsidiaritätsprinzips ist daher

---

[1] Vgl. unter dem Stichwort „Trinkwasser" Roth, Uwe; Kamprich, Dirk und Klein, Ute M. (1996): EU-Kommunal in Stichworten, S. 337. Nach Informationen der Stadtwerke am 19.1.1998 werden in Marburg die Grenzwerte für die Trinkwasser nicht überschritten. Der sensible Nitratwert liegt in Michelbach mit 46,4 mg/l nur knapp unter dem Grenzwert. Der relativ hohe Wert wurde schon im Umweltbericht von 1990 problematisiert. Ob die allgemein als Hauptursache nachgewiesene übermäßige Stickstoffdüngung durch die Landwirtschaft auch im Fall Michelbach die entscheidende Rolle spielt, konnte nicht genau beantwortet werden. (Vgl. dazu sowie zu anderen Problemen mit der Trinkwasserqualität Magistrat der Stadt Marburg (1990): Umweltbericht. Teil II: Wasser - Alles im Fluß, S. 39-42.)

[2] Vgl. hierzu und zur folgenden Beschreibung technischer Maßnahmen zur Gewährleistung der Trinkwasserqualität insbesondere Kolkmann, Johannes (1991): Die EG-Trinkwasserrichtlinie, S. 46-47, 400; auch Schröer, Alexander (1992): Kommunaler Umweltschutz in Europa, S. 118-119.

[3] Vgl. Europäische Kommission (1996): Gesamtbericht über die Tätigkeit der Europäischen Union 1995. Ziff. 492, S. 204; Rat (1998): Gemeinsamer Standpunkt (EG) Nr. 13/98 vom Rat festgelegt am 19. Dezember 1997 im Hinblick auf den Erlaß der Richtlinie 98/.../EG des Rates vom...über die Qualität von Wasser für den menschlichen Gebrauch. ABl. Nr. C 91 vom 26.3.1998, S. 1.

[4] Richtlinie 98/83/EG des Rates vom 3. November 1998 über die Qualität von Wasser für den menschlichen Gebrauch. ABl. Nr. L 330 vom 5.12.1998, S. 32.

[5] Der ursprüngliche Vorschlag der Kommission sah eine Verringerung von 67 auf 48 Prüfparameter vor. (Vgl. Kommission der Europäischen Gemeinschaften (1994): Vorschlag für eine Richtlinie des Rates über die Qualität von Wasser für den menschlichen Gebrauch. KOM (94) 612 endg.)

[6] Kostenschätzungen für den Austausch von Leitungsrohren sind enthalten im ursprünglichen Vorschlag der Kommission. Vgl. Kommission der Europäischen Gemeinschaften (1994): Vorschlag für eine Richtlinie des Rates über die Qualität von Wasser für den menschlichen

auch für die Zukunft eher mit einer Verschärfungen von Anforderungen durch die EU zu rechnen.[1]

Wie wirken die Qualitätsanforderungen an das Trinkwasser und die Auflagen zur Sicherstellung dieser Qualität nun auf kommunale Handlungsspielräume? Durch die hohen (Mindest-) Vorgaben der Richtlinie bestehen faktisch kaum rechtliche Handlungsspielräume bei der Festsetzung der Qualität. Ein „Abweichen nach oben", indem gemäß Art.130t EGV und in Übereinstimmung mit der Richtlinie höhere Anforderungen an die Qualität gestellt werden, bleibt nur eine theoretische Möglichkeit. Die finanziellen Handlungsspielräume der Kommunen bzw. ihrer Einwohner werden dadurch eingeschränkt, daß die Kommunen die Kosten, die für die aufwendigen Meßverfahren und Nachrüstungen für die Reinigung etc. verursacht werden, tragen müssen bzw. im Wasserpreis auf ihre Einwohner überwälzen. Durch die Trinkwasserrichtlinie werden also nicht nur Vorgaben für die gemeindliche Aufgabenerfüllung gemacht, sondern es fallen auch Kosten an, die durch die normensetzende EU-Ebene nicht übernommen werden. Letzteres beschreibt einen unsichtbaren Finanzausgleich, der kritisch zu betrachten ist, weil das Prinzip der fiskalischen Äquivalenz nicht beachtet wird.[2]

Aus Sicht des Subsidiaritätsprinzips sollte sich das Setzen von Standards für die Trinkwasserqualität, wenn überhaupt, dann auf wirkliche Mindeststandards unter Beachtung der konkreten Umsetzbarkeit vor Ort beschränken. Bei vorhandenen Präferenzen der Bevölkerung für hohe Trinkwasserqualität könnte ein Argument dafür, über die EU hohe Standards zu setzen, darin bestehen, daß bei einer dezentralen Aufgabenbestimmung der Einfluß großer lokaler Verschmutzer möglicherweise zu stark wäre. Die lokalen Verschmutzer können sich als kleine Gruppe mit viel Ressourcen besonders gut organisieren. Ihr Einfluß kann durch die Aufgabenübertragung an die EU gebrochen werden. Soll durch die EU aus politökonomischen oder meritorischen Gründen das Ziel einer europaweiten hohen Trinkwasserqualität verfolgt werden, so bieten sich aber auch föderalismusfreundlichere Instrumente an. Auf diese Instrumente wird im Unterabschnitt über die Abwasserentsorgung (Punkt IV.) eingegangen.

Gebrauch. KOM (94) 612 endg. Vgl. auch o.V. (1997): Verzicht auf Blei wird kostspielig, S. 8.

[1] Weitere Anforderungen sind möglicherweise mit der geplanten Schaffung eines Ordnungsrahmens für Maßnahmen der Gemeinschaft im Bereich der Wasserpolitik zu erwarten, welcher u.a. vorsieht, Wasserbewirtschaftungspläne aufzustellen, um eine gute Gewässerqualität zu erreichen. (Vgl. Europäische Kommission (1998): Gesamtbericht über die Tätigkeit der Europäischen Union 1997. Ziff. 541, S. 198.) Manche Umweltsachverständige befürchten wegen der Kombination von Emmissions- und Immissionszielen in der Richtlinie aber auch eher eine Aufweichung der bisher strengen Grenzwerte.

[2] Vgl. Teil 1, Abschnitt 2 (Theorie), Punkt B. II. und Teil 4, Abschnitt 2, Punkt D.

III. Umweltinformationen als neue kommunale Pflichtaufgabe

Die europäische Umweltpolitik bedient sich nicht nur materiell-rechtlicher Vorgaben, um Umweltschutz durchzusetzen, sondern setzt zunehmend auf die Aktivitäten einer informierten Öffentlichkeit. Der Information der Öffentlichkeit wurde deshalb im 4. Aktionsprogramm ein besonders hoher Stellenwert eingeräumt. In diesem Zusammenhang wurde 1990 eine Richtlinie über den freien Zugang zu Informationen über die Umwelt[1] verabschiedet, welche die Behörden verpflichtet, allen natürlichen oder juristischen Personen auf Antrag ohne Nachweis eines Interesses Informationen über die Umwelt zur Verfügung zu stellen.[2] Dazu gehören Informationen über den Zustand der Umweltmedien, über Tätigkeiten und Maßnahmen, die diesen Zustand negativ beeinflussen können bzw. den Schutz der Umwelt gewährleisten können.[3] (Anträge können lediglich abgelehnt werden, wenn Betriebs- oder Geschäftsgeheimnisse verletzt werden.) Für diese Informationen kann eine angemessene Bearbeitungsgebühr verlangt werden. Die Umweltinformationsrichtlinie wurde mit dem 1994 in Kraft getretenen Umweltinformationsgesetz verspätet transformiert.[4] Bis 1994 waren nur aufbereitete Umweltdaten frei zugänglich, so wie sie beispielsweise durch die statistischen Landesämter veröffentlicht werden. Auch noch nach der Transformation der Umweltinformationsrichtlinie wurden die mangelnde Auskunftsbereitschaft der deutschen Behörden und die zum Teil hohen Bearbeitungsgebühren durch die Europäische Kommission gerügt.[5]

Für die Kommunen[6] wurde mit dieser Rechtsetzung eine neue pflichtige Selbstverwaltungsaufgabe normiert. Bereits bestehende kommunale Bemühungen zur Information der Öffentlichkeit wurden durch die Richtlinie umfassend geregelt. Spielräume im Rahmen einer, auch durch die Richtlinie geforderten, aktiven Informationspolitik bleiben jedoch bestehen. Es ist davon auszugehen, daß die neue Aufgabe zu erhöhtem Aufwand führt und die Kostenbelastung steigen wird.[7]

---

[1] Richtlinie 90/313/EWG. ABl. Nr. L 158 vom 23.6.1990. S. 56.

[2] Vgl. zur Umweltinformationsrichtlinie Glatz, Harald (1993): Umweltpolitik. Anpassungsbedarf der österreichischen Gemeinden, S. 154.

[3] Richtlinie 90/313/EWG. ABl. Nr. L 158 vom 23.6.1990. S. 56.

[4] Vgl. Roth, Uwe; Kamprich, Dirk und Klein, Ute M. (1996): EU-Kommunal in Stichworten, S. 348.

[5] Vgl. Roth, Uwe; Kamprich, Dirk und Klein, Ute M. (1996): EU-Kommunal in Stichworten, S. 348.

[6] Lokale Behörden sind explizit als Adressaten der Informationspflicht in der Richtlinie benannt. Art. 2 Richtlinie 90/313/EWG. ABl. Nr. L 158 vom 23.6.1990, S. 56.

[7] So wurde eine zuständige Behörde in der ersten höchstrichterlichen Entscheidung zum Umweltinformationsgesetz dazu verurteilt, dem Kläger die vollständigen Ergebnisse der Wasseranalysen sämtlicher in der Umgebung der Deponie, die in der Nähe des Hausbrunnen des Klägers gelegen war, angelegten Probebohrungen schriftlich mitzuteilen. (Vgl. o.V. (1997): Erste höchstrichterliche Entscheidung zum Umweltinformationsgesetz, S. 115.)

Zwar darf für die Übermittlung der Informationen eine Gebühr erhoben werden, diese darf jedoch eine angemessene Höhe nicht überschreiten.[1] Mit Blick auf den Kostendeckungsgrad bei kommunalen Leistungen ist zu vermuten, daß durch die erhobene Gebühr nicht alle Kosten abgedeckt werden. Belastungen in den Gemeinden hängen wesentlich davon ab, inwieweit die Bürger von ihren Rechten Gebrauch machen. Angesichts des hohen Stellenwertes des Umweltschutzes in Teilen der Bevölkerung ist mit einer regen Inanspruchnahme zu rechnen.

Bei der ökonomischen Bewertung dieser Aufgabenbestimmung ist zu beachten, daß - anders als bei der Trinkwasserrichtlinie - die Bürger diese vorgeschriebenen gemeindlichen Leistungen erst nachfragen müssen. Die Leistung Umweltinformation im Sinne der Richtlinie muß nur erstellt werden, wenn einzelne Bürger entsprechende Präferenzen und gegebenenfalls auch eine gewisse Zahlungsbereitschaft offenlegen. Die neue gemeindliche Aufgabe wird dadurch nur teilweise durch die EU bestimmt, im wesentlichen aber durch die Präferenzen ihrer Bürger. Wird eine Gebühr erhoben, so sind die Kosten für diese Leistung bei den nachfragenden Bürgern fühlbar. Außerdem reduziert die Gebühr die gemeindliche Kostenbelastung und damit auch das Problem des unsichtbaren Finanzausgleichs. Darauf hinzuweisen ist, daß sich viele Gemeinden dafür entscheiden, im Rahmen kommunaler Umweltpolitik zahlreiche Umweltinformationen kostenlos abzugeben.[2] Aus ökonomischer Sicht ist die Richtlinie über freien Zugang zu Informationen über die Umwelt insgesamt wenig problembehaftet.

IV. Abwasserrichtlinie: Problematischer Instrumenteneinsatz

Mit ihrer Richtlinie 91/271/EWG[3] über die Behandlung *kommunaler* Abwässer reguliert die EU eine spezifisch kommunale Aufgabe. Der Regulierungsbedarf durch die EU wird mit dem Schutz der Nordsee und anderer Gewässer der Ge-

---

[1] Art. 5 Richtlinie 90/313/EWG. ABl. Nr. L 158 vom 23.6.1990, S. 56. Von der Möglichkeit, Gebühren zu erheben, wurde in Deutschland Gebrauch gemacht. (Vgl. dazu. Roth, Uwe; Kamprich, Dirk und Klein, Ute M. (1996): EU-Kommunal in Stichworten, S. 348.) In Österreich dagegen sind Umweltinformationen unentgeltlich erhältlich. (Vgl. Glatz, Harald (1993): Umweltpolitik. Anpassungsbedarf der österreichischen Gemeinden, S. 154.)

[2] Die Stadt Marburg beispielsweise unterhält ein Umwelttelefon, an dem Bürgeranfragen beantwortet werden, und finanziert erste Messungen bei Verdacht auf Schadstoffbelastung in Innenräumen oder Privatbrunnen. Hinzuweisen ist auch auf die Finanzierung von umfangreichen Analysen und Berichten zur Umweltqualität in Marburg. (Informationen des Amtes für Grünflächen, Umwelt und Naturschutz - früher Umweltamt - der Stadt Marburg am 20.1.1998). Die anderen Ämter der Stadt und die Stadtwerke informieren ebenfalls über die Umwelt. Die Stadtwerke geben beispielsweise Faltblätter über die Ergebnisse der letzten Messungen der Trinkwasserqualität ab und informieren über Abwasserentsorgung und Möglichkeiten zur Einsparung von Energie.

[3] ABl. Nr. L 135 vom 30.5.1991, S. 40; zur Klärung von Auslegungsproblemen leicht geändert durch Richtlinie 98/15/EG vom 27. Februar 1998. ABl. Nr. L 67 vom 7.3.1998, S. 29.

meinschaft begründet. Da sich die Gewässerverschmutzung infolge unzureichender Abwasserreinigung häufig auch auf die Gewässer anderer Staaten auswirkt, wird eine Aktion der Gemeinschaft für erforderlich gehalten.[1] Ökonomischer Hintergrund der zentralen Regelung sind die aus der Gewässerverschmutzung herrührenden externen Effekte und der Schutz der supranationalen öffentlichen Güter Nordsee und andere Gewässer.

Die Richtlinie regelt sehr detailliert Anschlußgrad und Art der Reinigung von kommunalem Abwasser in Abhängigkeit von Einwohnergleichwerten und der Gefährdungskategorie des Gebietes. Partiell können dadurch unterschiedliche Umweltbedingungen berücksichtigt werden. Die Frist für die Umsetzung der Abwasserrichtlinie bis zum 30.06.1993 wurde von Deutschland nicht eingehalten.[2] Diese Transformationsdefizite in Deutschland erscheinen um so erstaunlicher, wenn bedacht wird, daß die Grundlage der Richtlinie ein Programm des damaligen Bundesumweltministers zum Schutz der Nordsee ist.[3] Andererseits werden wiederum die Probleme deutlich, die entstehen, wenn weitreichende gesetzliche Änderungen über eine europäische Richtlinie vorgenommen werden, die vorher national nicht ausreichend diskutiert worden sind.[4]

Für die gemeindliche Abwasserentsorgung resultieren aus dieser Kompetenzausübung auf der EU-Ebene erhöhte Anforderungen an die Klärwerke und ein hoher Investitionsbedarf zur Nachrüstung. Insbesondere die in empfindlichen Gebieten[5] zusätzlich zur mechanischen und biologischen Reinigung verlangte Entfernung von Stickstoff und Phosphor[6] verursacht hohe Umbaukosten.[7] Allein in Hessen werden die Kosten der sogenannten 3. Reinigungsstufe auf 7 Mrd. DM geschätzt,

---

1 Richtlinie 91/271/EWG. ABl. Nr. L 135 vom 30.5.1991, S. 40.

2 Vgl. Roth, Uwe; Kamprich, Dirk und Klein, Ute M. (1996): EU-Kommunal in Stichworten, S. 15.

3 Vgl. Steinkirchner, Peter (1997): Kirchhainer Kläranlage erfüllt strenge Europa-Richtlinien, S. 1ff; Schink, Alexander (1995): Möglichkeiten zur Deregulierung im Umweltschutz aus Sicht der Kommunen, S. 589.

4 Gerade das Wasserrecht gilt als Beispiel für derartige Umsetzungsprobleme vor Ort. Vgl. Müller, Ute (1996): Regierungskonferenz '96. Bundesrat fordert einen strikten Aufgabenkatalog, S. 24.

5 Fast das gesamte Gebiet Deutschlands ist durch die Bundesregierung als empfindliches Gebiet im Sinne der Richtlinie eingeordnet worden, da die Flüsse in die als hochbelastet geltende Nord- oder Ostsee fließen. Deshalb wird teilweise weniger die EU-Ebene, sondern der Bund für die Folgekosten verantwortlich gemacht. Mitgliedstaaten, die bei der Ausweisung empfindlicher Gebiete weniger streng verfahren sind, beispielsweise Großbritannien oder Frankreich, droht jedoch ein Vertragsverletzungsverfahren.

6 Art. 5 Richtlinie 91/271/EWG. ABl. Nr. L 135 vom 30.5.1991, S. 40.

7 Vgl. Karrenberg, Hanns und Münstermann, Engelbert (1996): Gemeindefinanzbericht 1996, S. 152; Steinkirchner, Peter (1997): Kirchhainer Kläranlage erfüllt strenge Europa-Richtlinien, S. 1ff; Schröer, Alexander (1992): Kommunaler Umweltschutz in Europa, S. 127.

für Bayern werden 20 Mrd. DM angegeben.[1] Soweit diese Kosten nicht durch Landeszuschüsse gedeckt werden, wie es partiell geschehen ist, führen sie über die betriebswirtschaftlich ausgerichtete Kostenrechnung zu stark erhöhten Abwassergebühren,[2] die von den Bürgern und Unternehmen zu tragen sind. Inwieweit diese Kosten als gerechtfertigt anzusehen sind, hängt von der Beurteilung der Notwendigkeit einer dritten Reinigungsstufe für den Schutz der Gewässer ab. Wachsende Widerstände,[3] mit denen die Kommunen konfrontiert werden, spiegeln unterschiedliche Bewertungen über die Erforderlichkeit dieser kostenträchtigen Maßnahmen wider.

Im Ergebnis werden durch die Abwasserrichtlinie rechtliche und finanzielle Handlungsmöglichkeiten der Gemeinden und ihrer Bürger beschränkt. Aus ökonomischer Sicht ist bei dieser Regelung weniger das Ziel „Schutz der Nordsee" als das gewählte umweltpolitische Instrument zu problematisieren. Das Instrument entspricht nur partiell dem Verursacherprinzip, wenn man in Betracht zieht, daß 60 % der Phosphor- und Stickstoffeinträge in die Flüsse aus diffusen Quellen (z.B. Schadstoffe aus der Atmosphäre, die durch Niederschläge in die Flüsse getragen werden, und Schadstoffeinträge durch die Landwirtschaft) stammen.[4] Eine weniger intensive Landwirtschaft könnte eine effektivere und effizientere Alternative darstellen oder zumindest den Zielerreichungsgrad erheblich steigern. Das würde von der Union eine grundlegende Reform ihrer eigenen Agrarpolitik fordern. Eine Agrarpolitik, die eine extensivere landwirtschaftlichen Nutzung begünstigt, könnte auch die Schwierigkeiten bei der Einhaltung der Trinkwasserqualität, so wie sie durch die Trinkwasserrichtlinie gefordert wird, vermindern.[5] Insofern könnten zur Erreichung des Ziels Schutz der Nordsee föderalismusfreundlichere

---

[1] Vgl. die Zahlen für Bayern bei Leiß, Dieter (1995): Trinkwasserschutz, S. 201. Die Schätzung für Hessen entstammt Informationen des Hessischen Städtetags (Angabe durch Bund der Steuerzahler im Januar 1997).

[2] „Kirchhainer Kläranlage erfüllt strenge Europa-Richtlinien. Abwassergebühren stiegen in 5 Jahren von 3,70 Mark auf 6,40 Mark" lautete eine Schlagzeile in der Lokalpresse. Vgl. dazu Steinkirchner, Peter (1997): Kirchhainer Kläranlage erfüllt strenge Europa-Richtlinien, S. 1. (Der Kostendeckungsgrad städtischer Gebühren beim Abwasser beträgt ca. 90 %. Das bedeutet, daß 90 % der Kosten den Nutzern angelastet werden. Vgl. Karrenberg, Hanns und Münstermann, Engelbert (1996): Gemeindefinanzbericht 1996, S. 151-153.)

[3] Vgl. Karrenberg, Hanns und Münstermann, Engelbert (1996): Gemeindefinanzbericht 1996, S. 151-152.

[4] Vgl. Steinkirchner, Peter (1997): Kirchhainer Kläranlage erfüllt strenge Europa-Richtlinien, S. 1 ff.

[5] Vgl. Rehbinder, Eckard (1990): Der europäische Binnenmarkt und das Umweltrecht, S. 73. Instrumente wie die Richtlinie 91/676/EWG zum Schutz der Gewässer vor Verunreinigung durch Nitrat aus landwirtschaftlichen Quellen mußten wegen der grundsätzlich intensiven Ausrichtung der Agrarpolitik weitgehend wirkungslos bleiben. Vgl. die Schwierigkeiten bei der Umsetzung im Bericht der Kommission über die Durchführung der Richtlinie durch die Mitgliedsstaaten. KOM (97) 473; Bull. EU 10-97. Ziff. 1.2.174.

Instrumente eingesetzt werden, welche Autonomiespielräume auf anderen Ebenen erhalten. Auf der Ebene der EU sollten zuerst eigene Kompetenzbereiche beansprucht, im Hinblick auf die Zielerreichung koordiniert und Unstimmigkeiten bereinigt werden, ehe in die Aufgabenbereiche anderer Ebenen hineinregiert wird.

V. Umweltverträglichkeitsprüfung als neue Verfahrensvorschrift

1985 wurde in der EG eine Richtlinie[1] über die Umweltverträglichkeitsprüfung (UVP) bei bestimmten öffentlichen und privaten Projekten beschlossen. Diese Richtlinie, die 1990 in Deutschland verspätet umgesetzt wurde,[2] verpflichtet die Mitgliedstaaten, vor der Genehmigung bestimmter Vorhaben deren Auswirkungen auf die Umwelt umfassend zu prüfen. Dies gilt für Projekte, bei denen aufgrund ihrer Art, Größe oder ihres Standorts mit erheblichen Auswirkungen auf die Umwelt zu rechnen ist.[3] Die Richtlinie unterscheidet Projekte, die in jedem Fall einer UVP zu unterziehen sind, hierzu gehören Müllverbrennungsanlagen, Autobahnen, Schnellstraßen, Erdölraffinerien, Wärmekraftwerke ab 300 MW, und solche, bei denen die Mitgliedstaaten über die Notwendigkeit einer UVP entscheiden können, z.B. Anlagen in den Bereichen Landwirtschaft, Bergbau, chemische Industrie. Die UVP hat eine umfassende Gesamtschau aller Umweltauswirkungen des jeweiligen Vorhabens zum Gegenstand. Dabei handelt es sich um die Auswirkungen auf Menschen, Tiere und Pflanzen, Boden, Wasser, Luft, Klima und Landschaft einschließlich ihrer Wechselwirkungen, sowie auf Kultur- und Sachgüter.[4] Bei diesen Prüfungen ist die Öffentlichkeit zu informieren und einzubeziehen.[5]

Die Umweltverträglichkeitsprüfung ist von aufgabenübergreifender Bedeutung für die Kommunen. Bei der Planfeststellung von Abfallentsorgungsanlagen sind zwingend Umweltverträglichkeitsprüfungen vorzunehmen. Die Kommunen sind in diesen Fällen Projektträger und müssen der zuständigen Genehmigungsbehörde die notwendigen Unterlagen beibringen. Folge ist ein erhöhter Arbeits- und Ko-

---

[1] Richtlinie 85/337/EWG. ABl. Nr. L 175 vom 5. Juli 1985, S. 40. (Geändert durch die bis 14. März 1999 zu transformierende Richtlinie 97/11/EG. ABl. Nr. L 73 vom 14.3.1997, S. 5.)

[2] Gesetz zur Umsetzung der Richtlinie des Rates vom 27. Juni 1985 über die Umweltverträglichkeitsprüfung bei bestimmten öffentlichen und privaten Projekten vom 12.02.1990 (BGBl I S. 205-214). Die Richtlinie war bis Juli 1988 in nationales Recht zu transformieren.

[3] Vgl. Glatz, Harald (1993): Umweltpolitik. Anpassungsbedarf der österreichischen Gemeinden, S. 151-152. Vgl. ebenso die ausführliche Beschreibung bei Fiedler, Klaus (1997): Gesetz über die Umweltverträglichkeitsprüfung, S. 593-598.

[4] Art. 3 Richtlinie 85/337/EWG. ABl. Nr. L 175 vom 5.7.1985, S. 40.

[5] Art. 6 Richtlinie 85/337/EWG. ABl. Nr L 175 vom 5.7.1985, S. 40. Vgl. Fiedler, Klaus P. (1990): Zur Umsetzung von EG-Richtlinien im Umweltbereich, S. 565.

stenaufwand bei Planung und Bau derartiger Anlagen.[1] Die Regelungen des UVP-Gesetzes zur Bauleitplanung betreffen die Kommunen in ihrer Eigenschaft als Planungsbehörde. Ihnen obliegt die Aufstellung, Ergänzung, Änderung und Aufhebung von Bauleitplänen, dem Flächennutzungsplan, dem Bebauungsplan.[2] Die Auswirkungen auf die kommunale Bauleitplanung sind noch als vergleichsweise gering einzuschätzten, da eine generelle Umweltverträglichkeitsprüfung nicht vorgesehen ist und nur bestimmte Großprojekte betroffen sind, die häufig außerhalb kommunaler Zuständigkeit liegen.[3] In den Fällen, in denen eine UVP dann jedoch erforderlich ist, muß wegen der anspruchsvollen Prüfung mit steigendem Verwaltungsaufwand gerechnet werden. Im Ergebnis hat die Richtlinie zu einer weiteren Pflichtaufgabe für die Kommunen geführt.[4]

Die Gesetzgebung der EU hat zur Normierung einer kommunalen Aufgabe geführt, die von den Kommunen teilweise schon vor Inkrafttreten der Richtlinie auf freiwilliger Basis durchgeführt wurde. Soweit eine formale UVP nicht zwingend vorgeschrieben ist, wird die Umweltverträglichkeit auch gegenwärtig noch freiwillig überprüft.[5] Strengere nationale Regelungen sind möglich. Diese Aufgabe wird auf der Ebene der Kommunen und der Union mit dem Vorsorgeprinzip im Umweltschutz begründet, das langfristig kostengünstigere Lösungen hervorbringt. Die Normierung durch die EU wird zusätzlich mit der Schaffung einheitlicher Wettbewerbsbedingungen begründet.[6] Bei der Richtlinie handelt es sich um eine Verfahrensvorschrift. In der UVP können gegebenenfalls unterschiedliche Umweltbedingungen und über das Verfahren der Beteiligung der Öffentlichkeit unterschiedliche Präferenzen der Bevölkerung berücksichtigt werden. Die Pflicht zur UVP bezieht sich zur Zeit nur auf Großprojekte, die möglicherweise überregionale Auswirkungen haben können - in Fällen übernationaler Auswirkungen

---

[1] Vgl. Schröer, Alexander (1992): Kommunaler Umweltschutz in Europa, S. 184. Vgl. z.B. aus der Regionalpresse o.V. (1997): Kompostierungsanlage: Erweiterung wird wohl genehmigt. Betreibergesellschaft muß beim Regierungspräsidium noch Papiere nachreichen, S. Marburg. (Zur Erweiterung der Kompostierungsanlage muß der Nachweis erbracht werden, daß die Pflanzen des gegenüberliegenden Naturschutzgebietes nicht gefährdet werden.)

[2] Vgl. Schröer, Alexander (1992): Kommunaler Umweltschutz in Europa, S. 186-189.

[3] Vgl. Schröer, Alexander (1992): Kommunaler Umweltschutz in Europa, S. 186-189. Auf die insgesamt eher geringe Anzahl der durch die Gemeinden vorzunehmende Umweltverträglichkeitsprüfungen verweisen auch Wollmann, Helmut und Lund, Silke (1997): European Integration and the Local Authorities in Germany: Impacts and Perceptions, S. 65.

[4] Vgl. Schröer, Alexander (1992): Kommunaler Umweltschutz in Europa, S. 188-189.

[5] Vgl. Fiedler, Klaus P. (1989): Europäischer Binnenmarkt gleich Europäische Umweltgemeinschaft?, S. 642; Wollmann, Helmut und Lund, Silke (1997): European Integration and the Local Authorities in Germany: Impacts and Perceptions, S. 65.

[6] Richtlinie 85/337/EWG. ABl. Nr. L 175 vom 5.7.1985, S. 40. (Geändert durch die bis 14. März 1999 zu transformierende Richtlinie 97/11/EG. ABl. Nr. L 73 vom 14.3.1997, S. 5.)

sind auch die anderen betroffenen Mitgliedstaaten einzubeziehen[1] -, so daß diese Regelung trotz der anfänglich aufgetretenen Anpassungsschwierigkeiten und der Kosten unter ökonomischen Kriterien (einschließlich externer Effekte) eher positiv zu sehen ist.[2]

Die bestehenden Regelungen sollen jedoch ausgebaut werden. Die 1997 verabschiedete, bis zum 14. März 1999 umzusetzende, Richtlinie 97/11/EG[3] zur Änderung der alten UVP-Richtlinie hat den Anwendungsbereich der UVP wesentlich erweitert, u.a. für Abfallbeseitigungsanlagen und Infrastrukturprojekte.[4] Eine umfassende Einführung einer UVP für Pläne und Programme wurde vorgeschlagen.[5] Diese Maßnahmen sind, da sie auf den gleichen Prinzipien beruhen, vom Ansatz her zwar nicht unbedingt negativ zu beurteilen. Wesentlich für die Bewertung sind der verursachte Verwaltungsaufwand einschließlich eines abnehmenden Grades an Flexibilität. Kritisch ist daher allenfalls die zunehmende Verrechtlichung des Aufgabenbereichs zu sehen. Von gemeindlicher Seite wird in diesem Zusammenhang betont, daß Umweltaspekte bei Planungen ohnehin eine immer größere Rolle spielen und zunehmend integriert werden würden. Damit stellt sich zwar einerseits die Frage, ob solche formalen Regelungen durch die EU dann überhaupt notwendig sind, andererseits relativiert sich dadurch aber die restriktive *Wirkung* dieser Regelungen.

Vom Grundsatz her sind die Vorschriften über die UVP aus ökonomischer Sicht nicht negativ zu beurteilen. Wichtig ist aber, daß die Verfahren effizient ausgestaltet werden.

G. Städtebau und Raumordnung

Städtebau und Raumordnung sind Aufgabenbereiche, in denen die EU - im Unterschied zu den bisher behandelten Aufgaben - keine expliziten vertraglichen Kom-

---

1 Art. 7 Richtlinie 85/337/EWG. ABl. Nr. L 175 vom 5.7.1985, S. 40.

2 So auch Fiedler, Klaus (1997): Gesetz über die Umweltverträglichkeitsprüfung, S. 598.

3 Richtlinie 97/11/EG des Rates zur Änderung der Richtlinie 85/337/EWG über die Umweltverträglichkeitsprüfung bei bestimmten öffentlichen und privaten Projekten. ABl. Nr. L 73 vom 14.3.1997, S. 5.

4 Zu einer Einschätzung der Änderungen vgl. Europäische Kommission (1998): Gesamtbericht über die Tätigkeit der Europäischen Union 1997. Ziff. 562, S. 206 oder auch Feldt, Werner (1997): Änderung der europäischen UVP-Richtlinie, S. 5-8. Feldt weist darauf hin, daß die Änderung im Rat gegen die Stimme der Bundesrepublik Deutschland beschlossen wurde.

5 Vgl. Kommission der Europäischen Gemeinschaften (1997): Vorschlag für eine Richtlinie des Rates über die Prüfung der Umweltauswirkungen bestimmter Pläne und Programme. KOM (96) 511. ABl. Nr. C 129 vom 25.4.1997, S. 14. Eine Begründung für die Notwendigkeit einer solchen Richtlinie liefert z.B. Feldmann, Liselotte (1997): Die strategische Umweltprüfung - SUP - Initiativen auf europäischer Ebene, S. 306-309.

petenzen besitzt. Es zeichnet sich aber bereits ab, daß die EU bestrebt ist, diese Aufgaben künftig wahrzunehmen. Diese Bestrebungen sind auch ein Beispiel dafür, wie eine Kompetenzübertragung auf die EU ablaufen kann. Die bereits recht konkreten Ansätze sollen deshalb hier behandelt werden. Zuvor wird die Rolle der Gemeinden in diesen Aufgabenbereichen verdeutlicht.

Die Gemeinden nehmen im Städtebau und in der lokalen Raumordnung wichtige Selbstverwaltungsaufgaben wahr.[1] Als Träger der Bauleitplanung erstellen sie Flächennutzungs- und Bebauungspläne entsprechend spezifischer lokaler Gegebenheiten und unter Einbeziehung der ansässigen Bürger. Der Städtebau ist somit durch eine grundsätzlich dezentrale, räumlich auf den örtlichen Bereich bezogene und beschränkte Planung gekennzeichnet. Die gemeindliche Bauleitplanung ist eingebettet in ein Gesamtplanungssystem, das sich in die Raumordnung (auf Bundesebene), die Landesplanung (auf Landesebene) und die kommunale Bauleitplanung gliedert. Dieses Gesamtplanungssystem funktioniert nach dem Gegenstromprinzip.[2] Das bedeutet, daß die Ebenen ihre Planungen wechselseitig zu berücksichtigen haben. Dadurch soll erreicht werden, daß die Ordnung der Teilräume sich in die Ordnung des Gesamtraumes einfügt, die Ordnung des Gesamtraumes aber die Gegebenheiten und Erfordernisse seiner Teilräume berücksichtigt.

Die Europäische Union besitzt, wie bereits erwähnt, noch keine expliziten vertraglichen Kompetenzen in den Bereichen Städtebau und Raumordnung.[3] Ungeachtet dessen haben vergemeinschaftete Politikbereiche, z.B. Verkehrs-, Umwelt- und Agrarpolitik, weitreichende Auswirkungen auf die Städte und die Raumordnung.[4] Umgekehrt beeinflussen Entscheidungen in Städten und Gemeinden über Bebauung und Verkehrswegeplanung eher zentrale Aufgabengebiete, beispielsweise die Qualität supranationaler Umweltgüter Luft, Fließgewässer und Meere.[5]

Mit dem Hinweis auf die große Bedeutung der Städte für die Qualität der Umwelt und auf die Allgemeingültigkeit vieler städtischer Probleme wurde mit dem 1990

---

[1] Zu den folgenden Ausführungen über die Aufgaben der Gemeinden im Städtebau und in der Raumordnung vgl. Mombaur, Peter Michael (1994): Kommunalpolitik in der Europäischen Union, S. 40; Europäische Kommission (1994): Europa 2000+, S. 150; Senatsverwaltung für Stadtentwicklung und Umweltschutz - Projektgruppe Europäische Akademie für Städtische Umwelt (Hrsg.) (1990): Dokumentation Nationales Seminar zum Grünbuch über die städtische Umwelt am 30.11.1990 in Berlin, S. 14

[2] Vgl. zum Gegenstromprinzip Schmitz, Gottfried (1995): Gegenstromprinzip, S. 370-372.

[3] Vgl. Teil 2, Zur Vorstrukturierung; Mombaur, Peter Michael (1994): Kommunalpolitik in der Europäischen Union, S. 41.

[4] Vgl. Senatsverwaltung für Stadtentwicklung und Umweltschutz - Projektgruppe Europäische Akademie für Städtische Umwelt (Hrsg.) (1990): Dokumentation Nationales Seminar zum Grünbuch über die städtische Umwelt am 30.11.1990 in Berlin, S. 25, 30, 33, 84.

[5] Vgl. Kommission der Europäischen Gemeinschaften (1990): Grünbuch über die städtische Umwelt, S. 54.

erschienenen Grünbuch der Kommission für Städtische Umwelt versucht, städtebauliche Leitbilder zu entwerfen und über Aktionslinien zu implementieren.[1] Als Beispiel sei auf das im Grünbuch genannte grundsätzliche Ziel der Funktionsvermischung in städtischen Gebieten verwiesen, durch dessen Verwirklichung die Verkehrs- und Umweltbelastung verringert werden könnten.[2]

In der Kritik zu diesem Grünbuch wurde nicht zu unrecht die Allgemeingültigkeit von Leitlinien bezweifelt und statt dessen auf die gerade in Europa anzutreffende Vielfalt von Siedlungsstrukturen, die damit zusammenhängenden Probleme und möglichen Lösungsansätze verwiesen.[3] Ein breiter Raum für innovative Lösungen und Bürgerbeteiligung steht zentraler Regelung entgegen. Selbst wenn eine zentrale Regelungskompetenz aufgrund der auftretenden externen Effekte zugestanden würde, so ist zu bezweifeln, ob die zentrale Ebene gerade hier bessere (effektivere und effizientere) Lösungen hervorbringen würde. Ausgehend vom Ziel der Verbesserung der Umweltsituation, gerade in Städten, stünden der EU für dessen Verwirklichung föderalismusfreundlichere Instrumente zur Verfügung. So könnte die Politik in den zentralen vergemeinschafteten Aufgabenbereichen, z.B. in der Verkehrs-, Struktur- und Agrarpolitik auf eine Verbesserung der städtischen Umwelt ausgerichtet werden.[4] Gerade bei diesen Aufgabenbereichen besteht großer Koordinationsbedarf und diesbezügliche Verbesserungen würden lokale Probleme vermindern. Deshalb wurde die im Grünbuch eher am Rande erwähnte Möglichkeit einer „Stadtverträglichkeitsprüfung" (oder Umweltfolgenprüfung) von EU-Politik gerade von kommunalen Vertretern begrüßt.[5]

---

[1] Vgl. Kommission der Europäischen Gemeinschaften (1990): Grünbuch über die städtische Umwelt, S. 5, 54, 59, 76-79.

[2] Vgl. Kommission der Europäischen Gemeinschaften (1990): Grünbuch über die städtische Umwelt, S. 40, 76. Kritisch dazu äußert sich der Bundesrat. (Vgl. Bundesrat (1990): Beschluß des Bundesrates zur Mitteilung der Kommission der Europäischen Gemeinschaften an den Rat und das Parlament: Grünbuch über die städtische Umwelt. KOM (90) 217 endg.; Ratsdok. 7816/90. Drucksache 552/90, S. 3)

[3] Vgl. Bundesrat (1990): Beschluß des Bundesrates zur Mitteilung der Kommission der Europäischen Gemeinschaften an den Rat und das Parlament: Grünbuch über die städtische Umwelt. KOM (90) 217 endg.; Ratsdok. 7816/90. Drucksache 552/90, S. 2.

[4] Vgl. die Empfehlung des Nationalen Grünbuch-Seminars am 30.11.1990 in Berlin an die Kommission der Europäischen Gemeinschaften in: Senatsverwaltung für Stadtentwicklung und Umweltschutz - Projektgruppe Europäische Akademie für Städtische Umwelt (Hrsg.) (1990): Dokumentation Nationales Seminar zum Grünbuch über die städtische Umwelt am 30.11.1990 in Berlin, S. 2.

[5] Vgl. Senatsverwaltung für Stadtentwicklung und Umweltschutz - Projektgruppe Europäische Akademie für Städtische Umwelt (Hrsg.) (1990): Dokumentation Nationales Seminar zum Grünbuch über die städtische Umwelt am 30.11.1990 in Berlin, S. 2, 32. Für 1998 war eine Konferenz über die Effekte von EU-Fachpolitiken auf die Städte geplant. (Vgl. Europäisches Raumentwicklungskonzept (EREK) (1997): Erster Offizieller Entwurf. Vorläufige Übersetzung. Informelles Treffen der für die Raumordnung zuständigen Minister der Europäischen Union. Noordwijk, 9. und 10. Juni 1997. Anlage 2 zur Stadtentwicklung.)

In der Diskussion über das Grünbuch wurden Kompetenzen für die EU im Städtebau meist abgelehnt.[1] Aus ökonomischer Sicht ist - wie schon angedeutet - dieser ablehnenden Haltung aufgrund lokal unterschiedlicher Präferenzen, spezifischer Probleme vor Ort und unterschiedlicher Möglichkeiten zu deren Lösung zu folgen. Außerdem werden sich innovative Ansätze und eine Beteiligung der Bürger besser bei dezentralen Kompetenzen realisieren lassen. Trotz der eher ablehnenden Haltung zu Kompetenzen für die EU im Städtebau in der Diskussion über das Grünbuch, sind auf der EU-Ebene weitere Vorstöße erfolgt. So wird durch die Förderung städtischer Erneuerungsprojekte in der Gemeinschaftsinitiative URBAN ein Einstieg über Finanzmittel versucht und der Handlungsbedarf für die EU in Mitteilungen der Kommission wie „Wege zur Stadtentwicklung in der Europäischen Union" herausgestellt.[2] Unabhängig von der derzeit föderalismustheoretisch „richtigen" Kompetenzverteilung im Städtebau, wird in diesem Fall der aus der Aufgabenverflechtung und den Wechselwirkungen zwischen lokalem Städtebau und globaler Umweltbelastung resultierende Bedarf nach Konsultation und Abstimmung zwischen den einzelnen Ebenen sichtbar.

Eine weitere zukünftige Einwirkungsmöglichkeit auf die gemeindliche Planungshoheit bestünde im Rahmen einer europäischen Raumordnung. Bislang besitzt die EU keine originäre raumordnerische Kompetenz. Ungeachtet dessen wurden in den Kommissionsdokumenten „Europa 2000" und „Europa 2000+" Faktoren, die die Raumentwicklung in Europa bestimmen, analysiert[3] und Perspektiven einer künftigen europäischen Raumordnung entwickelt.[4] Des weiteren wird an einem europäischen Raumentwicklungskonzept durch die für die Raumordnung zuständigen Minister der EU gearbeitet.[5] In den letzten Jahren wurden EU-Mittel geringeren Umfangs für Pilotprojekte raumplanerischer Maßnahmen im Rahmen

---

[1] Vgl. die Zusammenfassung der in Deutschland geführten Diskussion in Senatsverwaltung für Stadtentwicklung und Umweltschutz - Projektgruppe Europäische Akademie für Städtische Umwelt (Hrsg.) (1990): Dokumentation Nationales Seminar zum Grünbuch über die städtische Umwelt am 30.11.1990 in Berlin, S. 3.

[2] Vgl. Kommission der Europäischen Gemeinschaften (1997): Mitteilung der Kommission. Wege zur Stadtentwicklung in der Europäischen Union. KOM (97) 197 endg. Vgl. dazu die ambivalente Einordnung aus kommunaler Sicht bei Leitermann, Walter (1997): Eine städtische Perspektive in der Europapolitik, S. 232-235. Ende 1998 wurde der geplante Aktionsrahmen zur Stadtentwicklung veröffentlicht. Dieser wurde hier nicht mehr berücksichtigt. Für einen Überblick vgl. Bull. EU 11-1998. Ziff. 1.2.82, S. 36-37.

[3] Vgl. Mombaur, Peter Michael (1994): Kommunalpolitik in der Europäischen Union, S. 41.

[4] Vgl. Ameln, Ralf von (1992): Auswirkungen des europäischen Binnenmarktes auf Kommunalpolitik und Kommunalrecht der EG-Mitgliedstaaten, S. 484.

[5] Europäisches Raumentwicklungskonzept (EREK) (1997): Erster Offizieller Entwurf. (Das europäische Raumentwicklungskonzept wurde 1998 in einer Reihe von Seminaren diskutiert, deren Ergebnisse im Frühjahr 1999 durch ein gemeinsames Papier der Europäischen Kommission, der Mitgliedstaaten und des Europarates zusammengefaßt werden sollen. Vgl. dazu o.V. (1998): Auf dem Weg zu einer europäischen Raumentwicklung, S. 4.)

der „innovativen Maßnahmen“ in den Strukturfonds und der Gemeinschaftsinitiative INTERREG II c bereitgestellt.[1]

Im ersten offiziellen Entwurf des Europäischen Raumentwicklungskonzepts werden als die Ziele des Entwicklungskonzeptes ein ausgewogenes polyzentrisches Städtesystem, gleiche Zugangsmöglichkeiten zu Infrastruktur und Wissen sowie intelligentes Management und die Entwicklung des natürlichen und kulturellen Erbes genannt.[2] Neben der verbesserten Berücksichtigung der räumlichen Dimension bei der Implementation der EU-Politiken und der besseren Zusammenarbeit zwischen den Mitgliedstaaten sollen europäische Raumordnungsvorstellungen durch die zuständigen Verwaltungen möglichst früh berücksichtigt werden.[3] Für die Gemeinden würde das bedeuten, daß sie im Rahmen ihrer Planungshoheit zusätzlich eine europäische Dimension beachten müßten.[4] Die Gemeinwesen und Behörden auf regionaler und lokaler Ebene werden zwar als Schlüsselakteure in der europäischen Raumordnung bezeichnet. Ihre Rolle wird jedoch in der ergänzenden Durchführung der Politikoptionen, die einer Kooperation auf europäischer und transnationaler Ebene bedürfen und sich auf Aufgaben der regionalen und lokalen Ebene beziehen, gesehen.[5] Es besteht die Gefahr, daß die Gemeinden ihre Belange als unterste und schwächste Ebene im Rahmen der Koordination, die vor allem auf der Verwaltungsebene stattfindet, nur unzureichend durchsetzen können.[6] Eine mögliche Politikverflechtung könnte die Handlungsmöglichkeiten aller Ebenen beschneiden. Der Einfluß der Verwaltung, welche vorrangig mit der Koordination betraut ist, würde steigen und Einwirkungsmöglichkeiten der gewählten Politiker auf allen Ebenen würden sinken.

Ohne auf weitere Einzelheiten des geplanten Konzeptes eingehen zu müssen, sind die Folgen einer wahrhaft europäischen Städtebau- bzw. Raumordnungspolitik schnell zusammengefaßt. Leitlinien oder Rahmenrichtlinien würden den gemeindlichen Handlungsrahmen zusätzlich verengen und möglicherweise zu weniger präferenzgerechten und kostengünstigen Entwicklungskonzepten führen. Ähnliche Folgen hätte eine Politik des „Goldenen Zügels“, mit der über Fördermittel ver-

---

[1] Vgl. o.V. (1998): Auf dem Weg zu einer europäischen Raumentwicklung, S. 4.

[2] Vgl. Europäisches Raumentwicklungskonzept (EREK) (1997): Erster Offizieller Entwurf, S. 5.

[3] Vgl. Europäisches Raumentwicklungskonzept (EREK) (1997): Erster Offizieller Entwurf, S. 5.

[4] Vgl. Ameln, Ralf von (1992): Auswirkungen des europäischen Binnenmarktes auf Kommunalpolitik und Kommunalrecht der EG-Mitgliedstaaten, S. 484.

[5] Vgl. Europäisches Raumentwicklungskonzept (EREK) (1997): Erster Offizieller Entwurf, S. 80.

[6] Vgl. auch Treuner, Peter (1998): Die Bedeutung der EU-Raumordnungspolitik für die Umweltplanung, S. 315-316.

sucht wird, gemeindliche Vorhaben zu lenken.[1] Ökonomisch begründete Kompetenzen auf europäischer Ebene sind wegen großräumiger Nutzenspillover eher im Bereich der europäischen Raumordnung und der Verkehrsnetze als in der Beeinflussung kleinräumiger Siedlungsstrukturen zu vermuten. Bei der konkreten Ausgestaltung einer europäischen Raumordnungspolitik müßte also darauf geachtet werden, daß die unteren Ebenen genügend Spielräume besitzen, um eigene Aufgaben ausfüllen zu können, und die Notwendigkeit von Koordination zwischen den Verwaltungsebenen auf ein Mindestmaß reduziert wird. Jenseits von Leitlinien und Förderprogrammen gilt der Austausch von Informationen als effiziente, wenig bürokratische und subsidiaritätsgerechte Methode, um dafür zu sorgen, daß gute städtebauliche und raumordnerische Lösungen angewandt werden.[2]

H. Fazit zur Betroffenheit kommunaler Aufgaben

In den letzten 10 bis 20 Jahren hat die EU die ihr zugeordneten Aufgaben in der Wettbewerbs- und Liberalisierungspolitik (Errichtung des Binnenmarktes), aber auch regional- und umweltpolitische Kompetenzen zunehmend ausgefüllt. Dabei bedient sie sich insbesondere rechtlicher Instrumente. Bei den strukturpolitischen Aufgaben kommen auch Förderprogramme (Zuweisungen) zum Einsatz.

Dadurch beeinflußt die EU unmittelbar den rechtlichen Handlungsrahmen der Kommunen. In den meisten Fällen wird dieser Handlungsrahmen verengt. Das betrifft die - den genannten EU-Politiken analogen - kommunalen Aufgabenfelder wirtschaftliche Betätigung, Wirtschaftsförderung und kommunale Umweltpolitik. Tendenzen für weitere Kompetenzausweitungen, beispielsweise in der Raumordnung und im Städtebau, sind deutlich erkennbar.

Aus ökonomischer Sicht sind die folgenden allgemeinen Wirkungslinien und Problembereiche festzustellen:

1. Die Politik der EU, besonders die Liberalisierungspolitik, bricht verkrustete nationale Strukturen (z.B. Gebietsmonopole in der Energieversorgung) auf oder stellt diese zumindest in Frage (z.B. bei den kommunalen Sparkassen).
2. Durch den wettbewerblichen Rahmen verringern sich tendenziell Handlungsspielräume der Kommunen bei ihren wirtschaftsbezogenen Aufgaben.

---

[1] Vgl. die Diskussion der Zweckzuweisungen und partnerschaftlicher Zusammenarbeit im Rahmen der Strukturfonds in Teil 2, Abschnitt 2, Punkt A.

[2] "Exchange of information is one of the most efficient and least bureaucratic methods of getting a project off to a smooth start. Nobody is committed to anything, but good, successful examples from one country are quickly adopted by other countries. In this way, discussions about subsidiarity are turned into positive discussion about mutual learning and co-operation." (Speach by Deputy Prime Minister Hans Dijkstal at the 10th annual general meeting of Eurocities, regional centres on 23 October 1997 in Rotterdam)

3. Die Vorteile einer dezentralen Erfüllung öffentlicher Aufgaben werden nicht ausreichend berücksichtigt (Beispiele aus der Umwelt- und der Regionalpolitik). Das betrifft sowohl die von der EU wahrgenommenen Aufgaben als auch die eingesetzten Instrumente.
4. Vorgaben der EU verursachen Kosten in den Kommunen (unsichtbarer Finanzausgleich).

Diese Problembereiche wurden in diesem Abschnitt bereits bei den konkreten kommunalen Aufgaben ansatzweise diskutiert. Die mit dem Instrument der Zweckzuweisung (Förderprogramme) verbundenen Probleme wurden am Beispiel der regionalpolitischen Programme eingehend erläutert. Die oben genannten Problembereiche werden umfassend in Teil 4 erörtert, nachdem in den folgenden Abschnitten gezeigt worden ist, daß diese Problembereiche nicht nur bei den kommunalen Aufgaben, sondern auch auf anderen kommunalen Handlungsfeldern zu beobachten sind.

Abschnitt 3: Erstellung kommunaler Leistungen

Im vorhergehenden Abschnitt 2 wurde behandelt, wie die EU die Erfüllung kommunaler Aufgaben, also den „kommunalen Output“ beeinflußt. Um ihre Aufgaben zu erfüllen, erstellen die Kommunen Leistungen. Auf die kommunale Leistungserstellung, auf welche die EU ebenfalls einwirkt, wird in diesem Abschnitt 3 eingegangen. Damit wird der „Input“ des kommunalen Leistungserstellungsprozesses und dessen Organisation betrachtet. Im Transformationsprozeß werden Güter und Dienstleistungen beschafft und Personal beschäftigt, d.h. es werden Sach- und Personalausgaben (Transformationsausgaben) getätigt. Transferausgaben sind bei den Kommunen von geringerer Bedeutung. Im folgenden wird untersucht, wie die gemeindlichen Handlungsspielräume beim Einkauf von Gütern und Dienstleistungen von den Regelungen über die öffentliche Auftragsvergabe im Binnenmarkt betroffen sind (Punkt A.) und wie sich verschiedene EU-Politiken auf die Einstellung und den Einsatz von Personal auswirken (Punkt B.) Durch die EU werden auch die gemeindlichen Organisationsstrukturen berührt. Wie sich die Kommunen auf EU-Regulierungen mit anderen Organisationsstrukturen einstellen, soll am Beispiel der kommunalen „Europabeauftragten“ verdeutlicht werden (Punkt C.). Abschließend wird die Umstellung auf den Euro behandelt, die nahezu alle Bereiche kommunaler Leistungserstellung berührt und von besonderer Aktualität ist (Exkurs).

A. Öffentliche Auftragsvergabe im Binnenmarkt

Zur Erfüllung ihrer umfangreichen Aufgaben erstellen die Kommunen Leistungen, für deren Bereitstellung sie Güter und Dienstleistungen auf den Märkten beschaffen. Sie betätigen sich dort als öffentlicher Auftraggeber. Ihr Auftragspotential beträgt ca. 100 Mrd. DM jährlich.[1] Die deutschen Kommunen vergeben rund zwei Drittel aller deutschen öffentlichen Aufträge für Investitionen.[2] Das gesamte öffentliche Auftragsvolumen wird EU-weit auf 11-15 % des BIP geschätzt.[3] Bislang wurden in der EU nur 1-3 % der öffentlichen Aufträge grenzüberschreitend vergeben.[4] Wissenschaftliche Studien über den Handel innerhalb der EU wiesen "public procurement" als bedeutendes Handelshemmnis aus.[5] Dieses Handelshemmnis ist darauf zurückzuführen, daß für nationale, regionale und lokale Gebietskörperschaften ein Anreiz besteht, bei der Auftragsvergabe gebietsansässige Unternehmen zu bevorzugen und auf diese Weise Wirtschaftsförderung zu betreiben. Ein solches Verhalten widerspricht aber dem Konzept des Binnenmarktes. Die Liberalisierung des öffentlichen Auftragswesens ist deshalb ein wesentlicher Bestandteil des Binnenmarktprogramms.

I. Regelungen auf der EU-Ebene und ihre Umsetzung in der Bundesrepublik Deutschland

Seit 1969 bemühen sich der Rat und die Kommission, das öffentliche Auftragswesen zu liberalisieren.[6] Die ersten Bemühungen waren wenig erfolgreich[7] und wurden deshalb im Rahmen des Binnenmarktprogramms verstärkt. Weitere Vergaberichtlinien wurden erlassen, die von den Mitgliedstaaten in nationales Recht zu transformieren waren. Bei der Umsetzung traten Schwierigkeiten auf, und es kam zu großen Zeitverzögerungen, so auch in Deutschland.[8] Beispielsweise wird

---

[1] Sachinvestitionen und Sachaufwand der Kommunen in den alten und neuen Bundesländern für 1997 und 1998. Die Einzelangaben entstammen Karrenberg, Hanns und Münstermann, Engelbert (1998): Gemeindefinanzbericht 1998, S. 146, 148.

[2] Vgl. Bundesministerium der Finanzen (Hrsg.) (1997): Finanzbericht 1998, S. 146.

[3] Der Cecchini-Bericht geht von 15 % im Jahr 1986 aus. Für 1994 gibt die Kommission 11,5 % des BIP an. (Vgl. dazu Cecchini, Paolo (1988): Europa '92. Der Vorteil des Binnenmarkts, S. 37; Kommission der Europäischen Gemeinschaften (1996): Grünbuch. Das öffentliche Auftragswesen in der Europäischen Union, S. 5, 9.)

[4] Vgl. dazu Kommission der Europäischen Gemeinschaften (1996): Grünbuch. Das öffentliche Auftragswesen in der Europäischen Union, S. 11.

[5] Vgl. Jacquemin, Alexis und Sapir, André (1988): International Trade and Integration of the European Community: An Econometric Analysis, S. 209-210.

[6] Vgl. Steinbauer, Wolfgang (1993): Öffentliches Auftragswesen, S. 37.

[7] Vgl. Cecchini, Paolo (1988): Europa '92. Der Vorteil des Binnenmarkts, S. 39-40.

[8] Vgl. Kommission der Europäischen Gemeinschaften (1996): Grünbuch. Das öffentliche Auftragswesen in der Europäischen Union, S. 11, 70; wiederum Kommission der Europäischen Gemeinschaften (1998): Mitteilung der Kommission. Das öffentliche Auftragswesen in der Europäischen Union, S. 6, 31, 37.

Bietern erst seit dem 1.1.1999, d.h. mit siebenjähriger Verspätung, durch innerstaatliches Recht ein gerichtlicher Rechtsschutz gewährt.[1] Aufgrund der inhaltlichen Bestimmtheit der Richtlinien ist jedoch von ihrer Direktwirkung auszugehen.[2]

In den Vergaberichtlinien, zu denen Lieferkoordinierungs-, Bauprodukten-, Baukoordinierungs-, Sektoren- und Dienstleistungsrichtlinie zählen, werden Grundsätze für die Ausschreibung öffentlicher Aufträge festgelegt und Schwellenwerte bestimmt, bei deren Überschreitung die Aufträge europaweit nach bestimmten Verfahren ausgeschrieben werden müssen. Die Einhaltung der Vergaberichtlinien soll durch die in den Überwachungsrichtlinien festgelegten Kontrollmaßnahmen sichergestellt werden. Folgende Leitlinien prägen die Vorschriften der EU für das öffentliche Auftragswesen: Information, neutrale Spezifikation, Transparenz und Fairness.[3] Während des gesamten Vergabeverfahrens ist Information und Transparenz zu gewährleisten. Dazu gehören die Bekanntmachung der zu vergebenden Aufträge, die Festlegung der Vergabeverfahren, die Bekanntmachung der für die Vergabe relevanten objektiven Kriterien und der Auftragserteilung sowie auf Anfrage die Nennung der Gründe für die Ablehnung. Bei technischen Spezifikationen sind vorrangig Gemeinschaftsnormen zu verwenden. Die öffentlichen Auftraggeber müssen Unternehmen der anderen Mitgliedstaaten, welche die gestellten Bedingungen erfüllen, zu den gleichen Bedingungen heranziehen wie die inländischen Unternehmer. Dieser Grundsatz ist auch unterhalb der Schwellenwerte anzuwenden, so daß Lokalpräferenzen jedweder Art unzulässig sind.[4] Die gezielte Vergabe öffentlicher Aufträge an lokale Unternehmen als Instrument der Wirtschaftsförderung ist rechtswidrig. Bei Nichtbeachtung der Prinzipien des freien Wettbewerbs und der Nichtdiskriminierung, die schon in den Römischen Verträgen angelegt sind, sollen Unternehmen unabhängig von der Umsetzung der Richtlinien oder der erreichten Schwellenwerte, vor dem Europäischen Gerichtshof klagen können.[5]

---

[1] Vgl. Byok, Jan (1998): Das neue Vergaberecht, S. 2774-2779; Art. 2 und 5 der Richtlinie 89/665/EWG. ABl. Nr. L 395 vom 30.12.1989, S. 33.

[2] Vgl. Altehoefer, Klaus-Peter et al. (1994): EG-weite öffentliche Auftragsvergabe durch kommunale Versorgungsunternehmen, S. 638.

[3] Vgl. hierzu und zu den folgenden Ausführungen über die Vergabe- und Überwachungsrichtlinien Steinbauer, Wolfgang (1993): Öffentliches Auftragswesen., S. 38-46; Altehoefer, Klaus-Peter et al. (1994): EG-weite öffentliche Auftragsvergabe durch kommunale Versorgungsunternehmen, S. 635.

[4] Vgl. Steinbauer, Wolfgang (1993): Öffentliches Auftragswesen, S. 42.

[5] Vgl. Steinbauer, Wolfgang (1993): Öffentliches Auftragswesen, S. 63-64. Steinbauer bezieht sich auf eine von der EU-Kommission geäußerte Auffassung.

Tabelle 5: Vergabe- und Überwachungsrichtlinien

	Richtlinie	Umsetzung bis	Schwellenwerte ohne MwSt.
Öffentliche Bauaufträge	71/305/EWG 89/440/EWG 93/37/EWG	26.07.1972 19.07.1992 14.06.1993	**Bauaufträge 5.000.000 ECU** Lose ab 1.000.000 ECU
Öffentliche Lieferaufträge	77/62/EWG 88/295/EWG 93/36/EWG**	21.06.1978 01.01.1989 14.06.1994	**Lieferaufträge 200.000 ECU** Informationstechnik 100.000 ECU Bekanntmachung nach Warenbereichen zu Beginn des Haushaltsjahrs ab 750.000 ECU
Sektorenauftraggeber Wasser-, Energie- Verkehrsversorgung Liefer- u. Bauaufträge ab 1.7.94 Dienstleistungen und Vorabinformation	90/531/EWG* 93/38/EWG**	01.01.1993 01.07.1994	Liefer-, Dienstleistungsaufträge Telekommunikation. 600.000 ECU übrige Sektoren 400.000 ECU Bauaufträge 5.000.000 ECU jährliche Bekanntmachung aller Liefer- und Dienstleistungsaufträge nach Warenbereichen bzw. nach Kategorie ab 750.000 ECU
Öffentliche Dienstleistungsaufträge	92/50/EWG**	01.07.1993	**Dienstleistungen ab 200.000 ECU**
Überwachung Liefer- u. Bauaufträge	89/665/EWG*	01.01.1992	
Überwachung Sektorenauftraggeber	92/13/EWG*	01.01.1993	

** nicht umgesetzt bis Ende 1996[1]

* Umsetzungsmaßnahmen mitgeteilt und überprüft, Vertragsverletzungsverfahren eingeleitet

Quelle: Altehoefer, Klaus-Peter et al. (1994): EG-weite öffentliche Auftragsvergabe durch kommunale Versorgungsunternehmen, S. 636; Kommission der Europäischen Gemeinschaften (1996): Grünbuch. Das öffentliche Auftragswesen in der Europäischen Union, S. 70; Roth, Uwe; Kamprich, Dirk und Klein, Ute M. (1996): EU-Kommunal in Stichworten, S. 251.

---

[1] Anmerkung: Der Stand der Umsetzung im Jahr 1996 wurde u.a. deshalb beibehalten, um die Schwierigkeiten bei der Transformation zu verdeutlichen. Bis zum Frühjahr 1998 wurden die Dienstleistungsrichtlinie (92/50/EWG) und die neuen Richtlinien über Lieferaufträge (93/36/EWG) und für Sektorenauftraggeber (93/38/EWG) umgesetzt. Die drei klassischen Richtlinien über Bau-, Liefer- und Dienstleistungsaufträge (93/37/EWG, 93/36/EWG, 92/50/EWG) wurden in Richtlinie 97/52/EG und die Richtlinie über Sektorenauftraggeber in Richtlinie 98/4/EG neu gefaßt. (Vgl. dazu Kommission der Europäischen Gemeinschaften (1998): Mitteilung der Kommission. Das öffentliche Auftragswesen in der Europäischen Union, S. 5, 37.) Ein gerichtliches Klagerecht für Unternehmen wurde zum 1.1.1999 geschaffen. Ob damit die Überwachungsrichtlinien korrekt umgesetzt wurden, ist noch nicht bekannt. (Vgl. auch Byok, Jan (1998): Das neue Vergaberecht, S. 2778-2779.)

Erreicht ein öffentlicher Auftrag einen bestimmten Schwellenwert, so muß er europaweit ausgeschrieben werden. Als Vergabekriterien sind das preisgünstigste oder das wirtschaftlich günstigste Angebot zugelassen. Tabelle 5 nennt die Vergaberichtlinien, die dazugehörigen Schwellenwerte und den Stand der Umsetzung in Deutschland (bis 1996).

Die konkrete Betroffenheit der Kommunen variiert mit Größe, Lage und speziellen Anschaffungsvorhaben in der Kommune.[1] Es wird davon ausgegangen, daß die Lieferkoordinierungsrichtlinie wegen ihres geringen Schwellenwertes von 200.000 ECU auch kleine und mittlere Gemeinden bei der Beschaffung von Waren betreffen wird.[2] Bei Bauaufträgen wird ein Auftragsvolumen von 5 Mio. ECU nicht selten erreicht. Für das Beschaffungswesen (der Gemeinden und ihrer öffentlichen Unternehmen) in den Bereichen Wasser-, Energie- und Verkehrsversorgung sowie im Telekommunikationssektor gelten erleichterte Bedingungen und erhöhte Schwellenwerte.[3]

Die europaweite Ausschreibung ist mit einem Anstieg des Verwaltungsaufwandes verbunden, und zwar durch detaillierte Ausschreibungsanforderungen, einen längeren zeitlichen Ablauf der Verfahren und umfangreiche Auskunftsrechte.[4] Kritisch zu beurteilen ist in diesem Zusammenhang die noch geringe Resonanz aus-

---

[1] In der Stadt Marburg wurden in den Jahren 1996 und 1997 keine Aufträge europaweit ausgeschrieben, da die objektbezogenen Schwellenwerte nicht erreicht wurden. Falls das geplante Hallenbad realisiert werden wird, muß dieses wahrscheinlich ausgeschrieben werden, da ein Auftragsvolumen von mehr als 5 Mio. ECU erreicht werden wird. (Informationen der Beschaffungsstelle und der Bauabteilung der Stadtverwaltung Marburg am 20.1.1998) Die grobe Durchsicht des Haushaltsplanes von 1996 ergab keine Anhaltspunkte für eine mögliche Überschreitung der Schwellenwerte. Die Stadtwerke der Stadt Marburg schreiben als Sektorenauftraggeber ein bis zweimal im Jahr europaweit aus. Davon ist regelmäßig die Anschaffung von Stadtbussen betroffen, ansonsten je nach anstehenden Großprojekten. Aufträge an ausländische Auftragnehmer wurden schon vergeben. (Informationen der Einkaufsabteilung der Stadtwerke am 9.10.1998) Etwa die Hälfte von 80 (nichtrepräsentativ) befragten bayrischen Kommunen haben in einem oder mehreren Fällen europaweit ausgeschrieben. Insgesamt kam es lediglich bei 6,6 % der Bestellungen zu einer grenzüberschreitenden Vergabe. (Vgl. dazu Sierigk, Annette (1997): Das Grünbuch der Europäischen Kommission zum öffentlichen Auftragswesen in der Europäischen Union, S. 155.)

[2] Vgl. Steinbauer, Wolfgang (1993): Öffentliches Auftragswesen, S. 39.

[3] Nach Vonderheid müssen bespielsweise Fahrzeuge für den ÖPNV sowie Aus- und Nachrüstungen für Kraftwerksanlagen des öfteren europaweit ausgeschrieben werden. (Vgl. Vonderheid, Ulrich (1994): Die Beschaffungswirtschaft kommunaler Versorgungs- und Verkehrsunternehmen und EG-Binnenmarkt, S. 56-57.)

[4] Vgl. Weninger, Thomas (1993): Österreichs Gemeinden auf dem Weg nach Europa, S. 171. Auf den genauen Ablauf der Vergabeverfahren wird an dieser Stelle nicht eingegangen. Vgl. dazu die Beiträge von Althoefer (1994) und Steinbauer (1993).

ländischer Anbieter auf die Ausschreibungen.[1] Die erhöhten Verwaltungskosten fallen sofort an, während der Nutzen einer sparsameren Beschaffung erst dann wirksam wird, wenn sich die europäischen Auftragnehmer in ihrem Verhalten auf den gemeinsamen Markt eingestellt haben. Die Anwendung der Vergabebestimmungen der EU soll durch die Überwachungsrichtlinien durchgesetzt werden. Hierzu sind Eingriffe in laufende Vergabeverfahren durch nationale Stellen und die Kommission vorgesehen.[2] Das Verfahren kann ausgesetzt und die Erteilung eines Zuschlags untersagt werden.[3] Bei Verstößen haben benachteiligte Bieter Anspruch auf Schadenersatz.[4] Schwerwiegende Vergabefehler können außerdem mit dem Verlust von Fördermitteln verbunden sein. Die Nichtbeachtung der Vergabevorschriften kann also zu hohen Kosten führen.

In Deutschland wurden die Vergabe- und Überwachungsrichtlinien durch die Änderung des Haushaltsgrundsätzegesetzes umgesetzt, durch das die Verdingungsordnungen für Bauleistungen (VOB) und für Leistungen (VOL) an das Recht der EU angepaßt wurden.[5] EU-Regelungen zur Vergabe von Dienstleistungen wurden 1997 durch eine Verdingungsordnung für freiberufliche Leistungen (VOF) umgesetzt.[6] Zur Umsetzung der Überwachungsrichtlinien wurde die Nachprüfungsverordnung geschaffen.[7] Bei diesen Verdingungsverordnungen handelt es sich jedoch um Verwaltungsanweisungen ohne Gesetzeskraft, also um Vorschriften, die vom Auftragnehmer nicht eingeklagt werden können. Deshalb hat die Kommission wegen mangelnder rechtsverbindlicher Außenwirkung ein Vertragsverletzungs-

---

[1] Vgl. z.B. Vonderheid, Ulrich (1994): Die Beschaffungswirtschaft kommunaler Versorgungs- und Verkehrsunternehmen und EG-Binnenmarkt, S. 211. Nach einer Umfrage bei 80 bayrischen Kommunen haben nur in einem Fünftel der Fälle ausländische Anbieter an einer europaweiten Ausschreibung teilgenommen Davon wurde allerdings in einem Drittel der Fälle der Auftrag tatsächlich an einen ausländischen Anbieter vergeben. Zur Umfrage bei den bayrischen Kommunen vgl. Sierigk, Annette (1997): Das Grünbuch der Europäischen Kommission zum öffentlichen Auftragswesen in der Europäischen Union, S. 155.

[2] Vgl. hierzu und zu den folgenden Ausführungen insbesondere Altehoefer, Klaus-Peter et al. (1994): EG-weite öffentliche Auftragsvergabe durch kommunale Versorgungsunternehmen, S. 638-640.

[3] Im Vergabefall eines Verbrennungsofens der italienischen Gemeinde La Spezia hat der EuGH die Aussetzung des Verfahrens entschieden und die italienische Republik aufgefordert, entsprechende Maßnahmen zu ergreifen. Vgl. zu diesem Beispiel Steinbauer, Wolfgang (1993): Öffentliches Auftragswesen, S. 51.

[4] Von den Klagerechten haben deutsche Unternehmen in anderen Ländern der Europäischen Union bereits Gebrauch gemacht. Vgl. dazu unter dem Stichwort „Sektoren-Richtlinie" Roth, Uwe; Kamprich, Dirk und Klein, Ute M. (1996): EU-Kommunal in Stichworten, S. 305.

[5] Vgl. Altehoefer, Klaus-Peter et al. (1994): EG-weite öffentliche Auftragsvergabe durch kommunale Versorgungsunternehmen, S. 636.

[6] Vgl. Meißner, Barbara (1998): Europaweite Ausschreibungen, S. 129.

[7] Vgl. hierzu und zum folgenden Altehoefer, Klaus-Peter et al. (1994): EG-weite öffentliche Auftragsvergabe durch kommunale Versorgungsunternehmen, S. 636.

verfahren vor dem EuGH gegen Deutschland eingeleitet.[1] Erst 1998 wurden die Richtlinien durch ein Gesetz, das Bietern gerichtlichen Rechtsschutz gewährt, umgesetzt.[2] Dieser Rechtsschutz wurde in das GWB eingearbeitet und trat am 1.1.1999 in Kraft. Vergabeentscheidungen sollen in erster Instanz durch verwaltungsinterne Vergabekammern und in zweiter Instanz durch Oberlandesgerichte überprüft werden können.[3] Bis zur rechtlichen Wirksamkeit der nationalen Umsetzungsmaßnahmen war von der Direktwirkung der Richtlinien auszugehen.

II. Wirkung auf kommunale Handlungsspielräume

Die Regulierung und Verrechtlichung der Vergabeverfahren (Art der Ausschreibungsverfahren einschließlich Dauer, Spezifikationen, Vergabekriterien) auf Initiative der EU-Ebene reduziert gestalterische und rechtliche Handlungsspielräume der Kommunen bei der Auftragsvergabe. Führt das Verfahren zur Auswahl der günstigsten Bieter, so können Kosten eingespart werden und, soweit diese nicht durch den erhöhten Verwaltungsaufwand kompensiert werden, erhöhen sich finanzielle Spielräume. Die geforderten transparenteren Vergabeverfahren sowie die Möglichkeit für Zulieferunternehmen, ihre Rechte vor Gericht einzuklagen, erschweren Betrug und Korruption in der öffentlichen Verwaltung,[4] was grundsätzlich die Handlungsspielräume für eine effiziente Leistungserstellung entsprechend den Präferenzen der Bürger erhöht. Die rechtlichen und finanziellen Folgen von Vergabefehlern können jedoch beträchtlich sein.

III. Allokative Bewertung der Liberalisierung des öffentlichen Auftragswesens

Der Versuch der EU-Ebene, das öffentliche Beschaffungswesen zu liberalisieren, soll gleiche Wettbewerbsbedingungen für die Unternehmen unabhängig von ihrer nationalen Zugehörigkeit schaffen und abgeschottete Teilmärkte zu einem Binnenmarkt integrieren. Damit wird das Allokations- und Wachstumsziel (dynamische Allokation) verfolgt. Eine möglichst wirksame Verwendung der Produktionsfaktoren (Allokationsziel) sowie die Stärkung des Antriebs zur Rationalisierung und Innovation wird nach Gandenberger dann am besten erreicht, wenn Beschränkungen und Verzerrungen des Leistungswettbewerbs vermieden und im

[1] Vgl. Ameln, Ralf von (1993): Binnenmarkt und Kommunalpolitik, S. 18.

[2] Das Vergaberechtsänderungsgesetz wurde am 29.5.1998 von Bundestag und Bundesrat verabschiedet, am 2.9.1998 als Teil der 6. GWB-Novelle verkündet und trat am 1.1.1999 in Kraft. (Vgl. Byok, Jan (1998): Das neue Vergaberecht, S. 2774. Vgl. zu den Schwierigkeiten o.V. (1997): Pläne für neues Vergaberecht begeistern nur teilweise, S. 6; o.V. (1998): Letzte Chance für eine Reform des deutschen Vergaberechts, S. 7.)

[3] Vgl. o.V. (1998): Vergaberecht wird an EU-Vorgaben angepaßt, S. 6; Byok, Jan (1998): Das neue Vergaberecht, S. 2774-2779.

[4] Vgl. Kommission der Europäischen Gemeinschaften (1996): Grünbuch. Das öffentliche Auftragswesen in der Europäischen Union, S. 1a.

eigentlichen Beschaffungsvorgang keine Ressourcen vergeudet werden.[1] Wenn der Staat den Wettbewerb unter den Anbietern fördert, kauft er normalerweise zu günstigen Bedingungen ein. Insofern besteht zwischen dem Allokationsziel und dem fiskalischen Ziel (staatsinterne Effizienz) weitgehend Harmonie.

Die Orientierung an diesen Zielen, welche durch eine stärkere Transparenz und Objektivierung der Vergabeprozesse erreicht werden soll, reduziert außerdem Ansatzpunkte für den Einfluß von Interessengruppen (Beschaffungslobbyismus) und Beschaffungsprotektion, weil diskretionäre Spielräume der Bürokratie verringert werden. Die bei der Umsetzung der Vergaberichtlinien aufgetretenen Schwierigkeiten können als Widerstand der Bürokratie gegen die Reduzierung ihrer diskretionären Spielräume erklärt werden. Die Liberalisierungsbemühungen sind aus Sicht des Wettbewerbs- und Allokationsziels grundsätzlich positiv zu beurteilen.

Es tritt dabei allerdings folgendes Dilemma auf: „Der Zwang zur stärkeren Objektivierung der öffentlichen Auftragsvergabe mindert andererseits die Flexibilität der Einkaufsentscheidungen; sie hat einen größeren Zeitbedarf beim Einkauf zur Folge, und sie ist in der Regel mit Verwaltungsaufwand verbunden. Im Behördeneinkauf stellt sich somit das für jegliche Tätigkeit von Bürokratien typische Dilemma, daß Maßnahmen zur Sicherung der Effizienz bürokratischen Handelns ihrerseits mit effizienzmindernden - zu größerer Schwerfälligkeit führenden und die Initiative der Beteiligten hemmenden - Nebenwirkungen verbunden sind."[2] Hohe Verwaltungskosten durch ein langwieriges und bürokratisches Ausschreibungsverfahren können die gewonnenen Effizienzvorteile auf Seiten der öffentlichen Hand und auch der Unternehmen neutralisieren oder sogar überkompensieren. Es bleibt außerdem fraglich, ob die Zielerreichung durch das Vorschreiben eines hochbürokratischen Verfahrens wirklich sichergestellt und diese nicht etwa durch eine Gestaltung der Ausschreibungsbedingungen umgangen werden kann. Kleine und mittlere Unternehmen scheinen zudem weniger in der Lage zu sein, diesen zusätzlichen Verfahrensaufwand zu bewältigen,[3] was wiederum nicht im Sinne des Wettbewerbs- und Effizienzziels, ebensowenig im Sinne lokaler und regionaler Entwicklungsziele ist. Augenscheinlich kommt es auf ein ausgewogenes Verhältnis der Maßnahmen an, um die beabsichtigte Wirkung zu erzielen.

---

[1] Vgl. hierzu und zum folgenden schon Gandenberger, Otto (1980): Öffentliche Auftragsvergabe, S. 406-407.

[2] Gandenberger, Otto (1980): Öffentliche Auftragsvergabe, S. 406.

[3] Zu den Schwierigkeiten für KMU und zum Vereinfachungsbedarf vgl. z.B. Ausschuß der Regionen (1998): Stellungnahme des Ausschusses der Regionen zum Grünbuch „Das öffentliche Auftragswesen in der Europäischen Union: Überlegungen für die Zukunft". CdR 81/97. Auch im „Monti-Bericht" wird festgestellt, daß offenbar Großunternehmen bisher den größten Gewinn aus der Liberalisierung ziehen. (Vgl. dazu Monti, Mario (1997): Der Binnenmarkt und das Europa von morgen, S. 42.)

Schon die Übersicht über die verschiedenen Richtlinien zeigt, daß Vereinfachungsbedarf besteht.[1]

IV. Beschränkung der öffentlichen Auftragsvergabe als Instrument der Wirtschaftsförderung sowie der Umwelt- und Sozialpolitik

Die strenge Ausrichtung der öffentlichen Auftragsvergabe am Wettbewerbsziel schränkt automatisch die Möglichkeiten der Gemeinden ein, die öffentliche Auftragsvergabe als Instrument in anderen Politikbereichen einzusetzen. Die bevorzugte Vergabe öffentlicher Aufträge an lokale oder regionale Unternehmen als Instrument der Wirtschaftsförderung ist rechtlich nicht mehr möglich.[2]

Ein solches Verhalten kann für Gemeinden *individuell* rational sein, wenn Aufträge an lokale gewerbesteuerzahlende Unternehmen vergeben werden und dadurch eventuell noch die Arbeitslosigkeit und Sozialhilfeausgaben der Gemeinden für Arbeitslose reduziert werden. Auf der anderen Seite birgt die Liberalisierung die Chance, daß ansässige Unternehmen von den Aufträgen anderer Gebietskörperschaften profitieren. So haben vor allem Bieter aus Deutschland bislang von im Ausland grenzüberschreitend vergebenen Aufträgen profitiert.[3] Bei der Vergabe öffentlicher Aufträge handelt es sich also um ein klassisches Freifahrerproblem. Den meisten öffentlichen Auftraggebern würde eine Liberalisierung nutzen, aber der Anreiz, „schwarzzufahren“ und lokale Zulieferer zu begünstigen, ist groß. Dazu tragen auch die Erwartungen vieler Bürger bei, von denen die Politiker und Bürokraten nicht unabhängig sind. Die meisten Wähler lehnen zwar Korruption und Vetternwirtschaft ab, möchten aber, daß lokale Unternehmen gefördert werden. Sie begegnen daher einer Auftragsvergabe an Unternehmen außerhalb der Gemeindegrenzen eher mit Unverständnis, insbesondere dann, wenn der Kostenvorteil durch Vergabe an den Auswärtigen nicht gravierend ist. Diese bei lokalen Bürgern, Politikern und Bürokraten anzutreffenden Auffassungen sollen eine Begünstigung lokaler Unternehmen nicht rechtfertigen, sondern lediglich das Schwarzfahrerproblem bei der praktischen Umsetzung der Liberalisierung verdeutlichen.

In dem Anreiz „schwarzzufahren“ mag eine Ursache für die bislang äußerst geringe Steigerung des Anteils grenzüberschreitend vergebener Aufträge liegen. Als Ergebnis der Liberalisierungsbemühungen hat sich der Anteil der grenzüberschreitend vergebenen öffentlichen Aufträge bisher nur leicht von 1,4 % in 1987

[1] Der Vereinfachungsbedarf wird nun auch von der Kommission anerkannt. (Vgl. dazu Kommission der Europäischen Gemeinschaften (1998): Mitteilung der Kommission. Das öffentliche Auftragswesen in der Europäischen Union, S. 5.)

[2] Vgl. Kommission der Europäischen Gemeinschaften (1996): Grünbuch. Das öffentliche Auftragswesen in der Europäischen Union, S. 54.

[3] Vgl. Steinbauer, Wolfgang (1993): Öffentliches Auftragswesen, S. 63.

auf 3 % in 1995 erhöht.[1] Gleichzeitig wird deutlich, warum die Aufgabe, die Liberalisierung zu regeln, zu Recht auf der EU-Ebene angesiedelt ist. Die Schwierigkeiten und Zeitverzögerungen bei der Umsetzung der Vergaberichtlinien zeugen wiederum davon, daß durch EU-Recht nicht einfach nationales Recht ersetzt wird, sondern der Politik dieser Ebene eigenständige Bedeutung zugemessen werden muß. Insbesondere durch die Schaffung gerichtlicher Klagemöglichkeiten für benachteiligte Bieter, die als wesentlich für die Durchsetzung der Liberalisierung gelten, werden gewachsene Strukturen verändert.

Wegen der Liberalisierung dürften kaum regionale Entwicklungsprobleme auftreten, die darauf zurückzuführen sind, daß lokale Anbieter sehr viel weniger wettbewerbsfähig sind und deshalb kaum noch Aufträge erhalten. Aufgrund ihrer räumlichen Nähe zum Auftraggeber haben in der Gemeinde ansässige lokale Unternehmen stets einen „natürlichen" Wettbewerbsvorteil, der auf geringeren Transportkosten und Transaktionskosten beruht, die vor allem im Dienstleistungssektor eine Rolle spielen. Potentielle Wettbewerber können die Anstrengungen der örtlichen Unternehmen erhöhen und auf diese Weise Effizienzgewinne hervorrufen. Die Liberalisierung des öffentlichen Auftragswesens ist nicht nur unter allokativen und wettbewerbspolitischen Gesichtspunkten positiv zu beurteilen, auch die Beschränkung des gezielten Einsatzes der öffentlichen Auftragsvergabe als Instrument der Wirtschaftsförderung ist eher von Vorteil. Die Liberalisierung wird aber in der Praxis durch den Anreiz zum „Schwarzfahren" unter den Gebietskörperschaften behindert.

Die Liberalisierung des Vergabewesens erschwert neben lokalpolitischen Präferenzen ebenso die Berücksichtigung umwelt- oder sozialpolitischer Belange bei der Auftragsvergabe. Sozial- und umweltpolitische Mindeststandards[2] können zwar gesetzt werden, sie müssen jedoch bekanntgemacht werden und dürfen sich nicht diskriminierend auf Bieter aus anderen Mitgliedstaaten auswirken. Nach den Richtlinien dürfen nichtwirtschaftliche Zuschlagskriterien nicht angewandt werden.[3] Das schließt beispielsweise in einer europaweiten Ausschreibung aus,

---

[1] Vgl. Kommission der Europäischen Gemeinschaften (1996): Grünbuch. Das öffentliche Auftragswesen in der Europäischen Union, S. 11

[2] Geprüft wird derzeit, inwieweit in den technischen Anforderungen auf das Europäische Ökozeichen oder nationale Ökozeichen verwiesen werden kann. Kandidaten, die gegen sozialrechtliche Vorschriften verstoßen, können vom Vergabeverfahren ausgeschlossen werden. Die Beschäftigung (oder der Schutz) von benachteiligten Personengruppen kann eine Vorbedingung für die Erteilung eines Auftrags sein. Die Kommission beabsichtigt, die Möglichkeiten, sozial- oder umweltpolitische Belange bei der Auftragsvergabe zu berücksichtigen, zu präzisieren. (Vgl. dazu Kommission der Europäischen Gemeinschaften (1998): Mitteilung der Kommission. Das öffentliche Auftragswesen in der Europäischen Union, S. 31-32.)

[3] Vgl. Kommission der Europäischen Gemeinschaften (1996): Grünbuch. Das öffentliche Auftragswesen in der Europäischen Union, S. 54; wiederum Kommission der Europäischen Ge-

dem umweltfreundlichsten Angebot den Zuschlag zu erteilen. Auch soziale Präferenzen können nur für Aufträge unterhalb der Schwellenwerte berücksichtigt werden, soweit sie für alle Wirtschaftssubjekte der Gemeinschaft mit gleichen Merkmalen gelten.[1] Transparenz und Nichtbeeinträchtigung des Handels zwischen den Mitgliedstaaten würden beispielsweise auch nichtwirtschaftliche Zuschlagskriterien zulassen, soweit diese bekanntgemacht werden, und Gebietskörperschaften, die dies wünschen, ein "buy green" ermöglichen. Um solche Kriterien könnte der wettbewerbliche Rahmen erweitert werden. Dabei müßte allerdings sichergestellt werden, daß durch diese Kriterien nicht versteckt örtliche Anbieter bevorzugt werden können.

Die grundsätzliche Entscheidung, inwieweit öffentliche Auftragsvergabe dem Wettbewerbsziel verpflichtet ist und inwiefern sie in anderen Politikbereichen eingesetzt werden kann, wird auf der EU-Ebene, im Rahmen des Binnenmarktprogramms auf der Basis qualifizierter Mehrheiten im Ministerrat, getroffen. Damit werden zwar Einflußmöglichkeiten von nationalen Interessengruppen und Bürokratien reduziert, es wird aber auch weitgehend eine öffentliche Diskussion vermieden, was nicht nur die für die Umsetzung wichtige Akzeptanz der Entscheidung behindert, sondern auch Handlungsspielräume der anderen Gebietskörperschaften auf ihren Politikfeldern unnötigerweise einschränken kann. Grundsätzlich muß diese Entscheidung zwar auf der oberen, für den wettbewerblichen Rahmen zuständigen Ebene getroffen werden, die Belange anderer Gebietskörperschaften könnten dabei aber besser berücksichtigt werden.

B. Kommunen als Arbeitgeber

Zweites Element der Transformationsausgaben und damit der Leistungserstellung sind die Personalausgaben. In ihrer Funktion als Arbeitgeber sind die Kommunen bei der Auswahl von Personal und der Ausgestaltung der Arbeitsbedingungen von EU-Regelungen betroffen. Die Personalhoheit als Teil der kommunalen Selbstverwaltung muß in Übereinstimmung mit EU-Recht wahrgenommen werden.

Bei der Auswahl und der Einstellung von Personal haben die Städte und Gemeinden vor allem das Prinzip der Nichtdiskriminierung ausländischer EU-Bürger zu beachten. Nach Art. 48 EGV sind ausländische EU-Bürger in bezug auf Beschäf-

meinschaften (1998): Mitteilung der Kommission. Das öffentliche Auftragswesen in der Europäischen Union, S. 31-32.

[1] Vgl. Kommission der Europäischen Gemeinschaften (1996): Grünbuch. Das öffentliche Auftragswesen in der Europäischen Union, S. 54. Abzuwarten bleibt, inwiefern derartige Möglichkeiten durch die innerstaatliche Umsetzung von Bund und Ländern den Gemeinden eingeräumt werden bzw. sogar vorgeschrieben werden. Vgl. dazu o.V. (1998): Letzte Chance für eine Reform des deutschen Vergaberechts, S. 7.

tigung, Entlohnung und sonstige Arbeitsbedingungen gleich zu behandeln. Diese Vorschrift ist für alle Arbeitgeber gültig. Lediglich hoheitliche Tätigkeiten sind vom allgemeinen Prinzip der Nichtdiskriminierung ausgenommen.[1] Durch die gegenseitige Anerkennung von Hochschuldiplomen und anderen Ausbildungszeugnissen werden die materiellen Voraussetzungen für die Durchsetzung der Nichtdiskriminierung geschaffen. Aufgrund der noch geringen Mobilität der Personen zwischen den Mitgliedstaaten, unter den in Deutschland lebenden EU-Bürgern stammen nur 2,4 % aus anderen Mitgliedstaaten, sind die tatsächlichen Auswirkungen noch sehr gering.[2]

Weitere Bestimmungen zur Nichtdiskriminierung sind im EU-Recht enthalten. So wurde durch EU-Recht auch die Gleichbehandlung von Frauen und Männern in arbeits- und sozialrechtlicher Hinsicht geregelt.[3] Diese Grundsätze sind zwar auch in der nationalen Rechtsordnung enthalten, jedoch wird das Gemeinschaftsrecht nicht zuletzt aufgrund der Rechtsprechung des Europäischen Gerichtshofs als sehr viel effektiver eingeschätzt.[4] Durch den Vertrag von Amsterdam wurde ein neuer Art. 6a in den EG-Vertrag eingefügt, nach dem auf der EU-Ebene Vorkehrungen getroffen werden können, um Diskriminierung aus Gründen des Geschlechts, der Rasse, der ethnischen Herkunft, der Religion oder der Weltanschauung, einer Behinderung, des Alters oder der sexuellen Ausrichtung zu bekämpfen.[5]

Durch diese Regelungen werden die Kommunen nicht daran gehindert, fachlich und persönlich geeignete Mitarbeiter zu beschäftigen. Sie fördern dagegen eine

---

[1] Vgl. Teil 2, Abschnitt 1, Punkt B. Die Ausnahmevorschriften für die öffentliche Verwaltung sind dort etwas ausführlicher behandelt.

[2] So sind nur insgesamt 3 der ca. 1.100 Beschäftigten der Stadt Marburg ausländische EU-Bürger. Diese sind im gewerblichen Bereich beschäftigt. Nur vereinzelt würden Bewerbungen von ausländischen EU-Bürgern eingehen. Diese haben jedoch noch nicht den reinen Verwaltungs-, Sozial- und Erziehungsbereich betroffen. (Auskunft der Personalabteilung der Stadt Marburg im Januar 1998) Der Anteil ausländischer Unionsbürger unter den in Deutschland lebenden EU-Bürgern beträgt nur ca. 2,4 %. (Zum 31.12.1996 betrug die Zahl der Deutschen 74.582.000, die der ausländischen EU-Bürger 1.839.900. Vgl. dazu Statistisches Bundesamt (1997): Statistisches Jahrbuch 1997, S. 46, 67.) Ausländer insgesamt sind in der öffentlichen Verwaltung noch stark unterrepräsentiert: Während 10 % der Deutschen in der öffentlichen Verwaltung beschäftigt sind, beträgt der Anteil aller Ausländer nur 2,2 %. (Vgl. dazu Statistisches Bundesamt (1997): Statistisches Jahrbuch 1997, S. 109.)

[3] Rechtliche Grundlage dafür ist u.a. Art. 119 EGV. Vgl. ausführlicher beispielsweise Piepenschneider, Melanie (1997): Women's Europe, S. 216; Schulte, Bernd (1998): Europäische Sozialpolitik und die Zukunft des Sozialstaats in Europa, S. 36.

[4] Vgl. die Einschätzung bei Schulte, Bernd (1998): Europäische Sozialpolitik und die Zukunft des Sozialstaats in Europa, S. 40.

[5] Derartige Vorkehrungen kann der Rat auf Vorschlag der Kommission und nach Anhörung des Europäischen Parlaments einstimmig treffen. (Art. 13 (ex-Artikel 6a) EGV in der Fassung des Vertrages von Amsterdam)

aufgabenadäquate, transparente und möglichst gerechte Personalpolitik. Diskretionäre Spielräume für die Berücksichtigung anderer Belange sind jedoch eingeschränkt. Beispielsweise können Ortsansässige nicht bevorzugt eingestellt werden. Lokalpräferenzen[1] sind also nicht zulässig. Diese Beschränkung diskretionärer Handlungsspielräume ist im Hinblick auf die dadurch geförderte effektive und effiziente Aufgabenerfüllung aus ökonomischer Sicht nicht negativ zu beurteilen. Wettbewerb und Mobilität werden gefördert.

In ihrer Sozialpolitik hat die EU insbesondere Gesundheits- und Arbeitsschutzbedingungen normiert[2] und dabei versucht, europaweit Mindeststandards zu schaffen[3] und Ungleichbehandlungen abzubauen. Beispiele sind die Beseitigung der Schlechterstellung von Teilzeit-Arbeitnehmern gegenüber Vollzeit-Beschäftigten, ein gesetzlicher Mindesturlaub von mindestens 4 Wochen oder die Bildschirmrichtlinie, welche die Anforderungen an Bildschirmarbeitsplätze bestimmt.[4] Diese Regelungen haben bei den Kommunen teilweise zu höheren Kosten geführt bzw. die Flexibilität eingeschränkt, so daß rechtliche und finanzielle Handlungsspielräume betroffen sind. Generell sind die direkten Auswirkungen auf die deutschen Kommunen jedoch eher als gering einzuschätzen, da in Deutschland bereits vor dem Inkrafttreten der EU-Regelungen ein hohes Niveau bei Arbeits- und Gesundheitsschutz bestand.[5] Mit Blick auf dieses Niveau scheinen die EU-Regelungen in den meisten Fällen nicht über Mindeststandards hinausgegangen zu sein.

Standards werden grundsätzlich kontrovers diskutiert.[6] So werden Mindeststandards im Gesundheits- und Arbeitsschutz als Rahmenbedingung eines „fairen" Wettbewerbs angesehen, deren Einhaltung im europaweiten Wettbewerb durch

---

[1] Vgl. hierzu auch die ausführliche Diskussion von Lokalpräferenzen bei der Vergabe öffentlicher Aufträge im vorigen Unterabschnitt A. Grundsätzlich die gleiche Argumentation ist auf die Beschäftigung in der Kommunalverwaltung anzuwenden.

[2] Vgl. Heise, Arne (1998): Europäische Sozialpolitik, S. 12-13. Ausführlich zur Europäischen Sozialpolitik derselbe, S. 9-13; Schulte, Bernd (1998): Europäische Sozialpolitik und die Zukunft des Sozialstaats in Europa, S. 35-45.

[3] Insbesondere Art. 118a EGV, eingefügt durch die EEA, ist hierfür die vertragliche Grundlage. „Mindeststandards" können auch sehr anspruchsvoll sein.

[4] Zu diesen Beispielen vgl. o.V. (1997): Einigung über Teilzeit, S. 6 (Die mit den Arbeitgebern ausgehandelte Vereinbarung soll Ende 1999 EU-weit rechtswirksam werden.); o.V. (1996): Arbeitsschutz, S. 5; Mombaur, Peter Michael (1994): Kommunalpolitik in der Europäischen Union, S. 32; auch Schäfer, Thomas (1998): Die deutsche kommunale Selbstverwaltung in der Europäischen Union, S. 180-184. Auf die Bedeutung der Mindesturlaubsregel wies der Deutsche Städtetag im Januar 1997 hin.

[5] Vgl. o.V. (1996): Arbeitsschutz, S. 5.

[6] Vgl. beispielsweise die Diskussion bei Franzmeyer, Fritz (1998): Der Einfluß ökonomischer Rahmenbedingungen auf die zukünftige Sozialpolitik in der EU, S. 8-11, 19-23.

EU-Regelungen gesichert werden kann.[1] Arbeits- und Gesundheitsschutzstandards dienen auch der Senkung volkswirtschaftlicher Folgekosten, beispielsweise im Gesundheitswesen, und damit der Reduzierung negativer externer Effekte.[2] Sie werden ebenso als Ausdruck von Wohlstand jenseits der BSP-Größe und deshalb auch als Entwicklungsindikator betrachtet.

Andererseits können Standards selbst ein Wettbewerbsparameter im Standortwettbewerb sein. Werden auf der EU-Ebene zu hohe Standards gesetzt, so kann sich insbesondere die Wettbewerbsposition von Gemeinden in ärmeren Mitgliedstaaten relativ zur Wettbewerbsposition von Gemeinden in reicheren Mitgliedstaaten verschlechtern. Denn bis zur Höhe der Mindeststandards wird der Standortwettbewerb ausgeschaltet.[3] Dadurch wird die Möglichkeit dezentraler Regelungen mit den bekannten Vorteilen einer besseren Angepaßtheit an die lokalen Präferenzen und die örtliche Situation beschränkt. Ebenso wird die Vielfalt der Systeme und das mit ihr verbundene Innovationspotential begrenzt.

Das Problem, wie hoch Mindeststandards anzusetzen sind, um einerseits Arbeitnehmer berechtigterweise zu schützen und externe Effekte zu vermeiden,[4] aber andererseits noch genug Spielräume für den Wettbewerb zu lassen, bleibt stets diskussionsbedürftig.[5] Die Höhe der Standards ist unter anderem von den Präferenzen und dem erreichten Wohlstandsniveau abhängig. Mit Blick darauf sollten auf der EU-Ebene wirklich nur - recht niedrige - Mindeststandards gesetzt werden.

Welche Folgen weitere sozialpolitische Aktivitäten der Gemeinschaft auf die Kommunen haben werden, ist offen. Zu denken ist beispielsweise an eine Harmonisierung der Sozialversicherungssysteme und der Mitbestimmung, um in diesem Bereich bestehende Hindernisse der Arbeitnehmermobilität zu beseitigen.[6]

---

[1] Zu den Harmonisierungsmöglichkeiten in der EU vgl. Franzmeyer, Fritz (1998): Der Einfluß ökonomischer Rahmenbedingungen auf die zukünftige Sozialpolitik in der EU, S. 11.

[2] Vgl. zu positiven externen Effekten von Sicherheits- und Gesundheitsstandards am Arbeitsplatz die Argumente bei Dicke, Hugo (1998): Ökonomische Einflußfaktoren auf die Sozialpolitik der EU, S. 25.

[3] Vgl. hierzu und zum folgenden Demmer, Michael (1994): Europäische Sozialpolitik im Spannungsfeld zwischen institutionellem Wettbewerb und institutioneller Integration, S. 114-125.

[4] Ein Beispiel für eine solche EU-Regelung sind die Sozialvorschriften im (grenzüberschreitenden) Straßenverkehr (vor allem Lenk- und Ruhezeiten). Vgl. dazu Frohnmeyer, Albrecht (1994): Rn. 33 und 69 zu Art. 74 EGV. In: Grabitz, Eberhard und Hilf, Meinhard (1998) (Hrsg.): Kommentar über die Europäische Union.

[5] Vgl. dazu Dicke, Hugo (1998): Ökonomische Einflußfaktoren auf die Sozialpolitik der EU, S. 7. Dicke sieht die Sozialpolitik generell als Optimierungsaufgabe.

[6] Art. 137 (ex-Artikel 118) Abs. 3 EGV in der Fassung des Vertrages von Amsterdam beinhaltet derartige Kompetenzen, über deren Ausübung aber im Rat einstimmig beschlossen werden muß.

Werden diesbezüglich konkrete Vorschläge unterbreitet, so müssen Vor- und Nachteile einer Harmonisierung abgewogen werden. Die Maßnahmen sollten so gewählt werden, daß sie einem innovativen Wettbewerb der Systeme noch genug Raum lassen.[1] Insbesondere bei weitreichenden Vorhaben könnte es sinnvoll sein, die Kommunen in ihrer Arbeitgeberfunktion als Sozialpartner mit einzubeziehen,[2] was gegenwärtig noch nicht der Fall ist.

C. Interne Organisationsstruktur in den Kommunen: Höhere Kosten und Modernisierungsdruck

Der Einfluß der Europäischen Union auf die kommunale Aufgabenerfüllung spiegelt sich zunehmend in der internen Organisationsstruktur wider. Äußerlich sichtbar werden diese Veränderungen am auffälligsten in der Gestalt von „Europa-Beauftragten" in Kommunen.[3] Um die europäische Dimension kommunaler Aufgabenerfüllung ausreichend zu berücksichtigen und den damit zusammenhängenden Informations- und Koordinationsbedarf zu bewältigen, werden Mitarbeiter bestimmt oder sogar Stellen geschaffen, die sich speziell mit europäischen Fragen befassen.

Diese Europa-Beauftragten haben vor allem die für die Kommunen relevanten Informationen zu beschaffen, auszuwerten und an die richtigen Stellen weiterzugeben. Beratung von örtlicher Verwaltung und Wirtschaft, Koordination und Kontaktpflege mit Partnern im In- und Ausland und allgemeine Öffentlichkeitsarbeit sind weitere Aufgabenfelder. In Fördergebieten ist die Initiierung und Betreuung von Projekten im Rahmen der EU-Förderprogramme von besonderer Be-

---

[1] Vgl. Oberender, Peter und Reißmann, Eva Maria (1993): Sozialpolitik und Sozialversicherung in der europäischen Integration, S. 394-395. Beispielsweise würde eine Harmonisierung, bei der das zur Zeit noch in der Regel geltende Territorialprinzip der Sozialversicherungen aufgehoben und gegen eine EU-weite Versicherungspflicht ersetzt wird, den Wettbewerb der Sozialversicherungssysteme fördern.

[2] Diese Forderung wurde von der Bundesvereinigung der kommunalen Spitzenverbände erhoben. Vgl. dazu Bundesvereinigung der kommunalen Spitzenverbände (1995): Revision des Maastrichter Vertrages, S. 9.

[3] Ebenso führten bestimmte Fachpolitiken wie die Umweltgesetzgebung oder sogar Einzelmaßnahmen, z.B. die Umweltverträglichkeitsprüfung und die Richtlinien für das Beschaffungswesen, zu Veränderungen in der Verwaltungsstruktur. So sollen die Beschaffungsrichtlinien einen Trend zur Zentralisierung von Beschaffungsaufgaben und -stellen implizieren. (Vgl. dazu Vonderheid, Ulrich (1994): Die Beschaffungswirtschaft kommunaler Verkehrs- und Versorgungsunternehmen und EG-Binnenmarkt, S. 285.) Der Zuschnitt der Umweltdezernate soll wesentlich von der EU-Umweltpolitik beeinflußt worden sein. (Vgl. Fiedler, Klaus P. (1993): Umweltmanagement der kommunalen Gebietskörperschaften in Europa, S. 20.)

deutung.[1] An das Qualifikationsprofil der Europa-Beauftragten werden hohe Anforderungen gestellt. Kenntnisse der Kommunalverwaltung, der internen Struktur der Organe und der Politiken der EU, Fremdsprachen, Kommunikations-, Koordinations- und Organisationsfähigkeit werden als wichtig erachtet.[2]

Für die organisatorische Einbindung wurden vielfältige Möglichkeiten gefunden. Wegen des koordinierenden Charakters der Aufgabe wurde oftmals eine Stabsstelle mit Anbindung an die Verwaltungsspitze geschaffen. Diese Organisationsform widerspricht aber der herkömmlichen Verwaltungsstruktur mit ihrer klaren Linienorganisation.[3] Das Zuständigkeits-, Weisungs- und Verantwortungsschema verschwimmt, Gegenläufigkeiten, Reibungen und Outputverluste können die Folge sein.[4] Die neue ämterübergreifende Aufgabe verschärft ebenso wie die anderen Aufgaben mit ämterübergreifendem Charakter, beispielsweise Stadtentwicklungsplanung, Umweltschutz, Wirtschaftsförderung oder Frauenförderung,[5] den Reformdruck auf die Verwaltungsstrukturen. Es müssen Wege gefunden werden, diese Dauer- und Querschnittsaufgaben in die tägliche Verwaltungsarbeit zu integrieren.[6]

Die Notwendigkeit zusätzlicher organisatorischer Maßnahmen und der Einsatz qualifizierten Personals führen zwangsläufig zu höheren Kosten. Zu einem gewissen Teil werden diese Maßnahmen auf die allgemeine Integration und die Globalisierung, die eine zunehmende internationale Ausrichtung der Gemeinden bedingen, zurückzuführen sein. Der auch von der EU ausgehende Druck zur Internationalisierung und in diesem Zusammenhang auf die Reform der veralteten Verwaltungsstrukturen sind positiv zu bewerten. Negativ sind dagegen die hohen Ko-

---

[1] Vgl. Harte, Ruth und Schüürmann, Kurt (1993): Europäischer Binnenmarkt und Kommunale Selbstverwaltung, S. 181-184; Lwowski, Harald (1993): „Europa-Beauftragte" für die Städte?, S. 779-781; Bauer, Helfried und Biwald, Peter (1994): Kommunalverwaltung, S. 149-150.

[2] Vgl. hierzu und zum folgenden Harte, Ruth und Schüürmann, Kurt (1993): Europäischer Binnenmarkt und Kommunale Selbstverwaltung, S. 182-184; Lwowski, Harald (1993): „Europa-Beauftragte" für die Städte?, S. 779-782.

[3] Vgl. Kaldenkern, Karl-Heinz von (1992): Organisation, Personalwirtschaft und Steuerung des Verwaltungssystems, S. 141.

[4] Vgl. Schmidt-Jorzig, Edzard (1994): Erschwerung kommunaler Aufgabenerfüllung durch Personalvertretungsrecht, (Gleichstellungs-) Beauftragte und verstärkte Bürgerbeteiligung, S. 101-103.

[5] Vgl. Kaldenkern, Karl-Heinz von (1992): Organisation, Personalwirtschaft und Steuerung des Verwaltungssystems, S. 141.

[6] Vgl. Schmidt-Jorzig, Edzard (1994): Erschwerung kommunaler Aufgabenerfüllung durch Personalvertretungsrecht, (Gleichstellungs-) Beauftragte und verstärkte Bürgerbeteiligung, S. 113. Der erhöhten Komplexität und dem Koordinierungsbedarf können Formen der Matrixorganisation bzw. ein veränderter Zuschnitt von Ämtern Rechnung tragen. (Vgl. dazu Kaldenkern, Karl-Heinz von (1992): Organisation, Personalwirtschaft und Steuerung des Verwaltungssystems, S. 141.)

sten zu beurteilen, die durch übermäßige Zentralisierung, Intransparenz und Bürokratie (beispielsweise bei den Förderprogrammen) verursacht werden und die sich auch in den Verwaltungsstrukturen widerspiegeln. Mehr Transparenz und weniger kompliziertes Recht, vereinfachte Förder- und Antragswege bis zur Zuweisung von Aufgabenfeldern an untere Ebenen können Vereinfachung und Kostenersparnis bei den kommunalen Verwaltungsstrukturen bedeuten.

D. Exkurs: Einmalige Währungsumstellung auf den Euro in den Kommunen

Die Währungsunion wird die DM als Tausch-, Rechen- und Wertaufbewahrungsmittel in den Kommunen ablösen und diese Geldfunktionen dem Euro übertragen. Die Währungsumstellung wird die Städte und Gemeinden auf nahezu allen Handlungsfeldern betreffen und erfordert wohlüberlegtes Herangehen und gute Vorbereitung, um den Übergang zu meistern.[1] Ohne Zweifel wird sie sachliche und personelle Ressourcen binden. Im folgenden wird zunächst der geplante zeitliche Ablauf der Währungsumstellung und danach der konkrete Umstellungsbedarf dargestellt.

I. Zeitplan[2] der Währungsumstellung und offene Fragen

Im Mai 1998 wurden die Teilnehmerstaaten der ersten Runde der Währungsunion bestimmt. Der Wechselkurs der DM zum Euro ist zum 1.1.1999 fixiert worden. Zu diesem Zeitpunkt wurde der Euro als Buchgeld eingeführt.[3] In der sich anschließenden „Übergangszeit“ behält die DM ihre Funktion als gesetzliches Zahlungsmittel und bleibt alleiniges „Barzahlungsmittel“. Auf Euro lautende Banknoten und Münzen wird es erst ab 1.1.2002 geben.[4] Spätestens 6 Monate

---

[1] Vgl. o.V. (1997): Einführung des Euro in den Städten. Organisatorische Vorkehrungen, S. 407.

[2] Der Zeitplan für die Währungsumstellung ist hier im Hinblick auf die für die Kommunen relevante praktische Umstellung dargestellt. Rechtlich ist der Euro ab 1.1.1999 die Währung der teilnehmenden Mitgliedstaaten, die in der Übergangszeit allerdings auch in nationalen Währungseinheiten ausgedrückt wird. Mit dem 1.1.2002 findet die allgemeine Umstellung auf die Einheit Euro statt. Der Euro tritt dann auch an die Stelle der nationalen Währungseinheiten. Der Zeitplan beruht auf der „Verordnung des Rates über die Einführung des Euro“ nach Art. 109l Abs. 4 EGV. Diese Verordnung wurde 1998 von den dann feststehenden EWU-Teilnehmern verabschiedet. Sie war aber bereits vorbereitet und bekannt gemacht worden. (Vgl. dazu Bundesministerium der Finanzen (Hrsg.)(1997): Einführung des Euro in Gesetzgebung und öffentlicher Verwaltung, S. 7, Anlage 4; Verordnung (EG) Nr. 974/98 des Rates vom 3. Mai 1998 über die Einführung des Euro. ABl. Nr. L 139 vom 11.5.1998, S. 1.)

[3] Vgl. Bundesministerium der Finanzen (Hrsg.)(1997): Einführung des Euro in Gesetzgebung und öffentlicher Verwaltung, S. 7; Book, Rainer und Jürgenliemk, Rainer (1996): Die Städte und der Euro, S. 788.

[4] Art. 10 und 11 der Verordnung (EG) Nr. 974/98 des Rates vom 3. Mai 1998 über die Einführung des Euro. ABl. Nr. L 139 vom 11.5.1998, S. 1. Vgl. ebenso Bundesministerium der

danach verlieren Banknoten und Münzen in DM ihre Gültigkeit als gesetzliches Zahlungsmittel.[1]

Die Mitgliedstaaten können die Phase des doppelten Bargeldumlaufs bis auf Null abkürzen: DM-Noten und -Münzen könnten zum Stichtag die Eigenschaft als gesetzliches Zahlungsmittel verlieren, müßten allerdings in einer Nachfrist von den Kreditinstituten zurückgenommen werden.[2] Handel, Kreditinstitute und Gemeinden haben sich bereits für eine Stichtagsumstellung ausgesprochen, um die praktischen Probleme des Umgangs mit 2 Währungen zu umgehen, die Automatenwirtschaft fordert dagegen eine Parallelphase von 6 Monaten. Bei einem parallelen Bargeldumlauf wird eine doppelte Preisauszeichnung kaum zu vermeiden sein, um größtmögliche Preistransparenz und korrekte Umrechnung zu gewährleisten. Die Europäische Kommission und Teile der Öffentlichkeit, u.a. Verbraucherschützer, hatten unabhängig davon vorgeschlagen, zur besseren Orientierung der Öffentlichkeit, insbesondere dem Schutz der Verbraucher vor „verdeckten Preiserhöhungen“, schon in der Übergangszeit alle Preise sowohl in DM als auch in Euro auszuzeichnen. Eine verbindliche Entscheidung dieser beiden Fragen auf europäischer und nationaler Ebene ist auch von Bedeutung für den Umstellungsprozeß und seine Kosten in den Gemeinden. Der Städtetag befürwortet in diesem Zusammenhang eine Stichtagsumstellung und spricht sich gegen einen Doppelwährungsausweis für die Kommunen aus.[3] Auf der europäischen Ebene ist man von Plänen, für einen bestimmten Zeitraum eine doppelte Preisauszeichnung vorzuschreiben, zwischenzeitlich abgekommen und setzt statt dessen auf wettbewerbliche Lösungen.

Innerhalb der Übergangszeit muß die öffentliche Verwaltung auf die neue Währung umgestellt werden. Als interner Umstellungszeitpunkt für die gesamte öffentliche Verwaltung wird bislang aus Kosten- und Machbarkeitsgesichtspunkten der 1.1.2002, der spätestmögliche Zeitpunkt, angesteuert.[4] Da allerdings viele, vor allem große, Unternehmen schon vor diesem Zeitpunkt umstellen werden und die frühzeitige Umstellung auch für gemeindliche Unternehmen vorteilhaft sein

---

Finanzen (Hrsg.)(1997): Einführung des Euro in Gesetzgebung und öffentlicher Verwaltung, S. 7.

[1] Art. 15 der Verordnung (EG) Nr. 974/98 des Rates vom 3. Mai 1998 über die Einführung des Euro. ABl. Nr. L 139 vom 11.5.1998, S. 1. Vgl. ebenso Bundesministerium der Finanzen (Hrsg.)(1997): Einführung des Euro in Gesetzgebung und öffentlicher Verwaltung, S. 24.

[2] Vgl. hierzu und zum folgenden Bundesministerium der Finanzen (Hrsg.)(1997): Einführung des Euro in Gesetzgebung und öffentlicher Verwaltung, S. 23-24; o.V. (1997): Einführung des Euro in den Städten. Organisatorische Vorkehrungen, S. 407.

[3] Vgl. o.V. (1997): Einführung des Euro in den Städten. Organisatorische Vorkehrungen, S. 407.

[4] Vgl. Bundesministerium der Finanzen (Hrsg.)(1997): Einführung des Euro in Gesetzgebung und öffentlicher Verwaltung, S. 11.

kann, könnten auch für die Kommunen in der Übergangszeit Schnittstellenprobleme entstehen.[1]

II. Konkreter Umstellungsbedarf: Hohe Kosten für die technische Umstellung

Die Einführung der Europäischen Währungsunion ist eine Währungsumstellung und berührt nicht die Wertverhältnisse. Daher haben bei Einführung des Euro zum 1.1.1999 alle Rechtsinstrumente, insbesondere auch nationale Gesetze und Rechtsverordnungen - das betrifft auch gemeindliche Satzungen und Gebührenordnungen -, ihre Gültigkeit behalten, auch wenn sie auf Geldbeträge in nationaler Währung Bezug nehmen.[2] Die Kontinuität der vertraglichen Verhältnisse wird durch die Währungsumstellung ebenfalls nicht beeinträchtigt.[3] Lediglich für Signalbeträge („gerade" Beträge), z.B. Park- und ÖPNV-Gebühren, Eintrittspreise für kommunale Einrichtungen u.a., werden materielle Satzungsänderungen aus praktischen Gründen notwendig. Dafür haben die Kommunen jedoch 3 Jahre Zeit, von der Fixierung der Wechselkurse zum 1.1.1999 bis zur Einführung des Eurobargeldes am 1.1.2002.[4]

Weit aufwendiger wird die notwendige Anpassung der EDV-Systeme an die neue Währung, die Umstellung der gesamten Haushaltswirtschaft einschließlich aller Zahlungswege, die Vorbereitung technischer geld- oder wertbezogener Geräte wie Frankiermaschinen, Münzautomaten, z.B. als Kassen in Bädern und Museen, und die notwendige Anpassung der Verwaltungsmaterialien mit Währungsinhalten bis zum Umstellungstag.[5] Mit der Umstellung sind hohe Kosten verbunden. Diese lassen sich zwar bisher noch nicht im einzelnen beziffern. Nach ersten Schätzungen sind jedoch finanzielle Aufwendungen in Millionenhöhe notwendig.[6] Diese Kosten sind von den Kommunen zu tragen. „Geld vom Bund oder vom Land wird es wohl nicht geben - jede Verwaltungsebene ist für die Finanzierung

---

[1] Vgl. o.V. (1997): Einführung des Euro in den Städten. Organisatorische Vorkehrungen, S. 408.

[2] Vgl. Bundesministerium der Finanzen (Hrsg.)(1997): Einführung des Euro in Gesetzgebung und öffentlicher Verwaltung, S. 6. Die entsprechende Verordnung wurde 1997 verabschiedet: Verordnung (EG) Nr. 1103/97 des Rates vom 17. Juni 1997 über bestimmte Vorschriften im Zusammenhang mit der Einführung des Euro. ABl. Nr. L 162 vom 19.6.1997, S. 1.

[3] Vgl. Tartler, Jens (1996): Umstellung auf den Euro macht Städten viel Arbeit, S. 6.

[4] Vgl. Book, Rainer und Jürgenliemk, Rainer (1996): Die Städte und der Euro, S. 790.

[5] Vgl. Book, Rainer und Jürgenliemk, Rainer (1996): Die Städte und der Euro, S. 790.

[6] Vgl. Sander, Ludger und Gehrmann, Bernhard (1997): Der Euro in den Kommunen, S. 89. Fachleute veranschlagen beispielsweise die Kosten für die vielfältigen Anpassungen im Bereich der kommunalen Rechtsetzung, dem Haushalts-, Kassen- und Rechnungswesen unter Anwendung streng kostenrechtlicher Kriterien auf ca. 80 DM/Einwohner (Information der Stadt Marburg 1997).

der Währungsumstellung selbst verantwortlich."[1] Wie die anderen Teilnehmer am Wirtschaftsverkehr werden auch die Kommunen die Vorteile einer einheitlichen Währung, insbesondere erhöhte Markttransparenz und verringerte Transaktionskosten zukünftig nutzen können. Die Kosten dafür fallen allerdings in den nächsten Jahren bereits an. Insofern ist auch die Europäische Währungsunion ein Beispiel dafür, daß die Politik auf europäischer Ebene vorerst vor allem Kosten verursacht. Es zeigt den Beratungsbedarf bei der grundsätzlich zu Recht zuständigen zentralen Ebene durch die Betroffenen auf, um eine effiziente Umstellung zu gewährleisten.

E. Fazit zur Einwirkung der EU auf die Leistungserstellung

Bei der kommunalen Leistungserstellung spielen insbesondere Sach- und Personalausgaben eine wichtige Rolle. Die EU regelt, daß die mit diesen Ausgaben verbundenen wirtschaftlichen Vorgänge im Einklang mit den Prinzipien des Binnenmarktes ablaufen. Durch den Zwang zur wettbewerblichen Ausrichtung können einerseits prinzipiell Kosten gespart werden. Andererseits werden auch diskretionäre Spielräume, diese Ausgaben als Instrument in anderen Politikbereichen einzusetzen, beschränkt. Dieses Problem wird in Teil 4 noch einmal grundsätzlich diskutiert werden.[2]

Gleichzeitig werden durch die EU im Bereich der Leistungserstellung Standards gesetzt: Produktstandards (Europäische Normen), Prozeßablaufstandards (Vergabeverfahren für europaweit auszuschreibende öffentliche Aufträge), Arbeitsschutzstandards und Gleichstellungsgebote. Diese Standards können bei den Kommunen zu höheren Kosten führen.[3] Sie sind aber nicht generell abzulehnen. Vielmehr kommt es auf ihre zielorientierte, flexible und effiziente Ausgestaltung an.

Die Einflüsse der EU auf viele verschiedene kommunale Handlungsfelder spiegeln sich auch in der internen Organisation wider, beispielsweise in den „Europabeauftragten". Gegenwärtig ist die Umstellung auf den Euro von besonderer Bedeutung. Auch auf dem Gebiet der Leistungserstellung werden überkommene Strukturen durch die EU verändert bzw. einem Reformdruck unterworfen.[4]

---

[1] Sander, Ludger und Gehrmann, Bernhard (1997): Der Euro in den Kommunen, S. 89.

[2] Vgl. Teil 4, Abschnitt 2, Punkt B.

[3] Vgl. dazu auch die Diskussion des „unsichtbaren Finanzausgleichs" in Teil 4, Abschnitt 2, Punkt D.

[4] Vgl. zusammenfassend hierzu Teil 4, Abschnitt 2, Punkt A.

Abschnitt 4: Einnahmen der Kommunen

Eine wichtige Voraussetzung für die Erfüllung kommunaler Aufgaben ist nicht nur die im letzten Abschnitt behandelte kommunale Leistungserstellung, sondern auch deren Finanzierung. Dafür stehen den Kommunen verschiedene Einnahmen zu Verfügung.[1] Bei den Einnahmen ist zu trennen in aufgabenbezogene Einnahmen und Einnahmen, die keinen konkreten Aufgaben zugeordnet werden können. Beide unterliegen vielfältigen Einflüssen der EU.

Zu den aufgabenbezogenen Einnahmen gehören Zweckzuweisungen, Erwerbseinkünfte, Gebühren und Beiträge. Es gibt keine generellen Bestimmungen über diese aufgabenbezogenen Einnahmen. Einzelne Gebühren und Beiträge unterliegen beispielsweise Einflüssen aus der Umwelt- oder Energiepolitik, diejenigen von Unternehmen zu zahlenden grundsätzlich den Beihilfevorschriften. Erwerbseinkünfte aus der wirtschaftlichen Betätigung im Energiesektor oder durch kommunale Sparkassen sind betroffen. Zweckzuweisungen werden durch die Regionalpolitik und andere Förderprogramme beeinflußt. Diese aufgabenbezogenen Einnahmen wurden in Zusammenhang mit den betroffenen Aufgaben integriert behandelt.[2] Auf sie soll hier nicht mehr eingegangen werden.

Die Einnahmen, die keinen konkreten Aufgaben zugeordnet werden können und die von der EU-Politik unmittelbar betroffen sind, werden im folgenden behandelt. Es geht dabei um die Gemeindesteuern und die kommunale Verschuldung.

A. Gemeindesteuern und EU-Steuerharmonisierung

Bevor auf einzelne Probleme eingegangen wird, soll dargelegt werden, welche Steuern die Gemeinden erhalten und welche Kompetenzen die EU auf dem Gebiet der Steuerharmonisierung hat. Den Gemeinden steht das Aufkommen aus Grund- und Gewerbesteuer (Realsteuern) zu, für die sie ein Hebesatzrecht besitzen.[3] Weiterhin erhalten sie einen Anteil an der Einkommensteuer. Als Ersatz für die seit dem 1.1.1998 abgeschaffte Gewerbekapitalsteuer erhalten sie 2,2 Prozentpunkte des Umsatzsteueraufkommens. Von geringerer Bedeutung sind kleinere örtliche Verbrauch- und Aufwandsteuern, für die sie nach Landesgesetzgebung teilweise auch das Steuerfindungsrecht haben.

Seit den Römischen Verträgen besitzt die EG vertragliche Kompetenzen für die Harmonisierung der indirekten Steuern (Art. 99 EGV), die sie unter anderem im

---

[1] Vgl. Teil 1, Abschnitt 1, Punkt B. IV.

[2] Vgl. Teil 2, Abschnitt 2 sowie Teil 4, Abschnitt 1, Punkt C.

[3] Zu den allgemeinen Ausführungen über die Gemeindesteuern vgl. Teil 1, Abschnitt 1, Punkt B. IV.

Rahmen des Binnenmarktprogramms ausfüllt.[1] Zu diesen indirekten Steuern nach Art. 99 EGV zählen insbesondere die Umsatzsteuer und die speziellen Verbrauchsteuern. Dagegen wurde bei den direkten Steuern noch keine weitreichende Harmonisierung unternommen. Die für die Gemeinden wichtigen Gewerbe-, Grund- und Einkommensteuern sind ebenso wie die örtlichen Verbrauch- und Aufwandsteuern von direkten Harmonisierungsmaßnahmen durch die EU bisher kaum betroffen.[2] Harmonisierungsbestrebungen bei den direkten Steuern, beispielsweise bei der Unternehmensbesteuerung oder der Zinsbesteuerung, sind jedoch vorhanden, vor allem wegen der zunehmenden Wirksamkeit des Binnenmarktes. Zukünftige Reformen erscheinen deshalb nicht ausgeschlossen.[3]

Im folgenden wird die Beteiligung der Gemeinden am Aufkommen der harmonisierten Umsatzsteuer genauer untersucht (Punkt I.). Dann werden die Vorschläge zur Harmonisierung direkter Steuern und ihre möglichen Auswirkungen auf die Gemeindesteuern beleuchtet (Punkt II.). Am Schluß werden die Rahmenbedingungen in der EU im Hinblick auf die seit langem geforderte Gemeindefinanzreform erörtert (Punkt III.).

I. Beteiligung der Gemeinden am Aufkommen einer harmonisierten Umsatzsteuer

Die Umsatzsteuer gilt als unmittelbar preiswirksam. Ihre unterschiedliche Ausgestaltung in den Mitgliedstaaten wurde deshalb als Wettbewerbsverzerrung und wesentliches Handelshemmnis im EU-weiten Güter- und Dienstleistungsverkehr angesehen.[4] Bei der Verwirklichung des Binnenmarktprogramms wurden Steuersätze und Bemessungsgrundlage der Umsatzsteuer daher harmonisiert. Die Umsatzsteuer unterliegt weiteren Harmonisierungsbestrebungen und wird zugleich

---

[1] Vgl. Müller, Walter und Zimmermann, Horst (1993): Die Auswirkungen des Europäischen Binnenmarktes auf die regionale Finanzstruktur, S. 11.

[2] Vgl. Röck, Werner (1990): Der Binnenmarkt 1993 und seine Auswirkungen auf die Kommunen, S. 195; Thömmes, Otmar (1990): Stand und Ausblick der Harmonisierung der direkten Steuern in der EG, S. 125; Müller, Walter und Zimmermann, Horst (1993): Die Auswirkungen des Europäischen Binnenmarktes auf die regionale Finanzstruktur, S. 25. (Von kleineren Harmonisierungsschritten, welche auf die Abschaffung von Doppelbesteuerung abzielen, soll abgesehen werden.)

[3] Beispielsweise gibt es Pläne für eine gemeinschaftliche Lösung bei der Besteuerung von Einkünften aus Ersparnissen. Die Mitgliedstaaten haben sich auf einen Verhaltenskodex für die Unternehmensbesteuerung geeinigt und sind dabei, diesen zu konkretisieren. (Vgl. dazu Europäische Kommission (1998): Gesamtbericht über die Tätigkeit der Europäischen Union 1997. Ziff. 211, S. 86; Rat (1998): Entschließung des Rates und der im Rat vereinigten Vertreter der Regierungen der Mitgliedstaaten vom 1. Dezember 1997 über einen Verhaltenskodex für die Unternehmensbesteuerung. ABl. Nr. C 2 vom 6.1.1998, S. 2.)

[4] Vgl. Müller, Walter und Zimmermann, Horst (1993): Die Auswirkungen des Europäischen Binnenmarktes auf die regionale Finanzstruktur, S. 11.

als mögliche eigene Steuerquelle der EU in ferner Zukunft diskutiert. [1] Gegenwärtig ist diese Steuer bereits eine wichtige Einnahmequelle von Bund und Ländern.

Durch die Reform der Gewerbesteuer, bei der die Gewerbekapitalsteuer abgeschafft und seit der die Gemeinden 2,2 Prozentpunkte des Umsatzsteueraufkommens als Ersatz erhalten, werden die Gemeinden am Aufkommen einer im Binnenmarkt harmonisierten Steuer beteiligt. Die Beteiligung von vier Ebenen an Gesetzgebung bzw. Aufkommen der Umsatzsteuer und die relativ schwache Stellung der Gemeinden im föderativen System lassen befürchten, daß gemeindliche Interessen bei dieser Steuer kaum berücksichtigt werden. Aber nicht nur die Beteiligung von vier Ebenen und die Harmonisierungsbestrebungen, schon die Strukturmerkmale dieser Steuer bewirken, daß die Umsatzsteuer als autonome Einnahmequelle der Gemeinden ungeeignet ist. Aufgrund ihrer steuertechnischen Merkmale konnte die Gewerbekapitalsteuer sowohl nach örtlichem Aufkommen verteilt als auch mit einem gemeindlichen Hebesatzrecht ausgestattet werden. Diese beiden Strukturmerkmale ermöglichten eine direkte finanzielle Verbindung zwischen der Gemeinde und der örtlichen Wirtschaft sowie ein gewisses Maß an Finanzautonomie. Ihr Ersatz, der Gemeindeanteil an der Umsatzsteuer, wird nicht nach dem örtlichen Aufkommen, sondern nach - zwar wirtschaftsbezogenen - Schlüsseln verteilt.[2] Ein gemeindliches Hebesatzrecht ist schon aus steuertechnischen Gründen nicht möglich.[3] Vom Charakter kommt die gemeindliche Umsatzsteuerbeteiligung daher einer Zuweisung sehr nahe.[4] Bei der Bewertung der Reform muß zwar beachtet werden, daß die Gemeinden am Aufkommen einer relativ konstanten, im Konjunkturablauf wenig schwankenden Steuerquelle beteiligt werden, was positiv zu beurteilen ist. Im Ergebnis verlieren die Gemeinden aber an Einnahmenautonomie.

Dieser Autonomieverlust ist jedoch nicht auf die Einwirkung der EU zurückzuführen, sondern wurde dadurch verursacht, daß auf nationaler Ebene den Gemeinden die Ertragshoheit einer ungeeigneten, nämlich örtlich nicht radizierbaren und damit örtlich nicht ausgestaltbaren, Steuerquelle zugeordnet wurde. Die Ge-

---

[1] Vgl. Zimmermann, Horst und Henke, Klaus-Dirk (1994): Finanzwissenschaft, S. 209.

[2] Die Aufteilung ist in den §§ 5a-d des Gesetzes zur Neuordnung der Gemeindefinanzen (Gemeindefinanzreformgesetz), zuletzt geändert am 23. Juni 1998, geregelt. Dabei spielen vorerst das Gewerbesteueraufkommen in der Vergangenheit und die sozialversicherungspflichtig Beschäftigten eine Rolle (§ 5b). Vgl. auch Karrenberg, Hanns und Münstermann, Engelbert (1998): Gemeindefinanzbericht 1998, S. 202-204; 208-213.

[3] Vgl. Sachverständigenrat zur Begutachtung der gesamtwirtschaftlichen Entwicklung (1995): Den Aufschwung sichern - Arbeitsplätze schaffen, S. 201. Vgl. zu den Schwierigkeiten im einzelnen schon Wissenschaftlicher Beirat beim Bundesministerium der Finanzen (1982): Gutachten zur Reform der Gemeindesteuern in der Bundesrepublik Deutschland, S. 396-397.

[4] Vgl. Zimmermann, Horst (1997): Kommunale Finanzautonomie, S. 51.

werbekapitalsteuer wurde zwar wegen ihres Charakters als Unternehmenssteuer abgeschafft, um die steuerliche Belastung der Unternehmen zu verringern und auf diese Weise ihre Wettbewerbsfähigkeit im Binnenmarkt zu erhöhen. Ihre Abschaffung stellt damit eine stille Harmonisierungsmaßnahme dar. Ein Ersatz der Gewerbekapitalsteuer durch geeignetere Einnahmequellen im Rahmen einer seit langem geforderten umfassenden Reform des Gemeindefinanzsystems wäre jedoch möglich gewesen. Darauf wird noch genauer im folgenden Unterabschnitt III. eingegangen.[1]

II. Vorschläge zur Harmonisierung direkter Steuern

Bei den direkten Steuern besitzt die EG keine expliziten vertraglichen Kompetenzen. Lediglich über die Art. 100 und 101 EGV wäre eine Angleichung von Vorschriften möglich, die sich unmittelbar auf die Errichtung oder das Funktionieren des Gemeinsamen Marktes auswirken. Die direkten Steuern wurden bislang vor allem deshalb nicht harmonisiert, weil damit, gerade in Zusammenhang mit der bereits erfolgten Harmonisierung der indirekten Steuern, gravierende Einschnitte in die nationale Einnahmenautonomie verbunden wären.[2] Eine Harmonisierung würde öffentliche Einnahme- und somit auch Ausgabemöglichkeiten beschränken. Sie würde auch den Einsatz der öffentlichen Einnahmen als Instrument der Wirtschafts-, Sozial- und Umweltpolitik begrenzen. Durch die direkten Steuern werden aber die Produktionsfaktoren Arbeit, Kapital und Boden belastet. Unterschiede in den Besteuerungssystemen wirken sich auf die Faktorwanderung im Gemeinsamen Markt aus. Dadurch stehen unterschiedliche staatliche Steuer- und Leistungssysteme in Wettbewerb miteinander, was wiederum Bestrebungen nach Harmonisierung und damit weniger Wettbewerb hervorruft.[3] Hierbei kann in Harmonisierungen auf EU-Ebene und sogenannte stille Harmonisierungen, die autonom durch die Mitgliedstaaten vorgenommen werden, unterschieden werden. Die Abschaffung der Gewerbekapitalsteuer war beispielsweise eine „stille" Harmonisierungsmaßnahme.

Bedeutende Vorschläge zur Harmonisierung direkter Steuern in der EG wurden 1992 durch den Ruding-Ausschuß unterbreitet, die jedoch, soweit sie über die Abschaffung einer Doppelbesteuerung grenzüberschreitender Aktivitäten hinausgingen, noch nicht umgesetzt wurden. Der Ausschuß erörterte Fragen der Unternehmensbesteuerung nach Vollendung des Binnenmarktes und schlug vor, die Körperschaftsteuersysteme zu harmonisieren. Dabei sollte die Bemessungsgrund-

---

[1] Vgl. im folgenden dazu Punkt III. (Teil 2, Abschnitt 4, Punkt A. III.)

[2] Vgl. hierzu und zum folgenden Müller, Walter und Zimmermann, Horst (1993): Die Auswirkungen des Europäischen Binnenmarktes auf die regionale Finanzstruktur, S. 12-16; Thömmes, Otmar (1990): Stand und Ausblick der Harmonisierung der direkten Steuern in der EG, S. 126.

[3] Vgl. o.V. (1997): Finanzminister streiten über Steuerkodex, S. 3.

lage für Unternehmensgewinne harmonisiert und ein Mindeststeuersatz eingeführt werden.[1] Von dem Vorschlag des Ruding-Ausschusses, künftig nur noch eine einheitliche Steuer auf den Gewinn zu erheben, wäre die gemeindliche Gewerbeertragsteuer betroffen. Sie müßte in einer einheitlichen Körperschaftssteuer aufgehen.[2] Hebesatzrechte wären mit einer Harmonisierung von Steuersätzen schlecht zu vereinbaren. Die kommunale Finanzautonomie würde sich dadurch weiter verringern.

Als Ergebnis kann festgestellt werden, daß sowohl Harmonisierungsbestrebungen in der EU als auch der Wettbewerbsdruck des Binnenmarktes, die in enger Wechselbeziehung zueinander stehen, den Druck auf die gemeindliche Finanzautonomie im Rahmen des bestehenden Gemeindefinanzsystems verstärken. Hiervon scheint die Gewerbesteuer besonders betroffen zu sein. Auch aus diesen Gründen ist eine Reform des Gemeindefinanzsystems angezeigt.

III. Gemeindesteuerreform in den von der EU gesetzten Rahmenbedingungen

Die von der EU gesetzten Rahmenbedingungen auf den Gebieten der Steuerharmonisierung und des Binnenmarktes lassen grundsätzlich ein Gemeindesteuersystem zu, das den allokativen Anforderungen entspricht, die an Gemeindesteuern gestellt werden.

Nach diesen allokativen Anforderungen[3] sollen Gemeindesteuern ohne große Schwankungen im Konjunkturablauf möglichst kontinuierlich fließen, um eine dauerhafte Erfüllung der Gemeindeaufgaben zu gewährleisten. Sie sollten die ortsansässigen privaten Haushalte und Unternehmen fühlbar belasten, weil diese

---

[1] Vgl. die Zusammenfassung der Ergebnisse im Bulletin der EG 1992. Nr. 3. Ziff. 1.2.33, S. 26-27 sowie Nr. 6. Ziff. 1.3. 6., S. 38-39.
Hier sei angemerkt, daß eine Harmonisierung der Bemessungsgrundlage auch die gemeindliche Gewerbeertragsteuer betreffen würde, da für die Bemessung des Gewerbeertrags der nach den Vorschriften des Einkommensteuer- und des Körperschaftsteuergesetzes ermittelte Gewinn die Grundlage ist. Der Vollständigkeit halber sei auch auf die indirekten Wirkungen der Steuerharmonisierung in der EU auf die Finanzausstattung der Gemeinden hingewiesen. Über den kommunalen Finanzausgleich und andere Zuweisungen erhalten sie indirekt Anteile von Bundes- und Landessteuern, die von einer Harmonisierung betroffen sein können. Diese Zuweisungen sind jedoch von den Entscheidungen der übergeordneten innerdeutschen Ebenen abhängig.

[2] Vgl. Ameln, Ralf von (1993): Binnenmarkt und Kommunalpolitik, S. 26-27; Mombaur, Peter Michael (1994): Kommunalpolitik in der Europäischen Union, S. 51. Vgl. in diesem Zusammenhang auch die neueren Pläne der Bundesregierung, die Gewerbesteuer im Rahmen der geplanten Unternehmensteuerreform abzuschaffen, in o.V. (1999): Einheitliche Unternehmensteuer nimmt Gestalt an, S. 13-14.

[3] Vgl. hierzu ausführlich Postlep, Rolf-Dieter (1993): Gesamtwirtschaftliche Analyse kommunaler Finanzpolitik, S. 215, 226-229 (mit weiteren Nachweisen).

vorrangig gemeindliche Leistungen in Ausspruch nehmen und innerhalb der durch übergeordnete Ebenen gesetzten Rahmenbedingungen über das Leistungsbündel und dessen Erstellung entscheiden (Prinzip der fiskalischen Äquivalenz). Gemeindesteuern sollten in gewissem Umfang beweglich sein, um ein ausreichendes Maß an gemeindlicher Einnahmenautonomie als Voraussetzung für eine eigenständige Festsetzung gemeindlicher Leistungen zu gewährleisten.

Ein wichtiges Kriterium ist die örtliche Radizierbarkeit, die sicherstellt, daß ortsansässige Bürger und Unternehmen die Steuerlast tragen, und die auf diese Weise externe Effekte vermeidet.[1] Werden grenzüberschreitende externe Effekte vermieden, so werden gleichzeitig grenzüberschreitende Wettbewerbsverzerrungen verhindert, die in den Regelungsbereich der EU fallen würden.[2] Eine lokale Steuer muß also so ausgestaltet werden, daß (grenzüberschreitende) externe Effekte vermieden werden. Dabei muß auch beachtet werden, daß die durch den Binnenmarkt geförderte Mobilität mehr Möglichkeiten für Steuerausweichung birgt, die wiederum Harmonisierungsbestrebungen hervorrufen.

Eine Steuerausweichung *lokaler* Einwohner und Unternehmen, damit auch externe Effekte und Wettbewerbsverzerrungen, werden dann am besten verhindert, wenn die Steuer an lokalen immobilen Steuerobjekten anknüpft. Eine solche Steuer wäre gleichzeitig lokal radizierbar, da die lokalen Steuerobjekte ortsansässigen Einwohnern und Unternehmen zugeordnet werden können. Auf diese Weise könnte auch ein Beitrag der lokalen Unternehmen zur gemeindlichen Finanzausstattung gesichert werden, dem sie sich nicht durch Gewinnverlagerung entziehen können. Nicht ohne Grund übernehmen Grundsteuern in vielen Ländern diese Funktion.[3] Die Anforderungen an Kontinuität, Fühlbarkeit und Beweglichkeit (durch Hebesätze) können erfüllt werden. Insofern ist überlegenswert, ob die Grundsteuer nicht als Gemeindesteuer auszubauen ist. Dies wird hier nicht nur wegen ihrer allokativen Eigenschaften, die sie als „gute" Gemeindesteuer auszeichnen,[4] sondern vor allem deshalb vorgeschlagen, weil die Grundsteuer auf-

---

[1] Vgl. Postlep, Rolf-Dieter (1993): Gesamtwirtschaftliche Analyse kommunaler Finanzpolitik, S. 228.

[2] Vgl. Denny, Kevin; Ridge, Michael und Smith, Stephen (1993): Local Taxation, S. 91.

[3] Praktische Beispiele finden sich u.a. in Großbritannien, den USA und Japan. (Vgl dazu Klaus, Herbert (1992): Kommunale Belange im Rahmen der europäischen Steuerharmonisierung, S. 34.) Die in den letzten Jahren erfolgten Erhöhungen der Grundsteuerhebesätze deutscher Gemeinden weisen ebenfalls in diese Richtung. (Vgl. Karrenberg, Hanns und Münstermann, Engelbert (1996): Gemeindefinanzbericht 1996, S. 119.)

[4] Vgl. dazu Zimmermann, Horst (1997): Kommunale Finanzautonomie, S. 50. Vgl. ebenso Homburg, Stefan (1996): Eine kommunale Unternehmensteuer für Deutschland, S. 492, 496. Für Homburg ist eine nicht verzerrende Bodensteuer ein wesentlicher Bestandteil eines ökonomisch fundierten Gemeindesteuersystems. Vgl. in diesem Zusammenhang auch die Schlußfolgerungen in Wellisch, Dietmar (1995): Dezentrale Finanzpolitik bei hoher Mobilität.

grund der vertraglichen Zuständigkeiten und ihrer wenig wettbewerbsverzerrenden Wirkung kaum autonomiebegrenzenden Harmonisierungsbestrebungen durch die EU unterliegen wird.

Vorschläge zur Reform des Gemeindesteuersystems richteten sich insbesondere darauf, die Gewerbesteuer zu ersetzen. Das ist auch im Hinblick auf die sich abzeichnenden Harmonisierungsbestrebungen[1] zu begrüßen. In der wissenschaftlichen Literatur wird als Ersatz für die Gewerbesteuer eine kommunale Wertschöpfungssteuer diskutiert, die nach der additiven Methode aus lokalen Mieten, Pachten, Zinsen, Gewinnen und Löhnen ermittelt wird.[2] Da diese Steuer im wesentlichen an lokalen Löhnen, Mieten und Pachten ansetzt, sind mit ihr nur geringe (grenzüberschreitende) externe Effekte verbunden.[3] Lediglich die auch bei der Gewerbesteuer bestehende Problematik der Besteuerung von Gewinnen, u.a. aufgrund der Mobilität von Kapital und der Möglichkeiten zur Steuerausweichung, bleibt dabei bestehen,[4] durch die breitere lokale Bemessungsgrundlage wird sie aber sehr stark gemildert.

Anknüpfungspunkt für den Interessenausgleich mit den Einwohnern ist der Gemeindeanteil an der Einkommensteuer. Für diesen Anteil werden jedoch gemeindliche Hebesätze entsprechend Art. 106 GG erwogen, um die Fühlbarkeit der Steuer für die Einwohner der Gemeinde und gleichzeitig die kommunale Finanzautonomie zu erhöhen.[5] Die Mobilität der Einwohner, die auf Unterschiede

---

[1] Vgl. den vorhergehenden Punkt II. (Teil 2, Abschnitt 4, Punkt A. II.)

[2] Vgl. etwa Sachverständigenrat zur Begutachtung der gesamtwirtschaftlichen Entwicklung (1995): Den Aufschwung sichern - Arbeitsplätze schaffen, S. 201-202. Grundlegend hierfür gilt vor allem: Wissenschaftlicher Beirat beim Bundesministerium der Finanzen (1982): Gutachten zur Reform der Gemeindesteuern in der Bundesrepublik Deutschland, S. 394-412.

[3] Die hohe Wettbewerbsneutralität wird schon hervorgehoben von Wissenschaftlicher Beirat beim Bundesministerium der Finanzen (1982): Gutachten zur Reform der Gemeindesteuern in der Bundesrepublik Deutschland, S. 408-410.

[4] Hier sei auch noch einmal auf die Pläne zur Harmonisierung durch eine gemeinschaftliche Lösung bei der Besteuerung von Einkünften aus Ersparnissen und den Entschluß zu einem Verhaltenskodex für die Unternehmensbesteuerung hingewiesen. (Vgl. dazu Europäische Kommision (1998): Gesamtbericht über die Tätigkeit der Europäischen Union 1997. Ziff. 211, S. 86.) Interessant ist in diesem Zusammenhang der etwas modifizierte Vorschlag einer kommunalen Unternehmensteuer von Homburg, welche im Gegensatz zur Wertschöpfungssteuer Kapitaleinkommen nicht belastet. Homburg weist auch darauf hin, daß die von ihm vorgeschlagene Steuer im EU-Rahmen keine Wettbewerbsverzerrungen im Unternehmenssektor verursacht. (Vgl. dazu Homburg, Stefan (1996): Eine kommunale Unternehmensteuer für Deutschland, S. 494-495.)

[5] Vgl. z.B. den Vorschlag von Zimmermann, Horst (1995): Kommunale Einnahmequellen aus finanzwissenschaftlicher Sicht, S. 77.

bei den *lokalen* Steuern zurückgeführt wird, gilt als gering.[1] Auch insgesamt ist die Mobilität von Personen im Binnenmarkt noch nicht sehr hoch. Eine Besteuerung immobiler Steuersubjekte bedeutet daher, daß Entscheidungen nicht im Sinne Tiebouts über Wanderungen, sondern vor allem über Wahlen erfolgen müssen.

Insgesamt ist der unmittelbare Einfluß der EU auf die Gemeindesteuern gering. Wesentliche Kompetenzen im Bereich der Besteuerung sind nach wie vor der nationalen Ebene zugeordnet. Einem bestehenden Reformbedarf im Gemeindesteuersystem kann und muß deswegen auf nationaler Ebene Rechnung getragen werden. Wie an wichtigen Beispielen gezeigt wurde, lassen die rechtlichen und wirtschaftlichen Rahmenbedingungen, die durch die EU gesetzt werden, genug Raum, um wissenschaftlich fundierte Reformvorschläge umzusetzen.

B. Begrenzung der Verschuldungsmöglichkeiten durch den Vertrag von Maastricht

I. Beschränkung gemeindlicher Handlungsspielräume infolge der Maastricht-Kriterien?

Die Entscheidung darüber, welche Mitgliedstaaten an der Europäischen Währungsunion teilnehmen, war unter anderem an die Erfüllung der sogenannten Konvergenzkriterien geknüpft. Für die öffentlichen Haushalte war dabei das Kriterium einer auf Dauer tragbaren Finanzlage der öffentlichen Hand ohne übermäßiges Defizit von besonderer Bedeutung.[2] Diese Haushaltsdisziplin ist nach den Vorschriften zur Koordinierung der Wirtschaftspolitik auch weiterhin zu wahren. Zur konkreten Festlegung eines übermäßigen Defizits wurden in einem Protokoll zum Vertrag von Maastricht Referenzwerte bestimmt. Danach darf das Verhältnis des geplanten oder tatsächlichen öffentlichen Defizits zum Bruttoinlandsprodukt (Defizitkriterium) 3 % nicht überschreiten. Das Verhältnis des öffentlichen Schuldenstands zum BIP darf höchstens 60 % betragen.[3] Ausnahmsweise können unter bestimmten Bedingungen Abweichungen zugelassen werden.[4] Durch den Stabili-

---

[1] Wenn Steuern von Bedeutung sind, dann ist eher die Gesamtsteuerbelastung in Zusammenhang mit den öffentlichen Leistungen entscheidend. (Vgl. Denny, Kevin; Ridge, Michael und Smith, Stephen (1993): Local Taxation, S. 91-93.)

[2] Art. 109j EGV. Die anderen 3 Konvergenzkriterien betreffen Preisstabilität, Zinssätze und Wechselkurse. Eine Diskussion über die Zweckmäßigkeit der Konvergenzkriterien wird ausgeklammert.

[3] Protokoll über das Verfahren bei einem übermäßigen Defizit. Vertrag über die Europäische Union (Vertrag von Maastricht) vom 7.2.1992.

[4] Art. 104c Abs. 2 EGV. Diese Ausnahmebestimmungen wurden durch den Stabilitäts- und Wachstumspakt konkretisiert. In Deutschland hat man sich zudem für eine strikte Auslegung der Kriterien ausgesprochen. (Vgl. dazu Henneke, Hans-Günter (1998): Die Verschuldungs-

täts- und Wachstumspakt wurden die Vorschriften des Vertrages über die Ausnahmebestimmungen, die Überwachung der Einhaltung der Kriterien und das Verfahren bei einem übermäßigen Defizit konkretisiert.[1]

Durch den Vertrag von Maastricht wurden die Mitgliedstaaten auf die Einhaltung der Kriterien verpflichtet. Gegenüber der EU ist zwar nur der Bund, der die Bundesrepublik Deutschland nach außen vertritt, verantwortlich. Aus der Natur der Sache ergibt sich aber, daß der Bund allein die Einhaltung der Kriterien nicht gewährleisten kann. [2] Deshalb sind innerhalb des föderativen Systems der Bundesrepublik Deutschland die öffentlichen Haushalte von Zentralstaat, regionalen und lokalen Gebietskörperschaften sowie Sozialversicherungen so zu koordinieren, daß die Kriterien eingehalten werden.[3] Unabhängig von den konkreten Modalitäten der Aufteilung der maximal zulässigen Verschuldungsspielräume begrenzen die Maastricht-Kriterien die finanzpolitische Autonomie *aller* Gebietskörperschaften.[4] Diese Verschuldungsspielräume werden bei einer innerstaatlichen Umsetzung voraussichtlich zunächst zwischen den Ebenen Bund einschließlich Sozialversicherungen und der Gesamtheit der Länder aufgeteilt werden. Anschließend müßte der Anteil jedes Landes am Verschuldungspotential der Gesamtheit bestimmt werden. Angelegenheit jedes einzelnen Landes ist es dann, das ihm zustehende Verschuldungspotential zwischen sich und seinen Gemeinden vertikal und unter diesen horizontal aufzuteilen.[5] Ebenso müssen mögliche Sanktionslasten nach dem Stabilitäts- und Wachstumspakt, die bei einer Überschreitung der Kriterien entstehen, zugeordnet werden.[6]

---

potentiale der Kreise und Gemeinden bei der innerstaatlichen Umsetzung des Stabilitäts- und Wachstumspakts, S. 189.)

1 Verordnung (EG) Nr. 1466/97 vom 7. Juli 1997 über den Ausbau der haushaltspolitischen Überwachung und der Überwachung und Koordinierung der Wirtschaftspolitiken. ABl. Nr. L 209 vom 2.8.1997, S. 1; Verordnung (EG) Nr. 1467/97 vom 7. Juli 1997 über die Beschleunigung und Klärung des Verfahrens bei einem übermäßigen Defizit. ABl. Nr. L 209 vom 2.8.1997, S. 6. Vgl. dazu zusammenfassend Europäische Kommission (1998): Gesamtbericht über die Tätigkeit der Europäischen Union 1997. Ziff. 95, S. 47-48.

2 Eine Mitwirkungspflicht der Länder könnte aus dem Prinzip des bundestreuen Verhaltens hergeleitet werden. Hinzuweisen ist auch darauf, daß die Länder über den Bundesrat den Vertrag von Maastricht ratifiziert haben.

3 Zur Definition der öffentlichen Hand siehe Art. 2 des Protokolls über das Verfahren bei einem übermäßigen Defizit. Vertrag über die Europäische Union (Vertrag von Maastricht) vom 7.2.1992.

4 Vgl. Henneke, Hans-Günter (1997): Europäischer und nationaler Stabilitätspakt, S. 76.

5 Vgl. Wissenschaftlicher Beirat beim Bundesministerium der Finanzen (1994): Zur Bedeutung der Maastricht-Kriterien für die Verschuldungsgrenzen von Bund und Ländern, S. 51.

6 Vgl. Henneke, Hans-Günter (1998): Die Verschuldungspotentiale der Kreise und Gemeinden bei der innerstaatlichen Umsetzung des Stabilitäts- und Wachstumspakts, S. 189-190.

Da bisher noch keine Modalitäten über die quantitative Aufteilung der Verschuldungsspielräume und deren rechtlicher Ausgestaltung (unverbindliche Abstimmung im Finanzplanungsrat, rechtlich verbindliche Quoten in Verbindung mit einer Änderung des Grundgesetzes)[1] festgelegt sind, ist es schwer, die konkrete Begrenzung kommunaler Handlungsspielräume bei der Kreditaufnahme abzuschätzen. Folgt man dem im Gutachten des wissenschaftlichen Beirats beim Bundesministerium der Finanzen vorgeschlagenen Aufteilungsmodus einer hälftigen Aufteilung der Verschuldungsgrenze zwischen Bund und Ländergesamtheit und einer Verteilung zwischen den Ländern nach Einwohnern[2] und wendet diese vertikalen und horizontalen Kriterien auch auf die Verteilung zwischen einem Land und seinen Gemeinden an, so ergibt sich für die einzelne Gemeinde eine Verschuldungsmöglichkeit von einem Viertel des gesamten Verschuldungspotentials von 3 % in BIP je Einwohner multipliziert mit der Einwohnerzahl in der Gemeinde.[3] Von der Gesamtheit der Gemeinden würde ein solches Kriterium erfüllt werden, soweit die Verschuldungshöchstgrenze von 3 % des BIP zugrunde gelegt wird.[4] Wegen der stark unterschiedlichen Verschuldung in der Vergangenheit so-

---

[1] Nach der Erörterung verschiedener Alternativen plädierte der wissenschaftliche Beirat in seinem Gutachten letztendlich für „eine bindend festgelegte Aufteilung des Verschuldungsrahmens zwischen Bund und Ländern einerseits und der Länder untereinander andererseits" und in diesem Zusammenhang für eine Änderung des Art. 109 Abs. 2 und 3 GG. (Vgl. Wissenschaftlicher Beirat beim Bundesministerium der Finanzen (1994): Zur Bedeutung der Maastricht-Kriterien für die Verschuldungsgrenzen von Bund und Ländern, S. 51-52.) Hildebrandt favorisiert eher eine Koordinierung im Finanzplanungsrat, die flexiblere Lösungen ermöglicht. (Vgl. Hildebrandt, Ariane (1996): Maastricht und die Verschuldung von Bund, Ländern und Gemeinden, S. 266-270.)

[2] Vgl. Wissenschaftlicher Beirat beim Bundesministerium der Finanzen (1994): Zur Bedeutung der Maastricht-Kriterien für die Verschuldungsgrenzen von Bund und Ländern, S. 49.

[3] Dabei wird von einer vollständigen Ausschöpfung des Defizitkriteriums ausgegangen. Hinzuweisen ist auch darauf, daß der Sachverständigenrat für die Aufteilung des Verschuldungspotentials zwischen Land und Gemeinden nach einer Faustregel 60:40 erwogen hat. (Vgl. Wissenschaftlicher Beirat beim Bundesministerium der Finanzen (1994): Zur Bedeutung der Maastricht-Kriterien für die Verschuldungsgrenzen von Bund und Ländern, S. 39.)

[4] Das Haushaltsdefizit der Kommunen betrug 1996 6,6 Mrd. DM und 1997 6,3 Mrd. DM. Bei einem BIP von 3.541,5 Mrd. DM in 1996 und 3.641,8 Mrd. DM in 1997 beträgt der Anteil des Defizits der Gemeinden am BIP 0,186 % bzw. 0,173 %. Dieser Anteil liegt deutlich unter der hier verwandten fiktiven Quote von 0,75 % und auch unter der Quote von 0,6 %, die sich bei einer Aufteilung zwischen Ländern und Gemeinden nach der Regel 40:60 ergeben würde. Um genügend Spielraum bei konjunkturellen Rückschlägen und in Sondersituationen zu haben, soll die Verschuldung in Normalsituationen höchstens 1 bis 1,5 % des BIP betragen. (Wissenschaftlicher Beirat beim Bundesministerium der Finanzen (1994): Zur Bedeutung der Maastricht-Kriterien für die Verschuldungsgrenzen von Bund und Ländern, S. 19-21.) Für die Kommunen würde sich nach der 40:60 Regel dann eine Quote von 0,2 % bis 0,3 % ergeben. Vom Ende 1997 aufgelaufenen Schuldenstand von 2.219 Mrd. DM waren nur 202 Mrd. DM den Gemeinden zuzurechnen. (Die Daten über das Haushaltsdefizit der Kommunen wurden entnommen aus Karrenberg, Hanns und Münstermann, Engelbert (1998): Gemeindefi-

wohl unter den Ländern als auch unter den Gemeinden[1] und des insgesamt hohen Ausschöpfungsgrades der beiden Haushaltskriterien ist jedoch nicht von einer vertikalen Aufteilung nach Einwohnern auszugehen, sondern - zumindest anfangs - von einer Orientierung an der bisherigen Verschuldungspolitik.[2] Relativ hoch verschuldeten Gebietskörperschaften dürfte eine plötzliche wesentliche Rückführung der Verschuldung kaum gelingen.

Inwieweit durch die Maastricht-Kriterien und ihre innerstaatliche Umsetzung gemeindliche Verschuldungsmöglichkeiten faktisch zusätzlich zu den bisher bestehenden Begrenzungen beschnitten werden, ist noch offen.[3] Gemeindeordnungen und Kommunalaufsicht wirken darauf hin, daß der Verwaltungshaushalt in der Regel immer ausgeglichen ist und die Gemeinden sich im Vermögenshaushalt nur dann für Investitionen verschulden, wenn sie Zinsen und Tilgungen aus dem Verwaltungshaushalt tragen können.[4] Im Ergebnis führen diese Regelungen dazu, daß die Kommunen unter den Gebietskörperschaften (mit Ausnahme der EU, der keine Verschuldungsmöglichkeit zugestanden wird) den geringsten Anteil ihrer Ausgaben durch Schuldaufnahme finanzieren.[5] Die finanzpolitische Autonomie der Gemeinden könnte jedoch dadurch beeinträchtigt werden, daß die Länder zur Einhaltung ihres eigenen Anteils am Verschuldungspotential die Ausgleichsmasse für den kommunalen Finanzausgleich kürzen.[6] Diese Gefahr ist jedoch eher auf das Problem der in Deutschland unzureichenden allgemeinen Finanzautonomie

---

nanzbericht 1998, S. 145; die Angaben über das BIP und den Schuldenstand aus Deutsche Bundesbank (1998): Monatsbericht. August 1998, S. 56, 61.)

1 Vgl. Wissenschaftlicher Beirat beim Bundesministerium der Finanzen (1994): Zur Bedeutung der Maastricht-Kriterien für die Verschuldungsgrenzen von Bund und Ländern, S. 39; Henneke, Hans-Günter (1997): Europäischer und nationaler Stabilitätspakt, S. 76-77.

2 Vgl. Henneke, Hans-Günter (1998): Die Verschuldungspotentiale der Kreise und Gemeinden bei der innerstaatlichen Umsetzung des Stabilitäts- und Wachstumspakts, S. 191.

3 Vgl. o.V. (1996): Kommunen sehen sich auf Maastricht-Kurs, S. 6. Der wissenschaftliche Beirat geht dagegen davon aus, daß die gemeindliche Haushaltsautonomie zusätzlich beschränkt wird. (Vgl. Wissenschaftlicher Beirat beim Bundesministerium der Finanzen (1994): Zur Bedeutung der Maastricht-Kriterien für die Verschuldungsgrenzen von Bund und Ländern, S. 38.)

4 Vgl. Teil 1, Abschnitt 1, Punkt B. IV. Vgl auch o.V. (1996): Kommunen sehen sich auf Maastricht-Kurs, S. 6.

5 Vgl. o.V. (1996): Kommunen sehen sich auf Maastricht-Kurs, S. 6. Beispielsweise betrug die Kreditfinanzierungsquote des Bundes in den Jahren 1996 und 1997 über 10 %, für die Gesamtheit der Länder wurde über 7 % errechnet, die der Gemeinden betrug ca. 2 %. (Vgl. die Angaben für Bund und Länder in Henneke, Hans-Günter (1997): Europäischer und nationaler Stabilitätspakt, S. 76-77. Die Kreditfinanzierungsquote der Gemeinden wurde errechnet aus den Zahlen für Defizit und Ausgaben in Karrenberg, Hanns und Münstermann, Engelbert (1998): Gemeindefinanzbericht 1998, S. 146, 148.)

6 Vgl. Hildebrandt, Ariane (1996): Maastricht und die Verschuldung von Bund, Ländern und Gemeinden, S. 268.

der Gemeinden und ihre Abhängigkeit von Zuweisungen als auf die Begrenzung der Verschuldung durch die Maastricht-Kriterien zurückzuführen.

Durch die Maastricht-Kriterien werden zwar Verschuldungsmöglichkeiten und damit auch Handlungsspielräume bei der Einnahmeerzielung begrenzt. Bei der Bewertung der Wirkung einer derartigen Begrenzung muß allerdings auch der besondere Charakter der Verschuldung als vorläufiger Einnahmequelle beachtet werden. Schuldaufnahme bedeutet generell die Erweiterung gegenwärtiger Einnahmemöglichkeiten zu Lasten künftiger finanzpolitischer Spielräume, da die Schulden in der Zukunft getilgt werden müssen und zusätzlich Zinszahlungen zu leisten sind.[1] Sieht man vom Ausnahmefall der Finanzierung rentierlicher Investitionen, die durch zusätzliche Rückflüsse Handlungsspielräume in der Zukunft erweitern, ab, so bewirkt die Verschuldungsbegrenzung lediglich eine Beschneidung gegenwärtiger Einnahmespielräume zugunsten von finanzpolitischen Spielräumen in der Zukunft. Nur die zeitliche Aufteilung finanzpolitischer Spielräume wird zugunsten der Zukunft beschränkt. Wie diese Beschränkung aus Sicht ökonomischer Theorien zu bewerten ist, soll im folgenden kurz erläutert werden.

II. Kritik der öffentlichen Verschuldung aus der Sicht ökonomischer Theorien: Positive Bewertung der Verschuldungsbegrenzung

Das Instrument der öffentlichen Verschuldung wird in den letzten Jahren aus Sicht verschiedener ökonomischer Theorieansätze eher kritisch beurteilt.[2] Die zunehmend skeptische Betrachtung ist auch vor dem Hintergrund einer exzessiven Ausweitung der Staatsverschuldung weltweit zu sehen.[3] Ein plausibel klingendes Argument für Verschuldung, das sich noch heute im Grundgesetz[4], in Landesverfassungen und Gemeindeordnungen widerspiegelt, ist die Finanzierung von öffentlichen Investitionen durch Schuldaufnahme. Die Schuldaufnahme wird

---

[1] Das Ausmaß der Verengung zukünftiger finanzpolitischer Handlungsspielräume hängt vom Realzins, der Verschuldungsquote und dem Wachstum der Steuereinnahmen in Abhängigkeit vom Wachstum des realen Sozialprodukts ab. Die Parameterkonstellation hat sich in den achtziger und neunziger Jahren insgesamt verschlechtert. (Vgl. Gandenberger, Otto (1988): Was kann Staatsverschuldung in der Zukunft leisten?, S. 174-176; Hardt, Ulrike; Hiersemenzel, Uwe und Keppler, Horst (1996): Verschuldungsgrenzen für die öffentlichen Haushalte, S. 27-28.)

[2] Vgl. dazu stellvertretend: Wissenschaftlicher Beirat beim Bundesministerium der Finanzen (1984): Gutachten zu den Problemen einer Verringerung der öffentlichen Netto-Neuverschuldung vom 4. Mai 1984, S. 455-511; Gandenberger, Otto (1988): Was kann Staatsverschuldung in der Zukunft leisten?, S. 173-192; Zimmermann, Horst (1995): Kommunale Einnahmequellen aus finanzwissenschaftlicher Sicht, S. 73; Zimmermann, Horst (1999): Ökonomische Rechtfertigung einer kontinuierlichen Staatsverschuldung?

[3] Vgl. Zimmermann, Horst (1995): Kommunale Einnahmequellen aus finanzwissenschaftlicher Sicht, S. 73.

[4] Art. 115 Abs. 1 GG

damit begründet, daß die Nutzungsdauer von Investitionen weit in die Zukunft hinein reicht. Künftige Nutzer sollen gemäß dem Prinzip der fiskalischen Äquivalenz über Anteile an Zins- und Tilgungslasten an den Kosten der Investition beteiligt werden.[1] Diese Argumentation entspricht aber nur teilweise dem Prinzip der fiskalischen Äquivalenz. Viele der künftigen Zahler hatten nämlich keine Möglichkeit, Kosten und Nutzen dieser Investition gegeneinander abzuwägen und sich für oder gegen diese Maßnahme zu *entscheiden*. Es ist außerdem fraglich, ob künftige Zahler der schuldfinanzierten Investition überhaupt einen Nutzen abgewinnen können und sie nicht etwa als zu beseitigende „Altlast" betrachten.[2] Für die gegenwärtige Generation besteht ein Anreiz, das Argument zu mißbrauchen, da sie auf diese Weise gemäß ihren Präferenzen entscheiden und einen Teil der Finanzierungslast (ungefragt) in die Zukunft verschieben kann. Eine Begrenzung der Verschuldung würde die Einhaltung des Prinzips der fiskalischen Äquivalenz in seiner zeitlichen Dimension fördern.[3]

Eine Verschuldung aus beschäftigungspolitischen Gründen wird mangels Rezessionslagen nach keynesianischem Muster - gegenwärtig handelt es sich vorrangig um strukturelle Probleme - und der in der Realität nicht erfolgten Rückführung konjunkturpolitisch begründeter Verschuldung in Boomphasen abgelehnt.[4] Letzteres deutet auf den Mißbrauch der öffentlichen Verschuldung hin und kann nur mit Hilfe der ökonomischen Theorie der Politik erklärt werden. Politiker machen sich die Schuldenillusion bei ihren Bürgern zunutze, veranlassen nutzenspendende

---

[1] Inwieweit es möglich ist, Lasten in die Zukunft zu verschieben, wird in der wirtschaftswissenschaftlichen Literatur seit langem kontrovers diskutiert. (Vgl. zusammenfassend Blankart, Charles B. (1994): Öffentliche Finanzen in der Demokratie, S. 334-346; nur noch stark verkürzt in der Neuauflage 1998, um aktuellen Fragestellungen mehr Raum zu geben: Blankart, Charles B. (1998): Öffentliche Finanzen in der Demokratie, S. VIII; 350-355; 344-346.) Die Beantwortung der oben gestellten Frage ist entscheidend von der Definition einer Last abhängig. Hier soll von einer teilweise möglichen Verschiebung ausgegangen werden. Die verschiebbare Last besteht in der Verengung zukünftiger finanzpolitischer Handlungsspielräume durch Zinsen und Tilgung. Von dem Fall, daß zukünftige finanzielle Rückflüsse den Schuldendienst übersteigen, soll angesichts der Schwierigkeiten bei der Kalkulation und des Mißbrauchs dieses Arguments abgesehen werden. Damit wird die Last in Anlehnung an das Konzept von Buchanan definiert (Vgl. Blankart, Charles B. (1994): Öffentliche Finanzen in der Demokratie, S. 337; Buchanan, James M. (1958): Public Principles of Public Debt, S. 46-47.)

[2] Vgl. Göke, Wolfgang (1996): Staatsverschuldung. Finanzverfassungsrechtliche Ursachen und Lösungen zu ihrer Begrenzung, S. 3; Blankart, Charles B. (1994): Öffentliche Finanzen in der Demokratie, S. 334.

[3] Vgl. Gandenberger, Otto (1988): Was kann Staatsverschuldung in der Zukunft leisten?, S. 190.

[4] Vgl. hierzu und zum folgenden Gandenberger, Otto (1988): Was kann Staatsverschuldung in der Zukunft leisten?, S. 176-183; auch Zimmermann, Horst (1999): Ökonomische Rechtfertigung einer kontinuierlichen Staatsverschuldung? (Punkt C.IV und D.II des Manuskripts).

Ausgaben in der Gegenwart und lassen zukünftige Belastungen im Dunkeln.[1] Diese ungleichgewichtige Wahrnehmung von Nutzen und Lasten führt möglicherweise zu der gewünschten Wiederwahl für die nächste Periode.

Von den möglichen und akzeptierten Rechtfertigungen für öffentliche Schuldaufnahme verbleiben höchstens ein stark aperiodischer Ausgabenbedarf, wie die deutsche Einheit oder große Investitionen bei kleinen Gemeinden, dessen Einnahmebelastung durch die Schuldaufnahme gestreckt werden kann, und wirklich selbstfinanzierungsfähige Projekte.[2] Letzteres dürfte bei den Gemeinden eine größere Rolle spielen,[3] da sie ungefähr zwei Drittel der öffentlichen Sachinvestitionen in Deutschland tätigen.[4] Aber auch in diesen Fällen könnte man durch einen Zwang zum zumindest teilweisen Ansparen und zur Rücklagenbildung den Abwägungsprozeß zwischen Kosten und Nutzen fördern, den Mißbrauch der Verschiebung der Finanzierungslasten in die Zukunft eindämmen und ein höheres Potential für „innere" Darlehen schaffen.

Eine Begrenzung der öffentlichen Verschuldung, wie beispielsweise durch die Maastricht-Kriterien, ist aus Gründen der langfristigen Haushaltsflexibilität aus ökonomischer Perspektive positiv zu beurteilen.[5] Für tatsächlich ökonomisch sinnvolle Verschuldungsmaßnahmen, beispielsweise zur Finanzierung selbsttragender Projekte, dürfte ein Rahmen von 3 % des BIP für die Nettoneuverschuldung und eines Schuldenstandes von 60 % des BIP, bei einer Rückführung der „Normalverschuldung", ausreichen. Vor diesem Hintergrund ist auch die *Begrenzung* der gemeindlichen Verschuldung infolge der Maastricht-Kriterien hinzunehmen. Die kommunale Verschuldung ist zwar eine kommunale Einnahmequelle mit hohem Autonomiegehalt, die im Zeitablauf stark variiert werden kann. Andererseits ist sie aber nur eine vorläufige Einnahmequelle, die sowohl mit gesamtwirtschaftlichen als auch einzelwirtschaftlichen Problemen, beispielsweise einer

---

[1] Vgl. Blankart, Charles B. (1994): Öffentliche Finanzen in der Demokratie, S. 344, 544 (1998, S. 352; weitere politökonomische Argumente, S. 350-352.)

[2] Der wissenschaftliche Beirat beim Bundesministerium der Finanzen würde eine Schuldaufnahme bei plötzlichen und unerwarteten Ausgabebedarfen akzeptieren, Gandenberger sieht gemeindliche Investitionen als Sonderfall an. (Vgl. Wissenschaftlicher Beirat beim Bundesministerium der Finanzen (1984): Gutachten zu den Problemen einer Verringerung der öffentlichen Netto-Neuverschuldung vom 4. Mai 1984, S. 507; Gandenberger, Otto (1988): Was kann Staatsverschuldung in der Zukunft leisten?, S. 190.)

[3] Vgl. Zimmermann, Horst (1999): Ökonomische Rechtfertigung einer kontinuierlichen Staatsverschuldung?, Punkt C.II. (Manuskript).

[4] Vgl. Bundesministerium der Finanzen (Hrsg.) (1997): Finanzbericht 1998, S. 146.

[5] Auf die verteilungspolitisch und wachstumspolitisch negativ einzuschätzenden Wirkungen der öffentlichen Verschuldung wurde nicht erst eingegangen. (Vgl. zusammenfassend Wissenschaftlicher Beirat beim Bundesministerium der Finanzen (1984): Gutachten zu den Problemen einer Verringerung der öffentlichen Netto-Neuverschuldung vom 4. Mai 1984, S. 508.)

Überschuldung, verbunden ist. Diese Einnahmequelle verlieren die Gemeinden zudem nicht gänzlich, sondern sie wird nur - in einem recht weiten Rahmen - begrenzt. Für die Finanzierung selbsttragender Projekte bleibt auch mit den Maastricht-Kriterien noch genügend Spielraum. Soll die gemeindliche Finanzautonomie dennoch gestärkt werden, so bieten sich die im Unterabschnitt A. III. beschriebenen Optionen für die Reform des Gemeindesteuersystem an.

Insgesamt sind noch wenige unmittelbare Einwirkungen der EU auf die kommunalen Einnahmen zu verzeichnen, die allgemeiner Natur sind und nicht mit konkreten kommunalen Aufgaben in Zusammenhang stehen. Vorhandene Probleme in diesem Bereich sind weitgehend auf nationaler Ebene verursacht worden und auf dieser Ebene auch lösbar. Wesentlich bedeutender scheinen dagegen die mittelbaren Einwirkungen der EU auf die kommunalen Einnahmen zu sein, die im folgenden Teil 3 erläutert werden.

Teil 3: Mittelbare Wirkungen der Politik der EU auf die deutschen Kommunen

In Teil 2 wurde ausführlich behandelt, welche unmittelbaren Auswirkungen sich für die Kommunen auf ihren verschiedenen Handlungsfeldern durch die Politik der EU ergeben. Um das Bild abzurunden, werden in diesem Teil 3 einige mittelbare Auswirkungen vorgestellt. Diese mittelbaren Auswirkungen sind zwar weniger leicht zu fassen, können dafür aber um so bedeutender sein. In Abschnitt 1 werden mittelbare Auswirkungen auf die Kommunen dargestellt, die durch eine Veränderung problem- bzw. aufgabenspezifischer Faktoren, die kommunale Handlungsspielräume bestimmen, verursacht werden. Abschnitt 2 ist der Verschiebung im föderativen Gefüge, die durch unmittelbare Einwirkung der EU auf den Bund und die Länder entsteht, gewidmet.

Abschnitt 1: Mittelbare Wirkung des Binnenmarktes und der Währungsunion auf die Kommunen

Von der Politik der EU gehen zahlreiche mittelbare Wirkungen auf die Kommunen aus, die sehr komplex sind. Zu denken ist an die Wirkungen der Agrarpolitik auf den ländlichen Raum oder der Regionalpolitik auf die Entwicklung der Regionen, die wiederum auf kommunale Aufgaben oder die Einnahmesituation wirken.[1] In diesem Kapitel soll beispielhaft erläutert werden, welche mittelbaren Wirkungen sich aus den Fachpolitiken der EU für die Kommunen ergeben können. Dazu wurden der Binnenmarkt und die Europäische Währungsunion ausgewählt. Diese beiden Politikbereiche gelten als einige der wichtigsten der vergangenen Jahre. Zudem fallen diese Aufgaben in die natürliche Kompetenz einer Zentralebene. Zuerst werden die gesamtwirtschaftlichen Wirkungszusammenhänge und erste konkrete Ergebnisse des Binnenmarktes vorgestellt. Daraus wird anschließend die Veränderung aufgaben- und problemspezifischen Faktoren, die kommunale Handlungsspielräume auf den verschiedenen Handlungsfeldern bestimmen, abgeleitet, und es werden die Auswirkungen auf die Kommunen bewertet.

---

[1] Viele solcher mittelbaren Wirkungen, insbesondere der raumwirksamen Politikbereiche, wurden bereits analysiert. Stellvertretend sei an dieser Stelle hingewiesen auf Molle, Willem und Cappelin, Riccardo (Hrsg.) (1988): Regional impact of Community policies in Europe; zum Binnenmarkt vgl. auch Vickerman, Roger W. (1992) The Single European Market, S. 147-181. Zu Arten von möglichen (mittelbaren) Wirkungen öffentlicher Ausgaben auf die Gemeinden vgl. grundsätzlich Zimmermann, Horst (1981): Regionale Inzidenz öffentlicher Finanzströme, S. 40-43.

A. Gesamtwirtschaftliche Wirkungen des Binnenmarktes und der Währungsunion im Überblick

I. Das Binnenmarktszenario und potentielle Wirkungen der Währungsunion

Das 1987 begonnene Binnenmarktprogramm sollte dazu dienen, die Voraussetzungen für einen freien Personen-, Waren-, Dienstleistungs- und Kapitalverkehr zu schaffen und noch bestehende nichttarifäre Handelshemmnisse abzubauen. Beseitigt werden sollten: [1]

- materielle Schranken (Kontrollen an den Binnengrenzen der EU und der dadurch verursachte Zeit- und Verwaltungsaufwand),
- technische Schranken (einzelstaatliche Produktnormen, technische Vorschriften, widersprüchliches Gesellschaftsrecht, abgeschottetes öffentliches Auftragswesen) und
- Steuerschranken (besonders bei Umsatz- und Verbrauchsteuern).

Kosten, die direkt durch diese nichttarifären Handelsbarrieren verursacht wurden, sollten substanziell reduziert werden, beispielsweise Kosten durch kleinere Stückzahlen für die durch unterschiedliche Vorschriften abgegrenzten nationalen Märkte oder Kosten durch lange Wartezeiten an den Grenzen und den Verwaltungsaufwand durch die Grenzformalitäten.[2] Die Beseitigung der Handelshemmnisse sollte bestehende Marktsegmentierungen aufbrechen, über die Erhöhung der Zahl der Marktteilnehmer die Wettbewerbsintensität steigern und Preise und Kosten senken. Dadurch sollten die Konsumnachfrage steigen und ein Anreiz für Investitionen, auch im Hinblick auf die Ausnutzung der Größenvorteile, geboten werden.[3] Die Kaufkraftzuwächse durch gesunkene Preise, die erhöhte Investitionsbereitschaft und verbesserte Wettbewerbsfähigkeit sollten zu Steigerungen des Bruttoinlandsprodukts und zu neuen Arbeitsplätzen führen. Über erhöhte Steuereinnahmen und sinkende Kosten u.a. für Arbeitslosigkeit sollten die öffentlichen Haushalte entlastet werden.[4]

Die Einführung einer einheitlichen Währung wird aufgrund der wegfallenden Umtauschgebühren und des ebenfalls entfallenden Risikos von Kursverlusten die Transaktionskosten senken und durch die Erleichterung von Preisvergleichen die

---

[1] Vgl. Cecchini, Paolo (1988): Europa '92: Der Vorteil des Binnenmarkts, S. 23.

[2] Vgl. Müller, Walter und Zimmermann, Horst (1993): Die Auswirkungen des Europäischen Binnenmarktes auf die regionale Finanzstruktur, S. 4.

[3] Vgl. Monti, Mario (1997): Der Binnenmarkt und das Europa von morgen, S. 3.

[4] Vgl. Cecchini, Paolo (1988): Europa '92: Der Vorteil des Binnenmarkts, S. 135; 130-131. Die erwarteten gesamtwirtschaftlichen Auswirkungen des Binnenmarktes sind ausführlich dargestellt ebenda, S. 123-135.

Markttransparenz erhöhen.[1] Diese Kostensenkungen im Wirtschaftsverkehr und die dadurch erschwerte Marktsegmentierung haben die gleiche Stoßrichtung wie das Binnenmarktprogramm und werden damit die Wirkungen des Binnenmarkts verstärken. Außerdem wird der Wechselkursmechanismus zum Ausgleich unterschiedlicher Entwicklungen der Wettbewerbsfähigkeit zwischen den Teilnehmerstaaten völlig entfallen. Eine Europäische Zentralbank wird durch eine einheitliche Zinspolitik die Verflechtung der Kapitalmärkte verstärken.

II. Erste Ergebnisse des Binnenmarktes

Die folgende Darstellung der ersten praktischen Resultate des Binnenmarktprogramms entstammt dem „Monti-Bericht"[2], der eine Vielzahl von der Kommission zu diesem Thema in Auftrag gegebener Studien zusammenfaßt. Danach führte der Abbau der Handelshemmnisse - wie erwartet - zu einer Steigerung des Außenhandels innerhalb der EU und zu höherem Wettbewerbsdruck.[3] Dabei stieg jedoch weniger der Inter-Industrie-Handel aufgrund komparativer Vorteile, sondern insbesondere der Intra-Industrie-Handel, d.h. der Austausch von Waren innerhalb eines bestimmten Sektors. Im Ergebnis nahm dadurch die Vielfalt der angebotenen Produkte zu.[4] Positive Skalenerträge wurden auch aus diesem Grund nicht in erwartetem Umfang ausgeschöpft. Kostensenkungen wurden nur teilweise erzielt, da die Unternehmen viel in neue Technologien investierten und Kostenvorteile oft durch die Aufwendungen für die Anpassung an die Binnenmarktrichtlinien kompensiert wurden.[5] Die Zunahme des Wettbewerbsdrucks bewirkte Konzentrationsprozesse durch Übernahmen, was die Wettbewerbsintensität senkte, das Potential für Skalenerträge dagegen erhöhte. Diese Entwicklungen hatten zur Folge, daß die Preise nicht in erwartetem Umfang konvergierten und sanken.[6]

Die Realisierung des Binnenmarkts fiel zeitlich zusammen mit der Rezession um das Jahr 1992.[7] Diese Koinzidenz wird als Ursache dafür angesehen, daß die erreichten Qualitätsverbesserungen und ersten Preissenkungen insgesamt nicht zu einer Steigerung der Nachfrage führten. Dadurch fehlten die erhofften Anreize für Investitionen, und die bei der Umstrukturierung freigewordenen Arbeitskräfte wurden nicht in vollem Umfang wiederbeschäftigt. Um den Effekt des Binnenmarktes isoliert darstellen zu können, wäre es notwendig zu wissen, wie sich die

---

[1] Vgl. Monti, Mario (1997): Der Binnenmarkt und das Europa von morgen, S. X.
[2] Monti, Mario (1997): Der Binnenmarkt und das Europa von morgen.
[3] Vgl. Monti, Mario (1997): Der Binnenmarkt und das Europa von morgen, S. 92-97; 109-110.
[4] Vgl. Monti, Mario (1997): Der Binnenmarkt und das Europa von morgen, S. 95-96; 114.
[5] Vgl. Monti, Mario (1997): Der Binnenmarkt und das Europa von morgen, S. 112-116.
[6] Vgl. Monti, Mario (1997): Der Binnenmarkt und das Europa von morgen, S. 102-107.
[7] Vgl. hierzu und zum folgenden Monti, Mario (1997): Der Binnenmarkt und das Europa von morgen, S. 91.

europäische Wirtschaft *ohne* das Binnenmarktprogramm entwickelt hätte. Der Monti-Bericht kommt zu dem Schluß, daß der Binnenmarkt die Effekte der Rezession zumindest gedämpft hat.[1] Eine Steigerung von 1-1,5 % des BIP im Zeitraum von 1993 bis 1995 wird dem Binnenmarkt zugeschrieben, ebenso wie die Schaffung von 300.000 - 900.000 Arbeitsplätzen. Ohne das Binnenmarktprogramm wäre auch die Inflation um 1,2 % höher ausgefallen. Damit erreichen die Ergebnisse der „ersten Halbzeit" höchstens die untere Bandbreite der Schätzwerte des „Cecchini-Berichts", der für den Zeitraum 1993 bis 2000 4,5 bis 7 % zusätzliches Wachstum und eine zusätzliche Beschäftigung von 1,8 Mio. Arbeitsplätzen erwartet.[2]

Der Monti-Bericht macht keine Aussagen über die Wirkung des Binnenmarktes auf die öffentlichen Haushalte. Im Cecchini-Bericht wurde eine mittelfristige Haushaltsentlastung von insgesamt 2,2 % des BIP geschätzt.[3] Davon wurden 0,2 Prozentpunkte im wesentlichen dem Anstieg der Steuereinnahmen aufgrund des höheren wirtschaftlichen Wachstums zugerechnet. Weitere 0,3 Prozentpunkte wurden auf die Liberalisierung des Beschaffungswesens und das dadurch induzierte Anpassungsverhalten der Lieferanten zurückgeführt. Die Liberalisierung der Finanzmärkte sollte über einen Rückgang der Kreditkosten und den induzierten Wachstumsimpuls beim produzierenden Gewerbe eine Verbesserung der Haushaltsposition um 1,1 Prozentpunkte des BIP erbringen.[4] Dynamische Effekte als Ergebnis der strategischen Anpassungsreaktionen der Unternehmen auf ein verändertes wettbewerbliches Umfeld sollten mittelfristig eine Verbesserung um 0,5 Prozentpunkte bewirken.

Zu den regionalen Wirkungen des Binnenmarktes werden im Monti-Bericht kaum Angaben gemacht. Es wird lediglich darauf hingewiesen, daß die am wenigsten entwickelten Mitgliedstaaten, auch wegen der Hilfen aus den Strukturfonds und

---

[1] Vgl. hierzu und zum folgenden Monti, Mario (1997): Der Binnenmarkt und das Europa von morgen, S. 124, 121, 2.

[2] Dabei wurde eine Schwankungsbreite von +/- 30 % angegeben. (Vgl. Cecchini, Paolo (1988): Europa '92: Der Vorteil des Binnenmarkts, S. 133-134.) Die Quantifizierung der Binnenmarkteffekte wurde von Anfang an kritisch diskutiert. (Vgl. zusammenfassend Smith, Alasdair (1992): Measuring the effects of '1992', S. 89-99.)

[3] Vgl. hierzu und zum folgenden Cecchini, Paolo (1988): Europa '92: Der Vorteil des Binnenmarkts, S. 125-131.

[4] Vgl. hierzu und zum folgenden Kommission der Europäischen Gemeinschaften (Hrsg.) (1988): Europas Zukunft - Binnenmarkt 1992, S. 182-183.

dem Kohäsionsfonds, nicht, wie befürchtet, zurückgefallen sind.[1] Eine Diskussion unterschiedlicher regionaler Effekte wird weitgehend ausgeklammert.[2]

Im folgenden sollen die Auswirkungen des Binnenmarktes auf die kommunale Ebene näher erläutert werden.

B. Wirkung des verschärften Wettbewerbs, des beschleunigten Strukturwandels sowie der erhöhten Mobilität auf die Kommunen

I. Kommunale Wirtschaftsförderung

Der steigende Wettbewerbsdruck auf Unternehmen im Binnenmarkt zwingt diese zur Suche nach günstigen Standorten. Die vier Grundfreiheiten erleichtern den Standortwechsel und verstärken auf diese Weise den Wettbewerb der Standorte. Die Zunahme ausländischer Direktinvestitionen innerhalb der EU[3] kann als Indikator für erhöhte Mobilität von Unternehmertum und Kapital sowie für steigenden Wettbewerbsdruck auf Unternehmen und Standorte angesehen werden.

An die Wirtschaftsförderung der Städte und Gemeinden werden deshalb erhöhte Anforderungen gestellt. Es gilt, die Stärken und Schwächen des Standortes zu analysieren, ein Entwicklungskonzept aufzustellen, gezielt Stärken zu entwickeln und ein aktives Standortmarketing zu betreiben. Die Bestandspflege, gerade für Produktionsbetriebe, wird an Bedeutung gewinnen.[4] Durch den Binnenmarkt wurde besonders in sogenannten Hochkostenländern der Strukturwandel in Richtung Dienstleistungen beschleunigt.[5] Das Wachstum des tertiären Sektors bringt andere Anforderungen an die gemeindliche Infrastruktur: Informations- und Kommunikationstechnologien sind gefragt,[6] und „weiche" Standortfaktoren[7] ge-

---

[1] So wird festgestellt, daß die Kohäsionsländer Irland, Spanien, Portugal gegenüber dem Rest der Union aufgeholt haben, wogegen Griechenland schlechter abschneidet. (Vgl. Monti, Mario (1997): Der Binnenmarkt und das Europa von morgen, S. 126, 129.)

[2] Zu möglichen Szenarien vgl. etwa Krugman, Paul (1991): Increasing Returns and Economic Geography, S. 483-499.

[3] Vgl. Monti, Mario (1997): Der Binnenmarkt und das Europa von morgen, S. 98.

[4] Vgl. Schäfer, Rudolf und Stricker, Hans-Joachim (1992): Probleme und Aufgaben der Kommunalpolitik in den 90er Jahren, S. 61; Hollbach-Grömig, Beate (1996): Kommunale Wirtschaftsförderung der 90er Jahre, S. 11.

[5] Vgl. Monti, Mario (1997): Der Binnenmarkt und das Europa von morgen, S. 124-125.

[6] Nach den Ergebnissen der Umfrage des Deutschen Instituts für Urbanistik bei den Kommunen sind diese Faktoren noch von nachgeordneter Bedeutung. (Vgl. dazu Hollbach-Grömig, Beate (1996): Kommunale Wirtschaftsförderung der 90er Jahre, S. 11.)

[7] Weiche Standortfaktoren sind nicht für die wirtschaftliche Aktivität an sich erforderlich, bestimmen aber die Attraktivität des Standortes für Investoren und Beschäftigte, wie z.B. das Angebot an Wohnraum, die Umweltsituation, die Freizeit- und Erholungsmöglichkeiten einschließlich des kulturellen Angebots sowie die Ausstattung mit Einrichtungen der sozialen

winnen an Bedeutung.[1] Potential zur Steigerung der allgemeinen Standortqualität wird vor allem in kurzen und effizienten Verwaltungsabläufen, kostengünstigen Leistungen der Daseinsvorsorge (Versorgung mit Energie, Wasser, Abwasser- und Müllentsorgung)[2] und einer verbesserten interkommunalen Zusammenarbeit gesehen.[3] Der Wettbewerb im Binnenmarkt fördert also die präferenzgerechte und kostengünstige Erstellung lokaler öffentlicher Güter und erhöht den Anpassungsdruck.

Der Standortwettbewerb könnte aber auch zu einem verstärkten Einsatz von Beihilfen führen, der für den Wettbewerb im Unternehmenssektor schädlich ist. Dafür besteht jedoch kein zwingender Grund, da noch genug Potential für die Verbesserung der allgemeinen Standortqualität besteht, welche für Standortentscheidungen von ausschlaggebender Bedeutung ist. Beihilfen werden zudem oft nur mitgenommen.[4] Die Notwendigkeit wirksamer Regeln zur Verhinderung eines derartigen Subventionswettlaufes nimmt jedoch zu. Lediglich für eine Steuersenkungskonkurrenz *der Gemeinden* gibt es bisher keine Hinweise.[5]

II. Die wirtschaftliche Betätigung der Gemeinden

Der zunehmende Wettbewerbsdruck auf dem Binnenmarkt wird die eigene wirtschaftliche Betätigung der Gemeinden nicht unberührt lassen, beispielsweise im Energiebereich und im Sparkassensektor. Zu erwarten sind Effizienzsteigerungen, verstärkte Kundenorientierung, Anpassungsmaßnahmen, Kooperationen, eventuell sogar die gänzliche Aufgabe von kommunalen Tätigkeiten und ihre Übertragung an Private.[6] Teilweise sind solche Entwicklungen schon zu erkennen. Wesentliche Veränderungen in der wirtschaftlichen Betätigung der Gemeinden als Folge der Binnenmarktwirkungen sind noch nicht abzusehen. Das hängt damit

---

Infrastruktur. (Vgl. Schäfer, Rudolf und Stricker, Hans-Joachim (1992): Probleme und Aufgaben der Kommunalpolitik in den 90er Jahren, S. 62-63.)

[1] Vgl. Seele, Günther (1991): Der Kreis aus europäischer Sicht, S. 102.

[2] Vgl. Mombaur, Peter Michael (1994): Kommunalpolitik in der Europäischen Union, S. 22.

[3] Vgl. Seele, Günther (1991): Der Kreis aus europäischer Sicht, S. 95. Kontakte zu Nachbarkommunen sind laut der Difu-Umfrage von 1995 noch insgesamt gering. (Vgl. dazu Hollbach-Grömig, Beate (1996): Kommunale Wirtschaftsförderung der 90er Jahre, S. 10-12.) Die Bedeutung interkommunaler Zusammenarbeit für die Wirtschaftsentwicklung, z.B. im Stadt-Umland-Gebiet ist jedoch hoch einzuschätzen.

[4] Zu dieser Auffassung vgl. Thränhardt, Dietrich (1994): Die Kommunen und die Europäische Gemeinschaft, S. 69.

[5] In den 90er Jahren wurden im Gegenteil die Grundsteuerhebesätze kräftig angehoben, die Gewerbesteuerhebesätze kaum erhöht. (Vgl. Karrenberg, Hanns und Münstermann, Engelbert (1998): Gemeindefinanzbericht 1998, S 144, 158; Deutsche Bundesbank (1997): Neuere Entwicklung der Steuereinnahmen, S. 96.)

[6] Vgl. beispielsweise die Wirkungen in der Energieversorgung oder bei kommunalen Sparkassen. (Vgl. Teil 2, Abschnitt 2, Punkte D. und C.) Im Falle einer weitergehenden Liberalisierung des Verkehrsmarktes sind dort ähnliche Folgen zu erwarten.

zusammen, daß bedeutende Liberalisierungsmaßnahmen, beispielsweise auf dem Energiemarkt und durch die Währungsunion, noch ausstehen und der Binnenmarkt seine volle Dynamik noch nicht entfaltet hat. Kleinere Stromerzeugungseinheiten der Stadtwerke könnten dem Wettbewerbsdruck im Energiebinnenmarkt nicht standhalten. Nach der Europäischen Währungsunion könnten z.B. kleinere Sparkassen, insbesondere im Grenzgebiet, in ihrer Existenz gefährdet sein. Der Binnenmarkt wird also die Effizienz der wirtschaftlichen Betätigung der Gemeinden auf den Prüfstand stellen. Das Potential, zusätzliche Einnahmen aus der wirtschaftlichen Betätigung zu erzielen, wird sich durch den Wettbewerb tendenziell verringern. Auch wird der Wettbewerb die Einbindung dieser Aufgaben in andere Fachpolitiken, beispielsweise in die kommunale Umweltpolitik, deutlich erschweren.[1]

III. Kommunale Leistungserstellung

Der steigende Wettbewerbsdruck im Binnenmarkt brachte nicht nur neue Anforderungen an die gemeindlichen Aufgaben mit sich, sondern erleichterte auch die gemeindliche Aufgabenwahrnehmung und erhöhte Handlungsspielräume. Ein diversifiziertes Angebot auf dem Binnenmarkt und ein gebremster Preisauftrieb nutzen auch dem gemeindlichen Beschaffungswesen. Sinkende Kapitalmarktzinsen durch erhöhten Wettbewerb auf dem Kapitalmarkt, verstärkt nach der Währungsunion, können die Kosten für schuldfinanzierte gemeindliche Investitionen senken.[2] Dagegen könnten sich die Möglichkeiten für günstige Kreditfinanzierung bei den Sparkassen durch den Wettbewerbsdruck, dem die Sparkassen dann ausgesetzt sind, verringern.

Mit dem noch wenig binnenmarktorientierten öffentlichen Beschaffungswesen[3] hängt wohl auch zusammen, daß sinkende Preise und damit Kostenersparnisse noch nicht im erwarteten Umfang zu verzeichnen waren. Das öffentliche Beschaffungswesen könnte die Kostenvorteile neuer Bezugsquellen stärker nutzen und damit wettbewerbliche Anpassungsvorgänge fördern. Daran wird deutlich, daß die Gemeinden nicht nur vom Binnenmarkt betroffen sind, sondern als Marktteilnehmer durch ihre Entscheidungen Einfluß auf seine Entwicklung nehmen können. Gleiches gilt für die Mobilität von Arbeitskräften. Diese hat im Rahmen des Binnenmarktprogramms noch nicht entscheidend zugenommmen.[4]

---

[1] Vgl. auch Teil 2, Abschnitt 2, Punkte D. und C. Dabei wirken die Bestimmungen in den Richtlinien und der durch sie initiierte Wettbewerb grundsätzlich in die gleiche Richtung.

[2] Zu möglichen Wirkungen auf die gemeindlichen Ausgaben vgl. Röck, Werner (1990): Der Binnenmarkt 1993 und seine Auswirkungen auf die Kommunen, S. 202.

[3] Vgl. Monti, Mario (1997): Der Binnenmarkt und das Europa von morgen, S. 41.

[4] So stieg die Zahl der in einem anderen Mitgliedstaat lebenden EU-Bürger von 5,15 Mio. im Jahr 1985 nur geringfügig auf 5,48 Mio. im Jahr 1993. (Vgl. Monti, Mario (1997): Der Binnenmarkt und das Europa von morgen, S. 136.)

Damit ist die Verfügbarkeit von Arbeitskräften mit verschiedenen Qualifikationen fast unverändert. Die mittelbare Wirkung des Binnenmarktprogramms auf den gemeindlichen Entscheiderkreis, also die Gemeindebürger, die Kommunalpolitiker und die Kommunalverwaltung, soll wegen ihres geringen Ausmaßes nicht gesondert betrachtet werden. Möglicherweise erhöht sich die Mobilität in Zukunft durch die Dynamik des Binnenmarktes in Zusammenhang mit weiter verbesserten unionsbürgerlichen Rechten in den Mitgliedstaaten.

IV. Wirkung auf die gemeindlichen Einnahmen und die Haushaltssituation

Die ersten Resultate des Binnenmarktes lassen vermuten, daß die öffentlichen Haushalte nicht in dem Umfang entlastet wurden, wie man es sich ursprünglich erhofft hatte. Geringe Preissenkungen und Schwierigkeiten bei der Liberalisierung des öffentlichen Beschaffungswesens deuten darauf hin, daß die mittelfristige Entlastung um 0,3% des BIP durch Einsparungen beim Einkauf nicht erreicht werden wird. Die geringen Arbeitsplatzeffekte bewirkten, daß die gemeindlichen Haushalte durch geringere Sozialhilfeausgaben für Arbeitslose kaum entlastet wurden.

Hinsichtlich der erhofften Steuermehreinnahmen aufgrund des Wachstumsimpulses ist anzumerken, daß in den Schätzungen zum Cecchini-Bericht zu wenig beachtet wurde, daß die neuen Freiheiten durch die Möglichkeiten zur Kapital-, Produktions- und Gewinnverlagerung ebenso den Wettbewerb der Steuersysteme erhöhen und darüber hinaus Steuerflucht erleichtern. So bestehen Anzeichen dafür, daß deutsche Unternehmen einen wachsenden Teil ihrer Gewinne bzw. Aktivitäten in das Ausland verlagern.[1] Wegen des Standortwettbewerbs wurden gerade Unternehmen und gewerbliche Einkünfte in den 90er Jahren in Deutschland entlastet. Das geschah beispielsweise durch die allgemeine Senkung der Körperschaftsteuersätze, erhöhte Freibeträge bei der Gewerbeertragsteuer, die Abschaffung der Gewerbekapitalsteuer und die Tarifbegrenzung für gewerbliche Einkünfte bei der Einkommensteuer.[2] In die gleiche Richtung wirkten die erhöhten Sonderabschreibungen für Investitionen in den neuen Bundesländern. In den 90er Jahren war gerade die Gewerbesteuer aufkommensschwach.[3] Aufgrund verschiedener Faktoren ist die gesamte volkswirtschaftliche Steuerquote von 1992 bis 1996 um einen halben Prozentpunkt gesunken.[4] Die Steuereinnahmen hielten

---

[1] Vgl. Deutsche Bundesbank (1997): Neuere Entwicklung der Steuereinnahmen, S. 93.

[2] Neben diesen entlastenden Maßnahmen gab es auch eine Reihe belastender Maßnahmen, beispielsweise die Einführung des Solidaritätszuschlags oder die Rücknahme von Abschreibungserleichterungen. Die Inzidenz der einzelnen Maßnahmen ist kaum abzuschätzen. (Vgl. hierzu die Übersicht über die steuerpolitischen Maßnahmen in Deutsche Bundesbank (1997): Neuere Entwicklung der Steuereinnahmen, S 98-101.)

[3] Vgl. Deutsche Bundesbank (1997): Neuere Entwicklung der Steuereinnahmen, S. 93, 95-96.

[4] Vgl. Deutsche Bundesbank (1997): Neuere Entwicklung der Steuereinnahmen, S. 84.

damit mit der Entwicklung der gesamtwirtschaftlichen Basis nicht mehr Schritt. Davon sind sowohl die gemeindlichen Steuereinnahmen als auch das Zuweisungsvolumen betroffen. Das Wegbrechen der Steuereinnahmen ist auch für die kommunalen Haushalte ein Problem.[1]

Konkrete Zahlen zu nennen oder anzugeben, ob der steuerliche Nettoeffekt des Binnenmarktes aus den Effekten eines relativ höheren Wachstum minus Steuersenkungen und Steuerflucht eher ein negatives oder positives Vorzeichen hat, ist außerordentlich schwierig. Internationalisierungstendenzen, die unter dem Begriff „Globalisierung" zusammengefaßt werden und in die gleiche Richtung wie der Binnenmarkt wirken, oder Sondersituationen wie die deutsche Vereinigung spielen eine große Rolle und überlagern die Binnenmarkteffekte stark.

Insgesamt kann jedoch die Schlußfolgerung gezogen werden, daß der Binnenmarkt die finanziellen Spielräume der öffentlichen Haushalt einschließlich der kommunalen Haushalte nicht in dem Maße erhöht hat, wie ursprünglich erhofft. Die Umsetzung des Binnenmarktprogramms war auch für die Gemeinden mit hohem Aufwand verbunden: 120 der 360 Binnenmarktrichtlinien waren auf Gemeindeebene umzusetzen.[2] Die Hoffnung, daß die sich aus dem Programm ergebenden Aufwendungen und Einschränkungen rechtlicher Handlungsspielräume über erhöhte Einnahmen und damit finanzielle Handlungsspielräume kompensiert werden würden, hat sich wohl nicht erfüllt.

Für die finanziellen Auswirkungen der Europäischen Währungsunion ist möglicherweise ähnliches zu erwarten. Bei den Gemeinden fallen vorerst Kosten für die Währungsumstellung an. Auch die Beratung der Bürger bei der Umstellung wird als Aufgabe gesehen. Nach einer Währungsunion können die Gemeinden zwar von den gesunkenen Transaktionskosten und der erhöhten Markttransparenz profitieren, gleichzeitig erhöht sich dadurch aber der Wettbewerb im Unternehmenssektor und der Standortwettbewerb. Die notwendig werdende Koordinierung der Wirtschaftspolitik zwischen den Mitgliedstaaten wird sicher auch die Gemeinden einbinden und in ihren autonomen Handlungsmöglichkeiten beschränken.

Insgesamt hat der Binnenmarkt zu einer Beschränkung der staatlichen Macht einschließlich seiner Einnahmemacht geführt, wovon auch die Gemeinden als unterste föderative Ebene betroffen sind. Für die Kommunen besonders relevant ist die Einbettung der gemeindlichen Wirtschaftstätigkeit in den Binnenmarkt. Im Er-

---

[1] So lautet der Untertitel des Gemeindefinanzberichts von 1998 „Städtische Finanzen '98 - Im Zeichen des Steuerverfalls" (Vgl. Karrenberg, Hanns und Münstermann, Engelbert (1998): Gemeindefinanzbericht 1998, S. 143.)

[2] Vgl. Ameln, Ralf von (1993): Binnenmarkt und Kommunalpolitik, S. 11.

gebnis wird damit marktlichen Steuerungsformen ein höheres Gewicht eingeräumt.[1]

Abschnitt 2: Verschiebungen im föderativen Gefüge

Zu mittelbaren Auswirkungen der Politik der EU auf die Kommunen kann es nicht nur wegen der Rückwirkungen des realisierten Binnenmarktes auf den Standortwettbewerb oder einer zukünftig möglicherweise stark reformierten Agrarmarktpolitik auf die ländlichen Räume kommen, sondern auch dadurch, daß die EU ursprünglich Bund und Ländern zugeordnete Aufgaben „an sich zieht". Von kommunaler Seite wird befürchtet, daß der durch die EU-Politik hervorgerufene Kompetenzverlust Grund und Anlaß ist, nun in kommunale Aufgabenbereiche hineinzuregieren, um dadurch verlorene Entscheidungsspielräume zu kompensieren und sich auf diese Weise an den Kommunen schadlos zu halten.[2]

Mit zunehmender Zentralisierung und Aufgabenverflechtung schrumpfen die Handlungsspielräume von Bund und Ländern bei der Ausfüllung ursprünglich eigener Aufgaben. Dafür können viele Beispiele genannt werden. So gehen die Aufgaben des Bundes, einen einheitlichen rechtlichen Rahmen zu schaffen und die Außenbeziehungen zu regeln, immer mehr auf die Ebene der EU über, wenngleich massive Hemmnisse bestehen und Verzögerungen auftreten, beispielsweise in der Innen- und Justizpolitik sowie der Gemeinsamen Außen- und Sicherheitspolitik. Die Länder fühlen sich u.a. durch die Ausübung regionalpolitischer Kompetenzen der EU und durch wachsende Aktivitäten der Gemeinschaft in der Kultur- und Bildungspolitik bedroht.[3] Auf die in dieser Arbeit ausführlicher behandelte Regionalpolitik und die Umweltpolitik sei verwiesen. Für das Hineinregieren von Bund und Ländern in den kommunalen Aufgabenbereich gibt es gerade in den 90er Jahren gute Beispiele. Hingewiesen sei nur auf die Normierung eines Rechtsanspruchs auf einen Kindergartenplatz auf Bundesebene. Ähnliche Zentralisierungstendenzen lassen sich auch bei den Finanzen beobachten. Steigende Finanzbeiträge an die EU sowie die Debatte um die Höhe des deutschen Finanzbeitrags sind deutliche Hinweise darauf, daß diese Zentralisierungstendenzen

---

[1] Eine umfassende Bewertung wird in Teil 4, Abschnitt 2, Punkt B. vorgenommen.

[2] Vgl. Hoffschulte, Heinrich (1994): Deutsche kommunale und regionale Selbstverwaltung nach Maastricht, S. 24. Zimmermann und Postlep erwarteten dagegen, daß die Länder einen durch „Abwanderung nach oben" schrumpfenden Aufgabenbestand nicht auf Kosten der Gemeinden aufstocken können. Vgl. dazu Zimmermann, Horst (1990): Gewichtsverlagerungen im föderativen Staatsaufbau unter EG-Einfluß?, S. 454; Postlep, Rolf-Dieter (1992): Gewichtsverlagerung im föderativen Staatsaufbau der Bundesrepublik Deutschland unter EG-Einfluß, S. 146.

[3] Vgl. Zimmermann, Horst (1990): Gewichtsverlagerungen im föderativen Staatsaufbau unter EG-Einfluß?, S. 454.

spürbar sind.[1] Auch Finanzmittel von Bund und Ländern werden durch EU-Politik gebunden. Es ist zu vermuten, daß diese finanziellen Belastungen Auswirkungen auf die Kommunen haben. So haben die Kommunen in dem genannten Beispiel für die Realisierung des Rechtsanspruchs auf einen Kindergartenplatz keine adäquate Kostenerstattung erhalten. Es ist jedoch kaum möglich zu unterscheiden, ob diese Beschneidung rechtlicher und finanzieller Handlungsspielräume kausal auf die Politik der EU-Ebene zurückgeführt werden kann oder lediglich Ausdruck der generellen Zentralisierungstendenz, etwa im Sinne der Popitz'schen Anziehungskraft des zentralen Etats ist,[2] die auch aufgrund der relativ schwachen Stellung der deutschen Kommunen im institutionellen Gefüge der Bundesrepublik[3] kaum gestoppt werden kann.

Neben den Überlegungen zu einer möglicherweise übermäßigen Zentralisierung stellt sich durch den Ausbau der EU als staatliche Ebene die grundsätzliche Frage nach der Relevanz der anderen Ebenen. In diesem Zusammenhang wurde vor allem die Frage diskutiert, welche der Ebenen Bund oder Länder aufgrund des ursprünglichen Aufgabenbestandes und der Mitwirkungsmöglichkeiten bei der Entscheidungsfindung in Brüssel relativ mehr an Bedeutung verliert.[4] Für die Existenz der Gemeinden als Institution wird weniger eine Gefahr gesehen, da sie als unterste Ebene, wenngleich mit stark unterschiedlichen Befugnissen, in allen Mitgliedstaaten vorhanden sind.[5] Nichtsdestoweniger können Kompetenzbereiche ausgehöhlt werden.

Die zu beobachtenden Verschiebungen im föderativen Gefüge werfen auch grundlegende normative Fragen über den föderativen Aufbau auf. Wieviele Ebenen staatlichen Handelns sind für eine effiziente Aufgabenerledigung erforderlich? Wie sollen diese zugeschnitten sein und welche Aufgaben, Instrumente und Finanzmittel sollen zugeordnet werden? Wie sollen die Verflechtungen der Poli-

---

[1] Die Bundesländer wollen weniger Geld in die Kassen der Europäischen Union einzahlen. Vgl. dazu o.V. (1998): Steuererklärung ab 1999 in Euro möglich, S. 1. Zur Haltung des Bundes z.B. o.V. (1998): Agenda 2000 weiter umstritten, S. 9.

[2] Vgl. Zimmermann, Horst (1990): Gewichtsverlagerungen im föderativen Staatsaufbau unter EG-Einfluß?, S. 454.

[3] So haben die Kommunen als rechtliche Bestandteile der Länder keine direkte Mitwirkungsmöglichkeit bei der Gesetzgebung bzw. Entscheidungen auf übergeordneter Ebene.

[4] Vgl. dazu Seidel, Barbara (1992): Die Einbindung der Bundesrepublik Deutschland in die Europäischen Gemeinschaften als Problem des Finanzausgleichs, S. 96-101; Postlep, Rolf-Dieter (1992): Gewichtsverlagerung im föderativen Staatsaufbau der Bundesrepublik Deutschland unter EG-Einfluß, S. 140-147; Zimmermann, Horst (1990): Gewichtsverlagerungen im föderativen Staatsaufbau unter EG-Einfluß?, S. 451-455; Zimmermann, Horst (1989): Die regionale Dimension des Europäischen Binnenmarktes, S. 24-31.

[5] Vgl. Postlep, Rolf-Dieter (1992): Gewichtsverlagerung im föderativen Staatsaufbau der Bundesrepublik Deutschland unter EG-Einfluß, S. 140, 147; Zimmermann, Horst (1990): Gewichtsverlagerungen im föderativen Staatsaufbau unter EG-Einfluß?, S. 454.

tikbereiche und damit der verantwortlichen Ebenen berücksichtigt werden, um adäquate Aufgabenwahrnehmung und maximale Entscheidungsspielräume und -verantwortung abzusichern? Wie können vor allem die Handlungsspielräume der unteren Ebenen wirksam geschützt werden?

Es ist davon auszugehen, daß keine der Ebenen in ihrem heutigen Zuschnitt optimal ist. Dies zeigt sich in Deutschland besonders deutlich an der Diskussion um die Zusammenlegung von Ländern. Insbesondere die kleinen Länder erscheinen manchmal zu klein, als daß sich für diese eine ausgeprägte staatliche Struktur mit eigener Gesetzgebung lohnen würde.[1] In diese Richtung zeigt auch der mißglückte Versuch der Vereinigung der Bundesländer Brandenburg und Berlin und die Diskussion um die Neuabgrenzung der Länder. Dagegen wäre der Bund als einzige Mittelebene sicher zu groß. Die guten Erfahrungen mit föderalen Strukturen in der Bundesrepublik Deutschland, trotz aller Schwächen in der konkreten Ausgestaltung, aber auch die Regionalisierungstendenzen in den großen Mitgliedstaaten Großbritannien und Frankreich können diese Behauptung stützen. Optimal wäre vermutlich eine Mittelebene zwischen der Europäischen Union und den Kommunen von der Größe und dem Zuschnitt größerer Bundesländer (Bayern, Baden-Würtemberg) oder kleinerer EU-Mitgliedstaaten.

Eine solche Struktur würde der Vision eines „Europas der Regionen" nahekommen. Dann könnte die europäische Ebene sehr langfristig die Funktionen einer zentralen Ebene vollständig wahrnehmen, also den Binnenmarkt durch einen einheitlichen rechtlichen Rahmen ergänzen, der innere und äußere Sicherheit, Außenpolitik und Verteidigung umfaßt.[2] Der Notwendigkeit, diese Aufgaben auf europäischer Ebene wahrzunehmen, wurde mit Gründung der EU und der Aufnahme der Regierungszusammenarbeit in den Bereichen Justiz und Inneres sowie Gemeinsame Außen- und Sicherheitspolitik in den Vertrag von Maastricht Rechnung getragen. Der Vertrag von Amsterdam überführt darüber hinaus einen Teil des Bereichs Justiz und Inneres in den EG-Vertrag und damit in die Zuständigkeit der Organe der EG. Für eine vollständige Übertragung zentraler Kompetenzen auf die europäische Ebene müßte diese demokratisch direkt legitimiert sein. Die strukturpolitischen Aufgaben könnten von den Regionen ausgefüllt werden.

Dies würde jedoch das Aufbrechen der (national)staatlichen Strukturen der Mitgliedstaaten erfordern. Diese Strukturen, in Deutschland die Untergliederung in Bund und Länder, sind jedoch rechtlich am stärksten ausgeprägt und geschützt, so daß eine substanzielle Umordnung in nächster Zukunft kaum zu erwarten ist.

---

[1] Auch in anderem Zusammenhang, wie den besonders für kleine Länder erforderlichen zusätzlichen Finanzmitteln oder der Stadt-Umland-Problematik, zeigt sich dies.

[2] Vgl. Zimmermann, Horst (1996): Die Europäische Union als neuer föderativer Strukturtyp?, S. 54.

An den Ebenen EU, Bund, Länder und Gemeinden wird sich auf absehbare Zeit nichts ändern.

Teil 4: Zusammenfassung der Einwirkungen und Bewertung aus ökonomischer Sicht

Dieser Teil der Arbeit dient dazu, die Einwirkungen der EU auf die Kommunen und deren Handlungsspielräume zusammenzufassen und nach Art und Umfang zu systematisieren (Abschnitt 1). Dabei werden handlungsfelderübergreifende Wirkungslinien und Probleme herausgearbeitet und ausführlich aus ökonomischer Sicht erörtert (Abschnitt 2). Aus dieser Erörterung werden allgemeine Folgerungen zum Schutz kommunaler Handlungsspielräume abgeleitet (Abschnitt 3).

Abschnitt 1: Art und Umfang der Einwirkungen der EU auf die deutschen Kommunen

In der folgenden Systematisierung werden die kommunalen Handlungsfelder in der Reihenfolge der detaillierten Bearbeitung[1] betrachtet. Es werden die Einwirkungen der EU auf den kommunalen Entscheiderkreis, die kommunalen Aufgaben, die Leistungserstellung und die Einnahmesituation zusammengefaßt, wobei auch felderübergreifende Sachverhalte berücksichtigt werden. Die Faktoren, die die tatsächliche Betroffenheit der Kommunen bestimmen, werden zusammenhängend dargestellt. In Verbindung mit den Ausführungen über die einzelnen Handlungsfelder läßt sich daraus in groben Zügen einschätzen, in welchem Maße die Felder kommunaler Tätigkeit faktisch betroffen sind. Die ersten Ausführungen in der detaillierten Bearbeitung galten den Einwirkungen der EU auf den kommunalen Entscheiderkreis.

A. Entscheiderkreis

Die EU-Regelungen zur Nichtdiskriminierung der Bürger anderer Mitgliedstaaten der Union und zum freien Personenverkehr im Binnenmarkt haben den Entscheiderkreis in den deutschen Kommunen um die dort wohnhaften ausländischen EU-Bürger erweitert. Diese Erweiterung betrifft alle relevanten Gruppen, also Wähler (Bürger), Politiker und die Kommunalverwaltung. Zieht man in Betracht, daß ausländische EU-Bürger sowohl dem Zahlerkreis in der Gemeinde, als auch dem Nutzerkreis angehören, so ist diese Erweiterung aus ökonomischer Sicht, speziell aus Sicht des Prinzips der fiskalischen Äquivalenz, das einen einheitlichen Nutzer-, Zahler- und Entscheiderkreis zur effizienten Aufgabenerfüllung fordert, nicht negativ zu beurteilen. Gleichzeitig wird dadurch ein Mobilitätshemmnis für EU-Bürger, die in einem anderen Mitgliedstaat leben möchten, beseitigt.

[1] Vgl. die Gliederung des Teils 2 oder die Systematisierung kommunaler Handlungsfelder in Teil 1, Abschnitt 1, Punkt B.

EU-Regelungen haben aber auch das Gewicht einzelner Gruppen verändert. Die Kompliziertheit und Komplexität vieler Regelungen auf EU-Ebene sowie die Einbindung in Entscheidungsprozesse auf oberen Ebenen, z.B. im Rahmen der Partnerschaft, stärken die Einflußmöglichkeiten der sachkundigen Verwaltung gegenüber Bürgern und Politikern, was aus dem Blickwinkel präferenzgerechter Leistungserstellung für die Bürger nicht zu befürworten ist. Zwar enthalten einige durch die EU auf den Weg gebrachte Verfahrensregelungen Vorschriften zur Einbindung der Öffentlichkeit, also festgeschriebene Einflußmöglichkeiten für direkt betroffene Bürger und Bürgerinitiativen,[1] andererseits werden den Gemeindebürgern, aber auch den anderen Entscheidergruppen, Handlungsspielräume entzogen. Dies geschieht besonders durch die Regulierung kommunaler Aufgaben, worauf im folgenden genauer eingegangen wird. Die Entscheidungsfindung wird durch die Einbindung vieler Gruppen komplizierter. Die Akzeptanz dieser Entscheidungen dürfte sich jedoch erhöhen.

Insgesamt ist die Erweiterung des kommunalen Entscheiderkreises eher positiv zu bewerten.

B. Handlungsspielräume bei den Aufgaben

I. Aufgabenbestand

Wichtige Aufgaben kommunaler Selbstverwaltung werden durch die Rechtsetzung und die Förderprogramme der verschiedenen Fachpolitiken auf EU-Ebene betroffen: kommunale Wirtschaftsförderung (einschließlich kommunaler Beschäftigungspolitik), wirtschaftliche Betätigung im Infrastrukturbereich (z.B. die Energieversorgung, Sparkassen, Verkehr), Umweltpolitik (z.B. Trinkwasserver- und Abwasserentsorgung, Umweltinformationen) etc. Zu beobachten ist darüber hinaus die Ausfüllung der vertraglich bestehenden Kompetenzen für Maßnahmen im Tourismus oder Katastrophenschutz. Für die Zukunft ist trotz Aufnahme des Subsidiaritätsprinzips in die Verträge sowohl eine stärkere Einwirkung auf schon betroffene Aufgabenbereiche, z.B. durch verschärfte Anforderungen bei der Trinkwasserqualität, eine substantielle Ausdehnung der Umweltverträglichkeitsprüfung auf Pläne und Programme oder die Liberalisierung des ÖPNV's, als auch eine direkte Betroffenheit weiterer Aufgabenbereiche zu erwarten. Bereiche, in denen mit einer Übernahme von Aufgaben durch die EU zu rechnen ist, sind insbesondere Städtebau und Raumordnung, und zwar durch Wahrnehmung der vertraglichen Kompetenzen bei den transeuropäischen Netzen oder durch eine in Zukunft mögliche europäische Raumordnungs- und Städtebaupolitik. Einwirkungs-

---

[1] Beispiele sind die Umweltverträglichkeitsprüfung oder die Regelung der Informationen über die Umwelt.

möglichkeiten auf die freiwilligen gemeindlichen Aufgabenbereiche Kultur und Sport können, wenn auch in geringerem Umfang, ebenfalls zu verzeichnen sein.[1] Die Beschäftigungspolitik wird als vorrangige Aufgabe des Bundes angesehen, aber auch die Gemeinden entfalten freiwillige Aktivitäten[2] und sind zum Teil für die Umsetzung zuständig.[3] Daher ist eine Einbindung der Gemeinden in die, durch EU-Leitlinien entsprechend dem schon in Kraft gesetzten Kapitel im Vertrag von Amsterdam bestimmte, Beschäftigungspolitik wahrscheinlich.[4] Das gilt auch für die Einbindung in die Umsetzung der wirtschaftspolitischen Koordinierung in der Europäischen Währungsunion, auch wenn der Umfang dieser Koordinierung noch nicht ganz geklärt ist.

Hinsichtlich der *Art* der Wirkungen, die die Fachpolitiken der EU auf die kommunalen Aufgaben ausüben, sind folgende Fälle zu unterscheiden:

a) Stärkere Regulierung kommunaler Aufgaben und dadurch Einschränkung zuvor vorhandener Handlungs- und Gestaltungsspielräume rechtlicher und finanzieller Art (z.B. Wirtschaftsförderung, Umweltschutz)
b) Teilweise Deregulierung kommunaler Aufgaben und damit Erweiterung kommunaler Handlungsspielräume, wenn eine breiter angelegte EU-Politik nationale Regulierung ersetzt (eher Ausnahmetatbestände, z.B. Instrumente der Regionalpolitik)
c) Schaffung neuer Pflichtaufgaben, was den Bestand an freiwilligen Aufgaben mit entsprechenden Handlungsspielräumen verringert (z.B. Umweltinformationen)
d) Beschneidung kommunaler Aufgaben durch Übertragung an den Markt bzw. zunehmende Einbindung in marktliche Strukturen (z.B. wirtschaftliche Betätigung)

Der kommunale Aufgabenbestand steht somit im Spannungsfeld einer Aufgabenbestimmung durch übergeordnete Ebenen und einer Übertragung an den Markt, was tendenziell zu einem Sinken kommunaler Handlungsspielräume bei der Wahrnehmung öffentlicher Aufgaben führt. Kritisch ist besonders die Verrechtlichung freiwilliger Aufgaben zu beurteilen, auch wenn die verfolgten Zielsetzun-

---

[1] In diesem Zusammenhang sei auf die Aufnahme einer Erklärung zum Sport in den Vertrag von Amsterdam verwiesen, aus der sich allerdings noch keine Kompetenzen ableiten lassen. (29. Erklärung zum Sport).

[2] So gibt die Stadt Marburg Zuschüsse für die Schaffung von Ausbildungsplätzen. Die Abgrenzung zur kommunalen Selbstverwaltungsaufgabe Wirtschaftsförderung, die teilweise unter dem gleichen Zielbezug verfolgt wird, ist zudem nicht immer eindeutig.

[3] Die Gemeinden sind beispielsweise für die „Hilfe zur Arbeit“ im Rahmen des Bundessozialhilfegesetzes zuständig.

[4] Im beschäftigungspolitischen Aktionsplan der Bundesregierung ist vorgesehen, daß die Kommunen Sozialhilfeempfänger in Beschäftigung bringen. Vgl. dazu o.V. (1998): Beschäftigung: Aktionsplan der Regierung, S. 4.

gen, beispielsweise im Umweltbereich, möglicherweise den Präferenzen entsprechen.

II. Art und Weise der Aufgabenerfüllung (Leistungserstellung)

Die Europäische Union beeinflußt durch ihre Politik ebenso, *wie* Leistungen zur Aufgabenerfüllung erstellt werden. Das geschieht insbesondere durch die Nichtdiskriminierungsregeln für Personen, insbesondere für EU-Bürger anderer Mitgliedstaaten, und die Durchsetzung des wirtschaftlichen (Marktpreis-) Wettbewerbsprinzips bei der Beschaffung von Gütern und Dienstleistungen, d.h. die an preislichen und wirtschaftlichen Kriterien ausgerichtete Beschaffung von Produktionsfaktoren. Damit verbunden ist eine Verrechtlichung der wirtschaftlichen Vorgänge bei der Aufgabenerfüllung. Zur Erreichung der Ziele, in diesem Fall Wettbewerb, werden hochbürokratische, zeit- und kostenintensive Verfahren vorgeschrieben. Weitere Standards werden beim Arbeits- und Gesundheitsschutz oder der Produktbeschreibung gesetzt. Diese Standards und Vorschriften bedingen andere interne Organisationsstrukturen in den Gemeinden. Vielfach geht der Trend in Richtung Zentralisierung spezifisch geregelter Vorgänge, so bei der Beschaffung, aber auch bei der „Europaarbeit“, die trotz des Koordinierungsbedarfs bei dieser Querschnittsaufgabe in die kommunalen Fachpolitiken integriert werden müßte. Bei der Beschaffung von Produktionsfaktoren können die Kommunen aber von den statischen und dynamischen Effizienzgewinnen des Binnenmarktes wie alle anderen Wirtschaftssubjekte profitieren.

III. Umfang der faktischen Betroffenheit

Verglichen mit der hohen Anzahl der beeinflußten Aufgabengebiete und der Regulierung der Aufgabenerfüllung ist der Grad der tatsächlichen Betroffenheit als derzeit noch relativ gering einzuschätzen. Dafür ist eine Vielzahl von Gründen maßgeblich, die sich meist wechselseitig bedingen und beeinflussen:

a) *Zukünftige rechtliche Wirksamkeit von Vorhaben und Entwürfen*
Auf vielen Handlungsfeldern wird die rechtliche Regelung der Aufgabenbestimmung erst in Zukunft rechtlich wirksam oder Aktionen und Initiativen auf EU-Ebene werden gerade erst angebahnt. Zu nennen sind insbesondere die wirtschaftliche Betätigung der Gemeinden im ÖPNV, der Umweltbereich, Raumordnung und Städtebau sowie die Wirkung auf die Einnahmen (u.a. Steuerharmonisierung).

b) *Zeitverzug bei der praktischen Umsetzung nach Eintritt der rechtlichen Wirksamkeit*
Viele der behandelten Regelungen sind von Anfang bis Mitte der 90er Jahre, d.h. noch nicht lange in Kraft oder gerade erst umgesetzt worden, und entfalten

erst langsam praktische Wirkung. Hierzu zählen viele Umweltschutzbestimmungen, die häufig noch Stufenpläne und schrittweises Vorgehen enthalten, Vergaberichtlinien, Regelungen zur Nichtdiskriminierung ausländischer EU-Bürger bei der Beschäftigung in der Kommunalverwaltung oder der Zulassung zu Kommunalwahlen. Beispielsweise hatten Anfang 1998 Kommunalwahlen nach neuem Recht noch nicht in allen Bundesländern stattgefunden. Unter diesen Punkt des Zeitverzugs bei der praktischen Umsetzung können auch Sachverhalte erfaßt werden, bei denen die Umsetzung in nationales Recht unzureichend ist und die rechtliche Wirkung auf der Direktwirkung des EU-Rechts beruht. Ein Beispiel war das gerichtliche Klagerecht von Unternehmen im Vergaberecht. Ebenso sind unter diesen Punkt Fälle zu zählen, bei denen eine rechtliche Transformation nicht erforderlich ist, aber eine eindeutige und verbindliche nationale Umsetzung erfolgen könnte bzw. geplant ist, wie beispielsweise eine innerstaatliche Aufteilung der Verschuldungs- und Schuldenstandsquoten (Konvergenzkriterien).

c) *Mangelnde Umsetzung in die Praxis und Schwierigkeiten bei der Kontrolle*
Die Rechtsetzung ist das bevorzugte Politikinstrument der EU. Angesichts der Menge der Vorfälle gerade auf der Gemeindeebene ist die Wirkung der Regelungen wesentlich davon abhängig, wie diese akzeptiert und angewendet werden.[1] Gemeinden können Gestaltungsspielräume und Lücken in der Gesetzgebung ausnutzen und die Zielsetzung eines Rechtsinstruments umgehen oder seine Wirksamkeit abschwächen.[2] Zur rechtlichen Durchsetzung bedarf es zudem einer wirksamen Kontrollinstanz. Dabei verfügt die Kommission in den Mitgliedstaaten über keinen administrativen Unterbau, der Umsetzung und Einhaltung von Richtlinien und Verordnungen kontrollieren könnte, sondern muß sich im wesentlichen auf die Behörden der Mitgliedstaaten und Informationen von außerhalb (z.B. von Lobbygruppen oder lokalen Medien) verlassen. Bei Rechtsverstößen kann der Mitgliedstaat beim Europäischen Gerichtshof verklagt und zu konkreten Handlungen aufgefordert werden. Insgesamt sind die rechtlichen Möglichkeiten zur Durchsetzung von EU-Recht relativ schwierig und mit Zeitverzögerungen (z.B. bei der Umweltgesetzgebung) behaftet.

---

[1] So kommt Silke Lund in ihrer Studie, in deren Verlauf sie 4 deutsche Kommunen befragt hat, zum Ergebnis, daß Rechtsvorschriften „mangels eines geeigneten Kontrollmechanismus nicht (z.B. für die Beihilfenaufsicht) oder möglicherweise auch nur teilweise (Vergabewesen) von den Kommunen beachtet werden." (Lund, Silke (1994): Auswirkungen der Europäischen Integration auf die kommunale Ebene, S. 81.) Vgl. ebenso ebenda, S. 20-21, 44-45.

[2] Dies trifft beispielsweise auf die Nichtdiskriminierungstatbestände bei Personen, das Aufstellen von Ausschreibungskriterien bei der Vergabe öffentlicher Aufträge oder auf öffentliche Beihilfen zu. Vgl. z. B. ausführlich zum Vergaberecht und kommunalen Grundstücksverkäufen unter der Beihilfenaufsicht Schultze, Claus J. (1997): Die deutschen Kommunen in der EU, S. 64-69; 81.

d) *Geringes Haushaltsvolumen*
Die EU kann sich nur in begrenztem Umfang des Politikinstruments der öffentlichen Finanzen bedienen: eigene Steuerfindungskompetenzen fehlen, die Finanzbeiträge der Mitgliedstaaten erfüllen hauptsächlich eine fiskalische Funktion und sind auf etwas mehr als 1 % des BSP begrenzt, was im Vergleich zum Volumen der öffentlichen Haushalte in den Mitgliedstaaten recht gering ist[1] und die Möglichkeiten, über eigene Ausgaben Politik zu gestalten, begrenzt. Von diesen gut 1 % ist der Großteil immer noch der Agrarmarktpolitik vorbehalten, Ausgaben in Höhe von 0,46 % des BSP sind für das Ziel des wirtschaftlichen und sozialen Zusammenhalts vorgesehen,[2] das finanziell vor allem im Rahmen der Strukturfonds verfolgt wird und insbesondere in ärmeren Gebieten zum Tragen kommt. Die Ausgaben aus dem EU-Haushalt erreichen nur in Ziel-1-Gebieten eine größere Bedeutung, wenn man von den ländlichen Gebieten, in die im Rahmen der Agrarmarktpolitik Finanzmittel fließen, absieht. Zu diesen Ziel-1-Gebieten, auf welche zwei Drittel der Strukturfondsmittel konzentriert werden, gehören in Deutschland die neuen Bundesländer. Generell ist die Bedeutung von EU-Förderprogrammen für die Kommunen angesichts des Mittelvolumens als gering einzuschätzen, was nicht bedeutet, das eine einzelne Gemeinde aufgrund besonderer Problemlagen oder Aktivitäten zeitweise nicht in hohem Umfang von EU-Fördermitteln profitieren kann. Dabei darf aber nicht außer acht gelassen werden, daß über den Zwang zur Mitfinanzierung die finanziellen Ressourcen anderer staatlicher Ebenen und privater Organisationen zur Erreichung von auf der EU-Ebene bestimmten Zielen eingesetzt und Programme der Mitgliedstaaten entsprechend geformt werden.

e) *Größenabhängige Auswirkungen und europaweite Bedeutung kommunalen Handelns?*
Ein weiterer Grund für die noch relativ geringe tatsächliche Betroffenheit der Gemeindeebene besteht darin, daß bestimmte Vorschriften erst ab einer gewissen Größenordnung anwendbar sind. Die Kommunen unterliegen aufgrund ihrer geringen Größe oder der kaum europaweiten Bedeutung des Handelns einer einzelnen Kommune häufig Bagatellregelungen oder können größenabhängige

---

[1] Vgl. Bundesministerium der Finanzen (Hrsg.) (1997): Finanzbericht 1998, S. 116. Demnach betragen die EG-Eigenmittel in den 90er Jahren nur ca. 5 % des gesamten Steueraufkommens von Bund, Ländern, Gemeinden und EG. Die Obergrenze der EG-Eigenmittel beträgt in den 90er Jahren bis zu 1,27 % des BSP. (Vgl. dazu Beschluß des Rates vom 31.10.1994 über das System der Eigenmittel der Europäischen Gemeinschaften (94/728/ EG, Euratom). ABl. Nr. L 293 vom 12.11.1994, S. 9. Vgl. auch Tabelle 2: Einnahmen der Ebenen.) Diese Obergrenzen wurden aber nicht ausgeschöpft. Für 1998 ist beispielsweise nur ein Haushaltsvolumen in Höhe von 1,14 % (Obergrenze 1,26 %) des BSP geplant. (Vgl. Europäische Kommission (1998): Gesamtbericht über die Tätigkeit der Europäischen Union 1997. Ziff. 1062, S. 403.)

[2] Vgl. Europäische Kommission (1998): Agenda 2000. Überblick über die Legislativvorschläge, S. 12.

Erleichterungen in Anspruch nehmen.[1] So sind die tatsächlichen Auswirkungen der Beihilfenaufsicht der Kommission auf die direkte kommunale Wirtschaftsförderung, die grundsätzlich stets dieser Aufsicht unterliegt, durch die De-minimis-Regelung, die lediglich auf einer Entscheidung der Kommission beruht, stark eingeschränkt. Das Auftragsvolumen einzelner Aufträge kleiner und mittlerer Gemeinden erreicht nur in seltenen Fällen eine Größenordnung, die eine europaweite Ausschreibung erfordert. Ebenso betrifft die bisher gültige UVP-Regelung nur Großprojekte.

f) *Verhalten der Akteure*
Die Wirksamkeit der Politik auf der EU-Ebene hängt wesentlich vom Handeln der relevanten Akteure ab. So relativiert der noch geringe Anteil ausländischer EU-Bürger in Deutschland die tatsächliche Bedeutung der Regelungen zu deren Nichtdiskriminierung durch Beteiligung an Kommunalwahlen, zur Beschäftigung in der öffentlichen Verwaltung etc. stark. Dieser geringe Anteil liegt in der noch geringen Mobilität der Personen zwischen einzelnen Mitgliedstaaten aufgrund von natürlichen (z.B. sprachlichen) und anderen Barrieren, also im Verhalten der Akteure begründet. Ebenso hängt die Auftragsvergabe an Unternehmen aus anderen Mitgliedstaaten der EU nicht nur von der europaweiten Ausschreibung und einem offenen, nicht vorbestimmten Vergabeverfahren ab, sondern auch von adäquaten Angeboten von Unternehmen aus anderen Mitgliedstaaten. Diese brauchen Zeit, um sich auf die Anforderungen neuer Auftraggeber und ein offenes anspruchsvolles Vergabeverfahren einzustellen. Ebenso ist die Umweltpolitik ein Handlungsfeld, auf dem sich die Akteure oftmals nicht an den vielleicht zu starren, rechtlich bestimmten Handlungsrahmen halten oder versuchen, ihn zu umgehen. Aber auch die Wirksamkeit der Strukturpolitik mittels der Strukturfonds oder anderer Förderprogramme (Instrument öffentliche Ausgaben) wird bedingt durch das Verhalten der antragstellenden Akteure auf den unteren Ebenen. Hier zeigten sich viele deutsche Kommunen, gerade im Vergleich zu britischen oder niederländischen, lange Zeit sehr zurückhaltend.[2]

Größere praktische Bedeutung erlangt die EU-Politik für die deutschen Kommunen auf den Handlungsfeldern Umwelt, Energie und wirtschaftliche Betätigung.

---

[1] Diese Schwellenwerte oder größenabhängigen Regelungen erschweren übrigens umfangreiche quantitative Studien über die tatsächliche Betroffenheit, weil die Anwendbarkeit des Rechts von der Größe einzelner Elemente der relevanten Gesamtmenge, so der Größe eines einzelnen Auftrags abhängt und eine detaillierte Untersuchung erforderlich macht. Vgl. z.B. die detaillierten Untersuchungen in 4 Fallstädten zum Vergabewesen und zur UVP bei Lund, Silke (1994): Auswirkungen der Europäischen Integration auf die kommunale Ebene, S. 21-44, 47-55, 58-63.

[2] Vgl. zur Beteiligung deutscher Städte und Gemeinden Franke, Thomas und Heinz, Werner (1997): EU-Aktivitäten deutscher Städte und Gemeinden, S. 5.

Für Kommunen in Ziel-1-Gebieten spielt die Strukturförderung der EU ebenfalls eine wichtige Rolle. Die konkreten Auswirkungen der Beihilfenaufsicht und der Förderung in Ziel-2- und Ziel-5b-Gebieten sind vergleichsweise geringer. Der Binnenmarkt wirkt in Zusammenhang mit der Globalisierung vor allem auf die kommunale Finanzausstattung, was im folgenden erläutert wird.

C. Einnahmesituation

Struktur und Umfang kommunaler Einnahmen sind noch kaum von direkten Harmonisierungsmaßnahmen betroffen. Vielfältige von der EU-Ebene ausgehende Aktivitäten hinterlassen jedoch ihre Spuren in den kommunalen Einnahmen. Aufgabengebundene Einnahmen erhöhen sich durch Zweckzuweisungen aus EU-Förderprogrammen oder (von den Bürgern aufzubringende) steigende Gebühren und Beiträge für kommunale Leistungen. Die EU-Einwirkung auf letztere beruht auf dem Setzen von kostenintensiven Standards, die sich über die betriebswirtschaftlich ausgerichtete Kostenkalkulation und einen hohen Kostendeckungsgrad in den Gebühren und Beiträgen widerspiegeln. Es bleibt zu betonen, daß diese Einnahmenerhöhungen stets aufgabengebunden sind und daher einen geringen Autonomiegehalt aufweisen.

Eher sinkende kommunale Einnahmen sind aus der wirtschaftlichen Betätigung zu erwarten, wegen zunehmender Einbindung in wettbewerbliche Prozesse und der Vermarktung kommunaler Aufgaben. Durch diese Entwicklung werden autonome Handlungsspielräume bei der wirtschaftlichen Betätigung reduziert und ihr Einsatz als Instrument in anderen Politikbereichen und zur Einnahmeerzielung erschwert. Der Binnenmarkt dürfte die Auswirkungen der Liberalisierung verstärken und über die verbesserten Voraussetzungen für Mobilität von Personen, Gütern, Dienstleistungen und Kapital die nationalen Steuersysteme und andere Standortfaktoren in Wettbewerb miteinander bringen, was das Potential zur Einnahmeerzielung für alle Ebenen verringert. Die schwache innerstaatliche Stellung der Gemeinden könnte einen überproportionalen Anteil am Verlust des Steueraufkommens befürchten lassen. Der Druck auf die Reform des Gemeindefinanzsystems verstärkt sich dadurch. Allerdings läßt der auf der EU-Ebene gesetzte rechtliche Rahmen genug Spielräume für ein allokativ effizientes Gemeindefinanzsystem, das an lokal radizierbaren, möglichst immobilen Steuerquellen ansetzt, beispielsweise für eine ergiebige Steuer auf das Grundvermögen.

D. Fazit

Die vielfältigen Auswirkungen der EU-Politik auf die Kommunen führen in ihrer Gesamtheit tendenziell zu einem Absinken von autonomen Handlungs- und Gestaltungsspielräumen dieser Ebene.[1] Die Gefahr für die kommunale Selbstverwaltung durch die EU-Ebene sollte aber nicht überzeichnet werden. Eine Bewertung der Einwirkungen aus der Perspektive ökonomischer Theorien muß trotz der im Theorieabschnitt begründeten großen Bedeutung autonomer Handlungsspielräume der bürgernähesten, kommunalen Ebene differenziert erfolgen.

Abschnitt 2: Bewertung aus ökonomischer Sicht

A. Aufbrechen verkrusteter nationaler Strukturen bzw. Verstärkung des Reformdrucks

Eine unbesteitbare positive Folge des Wirkens der EU in der Europäischen Integration ist das an vielen Einzelbeispielen belegbare Aufbrechen verkrusteter nationaler Strukturen, die durch den Einfluß nationaler Interessengruppen oder festgezurrte föderale Bindungen entstanden sind. Die Unvorhersehbarkeit und geringe Steuerbarkeit des Integrationsprozesses durch *einzelne* Gruppen (auch bei diesem Sachverhalt gibt es Ausnahmen wie die Agrarpolitik) ersetzt in gewisser Weise die von Olson genannten gewalttätigen Ereignisse Krieg, Diktatur und Revolution, die ein solches in der Geschichte oft bewirkt haben.[2] Auf diese Weise fördert die Europäische Integration die Reform der institutionellen Bindungen in den Mitgliedstaaten, wobei es nicht ausbleibt, daß dadurch neue Bindungen geschaffen werden.

So hat die Durchsetzung der Nichtdiskriminierung ausländischer EU-Bürger die Entscheiderkreise erweitert, oft gegen den Willen eines großen Teils der bisherigen Entscheider, was ohne eine Vereinbarung auf EU-Ebene in Deutschland sicherlich nicht so bald verwirklicht worden wäre. Der Versuch der umfassenden Liberalisierung bisher abgeschotteter Märkte zur Schaffung eines wirklichen Binnenmarktes, beispielsweise im Energiesektor und bei den öffentlichen Aufträgen, oder die Durchsetzung einer Beihilfenaufsicht über wettbewerbsverzerrende staatliche Subventionen, läuft gegen die Interessen bestimmter "pressure groups" im Unternehmenssektor, aber auch gegen die Macht- und Steuerungsansprüche von Teilen der Politiker und der Bürokratie, die partiell auch von ihren Wählern getragen werden. Durch die Liberalisierung werden Einfluß- und Steuerungsmög-

---

[1] Diese Tendenzaussage beruht auf einer *Einschätzung* der analysierten Einwirkungen auf die Kommunen, die komplex und vielschichtig sind. Für Martin Junkernheinrich ist eine solche Aussage aufgrund kurz aufgezeigter ambivalenter aufgabenbezogener und institutioneller Entwicklungstrends kaum möglich. Vgl. Junkernheinrich, Martin (1996): Gemeindefinanzen unter Vereinigungsdruck: Kommunale Selbstverwaltung zwischen europäischer und deutscher Vereinigung, S. 117-119.

[2] Vgl. Olson, Mancur (1991): Der Süden wird wieder fallen: der Süden als Vorreiter und Nachzügler im Wirtschaftswachstum, S. 86; grundlegend hierzu Olson, Mancur (1985): Aufstieg und Niedergang von Nationen, S. 186-188.

lichkeiten nicht nur den Marktteilnehmern, sondern auch auf die europäische Ebene, die den wettbewerblichen Rahmen setzt, übertragen. Diese Entwicklung bringt aber auch Probleme mit sich, die im folgenden erörtert werden.[1] Unter dem Aspekt des Aufbrechens föderativer Politikverflechtungen ist auch die Modernisierung des Instrumenteneinsatzes bei der Gemeinschaftsaufgabe „Verbesserung der regionalen Wirtschaftsstruktur" zu sehen, die positiv zu beurteilen ist, weil im Mitgliedstaat wegen föderaler Politikverflechtung Reformen nicht durchgesetzt wurden. Gleichzeitig ist die Politik, die über die Strukturfonds verfolgt wird, kritisch zu betrachten.[2]

Neben diesen Auswirkungen, bei denen die Implementierung der Politik der EU festgefahrene Strukturen tatsächlich aufbricht, verstärkt diese Politik einschließlich ihrer Rückwirkungen (insbesondere beim Binnenmarkt) den Reformbedarf auf Handlungsfeldern, auf denen auch aus nationaler Sicht eine Neuordnung dringend erforderlich ist, und *unterstützt* auf diese Weise das Aufbrechen sich ungeeignet entwickelnder Strukturen. An dieser Stelle sei das Infragestellen der zu wenig integrativen, streng nach dem Ressortprinzip gegliederten Verwaltungsstrukturen in den Kommunen aufgeführt, aber auch der über verschiedene Wirkungslinien ausgehende Druck auf das Gemeindefinanzsystem gehört dazu. Diese Einwirkungen sind gewiß nicht hinreichend für eine Neuordnung des Gemeindefinanzsystems, sie machen eine Reform jedoch dringender. Dies folgt insbesondere aus der Zuordnung kostenpflichtiger Aufgaben, zukünftig eher sinkenden Einnahmen aus der wirtschaftlichen Betätigung und reduzierten Steuereinnahmen aus den im Binnenmarkt mobilen Steuerobjekten, die einen wesentlichen Bestandteil des gemeindlichen Steueraufkommens ausmachen und möglicherweise noch Harmonisierungsbestrebungen unterliegen.

Ein weiterer Fall, bei dem nationale Notwendigkeiten durch EU-Politik verstärkt werden, ist die Begrenzung der öffentlichen Verschuldung. Zugunsten zukünftiger Haushaltsflexibilität, insbesondere auch der finanziellen Handlungsspielräume nachkommender Generationen, ist bei der öffentlichen Verschuldung angesichts des erreichten Schuldenstandes und der schwachen Wirksamkeit der zur Zeit gültigen nationalen Begrenzungen schon längst eine restriktivere Regelung erforderlich. Fraglich bleibt, ob die Maastricht-Kriterien auf Dauer eine solche wirksame Begrenzung leisten können. Allemal aber hat ihre Festsetzung und die zu ihrer Durchsetzung gemachten Anstrengungen das Problem der öffentlichen Verschuldung stärker in das Blickfeld öffentlicher Diskussionen gerückt und ein Nachdenken über Lösungsansätze für eine wirksame Begrenzung öffentlicher Verschuldung angeregt.

---

[1] Vgl. die Ausführungen in den folgenden beiden Unterabschnitten B. und C.

[2] Vgl. die Einschätzung im übernächsten Unterabschnitt C.

B. Stärkung des Wettbewerbs gegenüber politisch-demokratischen Steuerungsformen?

Die Liberalisierung von unterschiedlichsten Aufgabenfeldern wirtschaftlicher Betätigung im Rahmen der Verwirklichung des Binnenmarktes stärkt die Aufgabenerfüllung durch den Markt. Dadurch wird staatliche Feinsteuerung durch marktliche ersetzt und der staatliche Einfluß, zumindest tendenziell, auf das Setzen des Rechtsrahmens beschränkt. Aus Sicht der wirtschaftswissenschaftlichen Theorien, die vom grundsätzlichen Vorrang der privaten vor der öffentlichen Aufgabenerfüllung ausgehen und staatliches Handeln auf Ausnahmetatbestände (öffentliche Güter, externe Effekte) begrenzen, ist eine solche Wirkung positiv zu beurteilen. Denn wenn funktionsfähige, offene Märkte geschaffen werden, verbessert sich die Allokation, den Präferenzen der Wirtschaftssubjekte wird besser entsprochen, und ein Anreiz für Wachstum wird gesetzt.

In offenen Märkten entscheiden die Wirtschaftssubjekte als Markteilnehmer, als Anbieter oder Nachfrager, insofern hat sich dadurch der Entscheidungsmechanismus geändert. Damit werden aber über die EU-Ebene den politisch-demokratischen Entscheidungsgewalten Aufgabenfelder entzogen. Dies geschieht auch auf der als besonders bürgernah geltenden und deshalb nach dem Subsidiaritätsprinzip *unter* den staatlichen Ebenen bevorzugten kommunalen Ebene. Inwieweit entspricht eine solche Änderung der Aufgabenverteilung zwischen öffentlichem und privatem Sektor den Präferenzen der Wirtschaftssubjekte oder, politisch-demokratisch ausgedrückt, dem Willen der Bevölkerung? Müßte darüber nicht vor Ort oder zumindest auf nationaler Ebene diskutiert werden? Wie wäre eine Situation zu beurteilen, in der die Bürger verschiedener Kommunen und Regionen unterschiedliche Auffassungen über die Abgrenzung von privaten und öffentlichen Aufgaben hätten?

Der Transfer einer solchen Entscheidung auf die EU-Ebene verbietet fast automatisch regional oder lokal stark unterschiedliche Ausformungen, soweit sie den Mindestanforderungen der EU an die Liberalisierung nicht entsprechen. Die Frage, ob aus ökonomischer Sicht eine Entscheidung auf lokaler Ebene oder eine generelle Liberalisierung bevorzugt werden sollte, ist nicht einfach zu entscheiden. Für die Liberalisierung spricht, daß damit gleichzeitig verkrustete Strukturen aufgebrochen werden. Problematisch in dieser Hinsicht ist aber die mangelnde demokratische Legitimation. Entscheidungen werden vom Rat, in vielen Fällen zusammen mit dem Europäischen Parlament, getroffen. Das bedeutet, daß die *Minister* nationaler Regierungen gemeinsam entscheiden, die nationalen Parlamente nur indirekt eingebunden sind und den Prozeß schlecht steuern können. Das direkt gewählte Europäische Parlament entscheidet in vielen Fällen *mit.* Durch den Vertrag von Amsterdam werden seine Mitentscheidungsrechte verbessert. Kritisch zu betrachten ist beim Europäischen Parlament aber das unterschiedliche Gewicht einer einzelnen Wählerstimme, denn die Anzahl der Abgeordneten im Verhältnis zur Bevölkerung variiert stark unter den Mitgliedstaaten.[1] Im Bereich der EG hat nur die Kommission ein echtes Initiativrecht. In die Vorschlagsvorbereitung werden viele unterschiedliche Interessen eingebunden, das Verfahren ist aber nicht transparent und nachprüfbar genug. Insofern besteht noch erheblicher Reformbedarf.

Eine Reform sollte auf stärkere Demokratisierung und mehr Transparenz ausgerichtet sein. Wenn man davon ausgeht, daß die verkrusteten Strukturen wesentlich durch die Mehrheitsentscheidungen und den Interessenausgleich auf europäischer Ebene aufgebrochen werden und weniger durch die Intransparenz der Entscheidungsverfahren, die unerfahrenen und schlecht organisierten Gruppen ein Eingreifen erschwert, so würde eine Demokratisierung und größere Transparenz der Entscheidungsverfahren das Aufbrechen von Verkrustungen nicht behindern. Eine direktere demokratische Legitimation ist um so mehr erforderlich, als die Entscheidungen auf EU-Ebene, die teilweise den demokratisch gewählten Vertretungen dieser Ebenen entzogen sind, so weit reichen zu bestimmen, welche Aufgaben in den Mitgliedstaaten (bis zur kommunalen Ebene) privat oder öffentlich erfüllt werden.

Würde man die Entscheidungen über mehr oder weniger Markt nicht auf der EU-Ebene belassen, sondern auf untere Ebenen rückverlagern, so würde sich die Frage stellen, ob eine andere Entscheidung, in diesem Falle: nicht zu liberalisieren, angesichts der globalen Entwicklung überhaupt möglich wäre. Führen relativ ineffektive und kostenträchtige öffentliche Strukturen dann nicht zum Abwandern der mobilen Produktionsfaktoren, insbesondere von Unternehmertum und Kapital, und erzwingen auf diese Weise liberalere und marktgerechtere Strukturen? Der Vorteil einer solchen Aufgabenzuordnung läge auf jeden Fall darin, daß die Entscheidung dann, angesichts der realen Tatsachen, auf den unteren Ebenen, eventuell verspätet, getroffen werden würde. Ob das Ergebnis anders aussehen würde, bleibt fraglich.

Wie bei vielen Politikfeldern gezeigt wurde, bedingt eine strenge Ausrichtung am Wettbewerbsprinzip, dessen Durchsetzung aus fiskalföderalistischer Sicht „richtig" auf der EU-Ebene angesiedelt ist, nahezu automatisch ein Sinken von Handlungs- und Gestaltungsspielräumen auf den anderen in die natürliche Kompetenz der unteren Ebenen fallenden Politikfeldern. Der unumgängliche Zielkonflikt zwischen dem Wettbewerbsziel (im Sinne gleicher Wettbewerbsbedingungen für die Unternehmen) und anderen Politikzielen wird zunehmend auf der EU-Ebene ge-

[1] So repräsentiert ein deutsches Mitglied des Europäischen Parlaments ungefähr 800.000 Bürger, während ein luxemburgisches Mitglied nur ca. 60.000 repräsentiert. (Vgl. dazu Schmuck, Otto (1997): Europäisches Parlament, S. 184.)

löst bzw. zumindest vorbestimmt. Zu denken ist an das Festschreiben wirtschaftlicher Zuschlagskriterien bei europaweit auszuschreibenden öffentlichen Aufträgen, die Aufsicht über die in vielen Politikfeldern eingesetzten staatliche Beihilfen sowie die Regelungen zur Liberalisierung für die Bereiche Energie, Sparkassen und, in naher Zukunft, für den öffentlichen Nahverkehr.

Eine extreme Ausrichtung am Wettbewerbsziel würde eigenständige Handlungsmöglichkeiten der unteren Ebenen auf ihren Aufgabenfeldern beträchtlich reduzieren. Gesteht man diesen Ebenen autonome Handlungs- und Gestaltungsspielräume zu, so ergibt sich ein Abstimmungsbedarf zwischen den Ebenen, um mögliche Zielkonflikte nicht nur einseitig aufzulösen. Hier würden institutionelle Abstimmungs- und Mitwirkungsverfahren, „föderalismusfreudliches Verhalten" und/oder ein institutionalisierter Schutz autonomer Handlungsmöglichkeiten der unteren Ebenen in Frage kommen. Das Ergebnis eines solchen Abstimmungsverfahrens könnte beispielsweise sein, auch das Zuschlagskriterium des umweltfreundlichsten Angebots (z.B. innerhalb einer bestimmten Preisspanne) für europaweit auszuschreibende Aufträge zuzulassen und Städten, die dies wünschen, ein "buy green" zu ermöglichen, soweit die Vergabebedingungen und -verfahren transparent sind. Autonome Fördermöglichkeiten für umweltfreundliche Energien unabhängig von EU-Zielsetzungen und finanziellen Förderprogrammen der oberen Ebenen müßten gegeben sein. Letzteres macht deutlich, daß die EU-Ebene sich durch die Zuordnung der Wettbewerbskompetenz leicht strukturpolitische Steuerungskompetenzen aneigenen kann, was außerordentlich problematisch ist. Es kommt insbesondere darauf an, *wie* auf der europäischen Ebene diese Steuerungsoptionen ausgeübt werden, d.h. ob, indem in den Wettbewerb eingegriffen wird, strukturpolitische Ziele verfolgt werden, die auf der EU-Ebene bestimmt werden, oder ob der wettbewerbliche Rahmen so gestaltet wird, daß die anderen Gebietskörperschaftensebenen im bestimmten Umfang eigene strukturpolitische Ziele verfolgen können.[1] Letzteres ist aus ökonomischer Sicht eindeutig zu bevorzugen. Zu beachten bleiben dabei stets die weltweiten Rahmenbedingungen: Globalisierung schränkt die Macht der Regierungen ein und zwingt sie, wirtschaftliche Zwänge stärker zu berücksichtigen.[2]

---

[1] Ein gutes Beispiel für einen solchen Fall ist der Energiesektor, auf dem das Aufbrechen der Monopole und die damit verbundenen geringeren Möglichkeiten der Kommunen, energiestrukturpolitische Ziele zu verfolgen, dazu führt, daß nichtmarktliche Umweltinterventionen einer umweltpolitischen Flankierung durch die EU-Ebene bedürfen. Aus ökonomischer Sicht sollte die EU weniger eigene energiestrukturpolitische Programme gestalten, sondern statt dessen den wettbewerblichen Rahmen für eine solche Politik öffnen. Letzteres ist durch die möglichen Vorrangregelungen für erneuerbare Energiequellen etc. bereits in gewissem Umfang der Fall.

[2] Vgl. Welter, Patrick (1998): Vom Ziel der guten oder der besseren Gesellschaft, S. 7.

Als Fazit bleibt festzustellen, daß die Entscheidung über eine Ausrichtung am Wettbewerb unbedingt einer stärkeren Demokratisierung bedarf. Die Konflikte mit den Kompetenzen anderer Gebietskörperschaften, die sich aus der Verfolgung des Wettbewerbszieles fast automatisch ergeben, dürfen nicht einseitig auf der EU-Ebene gelöst werden, um der wünschenswerten Autonomie der Gebietskörperschaften in ausreichender Weise Rechnung zu tragen. Das sich aus der Kompetenz, den wettbewerblichen Rahmen zu setzen, ergebende Steuerungspotential für die EU-Ebene darf nicht für eine Ausweitung strukturpolitischer Kompetenzen der EU-Ebene verwandt werden. Der wettbewerbliche Rahmen sollte statt dessen für diese Aufgabenfelder anderer Gebietskörperschaftsebenen in begrenztem Maße geöffnet werden.

C. Dezentralisierungspotential bei den Aufgaben und im Instrumenteneinsatz

Während das Dezentralisierungspotential bei der Wettbewerbspolitik begrenzt ist, da die Aufgabenzuordnung an die zentrale Ebene gerechtfertigt ist und es lediglich auf der Abstimmung mit anderen Politikbereichen und dem Schaffen von Handlungsmöglichkeiten beruht, besteht bei anderen Aufgaben grundsätzliches Dezentralisierungspotential und aus fiskalföderalistischer Perspektive auch Bedarf für mehr dezentrale Entscheidungen.

So können regionale Entwicklungsprobleme oder lokal begrenzte Umweltverschmutzungen besser von den lokalen und regionalen Ebenen angegangen werden, insbesondere wenn diese über ausreichende rechtliche und finanzielle Autonomie verfügen. Die Vorteile dezentraler Aufgabenerfüllung im Sinne des ökonomischen Subsidiaritätsprinzips würden bei den in diesen Fällen begrenzten externen Effekten (und damit der Einhaltung des Prinzips der fiskalischen Äquivalenz) durch präferenzgerechtere, auf lokale Problemlagen zugeschnittene Lösungen und einen tendenziell effizienteren Ressourceneinsatz[1] voll zur Geltung kommen. Bedarf und Potential für dezentrale Entscheidungen bestehen in der regionalen Entwicklungspolitik und bei lokalen oder regionalen Umweltproblemen. Kritisch sind die Versuche einer weiteren Vergemeinschaftung von Politikbereichen wie Städtebau und Raumordnung, Beschäftigung sowie Kultur und Sport zu sehen, weil auf diesen Gebieten ein großer Teil der Probleme lokal oder regional lösbar sind, wofür auch die ursprüngliche Zuweisung an die kommunale Ebene spricht. Regionale Kooperationen, wie sie teilweise schon praktiziert werden,

[1] Diese Vorteile beruhen auf den überschaubaren Verhältnissen, der kontrollierbaren Verantwortung vor Ort, besserer Merklichkeit der Mittelverwendung, was wiederum den Anreiz zur Kontrolle stärkt, und den geringeren Kosten für Abstimmung, Konsensfindung und Bürokratie. Vgl. auch Teil 1, Abschnitt 2 (Theorie).

können zentrale Kompetenzen ersetzen. Bei einer grundlegenden Reform der Agrarpolitik von einer Agrarmarktpolitik in eine eher strukturbezogene ländliche Entwicklungspolitik,[1] bestünde aus fiskalföderalistischer Perspektive Potential für mehr dezentrale Entscheidungskompetenzen.

Auf den genannten Handlungsfeldern sollten dezentrale Handlungsspielräume erhalten (bzw. neu geschaffen) werden, die mit einer Zuordnung von Kompetenzen auf die höheren Ebenen unweigerlich verloren sind, ungeachtet dessen, welcher Instrumente sich die höhere Ebene bedient. Ein rechtlicher Rahmen, Leitlinien etc. würden das Handlungsfeld begrenzen, Zweckzuweisungen (Förderprogramme) könnten eine Steuerung über finanzielle Lockmittel erlauben. Mit Blick auf die Mittelaufbringung begrenzen beide Instrumente autonome Handlungsmöglichkeiten. Auch das Konzept der Partnerschaft, also die Einbindung in die Entscheidungsfindung, würde keinen vollwertigen Ersatz für Autonomie bieten.

Aber auch in Aufgabenbereichen, bei denen aufgrund ihres europaweiten Nutzenstreukreises (oder wegen der mit einer dezentralen Aufgabenerfüllung verbundenen externen Effekte) eine grundsätzliche Kompetenzzuweisung an die europäische Ebene gerechtfertigt ist, besteht die Möglichkeit, durch die Wahl des Instrumenteneinsatzes in lokale Kompetenzen nicht oder weniger einschneidend einzugreifen. Für den Instrumenteneinsatz auf der EU-Ebene sollten vorrangig eigene Kompetenzen auf bereits vergemeinschafteten Politikfeldern beansprucht werden. Viele europaweite Probleme können bereits durch eine verbesserte Koordination und Integration der EU-Politiken gemildert werden. So werden viele grenzüberschreitende Umweltprobleme, z.B. beim Wasser, durch die intensive Landwirtschaft mitverursacht, welche durch die EU-Agrarpolitik der letzten Jahrzehnte gefördert wurde. Eine vorrangige Inanspruchnahme eigener Kompetenzen würde bedeuten, daß auf EU-Ebene die Agrarpolitik derart reformiert wird, daß die von der Landwirtschaft ausgehenden Umweltschädigungen beträchtlich verringert werden, statt auf Richtlinien zurückzugreifen, die die Trinkwasserqualität oder Abwasserbehandlung vorschreiben und auf kommunaler Ebene hohe Investitionen bedingen.[2] Es bedarf nicht zuerst einer Verrechtlichung von Aufgabenfeldern der unteren Ebenen.

---

[1] Ansätze einer solchen Reform sind sichtbar. Vgl. Europäische Kommission (1998): Agenda 2000. Überblick über die Legislativvorschläge, S. 3, 6.

[2] Gerade in der EU-Umweltpolitik sind in letzter Zeit Versuche einer verstärkten Integration von Umweltaspekten in die Sektoralpolitiken zu beobachten. Zumindest das Problembewußtsein ist bei den für Umweltpolitik Verantwortlichen in der Kommission sichtbar. Davon zeugen die Thematik des letzten Umweltrahmenprogramms und die Schaffung einer "task force on integration" in der Generaldirektion XI (Umweltpolitik). Während die Umweltadministration auf EU-Ebene vorrangig die Effektivität der EU-Umweltpolitik verbessern möchte, geht es hier eher um einen grundsätzlichen Ansatz zum Schutz der Kompetenzen föderativer Ebenen.

In der Wettbewerbspolitik, hier insbesondere in der durchaus begrüßenswerten Kontrolle staatlicher Beihilfen, ist der rechtliche Rahmen so zu setzen, daß für andere Gebietskörperschaftsebenen transparent ist, welche Beihilfen nach Art und Umfang erlaubt sind und von diesen *autonom* benutzt werden können. Beihilfen müssen zur Zeit in einem mitunter langwierigen Verfahren durch die Kommission endgültig genehmigt werden, obwohl die Kommission in unzähligen Mitteilungen nach sektoralen, regionalen, unternehmensgrößenabhängigen etc. Kriterien[1] geregelt hat, welche Beihilfen genehmigungs*fähig* sind. Eine Ausnahme ist die echte De-minimis-Regelung von 1992, die ein gutes Beispiel für eine autonome Regelung darstellt,[2] aber auch verantwortungsbewußtes, föderalismusfreundliches Verhalten der anderen Ebenen erfordert. Es bedarf also trotz dieser autonomiegerechten Elemente grundsätzlich einer Vereinfachung und mehr Transparenz.

Föderalismusfreundlicher Instrumenteneinsatz bedeutet also, vergemeinschaftete Kompetenzbereiche im Hinblick auf die Zielerreichung zu koordinieren, möglichst ohne die Kompetenzen anderer Ebenen zu beeinträchtigen, und Instrumente so zu wählen, daß andere Gebietskörperschaften ihre Kompetenzen möglichst *autonom* innerhalb transparenter Bestimmungen ausfüllen können.

D. Mißachtung des Prinzips der fiskalischen Äquivalenz: Unsichtbarer einnahme- und ausgabeseitiger Finanzausgleich

Ein Problem der Rechtsetzung auf der EU-Ebene ist der mit ihr in der gegenwärtigen Struktur häufig verbundene unsichtbare ausgabe- und einnahmeseitige Finanzausgleich. Das fiskalföderalistische Problem, daß Ausgaben- und Aufgabenverantwortung auseinanderfallen, tritt nicht nur bei den vorrangig behandelten Selbstverwaltungsaufgaben auf, sondern bei fast allen die kommunale Ebene betreffenden Rechtsakten, so daß es viele Beispiele gibt.[3] Veränderungen der zuläs-

---

[1] Ein aktuelles Beispiel für eine erneute spezifizierte Regelung ist der multisektorale Regionalbeihilferahmen für große Investitionsvorhaben (ABl. Nr. C 107 vom 7.4.1998, S. 7.), der zusätzlich zu die meisten bestehenden Regelungen tritt und gemäß dem die Kommission *im Einzelfall die höchstzulässige Beihilfeintensität* für die notizifierungspflichtigen Investitionsvorhaben festlegt.

[2] Die Befreiung von der Notifizierungspflicht für Beihilfen, die bestimmten Kriterien entsprechen, soll künftig ausgeweitet werden. 1998 soll der Vorschlag für eine Verordnung (EG) des Rates über die Anwendung der Artikel 92 und 93 des EG-Vertrags auf bestimmte Gruppen horizontaler Beihilfen (KOM (97) 396 endg., ABl. Nr. C 262 vom 28.8.1997, S. 6) voraussichtlich angenommen werden, welche den Rahmen für weitere Gruppenfreistellungen setzt.

[3] Vgl. auch die in der Stellungnahme des AdR aufgeführten Beispiele zur Lebensmittelkontrolle, Badegewässer etc., die in dieser Arbeit nicht behandelt wurden. Vgl. Ausschuß der

sigen Größe und des Gewichts von LKWs können erhöhte Kosten für Gemeindestraßen verursachen.[1] Strengere EU-Richtlinien für Feuerschutzkleidung ziehen hohe Ausgaben für Feuerschutzkleidung der kommunalen Feuerwehr nach sich.[2] Erneut hingewiesen sei auch auf die gemeindlichen Investitionen in Trinkwasseraufbereitung, Klärwerke, Personal- und Verwaltungskosten für Umweltinformationen etc. Dabei führen die rechtlich detaillierten Regelungen meist zu zusätzlichen Kosten. Das Bild ist sicher nicht ausgewogen, da Entlastungen für die Betroffenen kein Problem darstellen und von ihnen daher weniger gesprochen wird.[3] Dabei würde es im Interesse der EU-Institutionen liegen, auf Vereinfachungen und Kostenersparnisse bei anderen Ebenen konkret hinzuweisen.

An den genannten Beispielen wird deutlich, daß das Konnexitätsprinzip nicht eingehalten wird, da die EU als föderative Ebene die durch ihre Regelungen verursachten Kosten nicht übernimmt. Entscheider- und Kostenträgerkreis decken sich nicht, so daß das Prinzip der fiskalischen Äquivalenz verletzt ist. Das Auseinanderfallen von Aufgaben- und Ausgabenverantwortung begünstigt ineffiziente öffentliche Aufgabenerfüllung, ist es doch leichter, möglicherweise ungewünschte „Wohltaten" auf Kosten anderer zu verüben.

Die Gemeinden sind aber auch durch einen unsichtbaren einnahmeseitigen Finanzausgleich betroffen, weil Aktivitäten auf der EU-Ebene Einnahmeausfälle bei den Gemeinden verursachen, die nicht kompensiert werden. Davon berührt sind die Einnahmen aus der wirtschaftlichen Betätigung, die durch die mit der Liberalisierung eingeführten Marktprinzipien begrenzt werden, aber auch über den Binnenmarkt hervorgerufene indirekte Wirkungen reduzieren gemeindliche Einnahmemöglichkeiten, die weniger durch direkte Harmonisierungsschritte betroffen sind, so bei Steuern und Zuweisungen aus Steueranteilen anderer Ebenen. Da-

---

Regionen (1995): Stellungnahme des Ausschusses der Regionen zum Thema „Die Bewertung der finanziellen und verwaltungstechnischen Auswirkungen von EU-Rechtsakten auf die regionalen und lokalen Gebietskörperschaften". CdR 368/95.

[1] „Ein anschauliches Beispiel war und ist der Versuch der Kommission, das zulässige Gesamtgewicht der Lastwagen von 40 auf 44 Tonnen zu erhöhen. Das hätte allein bei den deutschen Städten, Gemeinden und Kreisen im Straßen- und Brückenbau finanzielle Belastungen in dreistelliger Millionenhöhe ausgelöst." (Dieckmann, Jochen (1996): Revision des Maastrichter Vertrages - eine Chance für die Städte, S. 1.)

[2] Vgl. Heberlein, Horst (1995): Europa der Kommunen, S. 45.

[3] Wirksame Arbeitsmarktpolitik, angestoßen über die europäische Ebene, könnte, optimistisch betrachtet, zu einer Reduzierung der kommunalen Sozialhilfeausgaben für Arbeitslose beitragen und auf diese Weise das innerstaatliche Problem des unsichtbaren Finanzausgleichs bei der Sozialhilfe mildern. (Vgl. zum innerstaatlichen Problem Biehl, Dieter (1996): Zum Problem der Konnexität von Aufgaben- und Ausgabenverantwortung am Beispiel der Sozialhilfe, S. 73-114.) Ohne die Begrenzung direkter Beihilfen könnte ein ruinöser Subventionswettbewerb die Gemeinden zu Mehrausgaben veranlassen.

durch werden staatliche Einnahmemöglichkeiten insgesamt reduziert und der „Leviathan" begrenzt, was bei einer skeptischen Staatseinschätzung positiv zu beurteilen ist, möglicherweise aber das Potential zur Erfüllung auch der öffentlichen Aufgaben verringert, die als notwendige Ergänzung der marktwirtschaftlichen Ordnung gesehen werden.[1]

Eine auf den ersten Blick einfache Lösung des Problems des unsichtbaren Finanzausgleichs bestünde darin, der EU-Ebene die durch ihre rechtlichen Regelungen verursachten Kosten und Einnahmeverluste anzulasten. Doch hat die gleiche EU-Regelung in den Mitgliedstaaten aufgrund unterschiedlicher nationaler Voraussetzungen ganz andere Auswirkungen, und ihre Implementierung verursacht Kosten in unterschiedlicher Höhe. Das Setzen von Umweltstandards, beispielsweise in der Abwasserentsorgung, bei gleichzeitiger Übernahme der Kosten für ihre Implementation würde in den Ländern, die bereits aus eigener Initiative für ein hohes Umweltschutzniveau gesorgt haben, weniger Zuweisungen aus dem EU-Haushalt erfordern, als in solchen, die noch kaum selbst vorgesorgt haben. Auf diese Weise würde dann eine zweckgebundene Umverteilung über den EU-Haushalt betrieben werden,[2] was aufgrund des noch relativ gering ausgeprägten Solidaritätsgefühls unter den Mitgliedstaaten, ja auch schon unter den Regionen eines Mitgliedstaates, zu verstärkten Verteilungskonflikten führen könnte. Der Vorteil einer derartigen Regelung bestünde darin, daß das Abwägen von Kosten und Nutzen, nun allerdings auf der EU-Ebene, gefördert und Wohltaten auf Kosten anderer Ebenen über das Budgetvolumen begrenzt werden würden. Abgesehen davon, daß bei der praktischen Durchsetzung die durch die EU-Ebene verursachten Kosten genau kalkuliert werden müßten, was zu großen administrativ-praktischen Problemen führen würde, wären mit einer solchen Lösung aber eine Reihe von Nachteilen verbunden: Lokale, regionale und sogar nationale Entscheidungen, die sachlich erforderlich wären, würden möglicherweise in Erwartung einer zukünftigen EU-Regelung mit Kostenerstattung hinausgeschoben werden. Es bestünde ein Anreiz, zusätzliche Aufgaben auf die zentrale Ebene zu schieben, was wiederum dazu führen würde, daß das Budget dieser Ebene erhöht werden müßte. Die Finanzen, die bisher nur etwas mehr als 1 % des BSP der EU ausmachen, würden verstärkt als Instrument öffentlicher Aufgabenerfüllung auf der zentralen EU-Ebene eingesetzt werden. Damit würden aber die Nachteile zentraler Aufgabenerfüllung verstärkt auftreten.

---

[1] Vgl. beispielsweise die Diskussion zwischen James A. Buchanan und Richard A. Musgrave in Welter, Patrick (1998): Vom Ziel der guten oder der besseren Gesellschaft, S. 7.

[2] Eine solche Umverteilung wird teilweise durch die Strukturfonds und speziell den Kohäsionsfonds, der die ärmeren Mitgliedstaaten bei Umweltschutz- und Infrastrukturvorhaben unterstützt, geleistet. Allerdings geht es dabei vorrangig um Verteilungsaspekte, weniger um die finanzielle Kompensation der durch die EU-Gesetzgebung verursachten Kosten.

Das Problem des unsichtbaren Finanzausgleichs könnte wesentlich dadurch gemildert werden, daß Aufgaben, dem ökonomischen Subsidiaritätsprinzip entsprechend, stärker den unteren Ebenen zugeordnet werden, die letztendlich auch die Ausgaben dafür zu tragen haben. Damit würde zudem den Vorteilen des dezentralen Aufbaus besser Rechnung getragen werden.

Wenn Aufgaben der EU-Ebene zugeordnet sind, die auch nach dem Subsidiaritätsprinzip dort gelöst werden sollten, können trotzdem auf unteren Ebenen Kosten auftreten, die wegen der oben beschriebenen Folgeprobleme nicht vollständig von der EU-Ebene übernommen werden sollten. Ein Beispiel für eine solche zentrale Aufgabe ist die Einführung einer einheitlichen Währung für den Binnenmarkt, die bei den Kommunen wie bei anderen juristischen und natürlichen Personen Kosten verursacht. Die Kostenträchtigkeit (und damit die Problematik des unsichtbaren Finanzausgleichs) könnte durch Formen der Beratung und Abstimmung mit „untergeordneten" Ebenen, die der Suche nach kostengünstigen Lösungen oder einem angemessenen Verhältnis von Kosten und Nutzen dienen, reduziert werden. Das ist ein originäres Aufgabenfeld für die beratenden Institutionen der EU wie den Wirtschafts- und Sozialausschuß oder den Ausschuß der Regionen.

Statt einer detailliert aufgeschlüsselten und administrativ aufwendigen Finanzzuweisung, die einzelne durch EU-Regelungen bedingte Ausgabenbelastungen bei den Gemeinden kompensiert, kann das Gemeindefinanzsystem derart gestaltet werden, daß verbleibende Ausgabenbelastungen über pauschale Zuweisungen ausgeglichen werden und die Gemeinden finanziell so ausgestattet werden, das solche fremdbestimmten Ausgaben noch genug finanziellen Spielraum für Selbstverwaltungsaufgaben im eigentlichen Sinne lassen.

Abschnitt 3: Schlußfolgerungen zum Schutz kommunaler Handlungsspielräume aus ökonomischer Sicht

Bei der Erörterung der übergreifenden Problemfelder im vorigen Unterabschnitt wurde Handlungsbedarf für den Schutz kommunaler Autonomie festgestellt. Im folgenden wird kurz erläutert, wie diesen Erfordernissen Rechnung getragen werden könnte. Die nachstehenden Ausführungen sind als allgemeine, abstrakte Schlußfolgerungen aus der Problemdiskussion zu verstehen. Bereits vorhandene, konkrete Lösungsansätze zum Schutz der Kommunen in der EU werden im darauffolgenden Teil 5 behandelt. Diese bestehenden Lösungsansätze werden dann auch unter dem Blickwinkel der in diesem Teil erörterten Probleme und der abgeleiteten Schlußfolgerungen diskutiert.

A. Aufgaben- und Mittelzuweisung an die EU-Ebene begrenzen

Wie festgestellt wurde, besteht aus fiskalföderalistischer Perspektive bei einzelnen Aufgabenbereichen der EU Dezentralisierungsbedarf, andere Aufgaben sollten nicht in die Zuständigkeit der EU-Ebene überführt werden.[1] Harmonisierungen entziehen diese Politikbereiche dem dezentralen Wettbewerb und lassen den politisch-bürokratischen Integrationsweg erkennen.[2] Aus ökonomischer Sicht ist jedoch eine verstärkte, grundsätzliche Ausrichtung am wettbewerblich-marktwirtschaftlichen Integrationsweg auf der Basis der vier Grundfreiheiten anzumahnen.

Da die europäische Ebene aufgrund ihres präföderalen Status grundsätzlich eine vertragliche Einzelermächtigung braucht, sollten die betroffenen Aufgabenbereiche gar nicht erst in die vertragliche Zuständigkeit der EU-Ebene gebracht werden. Weitaus schwieriger ist es durchzusetzen, daß bereits vertraglich übertragene „schlafende" Zuständigkeiten auf der EU-Ebene nicht ausgefüllt werden. Aber auch diese Option könnte ersatzweise verfolgt werden, beispielsweise beim Fremdenverkehr. In begründeten Fällen ist an eine dem Subsidiaritätsprinzip gerechte Renationalisierung (weitergehend auch Regionalisierung oder Kommunalisierung) zu denken.

Die Frage der Dezentralisierung beschränkt sich nicht nur auf die EU-Ebene. Auch innerhalb der Mitgliedstaaten sollte das Subsidiaritätsprinzip stärker beachtet werden und in der Kompetenz der Gemeinden liegende Aufgaben sollten nicht nationalstaatlich oder landesrechtlich geregelt werden. Das betrifft auch die Umsetzung von EU-Rahmenrecht.

Förderprogramme werden in vielen Fällen wegen der nicht subsidiaritätsgerechten Förderziele (andere Gebietskörperschaftsebenen könnten derartige Tatbestände von der Sache her mindestends genauso fördern) und der ineffizienten ressourcenverbrauchenden Ausgestaltung kritisiert. Um diesem Problem abzuhelfen, bedarf es in erster Linie einer Überprüfung der einzelnen Förderprogramme. Eine Reduzierung der Mittel würde eine Politik des „Goldenen Zügels" auf EU-Ebene beschränken und könnte zu einer Konzentration der Programme auf solche mit wirklich „europäischem Mehrwert" und eine effiziente administrative Ausgestaltung beitragen. Geringere Beiträge der Mitgliedstaaten an die EU könnten der lokalen Ebene als autonom verfügbare Mittel zugute kommen. Für die Aufgaben einer Zentralebene, insbesondere die Gestaltung des Rechtsrahmens und der Außenbeziehungen, aber auch für Information und Beratung über "best practice policies" werden relativ wenig Finanzmittel gebraucht. Lediglich die EU-interne Um-

---

[1] Vgl. Teil 4, Abschnitt 2, Punkt C.

[2] Vgl. zu den grundsätzlichen Entscheidungslinien der europäischen Integration Schüller, Alfred (1994): Die Europäische Union vor der Osterweiterung, S. 84-88.

verteilung bräuchte mehr Mittel, je nach dem Umfang, in dem sie erwünscht ist. Diese Umverteilung könnte jedoch anders abgewickelt werden.

B. Schaffung geeigneter institutioneller Formen auf EU-Ebene zur Lösung von Konflikten zwischen den Politikzielen und für einen effizienten und föderalismusfreundlichen Instrumenteneinsatz

Auch bei einer weitgehenden Dezentralisierung von Aufgaben entsprechend eines ökonomisch verstandenen Subsidiaritätsprinzips verbleibt auf der EU-Ebene ein eher zunehmender natürlicher Aufgabenbestand, der sich auf den ordnungsrechtlichen Rahmen und die Lösung europaweiter Probleme mit starken externen Effekten bezieht. Bei diesen Aufgaben, insbesondere der Wettbewerbspolitik, müßte aber sichergestellt werden, daß genug Autonomie auf den anderen Ebenen verbleibt. Hier sind Kompromißlösungen, die sich auf Details beziehen, zwischen verschiedenen Politikzielen erforderlich, bei denen aber keine Ebene „übermächtig" sein darf. Ein stärkeres Gewicht der EU-Ebene ist deshalb kritisch zu beurteilen. Eine Änderung des institutionellen Arrangements hin zu mehr Mitsprache könnte jedoch die Wahrnehmung dieser zentralen Aufgaben beeinträchtigen, insbesondere die Wettbewerbskontrolle auf der EU-Ebene über Gebühr schwächen. Deshalb bleibt wohl vorerst nichts anderes übrig, als hier ein föderalismusfreundliches Verhalten nach Art einer „Logik der europäischen Mehrebenenpolitik"[1] und einen umfassenden Erfahrungsaustausch über die Auswirkungen der Politikinstrumente zu fordern, um eine für die unterschiedlichen Ebenen akzeptable Kompetenz- und Autonomieabgrenzung zu gewährleisten. Dieser Erfahrungsaustausch könnte ebenso der Suche nach effizienten Lösungen dienen, unabhängig davon, welche Ebene letztlich die Finanzmittel aufbringt. Effiziente Lösungen würden das zur Zeit bestehende Problem des unsichtbaren Finanzausgleichs zumindest mildern.

C. Innerstaatliche Reform des Gemeindefinanzsystems: Vorbehalt einer lokalen Steuerquelle für freiwillige Aufgaben

In der Bundesrepublik Deutschland wird eine Reform des Gemeindefinanzsystems seit langem gefordert. Dabei geht es darum, den Kommunen mehr Finanzautonomie zuzugestehen und so eine eigenverantwortliche Aufgabenerfüllung

---

[1] Der Begriff stammt von Fritz W. Scharpf. In diesem Sinne plädiert Scharpf dafür, zentralstaatliche Koordinationsaufgaben mit möglichst autonomieschonenden Mitteln und gliedstaatliche Aufgaben mit möglichst gemeinschaftsverträglichen Mitteln wahrzunehmen. Vgl. Scharpf, Fritz W. (1994): Autonomieschonend und gemeinschaftsverträglich: Zur Logik einer europäischen Mehrebenenpolitik, S. 154.

unter Wahrung des Interessenausgleichs verschiedener Gruppen abzusichern.[1] In der Reformdiskussion wird insbesondere die Zuordnung einer lokal radizierbaren, ergiebigen und kontinuierlich fließenden Steuerquelle gefordert, die einen hohen Autonomiegrad, beispielsweise über selbst zu bestimmende Hebesätze, aufweist. In dieselbe Richtung zielt die Forderung nach einer stärkeren Beachtung des juristischen Konnexitätsprinzips, wobei es darum geht, das Binden gemeindlicher Finanzmittel durch „fremdbestimmte" Aufgaben (und damit die Einschränkung der gemeindlichen Finanzautonomie) zu verhindern. Die Auswirkungen der Politik auf europäischer Ebene verstärken die Notwendigkeit einer solchen Reform, da über rechtliche Instrumente gemeindliche Finanzmittel ebenso gebunden werden und gemeindliche Steuerquellen sowie andere autonome Einnahmequellen reduziert werden können. Mittelzuflüsse über die EU-Ebene sind stets Zweckzuweisungen mit Mitfinanzierungspflicht, weisen also einen geringen Autonomiegrad auf.

Das Gemeindefinanzsystems muß auf Ebene des Mitgliedstaates reformiert werden, auf der EU-Ebene bestehen insofern keine Kompetenzen. Die von der EU gesetzten steuerlichen und sonstigen Rahmenbedingungen lassen, wie bereits festgestellt, die Ausgestaltung einer lokalen Steuerquelle zu, die den oben beschriebenen Anforderungen entspricht, wenn sie den Handel zwischen den Mitgliedstaaten nicht beeinträchtigt.

Eine solche ergiebige und kontinuierliche lokale Steuerquelle allein würde das Problem des unsichtbaren Finanzausgleichs nicht lösen. Deshalb sollte man in das System der Aufgaben- und Einnahmenzuordnung eine dem Konnexitätsprinzip komplementäre Sicherung integrieren, derart, daß lokale Einnahmequellen den freiwilligen Aufgaben vorbehalten bleiben. Auf diese Weise würde die Finanzierung der freiwilligen und selbstbestimmten Aufgaben stärker gesichert werden. Dem Zwang, solche Aufgaben bei Finanzierungsschwierigkeiten überproportional zurückfahren zu müssen, würde begegnet werden. Eine solche Regelung würde die übergeordneten Gebietskörperschaften davon abhalten, bisher freiwillige Aufgaben zu reglementieren, denn dadurch würden sich automatisch die Ansprüche auf Finanzierung erhöhen. Sollte die Finanzzuweisung für die Erfüllung der Pflichtaufgaben nicht ausreichen, müßte, auch dem Konnexitätsprinzip entsprechend, von der übergeordneten Gebietskörperschaft bestimmt werden, welche Pflichtaufgaben zu kürzen sind, wenn sie die Finanzzuweisung nicht erhöhen will. Die erforderliche Zuordnung der Kosten könnte zwar wegen des sonst unverhältnismäßig hohen Verwaltungsaufwands nur annäherungsweise erfolgen. Als Ergänzung zum Konnexitätsprinzip, d.h. der Zuweisung von Mitteln für die Pflichtaufgaben, könnte diese komplementäre Sicherung jedoch nützlich sein.

---

[1] Vgl. zur Gemeindesteuerreform ausführlicher Teil 2, Abschnitt 4, Punkt A. III.

Teil 5: Vorhandene Ansätze zur Erhaltung und Erweiterung kommunaler Handlungsspielräume in der Europäischen Union

Nachdem die Auswirkungen analysiert und allgemeine Lösungsansätze formuliert worden sind, sollen darauf aufbauend in Teil 5 der Arbeit die Effektivität aktuell bestehender Ansätze zur Erhaltung kommunaler Handlungsspielräume auf der EU-Ebene sowie Bestrebungen zu deren Erweiterung aus ökonomischer Perspektive erörtert werden. Dabei bestehen enge Zusammenhänge. So könnte über wirksame Prinzipien der Subsidiarität oder der kommunalen Selbstverwaltung, aber auch über eine Mitwirkung der Kommunen an der Entscheidungsfindung die Wahrnehmung von Aufgaben auf der EU-Ebene begrenzt werden. Die verschiedenen Arten der Mitwirkung der Kommunen an der Entscheidungsfindung könnte eine geeignete Form zur Lösung der Zielkonflikte zwischen Politikzielen und zur Suche nach kostengünstigen und föderalismusfreundlichen Instrumenten darstellen. Diskutiert wird im folgenden also auch, ob und wie der in Teil 4 herausgearbeitete Handlungsbedarf durch bestehende Ansatzpunkte und Bestrebungen zum Schutz der Kommunen in der EU berücksichtigt werden kann.

Hinzuweisen ist ausdrücklich darauf, daß aufgrund der immer noch starken Stellung der Mitgliedstaaten kommunale Belange auch gut über die nationale Ebene geschützt werden können. Ein wirksamer Schutz und Einfluß der Kommunen muß in der Tat an beiden Ebenen (oder sogar 3 Ebenen, wenn in Deutschland die Bundesländer mit einbezogen werden) ansetzen.[1] Auf nationaler Ebene stellen sich in dieser Frage grundsätzlich dieselben Probleme wie die ohnehin schon im nationalen Kontext bestehenden und weithin diskutierten, auf die deshalb nicht extra eingegangen werden soll. Hinzu kommt aber die intransparente Entscheidungsfindung auf der EU-Ebene, die vom Mitgliedstaat genutzt werden kann, um sich von der Verantwortung freizusprechen. Dem kann durch Informations- und Mitwirkungsmöglichkeiten der Kommunen begegnet werden, die im folgenden auch beleuchtet werden sollen.

Abschnitt 1: Schutzmechanismen zur Begrenzung des Einflusses der Europäischen Union auf die Kommunen

In diesem Abschnitt werden Möglichkeiten zur Begrenzung des Einflusses der EU auf die Kommunen untersucht. Hierbei handelt es sich um Schutzmechanismen, die den rechtlichen Rahmen der EU betreffen. Begonnen wird mit dem bereits normierten Subsidiaritätsprinzip.

---

[1] So auch Schultze, Claus J. (1997): Die deutschen Kommunen in der Europäischen Union, S. 96, 104-105.

A. Schutzwirkung des in Art. 3b EGV normierten Subsidiaritätsprinzips und seiner vorgeschlagenen expliziten Erweiterung auf die lokalen und regionalen Gebietskörperschaften

Durch den Vertrag von Maastricht wurde ein allgemeines Subsidiaritätsprinzip[1] in Art. 3b des EG-Vertrages[2] wie folgt eingefügt:

(1)Die Gemeinschaft wird innerhalb der Grenzen der ihr in diesem Vertrag zugewiesenen Befugnisse und gesetzten Ziele tätig.

(2)In den Bereichen, die nicht in ihre ausschließliche Zuständigkeit fallen, wird die Gemeinschaft nach dem Subsidiaritätsprinzip nur tätig, sofern und soweit die Ziele der in Betracht gezogenen Maßnahmen auf Ebene der Mitgliedstaaten nicht ausreichend erreicht werden können und daher wegen ihres Umfanges oder ihrer Wirkung besser auf Gemeinschaftsebene erreicht werden können.

(3)Die Maßnahmen der Gemeinschaft gehen nicht über das für die Erreichung der Ziele dieses Vertrags erforderliche Maß hinaus.

Inwieweit das im Vertrag festgelegte Prinzip den Schutz handlungsfähiger kleiner Einheiten, also auch der Kommunen, bewirken kann, soll im folgenden kurz erörtert werden.

Als historischer Ursprung des Subsidiaritätsprinzips gilt die katholische Soziallehre, deren schon klassisch zu nennende Formulierung von Papst Pius XI. in der 2. Sozialenzyklika immer wieder zitiert wird: „...wie dasjenige, was der Einzelmensch aus eigener Initiative mit seinen eigenen Kräften leisten kann, ihm nicht entzogen und der Gesellschaftstätigkeit zugewiesen werden darf, so verstößt es gegen die Gerechtigkeit, das, was die kleineren und untergeordneten Gemeinwesen leisten und zum guten Ende führen können, für die weitere und übergeordnete Gemeinschaft in Anspruch zu nehmen; ... Jedwede Gesellschaftstätigkeit ist ja ihrem Wesen und Begriff nach subsidiär; sie soll die Glieder des Sozialkörpers unterstützen, darf sie aber niemals zerschlagen oder aufsaugen"[3], dessen Wurzeln jedoch wesentlich weiter zurückreichen. Das eben zitierte Subsidiaritätsprinzip ist sehr weit angelegt und wird als allgemeines Prinzip zum Aufbau menschlicher Gesellschaften verstanden. Es wird ein Vorrangprinzip für den einzelnen und die jeweils kleinere Gruppe aufgestellt, dem oder der das, was sie selbst leisten kann,

---

[1] Das Subsidiaritätsprinzip ist auch in verschiedenen Einzelbestimmungen enthalten und wurde erstmals explizit für die Umweltpolitik in Art. 130r Abs. 4 EWGV durch die Einheitliche Europäische Akte verankert. Vgl. dazu im einzelnen beispielsweise Döring, Thomas (1997): Subsidiarität und Umweltpolitik in der Europäischen Union, S. 72-85.

[2] Das Subsidiaritätsprinzip ist ebenfalls in Art B Abs. 2 EUV verankert worden, in dem auf Art. 3 b EGV verwiesen wird.

[3] Zitiert nach Hoffschulte, Heinrich (1994): Deutsche kommunale und regionale Selbstverwaltung nach Maastricht, S. 27-28.

nicht entzogen werden darf.[1] Die Problematik des Subsidiaritätsprinzips liegt weniger in seiner Zielrichtung, als in seiner Anwendung auf konkrete Sachverhalte. Der Vorrang der kleineren Einheit ist eindeutig festgelegt. Schwierig ist jedoch zu bestimmen, wann der einzelne oder die kleinere Gruppe eine Aufgabe nicht mehr erfüllen kann und deshalb die größere Gruppe einspringen muß sowie auf welche Art und Weise die „Hilfeleistung" zu erfolgen hat. Das grundlegende Prinzip der Subsidiarität ist in die Theoriegebäude verschiedener Wissenschaftszweige eingefügt worden. In seiner ökonomischen Interpretation ist es als Referenzmaßstab für die Zuordnung staatlicher Kompetenzen innerhalb eines föderalen Staates enthalten und wird auch als genereller Vorrang privatwirtschaftlicher gegenüber öffentlicher Aufgabenerfüllung verstanden.[2]

In seiner rechtlichen Verankerung in Art. 3b Abs. 2 EG-Vertrag wurde ein Subsidiaritätsprinzip formuliert, das sich nur auf das Verhältnis zwischen Gemeinschaft und Mitgliedstaaten bezieht, ausschließliche Aufgabenbereiche der Gemeinschaft, ohne sie zu definieren, ausklammert und dessen Wortlaut den grundsätzlichen Vorrang der kleineren Einheit (hier der Mitgliedstaaten) nicht klar erkennen läßt. Bei der Interpretation des Subsidiaritätsprinzips im EG-Vertrag ist insbesondere strittig, ob ein grundsätzlicher Vorrang der Aufgabenerfüllung durch die Mitgliedstaaten normiert wurde oder lediglich ein Effizienzprinzip, das die *bessere* Aufgabenerfüllung zum Entscheidungskriterium macht.[3] Dabei wäre die erste Interpretation stärker handlungsbeschränkend für die EU-Ebene aufzufassen. In Abs. 3 wird als Ergänzung ein Verhältnismäßigkeitsgrundsatz fixiert, der nur für den Instrumenteneinsatz gilt.[4] Art. 3b Abs. 1 EGV enthält lediglich eine Bekräftigung für die Beschränkung der Tätigkeit der EG auf die Vertragsziele und verdeutlicht den immer noch präföderalen Charakter der Gemeinschaft, der keine Kompetenz-Kompetenz zusteht.

Rechtlich gilt das Subsidiaritätsprinzip aufgrund der aufgeführten Interpretationsschwierigkeiten als kaum justiziabel.[5] Seine Rolle wird deshalb vor allem in sei-

---

[1] Zur inhaltlichen Systematik des Subsidiaritätsprinzips und zu den folgenden Ausführungen vgl. Döring, Thomas (1997): Subsidiarität und Umweltpolitik in der Europäischen Union, S. 30-37.

[2] Vgl. auch die Ausführungen zur ökonomischen Föderalismustheorie in Teil 1, Abschnitt 2, Punkt B.

[3] Vgl. insbesondere die Dokumentation von Grosse Hüttmann, Martin (1996): Das Subsidiaritätsprinzip in der EU - eine Dokumentation, S. 127.

[4] Vgl. beispielsweise Stein, Torsten (1993): Das Subsidiaritätsprinzip als Rechtsprinzip?, S. 29; Döring, Thomas (1997): Subsidiarität und Umweltpolitik in der Europäischen Union, S. 79, 81.

[5] Daran werden auch die in einem Protokoll zum Vertrag von Amsterdam aufgenommenen Leitlinien, die auf dem 1992 in Edinburgh vereinbarten Gesamtkonzept für die Anwendung des Subsidiaritätsprinzips beruhen und welche die Anwendung des Subsidiaritätsprinzips konkretisieren sollen, kaum etwas ändern, da sie zwar ausführlicher, aber ähnlich abstrakt

ner politischen Wirkung im Entscheidungsablauf gesehen[1] und seine Wirksamkeit schon durch den Einbau in das Denk- und Ablaufschema bei der Vorbereitung von Kommissionsvorschlägen und bei abschließenden Entscheidungen vermutet.

Dabei wird insbesondere darauf hingewiesen, daß die Zahl der Vorschläge der Europäischen Kommission für Rechtsakte seit Beginn der 90er Jahre stark gesunken ist.[2] Dem ist entgegenzuhalten, daß die gesunkene Anzahl von Vorschlägen auf den Abschluß der rechtlichen Umsetzung des Binnenmarktprogramms auf der EU-Ebene zurückgeführt werden kann.[3] Weniger Vorschläge muß jedoch nicht bedeuten, daß sich der Vergemeinschaftungsgrad verringert hätte. Lediglich die Ausfüllung von Kompetenzen auf der EU-Ebene wurde gedrosselt. Insofern hätte die Verankerung des Subsidiaritätsprinzips zwar bereits tendenziell die richtige Wirkung gezeigt, zu einer subsidiären Rückverlagerung von Kompetenzen ist es dagegen kaum gekommen. In der Gesamtschau ist man auf der EU-Ebene bei einer subsidiären, hier vor allem in seiner ökonomischen Interpretation verstandenen, Wahrnehmung öffentlicher Aufgaben noch am Anfang.[4] Zu beachten ist ebenfalls die fortgesetzte Zuweisung von weiteren Befugnissen an die EU durch Vertragsänderungen. Mit einer solchen Verlagerung ist zwar noch nichts über die konkrete Wahrnehmung der Kompetenzen bestimmt, das Potential für zentrale Aufgabenwahrnehmung wächst aber. Das birgt die Gefahr in sich, daß das Subsidiaritätsprinzip nicht beachtet wird.

---

und offen formuliert sind. (Protokoll über die Anwendung der Grundsätze der Subsidiariät und der Verhältnismäßigkeit. Protokoll zum Vertrag zur Gründung der Europäischen Gemeinschaft in der Fassung des Vertrages von Amsterdam.)

[1] Vgl. etwa die Dokumentation von Grosse Hüttmann, Martin (1996): Das Subsidiaritätsprinzip in der EU - eine Dokumentation, insbesondere S. 127.

[2] Vgl. die Dokumentation und Auswertung der ersten beiden Berichte der Kommission von 1994 und 1995 über die Anwendung des Grundsatzes der Subsidiarität und der Verhältnismäßigkeit von Grosse Hüttmann, Martin (1996): Das Subsidiaritätsprinzip in der EU - eine Dokumentation, S. 18, auch S. 111. Vgl. auch die Ausführungen der Kommission zur Begrenzung und Rücknahme von Legislativvorschlägen sowie die Prüfung von Alternativen zur Gesetzgebung in Kommission der Europäischen Gemeinschaften (1996): Bericht der Kommission der Europäischen Gemeinschaften an den Europäischen Rat: „Eine bessere Rechtsetzung" 1996 - Bericht über die Anwendung des Grundsatzes der Subsidiarität und der Verhältnismäßigkeit sowie über die Vereinfachung und Kodifikation. SEK (96) 7 endg.; Ratsdok. 12501/96, Bundesratsdrucksache 978/96, S. 4-5.

[3] Vgl. den Bericht der Bundesregierung über die Anwendung des Subsidiaritätsprinzips im Jahr 1995. Bundesratsdrucksache 579/96, S. 5.

[4] Die Einschätzung von Klodt, Henning; Stehn, Jürgen et al. (1992) oder Seidel (1992) kann weiterhin gelten. An dieser Stelle soll jedoch darauf hingewiesen werden, daß die EU nicht nur Kompetenzen, die eher den dezentralen Ebenen zugeordnet werden sollten, wahrnimmt, dieser Fall wird vor allem in dieser Arbeit erörtert, sondern von der Natur her zentrale Kompetenzen, beispielsweise die Außenpolitik oder einen gemeinsamen Rechtsrahmen, aufgrund ihres noch präföderalen Charakters nur ungenügend ausfüllt.

Als ein administratives Resultat der Verankerung des Subsidiaritätsprinzips im Vertrag erstatten Europäische Kommission und Bundesregierung regelmäßig Bericht über seine Anwendung. Diese Berichterstattung spiegelt die konkrete Bedeutung des Subsidiaritätsprinzips wider. An der Berichterstattung der Kommission wird kritisiert, daß ausschließliche Gemeinschaftszuständigkeiten weit ausgelegt werden und u.a. Binnenmarkt- und Agrarpolitik, die als ausschließliche Kompetenzen der EU aufgefaßt werden, in die Subsidiaritätsprüfung nicht einbezogen werden.[1] Trotz des Ausschlusses ausschließlicher Kompetenzen für die Anwendung des Subsidiaritätsprinzips im engeren Sinne nach Art. 3b Abs. 2 EGV, soll sich dieser Kritik angeschlossen werden, handelt es sich doch um weitreichende und wesentliche Kompetenzen der Union, die von der Sache her nicht von vornherein außen vor bleiben sollten. Gerade die Verordnungen und Richtlinien, die aufgrund des Binnenmarktprogramms erlassen worden sind, beschneiden durch ihre Ausrichtung am marktwirtschaftlichen Wettbewerb die Kompetenzen „untergeordneter" Gebietskörperschaften, beispielsweise der deutschen Kommunen. Auch wenn in diesen Fällen aus ökonomischer Sicht die Kompetenzzuweisung an die zentrale Ebene gerechtfertigt ist, so muß wegen der immanenten politischen Zielkonflikte, die auf diese Weise „gelöst" werden, und wegen der mit diesen Maßnahmen verbundenen Kosten wenigstens eine Untersuchung der Verhältnismäßigkeit im Hinblick auf die Beschneidung der Kompetenzen anderer gefordert werden. Es gilt, nicht nur auf diesem Aufgabenfeld, die Instrumente und Verfahren so zu wählen, daß die Kompetenzen sowie Handlungs- und Gestaltungsspielräume dezentraler Gebietskörperschaften möglichst wenig beschnitten und die mit der Umsetzung verbundenen Kosten minimiert werden. Auch bei der Agrarpolitik besteht Potential für subsidiäre Aufgabenerfüllung, und zwar dann, wenn die Agrar*markt*politik, die zweifellos in die Gemeinschaftszuständigkeit

---

[1] Vgl. den Abschnitt über die Stellungnahme des Bundesrates am 25. April 1997 im Bericht der Bundesregierung über die Anwendung des Subsidiaritätsprinzips im Jahr 1996 ("Subsidiaritätsbericht 1996"). Bundesratsdrucksache 503/97, S. 7. Vgl. auch die Zusammenfassung der Stellungnahmen des Ausschusses der Regionen zur Anwendung des Subsidiaritätsprinzips in der Europäischen Union bei Grosse Hüttmann, Martin (1996): Das Subsidiaritätsprinzip in der EU - eine Dokumentation, S. 117. Vgl. die Kritik der Bundesregierung zur unveränderten Auffassung der Kommission, daß das Subsidiaritätsprinzip im Bereich des Binnenmarkts nicht anwendbar sei, im Bericht der Bundesregierung über die Anwendung des Subsidiaritätsprinzips im Jahr 1997 („Subsidiaritätsbericht 1997"). Bundestagsdrucksache 13/11074, S. 4.

Nach Auffassung der EU-Kommission gehören zu den ausschließlichen Kompetenzen: Beseitigung der Hindernisse, die der Freizügigkeit von Personen sowie dem Waren-, Kapital- und Dienstleistungsverkehr entgegenstünden (Art. 8a), die gemeinsame Handelspolitik (Art. 113), die Wettbewerbsregeln, die Organisation der Agrarmärkte, die Erhaltung der Fischbestände und der Markt für Fischereierzeugnisse, die wesentlichen Elemente der Verkehrspolitik. Vgl. dazu Stein, Torsten (1993): Das Subsidiaritätsprinzip als Rechtsprinzip?, S. 32-33.

fällt, in eine Agrarstrukturpolitik im Sinne einer umfassenden Entwicklung des ländlichen Raumes reformiert wird.[1]

Ein weiterer Kritikpunkt an der Berichterstattung über das Subsidiaritätsprinzip ist, daß Förderprogramme, also aus Sicht der Gemeinden das Instrument der Zweckzuweisung, darin generell nicht untersucht werden.[2] Förderprogramme über die EU-Ebene sind aus Sicht des Subsidiaritätsprinzips nur zu befürworten, wenn sie einen europäischen Mehrwert erbringen, d.h. einen europaweiten Nutzenstreukreis aufweisen, der anders nicht zu erreichen ist. Sie dürfen nicht nur zur Erhöhung der Finanzausstattung führen und „mitgenommen" werden. Eine derartige selektive, oft kostenträchtige und hochbürokratische Umverteilung auf der EU-Ebene ist aus Effizienzgründen kaum zu rechtfertigen. Deshalb sollte auch bei Förderprogrammen, die vom Förderziel dem Subsidiaritätsprinzip entsprechen, die Verhältnismäßigkeit des Mitteleinsatzes vor dem Hintergrund einer alternativen Mittelverwendung geprüft und der europäische Minderwert in Form des gesteigerten Verwaltungsaufwandes mit berücksichtigt werden. Bei den Förderprogrammen sind also verstärkte Prüfungen zu fordern, die im Ergebnis zu einer Eindämmung der Programme führen dürften, sei es, weil dem Subsidiariätsprinzip nicht entsprochen wird oder der Mitteleinsatz unverhältnismäßig ist. Eine verstärkte Einbeziehung der Gemeinden in die Ausgestaltung der Förderprogramme dürfte nicht ausreichend sein, um bei der Prüfung, ob dem Subsidiariätsprinzip entsprochen wird, zu einem anderen Ergebnis zu gelangen.

Von seiten lokaler und regionaler Gebietskörperschaften wird immer wieder eine explizite Erweiterung des in Art. 3b EGV festgeschriebenen Subsidiaritätsprinzips auf die lokalen und regionalen Gebietskörperschaften gefordert.[3] Diese füh-

---

[1] Eine solche Reform wurde in Agenda 2000 zumindest angedacht. Vgl. Europäische Kommission (1998): Agenda 2000. Überblick über die Legislativvorschläge, S. 3, 6.

[2] Vgl. Bericht der Bundesregierung über die Anwendung des Subsidiaritätsprinzips im Jahr 1997 („Subsidiaritätsbericht 1997"). Bundestagsdrucksache 13/11074, S. 4; Bericht der Bundesregierung über die Anwendung des Subsidiaritätsprinzips im Jahr 1996 ("Subsidiaritätsbericht 1996"). Bundesratsdrucksache 503/97, S. 6-7. Vgl. auch die Zusammenfassung der Stellungnahmen des Ausschusses der Regionen zur Anwendung des Subsidiaritätsprinzips in der Europäischen Union bei Grosse Hüttmann, Martin (1996): Das Subsidiaritätsprinzip in der EU - eine Dokumentation, S. 117.

[3] Vgl. etwa Hoffschulte, Heinrich (1994): Deutsche kommunale und regionale Selbstverwaltung nach Maastricht, S. 33. Artikel 3b Abs. 2 EGV sollte nach Hoffschulte um folgenden Passus ergänzt werden: „dies gilt auch im Verhältnis zwischen der Gemeinschaft einerseits und den lokalen und regionalen Gebietskörperschaften andererseits." Vgl. auch den Neufassungsvorschlag des Ausschusses der Regionen: „...Die Gemeinschaft wird nach dem Subsidiaritätsprinzip nur tätig, sofern und soweit die Ziele der in Betracht gezogenen Maßnahmen weder auf Ebene der Mitgliedstaaten noch auf Ebene der regionalen und lokalen Gebietskörperschaften, soweit diese nach dem innerstaatlichen Recht des jeweiligen Mitgliedstaats eine Entscheidungs- oder Aufgabenkompetenz besitzen, ausreichend erreicht werden können..."

len sich ohne ausreichende eigene Einflußmöglichkeiten in ihren Kompetenzen beschnitten und drängen deshalb auf eine verstärkte Beachtung des Subsidiaritätsprinzips. Betrachtet man die Mitgliedstaaten als Einheit, so müßte eine nicht dem Subsidiaritätsprinzip entsprechende Kompetenzausübung durch die EU, die eine lokale oder regionale Ebene berührt, auch gleichzeitig den Kompetenzbereich des Mitgliedstaates in seiner Gesamtheit berühren. Vor diesem Hintergrund stellt sich somit die Frage, ob es erforderlich ist, das Subsidiaritätsprinzip explizit im Vertrag auf die regionale und lokale Ebene auszudehnen, oder ob sich der Schutz des Mitgliedstaates nicht gleichzeitig auf dessen regionale und lokale Ebenen erstreckt.

Hinter der Forderung lokaler und regionaler Gebietskörperschaften steht die Überlegung, daß die Mitgliedstaaten auf der EU-Ebene regelmäßig durch Repräsentanten der nationalen Ebene vertreten werden, die eher die Interessen der eigenen Ebene als die nachgeordneter Gebietskörperschaften verfolgen. Das gilt insbesondere, wenn nicht alle Forderungen durchgesetzt werden können und Kompromisse gefunden werden müssen. Bei der Wahrung der Interessen der Kommunen sind Defizite festzustellen.[1] Dies ist aber in erster Linie ein innerstaatliches Problem und bedarf deshalb einer Lösung auf der Ebene des Mitgliedstaates. In Deutschland ist jedoch eine Lösung gegenwärtig nicht zu erkennen. Auch aus diesem Grunde dürften die Kommunen versuchen, ihre Rechte über die EU zu sichern. Diese Bestrebungen auf der EU-Ebene könnten gleichzeitig innerstaatlich zu einer Lösung beitragen und die Position der Kommunen verbessern. Ein verstärkter Schutz lokaler Gebietskörperschaften durch das Subsidiaritätsprinzip auf der EU-Ebene erfordert jedoch, wie bereits erwähnt, daß *alle* Aufgaben und Instrumente einer Subsidiaritätsprüfung unterworfen werden. Im Resultat würde dadurch dem Anliegen der betroffenen Gebietskörperschaften eher entsprochen werden; bringt doch eine explizite Einbeziehung der Kompetenzen verschiedener lokaler und regionaler Gebietskörperschaften wenig, wenn wichtige Aufgabenbereiche außen vor bleiben.

(Ausschuß der Regionen (1995): Die Anwendung des Subsidiaritätsprinzips in der Europäischen Union. CdR 136/95 Anlage.) Vgl. ebenso den ähnlich formulierten Änderungsvorschlag bei Bundesvereinigung der kommunalen Spitzenverbände (1995): Revision des Maastrichter Vertrages, S. 2.

Der oben zitierten Forderung nach expliziter Erweiterung des Subsidiaritätsprinzips in Art. 3b EGV wurde durch den Vertrag von Amsterdam nicht entsprochen. Es wurde lediglich eine Erklärung Deutschlands, Österreichs und Belgiens zur Kenntnis genommen, in der die Regierungen davon ausgehen, daß die Maßnahmen gemäß dem Subsidiaritätsprinzip nicht nur die Mitgliedstaaten betreffen, sondern auch deren Gebietskörperschaften, soweit diese nach nationalem Verfassungsrecht eigene gesetzgeberische Befugnisse besitzen. (Erklärung Deutschlands, Österreichs und Belgiens zur Subsidiarität. Vertrag von Amsterdam.)

[1] Vgl. hierzu und zu den Möglichkeiten, kommunale Rechte durch eine spezifische Schutzklausel zu sichern, den folgenden Unterabschnitt B. (Teil 5, Abschnitt 1, Punkt B.)

Daraus ist zu folgern, daß alle Aufgaben und Instrumente dem Subsidiaritätsprinzip unterworfen werden sollten und auch das Verhältnismäßigkeitsprinzip zu beachteten wäre. Als Referenzmaßstab könnten die von der ökonomischen Föderalismustheorie entwickelten Kriterien verwendet werden. Zielkonflikte bedürfen einer politischen Entscheidung, die demokratisch legitimiert ist und den Selbstwert lokaler und regionaler Autonomie berücksichtigt.

B. Aufnahme des Prinzips der kommunalen Selbstverwaltung in eine europäische Verfassung

Eine weitere Möglichkeit, eigenständige kommunale Handlungs- und Gestaltungsspielräume zu schützen, bestünde in der Aufnahme des Prinzips der kommunalen Selbstverwaltung in die Verträge und eventuell in eine europäische Verfassung. Hierfür sprechen gute Gründe. Wie in Teil 2 herausgearbeitet und an vielen Beispielen belegt wurde, beeinflußt die Politik auf EU-Ebene, welche Aufgaben von den Kommunen in welcher Art und Weise wahrgenommen werden und wie sie finanziert werden können. Die aktuelle und zukünftig potentiell noch steigende Betroffenheit der kommunalen Aufgaben und Einnahmemöglichkeiten, die tendenziell zur Beschränkung von Handlungsspielräumen führt, wirft diese grundsätzliche Frage auf, wenn auch von einer Gefahr für die kommunale Selbstverwaltung von seiten der EU-Ebene noch nicht gesprochen werden kann. Zu beachten ist in diesem Zusammenhang ebenfalls, daß schon mit den letzten Vertragsänderungen der Anteil der Mehrheitsentscheidungen im Rat und der Einfluß des Europäischen Parlaments erhöht wurden, wodurch der einzelne Mitgliedstaat seine nationale Verfassungsordnung vor dem Einfluß der EU-Ebene weniger schützen kann. Bei zukünftigen Vertragsänderungen ist damit zu rechnen, daß dieser Schutz weiter abgebaut wird. Aus deutscher Sicht ist deshalb eine Verankerung des Grundsatzes der kommunalen Selbstverwaltung in den Verträgen anzustreben.

Der Aufnahme in den Vertrag oder als Verfassungsprinzip steht allerdings entgegen, daß viele andere Mitgliedstaaten ein solchermaßen verankertes Prinzip aus ihrer Verfassungstradition nicht kennen. Hinzuweisen ist dabei darauf, daß lokale Handlungs- und Gestaltungsspielräume in den verschiedenen Mitgliedstaaten in unterschiedlichen Strukturen existieren. [1] Inwieweit die aktuellen Regionalisie-

[1] So hat beispielsweise Renate Mayntz Handlungsspielräume deutscher und britischer Kommunen in der Wirtschaftsförderung untersucht und kommt zu dem Schluß, daß die Handlungsspielräume deutscher Kommunen nicht unbedingt größer sind als die der Kommunen im als zentralistisch geltenden Großbritannien. Was verfassungsmäßige Handlungskompetenzen und finanziell gesicherte Handlungsmöglichkeiten betrifft, so ist das britische System zunächst deutlich restriktiver. Im Gegensatz zu den deutschen Kommunen unterliegen die britischen Kommunen jedoch weit weniger einer staatlichen Aufsicht und sind nicht so stark in

rungs- und Dezentralisierungstendenzen in den als zentralistisch geltenden Mitgliedstaaten zu einer Veränderung führen, bleibt abzuwarten.

Der Vorschlag einiger Mitgliedstaaten,[1] eine Garantie kommunaler Selbstverwaltung in den Verträgen zu verankern, fand bis zur letzten Vertragsänderung in Amsterdam noch keine Mehrheit. Die Anstrengungen haben jedoch Eingang in die Erklärung Deutschlands, Österreichs und Belgiens zum Subsidiaritätsprinzip[2] gefunden, wie auch die gesamte Fragestellung einen engen Bezug zum Subsidiaritätsprinzip aufweist. Denn wenn das Subsidiaritätsprinzip im beabsichtigten Sinne funktioniert und eine übermäßige Kompetenzverlagerung „nach oben", d.h. vom Mitgliedstaat in seiner Gesamtheit auf die EU-Ebene unterbleibt, müßten auf den „unteren" Ebenen genug eigenständige Kompetenzen verbleiben, so daß deren Absicherung durch die explizite Aufnahme des Prinzips der kommunalen Selbstverwaltung nicht notwendig wäre. Da dies jedoch nicht der Fall zu sein scheint, bleibt die Frage offen und die Forderung, „unten" eine Absicherung einzubauen, bestehen. Die Wirkungsrichtung beider Prinzipien ist in diesem Zusammenhang unterschiedlich: Das Prinzip kommunaler Selbstverwaltung schützt einen Bestand an Eigenverantwortung auf der kommunalen Ebene, das Subsidiaritätsprinzip soll eine nicht gerechtfertigte *Verlagerung* von Aufgaben auf obere Ebenen verhindern, aber beide müßten, richtig angewandt, zum Schutz dezentraler Entscheidungsautonomie führen.

Für die Art der Sicherung der kommunalen Selbstverwaltung werden, gerade in der juristischen Literatur, verschiedene Wege diskutiert, so die explizite Aufnahme in die Verträge, Beitritt oder Erklärung der Organe der EG zur Charta der kommunalen Selbstverwaltung des Europarates oder auch Geltung des Grundsatzes der Subsidiarität im Verhältnis der EG und ihrer Organe zu Gemeinden und

---

ein vertikales Raumordnungssystem eingebunden. In der Praxis verwischen sich diese formalen Unterschiede noch. Unterschiede sind auf der Ebene faktischer Handlungsmöglichkeiten noch weniger ausgeprägt. (Vgl. Mayntz, Renate (1981): Kommunale Handlungsspielräume und kommunale Praxis, S. 160-171.)

[1] Auch der Ausschuß der Regionen hatte eine Einhaltung des Prinzips der kommunalen Selbstverwaltung, so wie es in der Europäischen Charta der kommunalen Selbstverwaltung des Europarates festgeschrieben ist, gefordert. (Vgl. dazu Ausschuß der Regionen (1995): Stellungnahme des Ausschusses der Regionen zu der Revision des Vertrags über die Europäische Union. CdR 136/95.)

[2] Von der Regierungskonferenz wurde eine Erklärung Deutschlands, Österreichs und Belgiens zur Kenntnis genommen, in der die Regierungen davon ausgehen, daß die Maßnahmen gemäß dem Subsidiaritätsprinzip nicht nur die Mitgliedstaaten betreffen, sondern auch deren Gebietskörperschaften, soweit diese nach nationalem Verfassungsrecht eigene gesetzgeberische Befugnisse besitzen. (Erklärung Deutschlands, Österreichs und Belgiens zur Subsidiarität. Vertrag von Amsterdam.)

Regionen,[1] die hier nicht weiter verfolgt werden sollen. Ohne die Wirkung einer allgemeinen rechtlichen Regelung bei der Sicherung und Ausformung kommunaler Selbstverwaltung völlig außer acht zu lassen, kommt es wesentlich auf den politischen Willen und die konkrete Ausgestaltung der kommunalen Selbstverwaltung an. So hat die Art der Normierung im deutschen Grundgesetz, d.h. ohne Aufgabenkatalog und ohne Widerspruchsrechte (z.B. durch eine Gemeindekammer), nicht verhindern können, daß kommunale Handlungsspielräume durch nationale Regelungen geschrumpft sind. Hinzuweisen ist beispielsweise auf die Verlagerung von Aufgaben unter Mißachtung des Konnexitätsprinzips und auf das Ausdünnen kommunaler Steuerquellen mit relativ hohem Autonomiegehalt wie der Gewerbesteuer.[2] Die Erfahrungen in Deutschland zeigen, daß es nicht nur darauf ankommt, das Prinzip der kommunalen Selbstverwaltung rechtlich abstrakt zu verankern. Von entscheidender Bedeutung ist die konkrete Ausgestaltung der kommunalen Selbstverwaltung, die die Kommunen in die Lage versetzen sollte, ihre Rechte durchzusetzen.

Abschnitt 2: Aktive Mitwirkung der Kommunen bei der Entscheidungsfindung auf der EU-Ebene

Bisher wurden Ansätze zur Erhaltung und Erweiterung kommunaler Handlungsspielräume behandelt, welche der EU Beschränkungen auferlegen und die Kommunen eher passiv schützen sollen. Diese Ansätze entsprechen dem vorrangigen Ziel, eine an ökonomischen Kriterien ausgerichtete Aufgabenverteilung und damit eine Kompetenzabgrenzung zu erreichen, die kommunale Autonomie sichert. In diesem Abschnitt werden Einflußmöglichkeiten der Kommunen auf Entscheidungen der EU erläutert, d.h. Ansätze, bei denen die Kommunen selbst aktiv werden

---

[1] Vgl. stellvertretend Hoffschulte, Heinrich (1994): Deutsche kommunale und regionale Selbstverwaltung nach Maastricht, S. 30-34; Zimmermann-Wienhues, Sigrid von (1997): Kommunale Selbstverwaltung in einer Europäischen Union, S. 261-270.

[2] Vgl. zu aktuellen Beispielen wie die kommunalen Folgekosten des Rechtsanspruchs auf einen Kindergartenplatz etwa die Ausführungen von Jochen Dieckmann, Geschäftsführendes Präsidialmitglied des deutschen Städtetages vor dem 61. Deutschen Juristentag in Karlsruhe in o.V. (1996): „Wer bestellt, bezahlt - eine alte Juristenweisheit.“, S. 687-688. Vgl. ebenso die Schlußfolgerung des 61. Deutschen Juristentages, der dem Konnexitätsprinzip wieder Geltung verschaffen will. So sollen Bund und Länder bei der Übertragung von Aufgaben auf die Kommunen für eine Erstattung der daraus folgenden Kosten der Kommunen sorgen. (Vgl. o.V. (1996): Juristentag bestätigt: wer bestellt, bezahlt., S. 745.) Vgl. auch die Beispiele zur Einschränkung der Selbstverwaltung bei Peffekoven, Rolf und Kirchhoff, Ulrike (1997): Deutscher und europäischer Finanzausgleich im Lichte des Subsidiaritätsprinzips, S. 118-119. Vgl. weiter die Pläne der Bundesregierung, die Gewerbesteuer im Rahmen der geplanten Unternehmensteuerreform abzuschaffen, und die Warnungen des Städtetags davor in o.V. (1999): Einheitliche Unternehmensteuer nimmt Gestalt an, S. 13-14; o.V. (1999): Die Städte warnen, S. 13.

müssen. Diese Mitwirkungs- und Einflußmöglichkeiten der Kommunen auf Entscheidungen der EU-Ebene sind um so wichtiger, je stärker diese später ihre eigenen Handlungs- und Gestaltungsmöglichkeiten sowie Verpflichtungen beeinflussen. In gewisser Weise sind die Kommunen damit auch *mitverantwortlich* für die Entwicklung ihrer Handlungsmöglichkeiten und Einwirkungen auf ihre Handlungsspielräume über die EU-Ebene. Bestehende Einflußmöglichkeiten sollten deshalb im Interesse kommunaler Selbstverwaltung genutzt werden, ungeachtet dessen, daß eine andere Gestaltung der Entscheidungsverfahren, beispielsweise eine klare Aufgabenabgrenzung mit autonomeren Entscheidungsmöglichkeiten für die einzelnen Ebenen, in den meisten Fällen die theoretisch bessere Lösung darstellen würde. Grundsätzliche Veränderungen sind aufgrund der Vielzahl der beteiligten Akteure und der austarierten Interessen schwer zu erreichen. Um so mehr kommt es darauf an, bestehende Möglichkeiten klug zu nutzen. Welche Optionen bestehen, soll im folgenden kurz erläutert werden.[1]

A. Der Ausschuß der Regionen

Der Ausschuß der Regionen wurde 1994 durch den Vertrag von Maastricht geschaffen und ersetzt den seit 1988 bestehenden Beirat der lokalen und regionalen Gebietskörperschaften bei der Kommission.[2] Er stellt *die* offizielle Möglichkeit lokaler und regionaler Gebietskörperschaften, d. h. auch der deutschen Kommunen, dar, den Entscheidungsprozeß auf europäischer Ebene zu beeinflussen.[3]

Seine 222 Mitglieder, Vertreter lokaler und regionaler Gebietskörperschaften, werden durch die Mitgliedstaaten vorgeschlagen und vom Rat ernannt.[4] In den meisten Fällen sind sie gewählt oder einer aus gewählten Vertretern bestehenden Versammlung rechenschaftspflichtig.[5]

---

[1] Für eine ausführliche Bestandsaufnahme der verschiedenen Aktivitäten kommunaler Europapolitik vgl. insbesondere die politikwissenschaftliche Arbeit von Schultze, Claus J. (1997): Die deutschen Kommunen in der Europäischen Union, S. 90-179.

[2] Zum geschichtlichen Hintergrund der Einführung des Ausschusses vgl. z. B. Hoffschulte, Heinrich (1994): Deutsche kommunale und regionale Selbstverwaltung nach Maastricht, S. 35-37; Schöbel, Norbert (1997): Der Ausschuß der Regionen, S. 10-12; oder auch die ambitioniertere Länderperspektive von Clement, Wolfgang (1996): Der Ausschuß der Regionen: Eine politische Zwischenbilanz, S. 335-337.

[3] In diesem Zusammenhang wird auch von einer Form der institutionalisierten Interessenvertretung gesprochen. Vgl z.B. Siebeke, Simone (1996): Institutionalisierte Interessenvertretung in der Europäischen Union.

[4] Art 198a EGV

[5] Vgl. Ausschuß der Regionen (1997): Die Auswahl der AdR-Mitglieder: Verfahren in den Mitgliedstaaten. CdR 162/97, S. 27.

Der Ausschuß berät den Rat und die Kommission in den vertraglich bestimmten Bereichen Regionalpolitik, Strukturfonds, wirtschaftlicher und sozialer Zusammenhalt, Bildung, Kultur, Gesundheit, transeuropäische Netze, Verkehr und in Politikbereichen, zu denen der Wirtschafts- und Sozialausschuß angehört wird und welche gleichzeitig regionale Interessen berühren.[1] Er kann jedoch auch zu Maßnahmen auf anderen Gebieten konsultiert werden und auf eigene Initiative Stellungnahmen abgeben.[2]

Das Ziel der Schaffung des Ausschusses bestand darin, die föderative Ebene, die den Bürgern am nächsten ist, offiziell zu repräsentieren und dann zu konsultieren, wenn Vorschläge auf europäischer Ebene von besonderer Bedeutung für die lokalen und regionalen Gebietskörperschaften sind, insbesondere wenn diese Ebenen mit der Umsetzung der vorgeschlagenen Maßnahmen betraut werden sollen.[3]

Der Ausschuß selbst sieht seine Rolle einerseits darin, regionale und lokale Belange sowie Standpunkte in die Politik und die Gesetzgebung auf europäischer Ebene einzubringen und andererseits die Bürger über den Integrationsprozeß zu informieren, vor allem aber in der Wahrung des Subsidiaritätsprinzips, das verstanden wird als Vorrang der Entscheidungsfindung auf der untersten Ebene, die wirksam handeln kann.[4]

Durch den noch nicht ratifizierten Vertrag von Amsterdam werden die Befugnisse des Ausschusses erweitert und seine Rolle gestärkt. Er wird danach auch das Parlament beraten. Die Anzahl der Politikbereiche, in denen der Ausschuß pflichtgemäß zu konsultieren ist, wird um grenzüberschreitende Zusammenarbeit, Umwelt, Sozialpolitik, Beschäftigung und Berufsausbildung erweitert.[5] Überdies kann er einen eigenen organisatorischen Unterbau erhalten und darf seine Geschäftsordnung selbst bestimmen.[6] Es bleibt jedoch bei der ausschließlich beratenden Tätigkeit des Ausschusses. Das gewünschte Klagerecht vor dem Europäischen Gerichtshof, insbesondere zur Einhaltung des Subsidiaritätsprinzips, wurde ihm nicht zugestanden. Das bedeutet, daß die Einwirkungsmöglichkeiten des Ausschusses wesentlich von der Qualität der Beratungstätigkeit und dem Einfluß seiner Mitglieder vor Ort und in anderen Institutionen abhängen.

---

[1] Art. 198a-c, 126, 128, 129, 129d, 130b, 130d, 130e EGV

[2] Art. 198c EGV

[3] Vgl. Ausschuß der Regionen (1998): Einführung zum Ausschuß der Regionen.

[4] Vgl. Ausschuß der Regionen (1998): Einführung zum Ausschuß der Regionen.

[5] ex-Artikel 198c, 125, 130s, 118, 109q, 109r, 127 EGV in der Fassung des Vertrags von Amsterdam

[6] Vor der Ratifizierung des Vertrages von Amsterdam muß die Geschäftsordnung des Ausschusses vom Rat genehmigt werden, der organisatorische Unterbau wird mit dem Wirtschafts- und Sozialausschuß geteilt.

Die Einwirkungsmöglichkeiten deutscher Kommunen auf den Entscheidungsprozeß auf europäischer Ebene über den Ausschuß der Regionen werden zum einen bestimmt durch den Einfluß des Ausschusses und zum anderen durch das Gewicht der deutschen Kommunen bzw. gleichgerichteter Interessen innerhalb des Ausschusses.

Bei der Besetzung der 24 deutschen Sitze des Ausschusses, der aus Vertretern der regionalen und *lokalen* Gebietskörperschaften bestehen soll, hatten die Kommunen mit dem starken Widerstand der Bundesländer zu kämpfen. Die Länder (regionale Gebietskörperschaften) wollten alle Sitze für sich in Anspruch nehmen und die Kommunen (lokale Gebietskörperschaften), die in Deutschland staatsrechtlich Bestandteile der Länder sind, mitvertreten.[1] In § 14 des Gesetzes über die Zusammenarbeit von Bund und Ländern in Angelegenheiten der Europäischen Union ist geregelt, daß die Länder die Mitglieder benennen, die von der Bundesregierung dem Rat vorgeschlagen werden, wobei jedoch 3 Sitze den kommunalen Vertretern vorbehalten sind. Ein Ungleichgewicht von Regionen und lokalen Gebietskörperschaften zu Ungunsten letzterer ist auch bei den Delegationen anderer Mitgliedstaaten mit einer starken regionalen Ebene zu beobachten.[2] Existiert eine regionale Ebene dagegen nicht oder ist sie nur schwach ausgeprägt, werden ausschließlich oder vorrangig lokale Vertreter entsandt, so daß das Verhältnis im Ausschuß insgesamt ausgeglichen ist.[3] Die Vertreter starker regionaler Gebietskörperschaften haben ein hohes Gewicht. Dies kommt in den Diskussionen innerhalb des Ausschusses sowie bei der Besetzung des Präsidentenamtes (Präsident und Erster Vizepräsident)[4] für die zweite Amtsperiode durch zwei Regionalvertreter zum Ausdruck.[5]

Der AdR arbeitet überwiegend in Fachkommissionen, die für bestimmte Politikbereiche zuständig sind und regionale und lokale Betroffenheit unabhängig von

---

[1] Der direkte Kontakt der EU zu den lokalen Gebietskörperschaften wird vor dem Hintergrund des föderativen Staatsaufbaus in Deutschland von den Ländern besonders kritisch beobachtet. Der Kontakt innerhalb des Ausschusses wird möglicherweise auf lange Sicht nicht nur eine stärkere Dezentralisierung in den Mitgliedstaaten begünstigen, sondern auch das Gewicht der bürgernächsten, kommunalen Ebene stärken, was zu begrüßen wäre.

[2] Vgl. Ausschuß der Regionen (1997): Die Auswahl der AdR-Mitglieder: Verfahren in den Mitgliedstaaten. CdR 162/97, S. 27.

[3] Vgl. Ausschuß der Regionen (1997): Die Auswahl der AdR-Mitglieder: Verfahren in den Mitgliedstaaten CdR 162/97, S. 27; Engel, Christian (1997): Committee of the Regions, S. 38.

[4] Der Präsident und der Erste Vizepräsident tauschen nach der Hälfte der Amtsperiode des AdR ihre Ämter.

[5] Der RGRE hat die Besetzung des Präsidentenamtes durch zwei Regionalvertreter kritisiert. Vgl. dazu Mietzsch, Oliver (1998): Die erste Amtszeit des Ausschusses der Regionen - eine Bilanz, S. 293.

der Zuordnung vertraglicher Zuständigkeiten widerspiegeln. (Vgl. die nachstehende Tabelle 6.)

Tabelle 6: Fachkommissionen im Ausschuß der Regionen

	Bezeichnungen der Fachkommissionen
FK 1	**Regionalpolitik (Art. 130e), Strukturfonds (Art.** *125*, **130d), wirtschaftlicher und sozialer Zusammenhalt (Art. 130b)**, **grenzüberschreitende** (*Art. 198c*) und interregionale Zusammenarbeit
FK 2	Landwirtschaft, ländliche Entwicklung, Fischerei
FK 3	**Transeuropäische Netze (Art. 129d), Verkehr** (*Art. 75*), Informationsgesellschaft
FK 4	Raumordnung, städtepolitische Fragen, Energie, **Umwelt** (*Art. 130s*)
FK 5	**Sozialpolitik** *(Art. 118)*, **Gesundheitswesen (Art. 129),** Verbraucherschutz, Forschung, Fremdenverkehr
FK 6	**Beschäftigung** (*Art. 109q,r*), Wirtschaftspolitik, Binnenmarkt, Industrie, KMU
FK 7	**Bildung (Art. 126), Berufsbildung** (*Art. 127*), **Kultur (Art. 128), Jugend (Art. 126)**, Sport, Bürgerrechte

Anmerkung: Politikbereiche, in denen eine Anhörung des AdR vertraglich vorgesehen ist, sind **fett** hervorgehoben. Vertragsgrundlage im EGV in Klammern (Vertrag von Amsterdam *kursiv*).

Quelle: Ausschuß der Regionen: 30. Präsidiumssitzung - 18. Februar 1998 - R/CdR 2/98 Punkt 5 (FR) CT/DC/ug.

Im Ausschuß spielen jedoch die nationalen Delegationen (nach dem Muster des Rates) und zunehmend die politischen Parteien (entsprechend der Arbeitsweise des Europäischen Parlaments) eine Rolle, auch die Untergliederung in lokale und regionale Gebietskörperschaften ist von Bedeutung. Die Vielfalt der Mitglieder, ihrer Herkunft und Funktionen, die sich in der Organisationsstruktur und der Arbeitsweise des Ausschusses widerspiegelt, sowie der unterschiedliche nationale Kontext, von dem die konkreten Auswirkungen von Politikmaßnahmen abhängen, machen es außerordentlich schwierig, gleichgerichtete Interessen aufzuspüren und zu bündeln.

Zum Inhalt der Stellungnahmen des Ausschusses kann verallgemeinert werden, daß er stets klare, transparente, einfache und verständliche Verfahren fordert, dabei aber gleichzeitig regionale und lokale Besonderheiten berücksichtigt wissen will.[1] Dies ist oft ein Widerspruch, und eine Berücksichtigung regionaler und lokaler Besonderheiten bei einfachen und transparenten Verfahren auf europäischer Ebene ist wohl nur über eine weitgehende Delegation von Verantwortung zu erreichen.

Grundsätzlich fordert der AdR die Einbeziehung lokaler und regionaler Gebietskörperschaften in die Entscheidungsfindung.[2] Der AdR verfolgt also eher den „zweitbesten" Weg der Einbeziehung in die Entscheidungsfindung durch „Partnerschaft", was angesichts seiner begrenzten Möglichkeiten, vertragliche Kompetenzen, ihre Wahrnehmung und die Finanzierung zu beeinflussen, nicht unverständlich ist. Aus dem Blickwinkel des Subsidiaritätsprinzips, auch nach dem Verständnis des AdR, das eine Kompetenzzuordnung auf die niedrigstmögliche Ebene und weniger ein Teilen von Zuständigkeiten fordert, ist dies aber bedenklich.

Der AdR stellt sich positiv zu allen Arten von Förderprogrammen, insbesondere für lokale und regionale Gebietskörperschaften, deren Aufstockung er zuweilen fordert.[3] Beim „goldenen Zügel" zweckgebundener Zuweisungen durch Europäische Förderprogramme aller Art sieht er also eher den Vorteil der finanziellen Zuwendung als die mögliche Einschränkung von Handlungsspielräumen durch Zweckbindung und Mitfinanzierungspflicht, wie sie im Abschnitt über die Regional- und Strukturpolitik beschrieben wurde. Der AdR verfolgt hier eine Strategie der bedingten Erhöhung finanzieller Handlungsspielräume aus dem EU-Budget und nimmt als eine Art Lobby-Gruppe am Verteilungskampf um das Budget teil. Dafür sind verschiedene Gründe maßgebend. So wird der Zusammenhang zwischen Mitgliedsbeiträgen an die Gemeinschaft, die aus nationalen Finanzmitteln aufzubringen sind, und den Mitteln für Förderprogramme nicht genug beachtet. Das Problem unzureichender Merklichkeit nationaler Beiträge tritt sicher auch deshalb auf, weil die Einflußmöglichkeiten auf der nationalen Ebene über die Mittelverwendung begrenzt sind. Dabei spielen die unterschiedlichen Interessenlagen von Nettoempfängern und Nettozahlern ebenso eine Rolle. So sind Vertreter aus Nettoempfängerländern eher bereit, für Förderprogramme einzutreten, aber auch Vertreter aus Nettozahlerländern tun dies, u.a. weil die Erlangung von nationalen Zuweisungen nach einer möglichen Reduzierung der Finanzbeiträge unsicher ist.

---

[1] Vgl. Committee of the Regions (1997): Annual Report 1996. CdR 49/97, S. 56-74, z.B. S. 57.

[2] Vgl. Committee of the Regions (1997): Annual Report 1996. CdR 49/97, S. 56-74, z.B. S. 73.

[3] Vgl. Committee of the Regions (1997): Annual Report 1996. CdR 49/97, S. 56-74, z.B. S. 67, 69.

Was den Einfluß des AdR und seiner Stellungnahmen betrifft, so werden sachlich berechtigte und fachlich vernünftige Vorschläge von den entscheidenden europäischen Institutionen, vor allem von der Kommission, die regelmäßig einen Bericht über die Berücksichtigung der Stellungnahmen des AdR erstellt, aber auch vom Europäischen Parlament, mit dem in Fachfragen teilweise zusammengearbeitet wird, und vom Rat aufgegriffen.[1] Die wichtige Rolle lokaler und regionaler Gebietskörperschaften wird von diesen Organen zwar verbal betont, die Notwendigkeit ausreichender eigener Handlungsspielräume dabei jedoch kaum diskutiert. Die vom AdR geforderte Einbindung von Vertretern regionaler und lokaler Gebietskörperschaften in die entscheidenden Ausschüsse, in denen die Mitgliedstaaten die Durchführung der Gemeinschaftspolitiken durch die Kommission überwachen, wird mit Hinweis auf die Zuständigkeit der Mitgliedstaaten immer abgelehnt.[2]

Eine solche Einbindung ist auch nicht unkritisch zu sehen, denn eine weitergehende Partizipation an Entscheidungen und deren Vorbereitung könnte dazu führen, daß der AdR seine, auch selbst so verstandene, Rolle verliert, auf die konkreten Auswirkungen der Politik der EU vor Ort hinzuweisen, und er noch weniger für eigenständige Handlungsspielräume der regionalen und lokalen Gebietskörperschaften eintritt.[3] Gerade die frühzeitige Einbindung ist jedoch eine Möglichkeit, die kostengünstige und föderalismusfreundliche Ausgestaltung von Politikinstrumenten zu beeinflussen.

Hier stellt sich die grundsätzliche Frage nach der Entwicklungsperspektive des Ausschusses. Die insbesondere von den deutschen Bundesländern ursprünglich mit der Einrichtung des Ausschusses verfolgte Zielsetzung, eine dritte Kammer zu schaffen, die mitentscheidet, würde den Entscheidungsprozeß noch mehr verkomplizieren und eventuell völlig lahmlegen. [4] Eine Institution, die sachgerecht und qualitativ hochwertig berät, indem sie die lokale und regionale Sichtweise einbringt, und sich dadurch die Akzeptanz und die Beachtung ihrer Stellungnahmen sichert, ist die realistischere und wohl auch insgesamt bessere Alternative.

Für die deutschen Kommunen ist der AdR ein schwieriges und aufwendiges Instrument, ihre Belange in den europäischen Entscheidungsprozeß einzubringen. Dazu tragen die komplexen, wenig durchschaubaren, noch nicht gefestigten

---

[1] Vgl. Committee of the Regions (1997): Annual Report 1996. CdR 49/97, S. 74-96. Zu den methodischen Schwierigkeiten, das Aufgreifen von Vorschlägen des AdR tatsächlich auf den Einfluß seiner Stellungnahmen zurückzuführen, vgl. Farrows, Martyn und McCarthy, Rosarie (1997): Opinion Formulation and Impact in the Committee of the Regions, S. 38-40.

[2] Vgl. Committee of the Regions (1997): Annual Report 1996. CdR 49/97, S. 74-96, z.B. S. 85, 91.

[3] Vgl. hierzu Bourrinet, Jacques (1997): Quel avenir pour le Comité des régions?, S. 283-284.

[4] Vgl. Bourrinet, Jacques (1997): Quel avenir pour le Comité des régions?, S. 283-284.

Strukturen des Ausschusses und sein noch als gering zu bewertender Einfluß im Entscheidungsprozeß bei. Aber auch die geringe Repräsentanz der deutschen Kommunen im Ausschuß spielt eine Rolle, denn die deutsche Delegation wird von Ländervertretern dominiert, die nicht unbedingt die Interessen der Kommunen wahrnehmen. Die Haltung des AdR zu EU-Förderprogrammen ist aus dem Blickwinkel der Kommunen eines Nettozahlerlandes ambivalent. Die institutionelle Stellung der Kommunen im AdR als Institution der EU, in der lokale Vertreter vertragsrechtlich repräsentiert und konsultiert werden, ist jedoch günstiger als die nationale Situation.[1] Insofern könnte ein Nebeneffekt der Tätigkeit des Ausschusses in der nationalen Aufwertung der kommunalen Ebene bestehen.

In der Zukunft wird es darauf ankommen, wie der AdR und seine Mitglieder es verstehen, ihre Möglichkeiten wahrzunehmen und sich im institutionellen Gefüge zu etablieren.[2] Für Deutschland wäre zu wünschen, daß mehr kommunale Vertreter in den AdR entsandt werden. Zu fragen ist auch, ob die Institution des AdR, die in Deutschland kein Äquivalent hat,[3] ein Modell für eine stärkere Beteiligung der Kommunen am innerstaatlichen Entscheidungsprozeß sein könnte.

B. Partnerschaft

Eine weitere Einflußmöglichkeit in der EU könnte für die Kommunen die „Partnerschaft“ sein. Unter den Begriff Partnerschaft wird die Zusammenarbeit europäischer, nationaler, regionaler und lokaler Behörden sowie anderer Organisationen (Sozialpartner etc.) gefaßt.[4] Ein deutlicher Schwerpunkt liegt auf der engen Zusammenarbeit zwischen der Kommission und dem jeweiligen Mitgliedstaat, die in der Verantwortung stehen und den Handlungsrahmen vorgeben. „Partner“ ist nicht nur der jeweilige Mitgliedstaat, sondern es sind auch die „von

---

[1] Vgl. auch Hoffschulte, Heinrich (1994). Deutsche kommunale und regionale Selbstverwaltung nach Maastricht, S. 40.

[2] Vgl. auch Hesse, Joachim J. (1995/96): Die Begleitforschung zum Ausschuß der Regionen der Europäischen Union, S. 33-41, der Probleme und Entwicklungsmöglichkeiten des Ausschusses antizipiert.

[3] In Deutschland wäre mit der Vertretung der Kommunen im AdR wohl am ehesten die Vertretung der Gemeinden im Finanzplanungsrat (Art. 51 Abs. 1 HGrG) vergleichbar. Der Finanzplanungsrat gibt Empfehlungen für die Koordinierung der Finanzplanungen des Bundes, der Länder, der Gemeinden und Gemeindeverbände (Art. 51 Abs. 2 HGrG). Im Finanzplanungsrat sind jedoch alle voll demokratisch legitimierten Ebenen vertreten, er ist also keine spezielle Institution der untergeordneten Gebietskörperschaften. Seine Aufgaben sind nicht umfassend angelegt, sondern beschränken sich auf Empfehlungen zur Finanzplanung. Ein allgemeines Vertretungsorgan der Kommunen oder eine ähnliche Form der institutionalisierten Interessenvertretung in anderen Aufgabenbereichen fehlen dagegen.

[4] Zur Einordnung des Partnerschaftsprinzips vgl. Poth-Mögele, Angelika (1993): Das Prinzip der „Partnerschaft“ in der Strukturpolitik der Europäischen Gemeinschaft, S. 164-165, 171.

ihm auf nationaler, regionaler, lokaler oder sonstiger Ebene benannten zuständigen Behörden und Einrichtungen".[1] Damit obliegt die Auswahl der Partner weitgehend den Mitgliedstaaten.

Erstes Anwendungsfeld des Partnerschaftskonzepts war die Europäische Strukturpolitik mittels der Strukturfonds.[2] Der Begriff wird jedoch auch zunehmend in anderen Politikfeldern gebraucht, insbesondere dort, wo die Europäische Kommission versucht, Kompetenzen an sich zu ziehen, so in der Raumordnung und der Städtepolitik, oder wo sie in der Umsetzung auf das Engagement der „unteren" Gebietskörperschaften angewiesen ist, beispielsweise bei der Verwirklichung der Klimaschutzvereinbarungen. Aus diesen Anwendungsfällen werden Gründe für das Interesse seitens der Europäischen Kommission am Partnerschaftskonzept deutlich. Dieses Interesse ist einerseits als Reaktion auf die Kritik an zentralen, fernen europäischen Entscheidungen zu verstehen und soll Subsidiarität und Bürgernähe demonstrieren, wobei die Kommission nicht wirklich Verantwortung abgeben will. Andererseits hat die Kommission ein durchaus handfestes Interesse an einer Zusammenarbeit mit den Mitgliedstaaten und ihren regionalen und lokalen Gebietskörperschaften. Da die Kommission über keinen eigenen Verwaltungsunterbau verfügt, benötigt sie für die Konzipierung ihrer Politik verläßliche Informationen[3] und muß über das Engagement der mit der Durchführung betrauten Ebenen die Implementation ihrer Politik absichern. Der „Partnerschaft" liegt ein grundsätzlich hierarchisches Verständnis zugrunde, das sich in teilweise detaillierten Regelungen und hohem Anspruch auf Kontrolle untergeordneter Ebenen äußert.[4] Zusammenfassend kann festgestellt werden, daß es sich bei diesem Konzept kaum um Partnerschaft zwischen gleichen Partnern handelt, sondern versucht wird, insbesondere den Regionen und Kommunen eine Wasserträgerrolle zuzuweisen.

Welche Rolle die Kommunen konkret übernehmen, hängt in hohem Maße von den Mitgliedstaaten und ihrer internen Verfassungsordnung ab. Gerade im Be-

---

[1] Art. 4 der Verordnung (EWG) Nr. 2081/93 des Rates vom 20. Juli 1993. ABl. Nr. L 193 vom 31.7.1993, S. 5. (Nach Maßgabe der instituionellen Regeln und der Praxis des Mitgliedstaats gehören dazu auch die Wirtschafts- und Sozialpartner.)

[2] Vgl. Poth-Mögele, Angelika (1993): Das Prinzip der „Partnerschaft" in der Strukturpolitik der Europäischen Gemeinschaft, S. 7.

[3] Vgl. beispielsweise die Forderung der Kommission nach einem Indikatorensystem für Städte, das von der Kommission konzipiert wird und in das die Städte in einer sogenannten Bottom-up-Aktion Daten einspeisen sollen, in: Europäische Kommission (1997): Wege zur Stadtentwicklung in der Europäischen Union. KOM (97) 197 endg., S. 18-19.

[4] Vgl. Poth-Mögele, Angelika (1993): Das Prinzip der „Partnerschaft" in der Strukturpolitik der Europäischen Gemeinschaft, S. 214. An diesem Verständnis hat sich seither nichts Grundsätzliches geändert, wie die auch in der Diskussion der Reform der Strukturfonds ab 2000 vorgebrachten Forderungen nach detaillierten Kontrollbefugnissen für die Kommission zeigen.

reich der Strukturpolitik, einem Hauptanwendungsfall der „Partnerschaft", sind in Deutschland aufgrund verfassungsrechtlicher Zuständigkeit in erster Linie die Länder beteiligt, die Förderkonzepte erarbeiten und mit der Kommission aushandeln sowie in den Ministerien die Fondsmittel verwalten, jedoch ihre Kommunen nur teilweise in diese Aufgaben einbeziehen.[1] Hier sind die deutschen Kommunen aufgrund ihrer schwachen institutionellen Stellung und des wenig kooperativen Verhaltens der Länder benachteiligt. Das „Partnerschaftskonzept" ermöglicht es den Kommunen daher kaum, als gleichberechtigte Partner an Entscheidungen zu partizipieren. Schwächen des europäischen Konzepts werden durch die innerstaatliche Ordnung verstärkt. Die Möglichkeiten, Spielräume über Partnerschaft zu schützen, sind deshalb begrenzt. Hinzuweisen ist in diesem Zusammenhang noch einmal darauf, daß die mit dem Partnerschaftskonzept verbundene Politikverflechtung mehrerer Ebenen generell nur in begrenztem Maße Handlungsspielräume eröffnet.[2]

C. Lobbyarbeit bei den entscheidenden Institutionen auf der EU-Ebene

Die Kommunen nehmen auch über Lobbyarbeit Einfluß auf Entscheidungen der EU. Die Organe, die gegenwärtig auf der EU-Ebene entscheiden, sind die Europäische Kommission, der Rat und das Europäische Parlament.[3] Auf diese Organe konzentriert sich deshalb die Lobbytätigkeit. Je nach Organ werden nationale oder europäische Einflußkanäle als erfolgversprechender angesehen.

Eine Beeinflussung des aus den Ministern nationaler Regierungen[4] bestehenden Rates wird vor allem über nationale Kanäle versucht. Es gilt, die Position der eigenen nationalen Regierung im Rat zu beeinflussen. Die Ratsentscheidungen werden durch die Ratsarbeitsgruppen und deren nationale Fachleute vorbereitet. Deshalb wird die Lobbyarbeit auf dieser Ebene am Regierungssitz geleistet. Dies geschieht vor allem durch die kommunalen Spitzenverbände, die in Brüssel ein Europabüro der Deutschen kommunalen Selbstverwaltung eingerichtet haben, um dazu wichtige Informationen über Vorhaben auf europäischer Ebene und über die

---

[1] Vgl. Teil 2, Abschnitt 2, Punkt A. II. sowie im gleichen Sinne den Streit zwischen Ländern und Kommunen bei der Besetzung des AdR.

[2] Vgl. die Kritik zum Partnerschaftsprinzip bei Poth-Mögele, Angelika (1993): Das Prinzip der „Partnerschaft" in der Strukturpolitik der Europäischen Gemeinschaft, S. 214-215. Vgl. auch die Ausführungen zum Reformvorschlag verstärkte „Partnerschaft" in Teil 2, Abschnitt 2, Punkt A. II. 4. b).

[3] Diese Aussage bezieht sich insbesondere auf die Europäischen Gemeinschaften. Bei intergovermentaler Zusammenarbeit bleiben die nationalen Regierungen und Parlamente die entscheidenden Institutionen, und es gilt, vor allem nationale Positionen zu beeinflussen.

[4] Darunter fallen in Deutschland auch Länderminister, die nach dem Gesetz über die Zusammenarbeit von Bund und Ländern in Angelegenheiten der Europäischen Union in den Rat entsandt werden.

Entscheidungslage zu erhalten. Kommunale Fachleute sind an den Arbeitsgruppen des Rates, zumindest auf deutscher Seite, nicht beteiligt. Das könnte jedoch durch eine nationale Entscheidung geändert werden. Theoretisch denkbar wäre ebenfalls, die Position anderer Mitgliedstaaten zu beeinflussen, was aber kaum geschieht. Das könnte am ehesten dadurch erfolgen, daß eine Interessenabstimmung mit den lokalen Gebietskörperschaften anderer Mitgliedstaaten vorgenommen wird, die ihrerseits Lobbyarbeit bei ihren nationalen Regierungen leisten.

Lobbytätigkeit der Kommunen auf der EU-Ebene richtet sich vorrangig auf die Europäische Kommission, die mit einem Initiativrecht ausgestattetet ist und die Vorschläge ausarbeitet, aber auch auf das, immer mehr Entscheidungsbefugnisse erlangende, Europäische Parlament und am Rande auf die beratenden Institutionen. Bei der Europäischen Kommission werden die größten Einflußmöglichkeiten gesehen. Die Lobbyarbeit wird von einzelnen Kommunen, überwiegend aber von Organisationen betrieben. Diese lassen sich grob in nationale und internationale einteilen. In Brüssel sind die deutschen Kommunen durch das Europabüro der Deutschen kommunalen Selbstverwaltung und das Europabüro der Bayerischen Kommunen vertreten. Internationale Organisationen sind beispielsweise der Rat der Gemeinden und Regionen Europas (RGRE), in dem auch die deutschen Kommunen über ihre kommunalen Spitzenverbände Mitglied sind, und die Städtevereinigung Eurocities, der einzelne deutsche Großstädte beigetreten sind, um nur einige zu nennen.[1]

Alle Organisationen erfüllen, mit unterschiedlichen Schwerpunkten, im wesentlichen die gleichen Aufgaben:[2]

- Sammeln, Aufbereiten und Weiterleiten von Informationen, möglichst in einem frühen Stadium (vor den offiziellen Entwürfen),
- Beeinflussung der Entscheidungsfindung in der Kommission und des Gesetzgebungsprozesses,
- Unterstützung bei der Einwerbung von Fördermitteln,
- Information über und Werbung für kommunale Selbstverwaltung.

---

[1] Ausführliche Beschreibungen finden sich beispielsweise bei Schultze, Claus J. (1997): Die deutschen Kommunen in der Europäischen Union, S. 108-125.

[2] Vgl. die Selbstbeschreibung der Aufgaben des Büros von Ameln, Ralf (1994): Die Tätigkeit des Europabüros der Deutschen Kommunalen Selbstverwaltung, S. 94-99; das Europabüro der Bayerischen Kommunen sowie Eurocities geben Informationsmaterial über ihre Tätigkeit ab; ausführlich wiederum Schultze, Claus J. (1997): Die deutschen Kommunen in der Europäischen Union, S. 110-124. Mit Vertretern der beiden deutschen kommunalen Europabüros hat die Verfasserin im März 1998 Gespräche über die Arbeit der Büros und die Chancen kommunaler Einflußnahme geführt. Diese Gespräche (u.a.) sind in die folgenden Ausführungen mit eingeflossen.

Das Büro der Deutschen kommunalen Selbstverwaltung konzentriert sich auf das Sammeln von Informationen für die kommunalen Spitzenverbände in Bonn und auf Lobbyarbeit bei der Europäischen Kommission. Die Unterstützung einzelner Kommunen bei der Antragstellung für Fördermittel spielt dagegen kaum eine Rolle.[1] Das Europabüro der Bayerischen Kommunen versteht sich als umfassender Dienstleister für die bayrischen Kommunen. Es vermittelt ausführliche Informationen sowie Kontaktmöglichkeiten und unterstützt die bayrischen Kommunen, die sich direkt an das Büro wenden können, bei der Antragstellung für Fördermittel. Die Lobbyarbeit des bayrischen Büros ist nicht nur auf die Kommission gerichtet, sondern schließt über die Zusammenarbeit mit den bayrischen Abgeordneten auch das Europäische Parlament ein.[2] Beide Büros versuchen zwar auch, über die kommunalen Mitglieder auf das Geschehen im AdR Einfluß zu nehmen, sehen aber andere Wege als erfolgversprechender an. Der RGRE vertritt allgemein die Interessen der lokalen und regionalen Gebietskörperschaften, gilt jedoch als etwas schwerfällig und langsam.[3] Er verwaltet kleinere Programme im Auftrag der Kommission. Eurocities ist ein Netzwerk europäischer Großstädte, das neben umfassendem Erfahrungsaustausch zwischen den Mitgliedstädten auch den Dialog mit der Europäischen Kommission und dem Europäischen Parlament pflegt,[4] dessen anerkannter Partner es ist. Für seine Mitgliedstädte wirbt Eurocities Fördergelder aus einer Vielzahl von Programmen ein.[5]

---

[1] Vgl. Ameln, Ralf (1994): Die Tätigkeit des Europabüros der Deutschen Kommunalen Selbstverwaltung, S. 94-99; Schultze, Claus J. (1997): Die deutschen Kommunen in der Europäischen Union, S. 110-115. Die Aufgabenschwerpunkte wurden in einem Gespräch der Verfasserin mit einem Vertreter des Europabüros im März 1998 bestätigt.

[2] Vgl. zur Arbeit des bayrischen Büros Schultze, Claus J. (1997): Die deutschen Kommunen in der Europäischen Union, S. 115-119. Eingeflossen sind auch Informationen aus einem Gespräch der Verfasserin im Europabüro der Bayerischen Kommunen im März 1998. Für einzelne Kommunen können Kontakte über ihre Europaabgeordneten sehr hilfreich sein. Ebenso organisiert der Deutsche Städtetag allgemeine Informationsveranstaltungen für Mitglieder des Europäischen Parlaments. (Vgl. dazu z.B wiederum Schultze, Claus J. (1997): Die deutschen Kommunen in der Europäischen Union, S. 147-148.)

[3] Vgl. dazu Thränhardt (1993): Die Kommunen und die Europäische Gemeinschaft, S. 72. Der Europaabgeordnete und frühere auch international aktive Kommunalpolitiker Mombaur (ehemaliges Geschäftsführendes Mitglied des Deutschen Städte- und Gemeindebundes und gleichzeitig Generalsekretär der Deutschen Sektion des Rates der Gemeinden Europas) machte in einem Gespräch am 19. März 1998 mit der Verfasserin darauf aufmerksam, daß der RGRE bis zu diesem Zeitpunkt noch keinen Kontakt mit ihm aufgenommen hatte, was den Eindruck bestätigt.

[4] Auf der Jahrestagung von Eurocities im November 1997 wurden beispielsweise Probleme der Städtepolitik mit namhaften auf europäischer Ebene aktiven Persönlichkeiten, wie dem Generaldirektor der für Regionalpolitik zuständigen Generaldirektion XVI oder Berichterstattern aus dem Europäischen Parlament, diskutiert.

[5] Vgl. Eurocities (1997): What is Eurocities? Informationsblatt von Eurocities.

Die oben genannten Aufgaben der Lobbyorganisationen sollten dem grundsätzlichen Anliegen einer dem Subsidiaritätsprinzip gerechten Aufgabenverteilung und der Wahrung von Autonomiespielräumen gerecht werden. Dies geschieht zum einen über Information und Werbung für kommunale Selbstverwaltung. Von größerer praktischer Bedeutung für konkrete Autonomiespielräume sind jedoch die Informationsbeschaffung und die Beeinflussung des Gesetzgebungsverfahrens. Eine frühzeitige Information ist die Voraussetzung für angemessene und flexible Reaktionen in den Kommunen und die gezielte Einwirkung auf das Gesetzgebungsverfahren. Es wird versucht, das Gesetzgebungsverfahren dahingehend zu beeinflussen, daß kommunale Handlungsspielräume weitgehend erhalten bleiben, sach- und präferenzgerechte Lösungen gewählt werden und die Kostenbelastung möglichst gering gehalten wird. Bei der Suche nach sach- und präferenzgerechten Lösungen kommt den Kommunen ihre Problem- und Bürgernähe zugute. Kommunale Politiker und Bürokraten verfolgen zwar auch eigene Interessen, die nicht mit den Bürgerinteressen übereinstimmen müssen, sie sind jedoch tendenziell am ehesten in der Lage und dazu gezwungen, sich an Bürgerinteressen auszurichten. Anstrengungen zur Einwerbung von Fördermitteln sind vom Grundsatz her zu problematisieren, stellen sie doch nur die zweitbeste Möglichkeit dar, finanzielle Spielräume zu erweitern.[1] Da die beste Lösung, die Erhöhung autonomer Finanzmittel, nicht zu erwarten ist, könnte es sinnvoll sein, solche Anstrengungen unter Berücksichtigung der Kosten-Nutzen-Relation zu unternehmen.

Da eine Vielzahl gegensätzlicher Interessen über Lobbyarbeit artikuliert wird, stellt sich die Frage nach den tatsächlichen Chancen kommunaler Einflußnahme und ob sich der damit verbundene Aufwand lohnt. Von den kommunalen Vertretern in Brüssel wird betont, daß sich Vorhaben durch frühzeitiges Einbringen von Fachkompetenz insbesondere bei der Kommission, die auf die Akzeptanz ihrer Vorschläge in und durch die Mitgliedstaaten sowie die Abgeordneten des Europäischen Parlaments angewiesen ist, durchaus beeinflussen lassen und wichtige Detailfragen im Sinne der Kommunen entschieden werden könnten.[2] Allgemeine Tendenzen, wie die Liberalisierungsbestrebungen, aber auch das in der Logik des bürokratischen Handelns im Sinne der ökonomischen Theorie der Bürokratie begründete Ausufern von Förderprogrammen, können dagegen nicht verhindert, allenfalls verzögert werden. Es werden weniger die unzureichenden Möglichkeiten beklagt, kommunale Belange in den Entscheidungsprozeß auf europäischer Ebene einfließen zu lassen, als das mangelnde Interesse kommunaler Experten, ihr

---

[1] Vgl. den Unterabschnitt über die Regionalpolitik (Teil 2, Abschnitt 2, insbesondere Punkt A. II. 3.)

[2] Diese Einschätzung wird von vielen Kommunalvertretern, u.a. deutschen, in Brüssel geteilt. Zu Beispielen erfolgreicher Einflußnahme vgl. etwa Ameln, Ralf (1994): Die Tätigkeit des Europabüros der Deutschen Kommunalen Selbstverwaltung, S. 97. Vgl. zu dieser Auffassung auch Schäfer, Thomas (1998): Die deutsche kommunale Selbstverwaltung in der Europäischen Union, S. 321-323.

Sachwissen in diesen Prozeß einzubringen, anstatt nach Abschluß der Verfahren eine abgehobene, wirklichkeitsfremde, nicht sachgerechte oder zu kostenintensive Regelung zu beanstanden.[1] Die sich bietenden Möglichkeiten scheinen nicht ausgenutzt zu werden.

Hier zeigt sich die Verantwortung der Kommunen für die letztendlich auch sie betreffenden Regulierungen. Es besteht offensichtlich noch Potential, die Lobbyarbeit auf der europäischen Ebene zu verbessern, ohne daß der Personalbestand vor Ort in hohem Maße aufgestockt werden müßte. Es gilt vielmehr, die „europäische Dimension" in das Alltagsgeschäft vollwertig zu integrieren. Angesichts der aufgezeigten Auswirkungen der EU-Politik dürfte sich ein verstärktes Engagement lohnen. Die aktuell bestehenden informellen Möglichkeiten sollten erst ausgeschöpft werden, bevor ein Mangel an Einflußmöglichkeiten behauptet und neue institutionalisierte Einflußkanäle gefordert werden sollten.

D. Fazit zur Erhaltung und Erweiterung kommunaler Handlungsspielräume

Die Herausbildung einer neuen, noch präföderativen europäischen Ebene berührt in wachsendem Maße die Kommunen. Der EU wurden zunehmend Kompetenzen übertragen, welche diese immer mehr ausfüllt. Dabei wirkt die EU auf nahezu alle kommunalen Handlungsfelder ein. Aus ökonomischer Sicht sind diese Einwirkungen teilweise zu begrüßen, häufig aber - zumindest in der gewählten Form - abzulehnen. Insbesondere in den zuletzt genannten Fällen gilt es, Eingriffe in kommunale Handlungsspielräume abzuwehren. Dem können sowohl passive Schutzmechanismen als auch die aktive Einflußnahme auf die Entscheidungsfindung der EU dienen.

Als Schutzmechanismen kommen vor allem das Subsidiaritätsprinzip und das Recht auf kommunale Selbstverwaltung in Betracht. Auf europäischer Ebene sind die Kommunen durch diese Prinzipien zur Zeit noch relativ gering geschützt. Das Prinzip der kommunalen Selbstverwaltung ist auf europäischer Ebene nicht verankert und wird sich wegen der sehr heterogenen Verhältnisse in den Mitgliedstaaten auch kurzfristig kaum normieren lassen. Erfolgversprechender könnte es sein, das bestehende Subsidiaritätsprinzip umfassend auszugestalten. Hierbei käme es wesentlich darauf an, alle Aufgaben und Instrumente in die Subsidiaritätsprüfung einzubeziehen und das Prinzip insgesamt zu operationalisieren. Zur Erhöhung der Wirksamkeit des Schutzes wäre möglicherweise auch hilfreich, das Subsidiaritätsprinzip explizit auf die Kommunen auszudehnen und effektive Instrumente zu seiner Durchsetzung zu installieren. In diesem Zusammenhang

---

[1] Diese Tatsache bereitet z.B. den Europaverantwortlichen der deutschen, niederländischen und schwedischen kommunalen Spitzenverbände Probleme.

könnte eine stärkere Abgrenzung der Aufgaben, verbunden mit einem weniger hierarchischen, dafür eher funktionalem Verhältnis der Ebenen, durch welches auch ein föderalismusfreundliches Verhalten bei der Lösung von Zielkonflikten unterstützt wird, eine dem Subsidiaritätsprinzip gerechte Erfüllung öffentlicher Aufgaben fördern.

Ebenso wichtig wie der passive Schutz der Kommunen ist jedoch deren aktive Rolle. Dabei ist in erster Linie an die institutionelle Beteiligung, z. B. im Ausschuß der Regionen oder in der Partnerschaft, zu denken. Die Möglichkeiten, über diese Beteiligungsformen kommunale Interessen in der EU durchzusetzen, sind zwar begrenzt. In der Zukunft werden sie aber eher an Bedeutung gewinnen. In Deutschland wird den Kommunen die Nutzung dieser Einflußmöglichkeiten jedoch durch die innerstaatliche Situation erschwert. Für eine intensivere institutionelle Beteiligung auf europäischer Ebene scheint auch eine Stärkung der innerstaatlichen Rolle der deutschen Kommunen erforderlich zu sein. Informelle Aktivitäten der Kommunen sind, nicht nur aufgrund der nationalen Situation, von besonderer Bedeutung. Die Lobbyarbeit der Kommunen kann, wenn sie rechtzeitig und fundiert betrieben wird, durchaus etwas bewirken. Sie wird um so erfolgreicher sein, je selbstverständlicher es für die Kommunen wird, die europäische Dimension in der täglichen Arbeit zu berücksichtigen. Diese informellen Möglichkeiten sollten stärker genutzt werden.

Obwohl die bestehenden Möglichkeiten zur Erhaltung und Erweiterung kommunaler Handlungsspielräume in der Europäischen Union insgesamt noch als gering einzuschätzen sind, gibt es geeignete Ansätze, die ausgebaut werden sollten.

Literaturverzeichnis

Akademie für Raumforschung und Landesplanung (Hrsg.) (1985): Räumliche Aspekte des kommunalen Finanzausgleichs. Forschungs- und Sitzungsberichte. Bd. 159. Hannover.

Akademie für Raumforschung und Landesplanung (Hrsg.) (1990): Europäische Integration. Aufgaben für Raumforschung und Landesplanung. Forschungs- und Sitzungsberichte. Bd. 184. Hannover.

Akademie für Raumforschung und Landesplanung (Hrsg.) (1992): Regionale Wirtschaftspolitik auf dem Wege zur europäischen Integration. Forschungs- und Sitzungsberichte. Bd. 187. Hannover.

Akademie für Raumforschung und Landesplanung (Hrsg.) (1995): Handwörterbuch der Raumordnung. Hannover.

Altehoefer, Klaus-Peter et al. (1994): EG-weite öffentliche Auftragsvergabe durch kommunale Versorgungsunternehmen. In: Der Städtetag. Jg. 47. Heft 9, S. 634-643.

Ameln, Ralf von (1990): Planung, Organisation und Instrumente kommunaler Wirtschaftsförderung. In: Ehlers, Dirk (Hrsg.): Kommunale Wirtschaftsförderung. Köln, S. 19-38.

Ameln, Ralf von (1992): Auswirkungen des europäischen Binnenmarktes auf Kommunalpolitik und Kommunalrecht der EG-Mitgliedstaaten - Am Beispiel der Bundesrepublik Deutschland -. In: Deutsches Verwaltungsblatt vom 15. April 1992, S. 477-484.

Ameln, Ralf von (1993): Binnenmarkt und Kommunalpolitik. Auswirkungen des europäischen Einigungsprozesses auf Kommunalpolitik und Kommunalrecht der EG-Mitgliedstaaten. In: Kommunalwissenschaftliches Dokumentationszentrum (Hrsg.): Europareife Gemeinden. Schwerpunkt 1. Die wirtschafts- und umweltpolitische Dimension. Arbeitshilfen für Gemeinden. Bd. 20. Wien, S. 7-34.

Ameln, Ralf von (1993): Kommunale Wirtschaftsförderung und EG-Beihilfenkontrolle. Neue Anforderungen an die kommunale Wirtschaftspolitik. In: Kommunalwissenschaftliches Dokumentationszentrum (Hrsg.): Europareife Gemeinden. Schwerpunkt 1. Die wirtschafts- und umweltpolitische Dimension. Arbeitshilfen für Gemeinden. Bd. 20. Wien, S. 111-132.

Ameln, Ralf (1994): Die Tätigkeit des Europabüros der Deutschen Kommunalen Selbstverwaltung. In: Kommunalpolitische Vereinigung - Bildungswerk e.V. und Hoffschulte, Heinrich (Hrsg.): Europa für Kommunalpolitiker. Bonn, S. 94-99.

Andel, Norbert (1998): Finanzwissenschaft. 4. Aufl. Tübingen.

Articus, Stephan (1997): Keine Entwarnung. In: Der Städtetag. Jg. 50. Heft 3, S. 127-128.

Aurand, K. (Hrsg.) (1991): Die Trinkwasserverordnung. Einführung und Erläuterungen für Wasserversorgungsunternehmen und Überwachungsbehörden. 3. Aufl. Berlin.

Ausschuß der Regionen (1995): Die Anwendung des Subsidiaritätsprinzips in der Europäischen Union. CdR 136/95 Anlage.

Ausschuß der Regionen (1995): Stellungnahme des Ausschusses der Regionen zum Thema „Die Bewertung der finanziellen und verwaltungstechnischen Auswirkungen von EU-Rechtsakten auf die regionalen und lokalen Gebietskörperschaften". CdR 368/95.

Ausschuß der Regionen (1995): Stellungnahme des Ausschusses der Regionen zu der Revision des Vertrags über die Europäische Union. CdR 136/95.

Ausschuß der Regionen (1996): Stellungnahme des Ausschusses der Regionen zum Thema „Wirtschafts- und Währungsunion". CdR 65/96.

Ausschuß der Regionen (1997): Die Auswahl der AdR-Mitglieder: Verfahren in den Mitgliedstaaten. CdR 162/97.

Ausschuß der Regionen (1998): Einführung zum Ausschuß der Regionen. Informationsmaterial. Brüssel.

Ausschuß der Regionen (1998): Stellungnahme des Ausschusses der Regionen zum Grünbuch „Das öffentliche Auftragswesen in der Europäischen Union: Überlegungen für die Zukunft". CdR 81/97.

Bauer, Helfried und Biwald, Peter (1994): Kommunalverwaltung: Europäische Integration und Kommunalverwaltung - Politische und organisatorische Herausforderung. In: Kommunalwissenschaftliches Dokumentationszentrum (Hrsg.): Europareife Gemeinden. Schwerpunkt 2. Kommunalpolitische Perspektiven. Arbeitshilfen für Gemeinden. Bd. 21. Wien, S. 139-156.

Bechthold, Rainer (1998): Das neue Kartellgesetz. In: Neue Juristische Wochenschrift. Jg. 51. Heft 38, S. 2769-2774.

Benkert, Wolfgang (1996): Interkommunale Konkurrenz. Formen, Ergebnisse und Bewertung von Wettbewerb im Staatssektor. In: Postlep, Rolf-Dieter (Hrsg.): Aktuelle Fragen zum Föderalismus: ausgewählte Probleme aus Theorie und politischer Praxis des Föderalismus. Marburg, S. 167-186.

Berg, Wilfried (1998): Zum Geleit. In: Werner, Jan (1998): Nach der Regionalisierung - der Nahverkehr im Wettbewerb: rechtlicher Rahmen, Verantwortlichkeiten, Gestaltungsoptionen. Dortmund, S. III-IV.

Bericht der Bundesregierung über die Anwendung des Subsidiaritätsprinzips im Jahr 1995. Bundesratsdrucksache 579/96.

Bericht der Bundesregierung über die Anwendung des Subsidiaritätsprinzips im Jahr 1996 ("Subsidiaritätsbericht 1996"). Bundesratsdrucksache 503/97.

Bericht der Bundesregierung über die Anwendung des Subsidiaritätsprinzips im Jahr 1997 („Subsidiaritätsbericht 1997“). Bundestagsdrucksache 13/11074.

Biehl, Dieter (1996): Zum Problem der Konnexität von Aufgaben- und Ausgabenverantwortung am Beispiel der Sozialhilfe. In: Junkernheinrich, Martin und Klemmer, Paul (Hrsg.): Neuordnung des Gemeindefinanzsystems. Forum öffentliche Finanzen. Bd. 3. Berlin, S. 73-114.

Blankart, Charles B. (1994): Öffentliche Finanzen in der Demokratie. Eine Einführung in die Finanzwissenschaft. 2. Aufl. München.

Blankart, Charles B. (1998): Öffentliche Finanzen in der Demokratie. Eine Einführung in die Finanzwissenschaft. 3. Aufl. München.

Bleckmann, Albert (1990): Die kommunale Leistungsverwaltung, insbesondere die Subventionsvergabe im europäischen Binnenmarkt. In: Hoppe, Werner und Schink, Alexander (Hrsg.): Kommunale Selbstverwaltung und europäische Integration. Köln, S. 105-110.

Böhret, Carl und Frey, Rainer (1982): Staatspolitik und Kommunalpolitik. In: Püttner, Günter (Hrsg.): Handbuch der kommunalen Wissenschaft und Praxis. Bd. 2. 2. Aufl. Berlin u.a., S. 11-25.

Bolsenkötter, Heinz (1995): Steuerliche Behandlung des Querverbunds. In: Püttner, Günter (Hrsg.): Der kommunale Querverbund. Baden-Baden, S. 111-132.

Book, Rainer und Jürgenliemk, Rainer (1996): Die Städte und der Euro. In: Der Städtetag. Jg. 49. Heft 12, S. 787-790.

Bourrinet, Jacques (1997): Quel avenir pour le Comité des régions? In: Bourrinet, Jacques (Hrsg.): Le Comité des régions de l'Union Européenne. Paris, S. 279-286.

Bourrinet, Jacques (Hrsg.) (1997): Le Comité des régions de l'Union Européenne. Paris.

Breton, Albert (1977): Eine Theorie staatlicher Finanzzuweisungen. In: Kirsch, Guy (Hrsg.): Föderalismus. Stuttgart und New York, S. 77-89.

Brok, Elmar (1994): Unionsbürgerschaft und kommunales Wahlrecht der EU-Mitbürger. In: Kommunalpolitische Vereinigung - Bildungswerk e.V. und Hoffschulte, Heinrich (Hrsg.): Europa für Kommunalpolitiker. Bonn, S. 83-87.

Brümmerhoff, Dieter (1992): Finanzwissenschaft. 6. Aufl. München u.a.

Buchanan, James M. (1958): Public Principles of Public Debt. A Defense and Restatement. Homewood (Illinois).

Bundesministerium der Finanzen (Hrsg.) (1988): Der wissenschaftliche Beirat beim Bundesministerium der Finanzen. Tübingen.

Bundesministerium der Finanzen (Hrsg.) (1997): Finanzbericht 1998. Bonn.

Bundesministerium der Finanzen (Hrsg.) (1997): Einführung des Euro in Gesetzgebung und öffentlicher Verwaltung. Der Euro stark wie die Mark. Bonn.

Bundesrat (1990): Beschluß des Bundesrates zur Mitteilung der Kommission der Europäischen Gemeinschaften an den Rat und das Parlament: Grünbuch über die städtische Umwelt. KOM (90) 218 endg.; Ratsdok. 7816/90. Drucksache 552/90. Abgedruckt in: Senatsverwaltung für Stadtentwicklung und Umweltschutz - Projektgruppe Europäische Akademie für Städtische Umwelt (Hrsg.) (1990): Dokumentation Nationales Seminar zum Grünbuch über die städtische Umwelt am 30.11.1990 in Berlin. Berlin, S. 81-84.

Bundesvereinigung der Deutschen Industrie e.V. (BDI), Verband der Industriellen Energie- und Kraftwirtschaft e.V. (VIK) und Vereinigung Deutscher Elektrizitätswerke e.V. (VDEW) (1998): Verbändevereinbarung über Kriterien zur Bestimmung von Durchleitungsentgelten.

Bundesvereinigung der kommunalen Spitzenverbände (1995): Revision des Maastrichter Vertrages. Regierungskonferenz 1996. Eckpunkte aus kommunaler Sicht. Köln.

Bunz, Axel R.; Vertretung der Europäischen Kommission in der Bundesrepublik Deutschland (Hrsg.)(1996): EU-Kommunal. Handbuch zu europäischen Themen für Kommunalpolitiker und lokale Medien. 3. Aufl. Bonn.

Byok, Jan (1998): Das neue Vergaberecht. In: Neue Juristische Wochenschrift. Jg. 51. Heft 38, S. 2774-2779.

Cathaly-Stelkens, Anne (1996): Kommunale Selbstverwaltung und Ingerenz des Gemeinschaftsrechts. Insbesondere am Beispiel Frankreichs und Deutschlands. Baden-Baden.

Cecchini, Paolo (1988): Europa '92. Der Vorteil des Binnenmarkts. Baden-Baden.

Clement, Wolfgang (1996): Der Ausschuß der Regionen: Eine politische Zwischenbilanz. In: Hesse, Joachim J. (Hrsg.): Regionen in Europa. Bd. 2. Baden-Baden, S. 335-348.

Committee of the Regions (1996): Regional and Local Government in the European Union. Brüssel.

Committee of the Regions (1997): Annual Report 1996. CdR 49/97.

Demmer, Michael (1994): Europäische Sozialpolitik im Spannungsfeld zwischen institutionellem Wettbewerb und institutioneller Integration. Köln.

Dennig, Ulrike (1990): Plädoyer für die Umwandlung von Sparkassen in Privatbanken. In: Wirtschaftsdienst. Jg. 70. Heft 10, S. 529-536.

Denny, Kevin; Ridge, Michael und Smith, Stephen (1993): Local Taxation. Report to the Commission of the European Communities, Directorate-General on Customs and Indirect Taxation, Task Force on Statutory Contributions and Charges.

Deregulierungskommission (1991): Marktöffnung und Wettbewerb. Zweiter Bericht. Bonn.

Derenbach, Rolf (1993): Europäische Strukturpolitik: Strukturfonds und Aktionsprogramme von kommunaler Bedeutung. In: Kommunalwissenschaftliches Dokumentationszentrum (Hrsg.): Europareife Gemeinden. Schwerpunkt 1. Die wirtschafts- und umweltpolitische Dimension. Arbeitshilfen für Gemeinden. Bd. 20. Wien, S. 81-110.

Derenbach, Rolf (1996): Europäische Strukturpolitik und die Kommunen: Handlungsfelder und Aktionsprogramme. In: Bunz, Axel R.; Vertretung der Europäischen Kommission in der Bundesrepublik Deutschland (Hrsg.): EU-Kommunal. Handbuch zu europäischen Themen für Kommunalpolitiker und lokale Medien. 3. Aufl. Bonn, S. 390-444.

Deutsche Bundesbank (1997): Neuere Entwicklung der Steuereinnahmen. In: Monatsbericht. Jg. 49. Nr. 8, S. 83-101.

Deutsche Bundesbank (1998): Monatsbericht. August 1998. Jg. 50. Nr. 8.

Deutscher Landkreistag (Hrsg.) (1995): Geschäftsbericht 1995. Schriften des Deutschen Landkreistages. Bd. 45. Bonn.

Deutscher Städtetag (Hrsg.) (1997): Standort Stadt. Vorträge, Aussprachen und Ergebnisse der 29. Ordentlichen Hauptversammlung des Deutschen Städtetages vom 3. bis 5. Juni 1997 in Hamburg. Stuttgart u.a.

Deutscher Städte- und Gemeindebund (Hrsg.): Kommunale Selbstverwaltung in Europa! 8. Deutscher Gemeindekongreß '88. Schriftenreihe des Deutschen Städte- und Gemeindebundes. Heft 45. Göttingen.

Dicke, Hugo (1998): Ökonomische Einflußfaktoren auf die Sozialpolitik der EU. Forschungsinstitut der Friedrich-Ebert-Stiftung (Hrsg.). Bonn.

Dieckmann, Jochen (1996): Revision des Maastrichter Vertrages - eine Chance für die Städte. In: Der Städtetag. Jg. 49. Heft 1, S. 1.

Döring, Thomas (1993): Subsidiaritätsprinzip und EG-Regionalpolitik. Bonn.

Döring, Thomas (1994): Subsidiaritätsprinzip. In: Wirtschaftswissenschaftliches Studium. Jg. 23. Heft 5, S. 243-246.

Döring Thomas (1996): Zum „angemessenen" Zentralisierungsgrad einer europäischen Regionalpolitik aus ökonomischer Sicht. In: Postlep, Rolf-Dieter

(Hrsg.): Aktuelle Fragen zum Föderalismus: ausgewählte Probleme aus Theorie und politischer Praxis des Föderalismus, S. 99-139.

Döring, Thomas (1997): Subsidiarität und Umweltpolitik in der Europäischen Union. Marburg.

Downs, Anthony (1957): An Economic Theory of Democracy. New York.

Dyker, David A. (Hrsg.) (1992): The European Economy. London und New York.

Eberstein, Hans-Herrmann (Hrsg.)(1996): Handbuch der regionalen Wirtschaftsförderung. 3. Aufl. Köln.

Eckey, Hans-Friedrich (1996): Rahmenplan der Gemeinschaftsaufgabe „Verbesserung der regionalen Wirtschaftsstruktur". In: Eberstein, Hans-Herrmann (Hrsg.): Handbuch der regionalen Wirtschaftsförderung. Bd. 1. 3. Aufl. Köln. B III, S. 1- 31.

Ehlers, Dirk (1990): Kommunale Wirtschaftsförderung und kommunale Selbstverwaltung. In: Ehlers, Dirk (Hrsg.): Kommunale Wirtschaftsförderung. Köln, S. 103-143.

Ehlers, Dirk (Hrsg.)(1990): Kommunale Wirtschaftsförderung. Köln.

Eichhorn, Peter (Hrsg.)(1991): Verwaltungslexikon. 2. Aufl. Baden-Baden.

Eickhof, Norbert (1998): Die Neuregelung des Energiewirtschaftsrechts. In: Wirtschaftsdienst. Jg. 78. Heft 1, S. 18-25.

Eickhof, Norbert und Kreikenbaum, Dieter (1997): Liberalisierung des Energiewirtschaftsrechts und Befürchtungen der Kommunen. In: Wirtschaftsdienst. Jg. 77. Heft 5, S. 276-283.

Eiermann, Rudolf (1995): Wettbewerbsrechtliche Aspekte des Querverbundes auf nationaler und supranationaler Ebene. In: Püttner, Günter (Hrsg.): Der kommunale Querverbund. Baden-Baden, S. 167-181.

Eisenmann, Peter und Rill, Bernd (Hrsg.) (1992): Das Europa der Zukunft: Subsidiarität, Föderalismus, Regionalismus. Regensburg.

Engel, Christian (1997): Committee of the Regions. In: Weidenfeld, Werner und Wessels, Wolfgang (Hrsg.): Europe from A to Z. Guide to European Integration. Luxemburg, S. 38-40.

Engel, Christian (1997): Rat der Europäischen Union. In: Weidenfeld, Werner und Wessels, Wolfgang (Hrsg.): Europa von A-Z. Taschenbuch der europäischen Integration. 6. Aufl. Bonn, S. 284-289.

Engel, Christian (1997): Sozialpolitik. In: Weidenfeld, Werner und Wessels, Wolfgang (Hrsg.): Europa von A-Z. Taschenbuch der europäischen Integration. 6. Aufl. Bonn, S. 300-304.

Entscheidungen des Bundesverfassungsgerichts. Hrsg. von Mitgliedern des BVerfG. Bd. 83. Tübingen 1991.

Europäische Kommission (1994): Die Europäische Union. Brüssel und Luxemburg.

Europäische Kommission (1994): Europa 2000+. Europäische Zusammenarbeit bei der Raumentwicklung. Brüssel und Luxemburg.

Europäische Kommission (1995): XXIV. Bericht über die Wettbewerbspolitik. Brüssel und Luxemburg.

Europäische Kommission (1996): Erster Kohäsionsbericht. KOM (96) 542 endg.

Europäische Kommission (1996): Gesamtbericht über die Tätigkeit der Europäischen Union 1995. Brüssel und Luxemburg.

Europäische Kommission (1997): XXVI. Bericht über die Wettbewerbspolitik. Brüssel und Luxemburg.

Europäische Kommission (1997): Die Auswirkungen der Strukturpolitik auf die wirtschaftliche und soziale Kohäsion in der Union 1989-1999. Erste Ergebnisse - dargestellt nach Ländern (Oktober 1996). Brüssel und Luxemburg.

Europäische Kommission (1997): Gesamtbericht über die Tätigkeit der Europäischen Union 1996. Brüssel und Luxemburg.

Europäische Kommission (1997): Mitteilung der Kommission an den Rat und das Europäische Parlament über eine Gemeinschaftsstrategie zur Förderung der Kraft-Wärme-Kopplung (KWK) und zum Abbau von Hindernissen, die ihrer Entwicklung im Wege stehen. KOM (97) 514 endg.

Europäische Kommission (1997): Wege zur Stadtentwicklung in der Europäischen Union. KOM (97) 197 endg.

Europäische Kommission (1997): Wettbewerbsrecht in den Europäischen Gemeinschaften. Bd. II B. Erläuterungen zu den Wettbewerbsregeln für staatliche Beihilfen. Brüssel und Luxemburg.

Europäische Kommission (1998): Agenda 2000. Überblick über die Legislativvorschläge. In: EU-Nachrichten. Nr. 2 vom 19. März 1998.

Europäische Kommission (1998): XXVII. Bericht über die Wettbewerbspolitik 1997. Brüssel und Luxemburg.

Europäische Kommission (1998): Gesamtbericht über die Tätigkeit der Europäischen Union 1997. Brüssel und Luxemburg.

Europäisches Raumentwicklungskonzept (EREK) (1997): Erster Offizieller Entwurf. Vorläufige Übersetzung. Informelles Treffen der für die Raumordnung zuständigen Minister der Europäischen Union. Noordwijk, 9. und 10. Juni 1997.

Faber, Angela (1991): Die Zukunft kommunaler Selbstverwaltung und der Gedanke der Subsidiarität in den Europäischen Gemeinschaften. In: Hoppe, Werner et al. (Hrsg.): Aktuelle Probleme der kommunalen Selbstverwaltung. Köln u.a., S. 160-183.

Faber, Angela (1991): Die Zukunft kommunaler Selbstverwaltung und der Gedanke der Subsidiarität in den Europäischen Gemeinschaften. In: Deutsches Verwaltungsblatt vom 15. Oktober 1991, S. 1126-1135.

Faber, Angela (1992): Europarechtliche Grenzen kommunaler Wirtschaftsförderung: die Bedeutung der Art. 92-94 EWGV für die kommunale Selbstverwaltung. Köln.

Farrows, Martyn und McCarthy, Rosarie (1997): Opinion Formulation and Impact in the Committee of the Regions. In: Regional & Federal Studies. Vol. 7. No. 1, S. 23-49.

Feldmann, Liselotte (1997): Die strategische Umweltprüfung - SUP - Initiativen auf europäischer Ebene. In: Der Landkreis. Jg. 67. Heft 7, S. 306-309.

Feldt, Werner (1997): Änderung der europäischen UVP-Richtlinie. In: UVP-Report 1997. Heft 1, S. 5-8.

Fiedler, Klaus P. (1989): Europäischer Binnenmarkt gleich Europäische Umweltgemeinschaft? Zu den Auswirkungen der Europäischen Umweltpolitik auf die europäischen Städte. In: Der Städtetag. Jg. 42. Heft 10, S. 637-643.

Fiedler, Klaus P. (1990): Zur Umsetzung von EG-Richtlinien im Umweltbereich. In: Der Städtetag. Jg. 43. Heft 8, S. 563-567.

Fiedler, Klaus P. (1993): Umweltmanagement der kommunalen Gebietskörperschaften in Europa. In: Der Landkreis. Jg. 63. Heft 1, S. 18-23; Heft 4, S. 163-167; Heft 5, S. 218-222.

Fiedler, Klaus (1997): Gesetz über die Umweltverträglichkeitsprüfung. In: Der Städtetag. Jg. 50. Heft 8, S. 593-598.

Finzel, Frank und Thuy, Peter (1996): Privatisierung der Sparkassen - tagespolitische Modeerscheinung oder ordnungspolitische Notwendigkeit? In: ORDO. Jahrbuch für die Ordnung von Wirtschaft und Gesellschaft. Bd. 47, S. 241-261.

Fischer-Menshausen, Herbert (1980): Finanzausgleich II: Grundzüge des Finanzausgleichsrechts. In: Albers, Willi et al. (Hrsg.): Handwörterbuch der Wirtschaftswissenschaft. Bd. 2. Stuttgart u.a., S. 636-662.

Förster, Robert (1990): Partnerstädte in der DDR - Chancen für die Einheit. In: Reader's Digest. Augustheft 1990, S. 37-40.

Fontaine, Pascal (1995): Europa in zehn Lektionen. Hrsg. von der Europäische Kommission. Brüssel und Luxemburg.

Franke, Thomas und Heinz, Werner (1997): EU-Aktivitäten deutscher Städte und Gemeinden. Ergebnisse einer Difu-Umfrage. Deutsches Institut für Urbanistik. Berlin.

Franzmeyer, Fritz (1998): Der Einfluß ökonomischer Rahmenbedingungen auf die zukünftige Sozialpolitik in der EU. Forschungsinstitut der Friedrich-Ebert-Stiftung (Hrsg.). Bonn.

Franzmeyer, Fritz et al. (1991): Die regionalen Auswirkungen der Gemeinschaftspolitiken. Europäisches Parlament. Luxemburg.

Frey, Bruno S. (1980): Ökonomische Theorie der Politik. In: Albers, Willi et al. (Hrsg.): Handwörterbuch der Wirtschaftswissenschaft. Bd. 5. Stuttgart u.a., S. 658-667.

Frey, Bruno S. (1990): Ökonomie ist Sozialwissenschaft: die Anwendung der Ökonomie auf neue Gebiete. München.

Frohnmeyer, Albrecht (1994): Art. 74 EGV. In: Grabitz, Eberhard und Hilf, Meinhard (1998) (Hrsg.): Kommentar über die Europäische Union. Vertrag über die Europäische Union. Vertrag zur Gründung der Europäischen Gemeinschaft. Stand Mai 1998.

Gabriel, Oscar W. (Hrsg.)(1989): Kommunale Demokratie zwischen Politik und Verwaltung. München.

Gabriel, Oscar W. (1992): Wertewandel, kommunale Lebensbedingungen und die Aufgaben der Kommunen am Beginn der neunziger Jahre. Eine empirische Analyse politischer Einstellungen kommunaler Mandatsträger in 14 Städten. In: Schuster, Franz (Hrsg.): Kommunale Aufgaben im Wandel. Köln, S. 149-235.

Gaddum, Eckardt (1995): Europäisches Währungssystem. In: Weidenfeld, Werner und Wessels, Wolfgang (Hrsg.): Europa von A-Z. Taschenbuch der europäischen Integration. 5. Aufl. Bonn, S. 200-203.

Gandenberger, Otto (1980): Öffentliche Auftragsvergabe: In: Albers, Willi et al. (Hrsg.): Handwörterbuch der Wirtschaftswissenschaft. Bd. 5. Stuttgart u.a., S. 405-412.

Gandenberger, Otto (1988): Was kann Staatsverschuldung in der Zukunft leisten? - Pessimistische Neubewertung eines wirtschaftspolitischen Instruments. In: Zimmermann, Horst (Hrsg.): Die Zukunft der Staatsfinanzierung. Stuttgart, S. 173-192.

Gaßmann, Uwe (1993): Kommunale Ausgaben als Ergebnis politisch-ökonomischer Entscheidungsprozesse: der Kommunalbereich der Bundesrepublik Deutschland im Lichte der ökonomischen Theorie der Politik. Bern u.a.

Geanakoplos, John (1987): Arrow-Debreu model of general equilibrium. In: Eatwell, John; Milgate, Murray und Newman, Peter (Hrsg.): The New Palgrave: a dictionary of economics. London u.a. Vol. 1, S. 116-124.

Glatz, Harald (1993): Umweltpolitik. Anpassungsbedarf der österreichischen Gemeinden. In: Kommunalwissenschaftliches Dokumentationszentrum (Hrsg.): Europareife Gemeinden. Schwerpunkt 1. Die wirtschafts- und umweltpolitische Dimension. Arbeitshilfen für Gemeinden. Bd. 20. Wien, S. 133-155.

Göke, Wolfgang (1996): Staatsverschuldung. Finanzverfassungsrechtliche Ursachen und Lösungen zu ihrer Begrenzung. In: Niedersächsische Verwaltungsblätter. Jg. 3. Heft 1, S. 1-8.

Goldsmith, Michael J.F. und Klausen, Kurt K. (Hrsg.) (1997): European Integration and Local Government. Cheltenham und Brookfield.

Grabitz, Eberhard und Hilf, Meinhard (1998) (Hrsg.): Kommentar über die Europäische Union. Vertrag über die Europäische Union. Vertrag zur Gründung der Europäischen Gemeinschaft. Stand Mai 1998.

Grabnitz, Eberhard und Hoffmann, Matthias (1995): Einführung. In: Vertrag über die Europäische Union (Maastricht-Vertrag) mit sämtlichen Protokollen und Erklärungen. Vertrag zur Gründung der Europäischen Gemeinschaft (EG-Vertrag). Deutsches Recht zur Verwirklichung der Europäischen Union. 3. Aufl. Stand 1. Mai 1995. München.

Gröner, Helmut und Schüller, Alfred (Hrsg.) (1995): Die europäische Integration als ordnungspolitische Aufgabe. Stuttgart u.a.

Grosse Hüttmann, Martin (1996): Das Subsidiaritätsprinzip in der EU - eine Dokumentation mit einer Einführung zum Bedeutungsgehalt und zur Rezeption dieses Prinzips. Europäisches Zentrum für Föderalismus-Forschung Tübingen (Hrsg.). Tübingen.

Grosse Siemer, Stephan (1993): Die kommunale Wirtschaftsförderung und die Regionalpolitik der Europäischen Gemeinschaften: eine Untersuchung der Stellung der Kommunen in der Regionalpolitik der Europäischen Gemeinschaften und der Grenzen der kommunalen Wirtschaftsförderung. Köln u.a.

Güntner, Karin (1995): Der Freistaat Sachsen und die Europäische Union. Umsetzung regionalpolitischer Zielsetzungen der Europäischen Union auf kommunaler Ebene anhand ausgewählter Beispiele im Regierungsbezirk Chemnitz. In: Jurczek, Peter (Hrsg.): Beiträge zur Kommunal- und Regionalentwicklung. Heft 13. Chemnitz.

Haas, Bernhard (1992): Handlungsspielräume gemeindlicher Umweltpolitik am Beispiel des Abfallrechts. Berlin.

Haberzettel, Manfred; Roth, Uwe und Schläger, Wolfgang (1998): Europa im Rathaus: Auswirkungen der europäischen Gesetzgebung auf die Kommunen. Frankfurt/Main.

Hansjürgens, Bernd (1996): Föderalismustheorie und europäische Umweltpolitik. Ökonomische Kriterien für die Verteilung umweltpolitischer Kompetenzen in der EU. In: Postlep, Rolf-Dieter (Hrsg.): Aktuelle Fragen zum Föderalismus: ausgewählte Probleme aus Theorie und politischer Praxis des Föderalismus. Marburg, S. 73-98.

Hardt, Ulrike; Hiersemenzel, Uwe und Keppler, Horst (1996): Verschuldungsgrenzen für die öffentlichen Haushalte. Einige ökonomische Überlegungen anläßlich der niedersächsischen Verfassungsdebatte. In: Niedersächsische Verwaltungsblätter. Jg. 3. Heft 2, S. 25-33.

Harte, Ruth und Schüürmann, Kurt (1993): Europäischer Binnenmarkt und Kommunale Selbstverwaltung. In: Stadt und Gemeinde. Jg. 48. Heft 5, S. 178-185.

Hartje, Volkmar und Klaphake, Axel (Hrsg.) (1998): Die Rolle der Europäischen Union in der Umweltplanung. Marburg.

Heberlein, Horst (1995): Europa der Kommunen. Stuttgart u.a.

Heise, Arne (1998): Europäische Sozialpolitik - Eine Einschätzung aus gewerkschaftlicher Sicht. Forschungsinstitut der Friedrich-Ebert-Stiftung (Hrsg.). Bonn.

Henneke, Hans-Günter (Hrsg.) (1994): Stärkung kommunaler Handlungs- und Entfaltungsspielräume. Stuttgart u.a.

Henneke, Hans-Günter (1997): Europäischer und nationaler Stabilitätspakt: Plädoyer für ein klares „Ja, aber...“. In: Der Landkreis. Jg. 67. Heft 2, S. 75-79.

Henneke, Hans-Günter (1998): Die Verschuldungspotentiale der Kreise und Gemeinden bei der innerstaatlichen Umsetzung des Stabilitäts- und Wachstumspakts. In: Der Landkreis. Jg. 68. Heft 3, S. 188-193.

Hennerkes, Jörg (1997): Es geht um mehr als die Zukunft der Stadtwerke. In: Der Städtetag. Jg. 50. Heft 9, S. 603.

Hesse, Joachim J. (1995/96): Die Begleitforschung zum Ausschuß der Regionen der Europäischen Union. In: Hesse, Joachim J. (Hrsg.): Regionen in Europa. Bd. 1. Baden-Baden, S. 33-41.

Hesse, Joachim J. (Hrsg.) (1995/96): Regionen in Europa. Bd. 1. Die Institutionalisierung des Regionalausschusses. Baden-Baden.

Hesse, Joachim J. (Hrsg.) (1996): Regionen in Europa. Bd. 2. Das regionale Potential. Baden-Baden.

Hildebrandt, Ariane (1996): Maastricht und die Verschuldung von Bund, Ländern und Gemeinden. In: Lang, Eva (Hrsg.): Kommunen vor neuen Herausforderungen: Festschrift für Werner Noll zum 65. Geburtstag. Berlin, S. 253-272.

Hillenbrand, Olaf (1997): Europa-ABC in Stichworten. In: Weidenfeld, Werner und Wessels, Wolfgang (Hrsg.): Europa von A-Z. Taschenbuch der europäischen Integration. 6. Aufl. Bonn, S. 367-407.

Hoffmann-Reim, Wolfgang und Schneider, Jens-Peter (Hrsg.) (1995): Umweltpolitische Steuerung in einem liberalisierten Strommarkt. Baden-Baden.

Hoffmann-Reim, Wolfgang und Schneider, Jens-Peter (1995): Wettbewerbs- und umweltorientierte Re-Regulierung im Großhandels-Strommarkt. In: Hoffmann-Reim, Wolfgang und Schneider, Jens-Peter (Hrsg.): Umweltpolitische Steuerung in einem liberalisierten Strommarkt. Baden-Baden, S. 13-94.

Hoffschulte, Heinrich A. (1992): Lokale und regionale Selbstverwaltung nach Maastricht. In: Der Landkreis. Jg. 62. Heft 3, S. 120-127.

Hoffschulte, Heinrich (1994): Deutsche kommunale und regionale Selbstverwaltung nach Maastricht. In: Kommunalpolitsche Vereinigung - Bildungswerk e.V. und Hoffschulte, Heinrich (Hrsg.): Europa für Kommunalpolitiker. Bonn, S. 9-45.

Hollbach-Grömig, Beate (1996): Kommunale Wirtschaftsförderung der 90er Jahre. Ergebnisse einer Difu-Umfrage. In: Difu-berichte. Heft 4/1996, S. 10-12.

Homburg, Stefan (1996): Eine kommunale Unternehmensteuer für Deutschland. In: Wirtschaftsdienst. Jg. 76. Heft 9, S. 491-496.

Hoppe, Werner et al. (Hrsg.) (1991): Aktuelle Probleme der kommunalen Selbstverwaltung. Köln u.a.

Hoppe, Werner und Schink, Alexander (Hrsg.) (1990): Kommunale Selbstverwaltung und europäische Integration. Köln.

Hucke, Jochen (1980): Politische Handlungsspielräume. Möglichkeiten und Probleme ihrer empirischen Bestimmung. Bad Honnef.

Ipsen, Jörn (Hrsg.) (1993): Sparkassen im Wandel. Köln u.a.

Ipsen, Jörn (Hrsg.) (1995): Kommunale Aufgabenerfüllung im Zeichen der Finanzkrise. Baden-Baden.

Jacquemin, Alexis und Sapir, André (1988): International Trade and Integration of the European Community: An Econometric Analysis. (European Economic Review 32, 1988, p. 1439-1449.) Abgedruckt in: Jacquemin, Alexis und Sapir, André (Hrsg.) (1989): The European Internal Market. Trade and Competition. Selected Readings. Oxford, S. 202-212.

Jacquemin, Alexis und Sapir, André (Hrsg.) (1989): The European Internal Market. Trade and Competition. Selected Readings. Oxford.

Jung, Christian (1997): Vertrag von Maastricht. In: Weidenfeld, Werner und Wessels, Wolfgang (Hrsg.): Europa von A-Z. Taschenbuch der europäischen Integration. 6. Aufl. Bonn, S. 334-339.

Junkernheinrich, Martin (1991): Gemeindefinanzen: theoretische und methodische Grundlagen ihrer Analyse. Berlin.

Junkernheinrich, Martin (1996): Gemeindefinanzen unter Vereinigungsdruck: Kommunale Selbstverwaltung zwischen europäischer und deutscher Vereinigung. In: Junkernheinrich, Martin und Klemmer, Paul (Hrsg.): Neuordnung des Gemeindefinanzsystems. Forum öffentliche Finanzen. Bd. 3. Berlin, S. 115-127.

Junkernheinrich, Martin und Klemmer, Paul (Hrsg.) (1996): Neuordnung des Gemeindefinanzsystems. Forum öffentliche Finanzen. Bd. 3. Berlin.

Kaldenkerken, Karl-Heinz von (1992): Organisation, Personalwirtschaft und Steuerung des Verwaltungssystems. In: Schuster, Franz (Hrsg.): Kommunale Aufgaben im Wandel. Köln, S. 139-148.

Kamps, Marlies (1990): „Betrachten Sie unsere Sorgen als die Ihren“. In: Der Städtetag. Jg. 43. Heft 8, S. 551-553.

Karrenberg, Hanns (1992): Vorzeitige Aufhebung des Strukturhilfegesetzes. In: Der Gemeindehaushalt. Jg. 93. Heft 5, S. 97-102.

Karrenberg, Hanns und Münstermann, Engelbert (1996): Gemeindefinanzbericht 1996. Städtische Finanzen ’96 - in der Sackgasse. In: Der Städtetag. Jg. 49. Heft 3, S. 119-211.

Karrenberg, Hanns und Münstermann, Engelbert (1998): Gemeindefinanzbericht 1998. Städtische Finanzen ’98 - Im Zeichen des Steuerverfalls. In: Der Städtetag. Jg. 51. Heft 3, S. 143-233.

Ketzel, Eberhard (1990): Privatisierung der Sparkassen - nicht zu Ende gedacht. In: Wirtschaftsdienst. Jg. 70. Heft 12, S. 623-626.

Kirchgässner, Gerhard (1988): Ökonomie als imperial(istisch)e Wissenschaft. Zur Anwendung des ökonomischen Verhaltensmodells in den benachbarten Sozialwissenschaften. In: Jahrbuch für Neue Politische Ökonomie. Bd. 7. Tübingen, S. 128-145.

Kirsch, Guy (Hrsg.) (1977): Föderalismus. Stuttgart und New York.

Kirsch, Guy (1984): Fiscal Federalism. In: Wirtschaftswissenschaftliches Studium. Jg. 13. Heft 3, S. 118-124.

Kirsch, Guy (1993): Neue Politische Ökonomie. 3. Aufl. Düsseldorf.

Klaus, Herbert (1992): Kommunale Belange im Rahmen der europäischen Steuerharmonisierung. In: Der Gemeindehaushalt. Jg. 93. Heft 2, S. 25-36.

Klemmer, Paul (Hrsg.) (1998): Handbuch Europäische Wirtschaftspolitik. München.

Klemmer, Paul (1998): Regionalpolitik. In: Klemmer, Paul (Hrsg.): Handbuch Europäische Wirtschaftspolitik. München, S. 457-517.

Kley, Max Dietrich (1997): Liberalisierung des Energiemarktes aus Sicht der Industrie. In: Der Landkreis. Jg. 67. Heft 4, S. 173-175.

Klodt, Henning; Stehn, Jürgen et al. (1992): Die Strukturpolitik der EG. Tübingen.

Knemeyer, Franz-Ludwig (1995): Die lokalen Gebietskörperschaften in der EU. Rechtliche Verankerung kommunalpolitischer Forderungen. In: Deutscher Landkreistag (Hrsg.): Geschäftsbericht 1995. Schriften des Deutschen Landkreistages. Bd. 45. Bonn, S. 27-34.

Koalitionsvereinbarung zwischen der Sozialdemokratischen Partei Deutschlands und Bündnis 90/DIE GRÜNEN vom 20.10.1998. Bonn.

Kolkmann, Johannes (1991): Die EG-Trinkwasserrichtlinie: die Nitrat- und Pestizidgrenzwerte und ihre Umsetzung im deutschen Umweltrecht. Berlin.

Kommission der Europäischen Gemeinschaften (1985): XIV. Bericht über die Wettbewerbspolitik. Brüssel und Luxemburg.

Kommission der Europäischen Gemeinschaften (1986): Das Wahlrecht der Bürger der Mitgliedstaaten der Gemeinschaft bei Kommunalwahlen. In: Bulletin der Europäischen Gemeinschaften. Beilage 7/86.

Kommission der Europäischen Gemeinschaften (1986): XV. Bericht über die Wettbewerbspolitik. Brüssel und Luxemburg.

Kommission der Europäischen Gemeinschaften (1987): XVI. Bericht über die Wettbewerbspolitik. Brüssel und Luxemburg.

Kommission der Europäischen Gemeinschaften (Hrsg.)(1988): Europas Zukunft - Binnenmarkt 1992. Eine Bewertung der möglichen wirtschaftlichen Auswirkungen der Vollendung des Binnenmarkts der Europäischen Gemeinschaft. In: Europäische Wirtschaft. Heft 35. Luxemburg.

Kommission der Europäischen Gemeinschaften (1988): Mitteilung der Kommission über die Methode zur Anwendung von Artikel 92 Absätze 3a) und c) auf Regionalbeihilfen. ABl. Nr. C 212 vom 12.08.1988, S. 2.

Kommission der Europäischen Gemeinschaften (1988): Vorschlag für eine Richtlinie des Rates über das Wahlrecht der Staatsangehörigen der Mitgliedstaaten bei Kommunalwahlen im Aufenthaltsstaat. In: Bulletin der Europäischen Gemeinschaften. Beilage 2/88, S. 29-44.

Kommission der Europäischen Gemeinschaften (1988): XVII. Bericht über die Wettbewerbspolitik. Brüssel und Luxemburg.

Kommission der Europäischen Gemeinschaften (1990): Grünbuch über die städtische Umwelt. Brüssel und Luxemburg.

Kommission der Europäischen Gemeinschaften (1990): Mitteilung der Kommission zur Methode der Anwendung von Artikel 92 Absatz 3 Buchstabe c) auf Regionalbeihilfen. ABl. Nr. C 163 vom 4.7.1990, S. 5.

Kommission der Europäischen Gemeinschaften (1991): XX. Bericht über die Wettbewerbspolitik. Brüssel und Luxemburg.

Kommission der Europäischen Gemeinschaften (1992): Die gemeinschaftlichen Strukturpolitiken. Bilanz und Perspektiven. KOM (92) 84 endg.

Kommission der Europäischen Gemeinschaften (1992): Gemeinschaftsrahmen für staatliche Beihilfen an kleine und mittlere Unternehmen. ABl. Nr. C 213 vom 19.8.1992, S. 2.

Kommission der Europäischen Gemeinschaften (1992): Mitteilung der Kommission über das beschleunigte Genehmigungsverfahren für Beihilferegelungen für KMU und von Änderungen bestehender Beihilferegelungen. ABl. Nr. C 213 vom 19.8.1992, S. 10.

Kommission der Europäischen Gemeinschaften (1993): Die Zukunft der Gemeinschaftsinitiativen im Rahmen der Strukturfonds. KOM (93) 282 endg.

Kommission der Europäischen Gemeinschaften (1994): Mitteilung der Kommission an die Mitgliedstaaten und andere Betroffene über die Änderung des Abschnitts II der Mitteilung der Kommission über die Methode zur Anwendung von Artikel 92 Absätze 3 Buchstaben a) und c) auf Regionalbeihilfen. ABl. Nr. C 364 vom 20.12.1994, S. 8.

Kommission der Europäischen Gemeinschaften (1994): Vorschlag für eine Richtlinie des Rates über die Qualität von Wasser für den menschlichen Gebrauch. KOM (94) 612 endg.

Kommission der Europäischen Gemeinschaften (1996): Bericht der Kommission der Europäischen Gemeinschaften an den Europäischen Rat: „Eine bessere Rechtsetzung" 1996 - Bericht über die Anwendung des Grundsatzes der

Subsidiarität und der Verhältnismäßigkeit sowie über die Vereinfachung und Kodifikation. SEK (96) 7 endg.; Ratsdok. 12501/96, Bundesratsdrucksache 978/96.

Kommission der Europäischen Gemeinschaften (1996): Entscheidung der Kommission vom 29. Mai 1996 über Beihilfevorhaben Deutschlands zugunsten der Buna GmbH, Sächsische Olefinwerke GmbH, Leuna-Werke GmbH, Leuna-Polyolefine GmbH und der BSL Polyolefinverbund GmbH (96/545/EG). ABl. Nr. L 239 vom 19.9.1996, S. 1.

Kommission der Europäischen Gemeinschaften (1996): Entscheidung der Kommission vom 17. Juli 1996 über eine staatliche Beihilfe der Stadt Mainz, einer Gebietskörperschaft der Bundesrepublik Deutschland, an die Grundstücksverwaltungsgesellschaft Fort Malakoff Mainz mbH & Co. KG, eine Tochtergesellschaft der Siemens AG / Siemens Nixdorf Informationssysteme AG (96/631/EG). ABl. Nr. L 283 vom 5.11.1996, S. 43.

Kommission der Europäischen Gemeinschaften (1996): Gemeinschaftsrahmen für staatliche Beihilfen an kleine und mittlere Unternehmen. ABl. Nr. C 213 vom 23.7.1996, S. 4.

Kommission der Europäischen Gemeinschaften (1996): Grünbuch. Das öffentliche Auftragswesen in der Europäischen Union: Überlegungen für die Zukunft. KOM (96) 583 endg.

Kommission der Europäischen Gemeinschaften (1996): Mitteilung der Kommission über „De-minimis"-Beihilfen. ABl. Nr. C 68 vom 6.3.1996, S. 9.

Kommission der Europäischen Gemeinschaften (1997): Bericht über die Durchführung der Richtlinie 91/676/EWG zum Schutz der Gewässer vor Verunreinigung durch Nitrate aus landwirtschaftlichen Quellen durch die Mitgliedstaaten. KOM (97) 473 endg.

Kommission der Europäischen Gemeinschaften (1997): Mitteilung der Kommission betreffend Elemente staatlicher Beihilfe bei Verkäufen von Bauten oder Grundstücken durch die öffentliche Hand. ABl. Nr. C 209 vom 10.7.1997, S. 3.

Kommission der Europäischen Gemeinschaften (1997): Mitteilung der Kommission. Wege zur Stadtentwicklung in der Europäischen Union. KOM (97) 197 endg.

Kommission der Europäischen Gemeinschaften (1997): Vorschlag für eine Richtlinie des Rates über die Prüfung der Umweltauswirkungen bestimmter Pläne und Programme. KOM (96) 511. ABl. Nr. C 129 vom 25.4.1997, S. 14.

Kommission der Europäischen Gemeinschaften (1998): Bericht der Kommission der Europäischen Gemeinschaften an den Rat und das Europäische Parlament über den Harmonisierungsbedarf: Richtlinie 96/92/EG betreffend gemeinsame Vorschriften für den Elektrizitätsbinnenmarkt. KOM (98) 167 endg. Bundesratsdrucksache 707/98.

Kommission der Europäischen Gemeinschaften (1998): Leitlinien für staatliche Beihilfen mit regionaler Zielsetzung. ABl. Nr. C 74 vom 10.3.1998, S. 9.

Kommission der Europäischen Gemeinschaften (1998): Mitteilung der Kommission. Das öffentliche Auftragswesen in der Europäischen Union. KOM (98) 143 endg.

Kommission der Europäischen Gemeinschaften (1998): Multisektoraler Regionalbeihilferahmen für große Investitionsvorhaben. ABl. Nr. C 107 vom 7.4.1998, S. 7.

Kommission der Europäischen Gemeinschaften (1998): Vorschlag für eine Verordnung (EG) des Rates über die Anwendung der Artikel 92 und 93 des EG-Vertrags auf bestimmte Gruppen horizontaler Beihilfen. KOM (97) 396 endg. ABl. Nr. C 262 vom 28.8.1997, S. 6.

Kommunalpolitische Vereinigung - Bildungswerk e.V. und Hoffschulte, Heinrich (Hrsg.) (1994): Europa für Kommunalpolitiker. Bonn.

Kommunalwissenschaftliches Dokumentationszentrum (Hrsg.) (1993): Europareife Gemeinden. Schwerpunkt 1. Die wirtschafts- und umweltpolitische Dimension. Arbeitshilfen für Gemeinden. Bd. 20. Wien.

Kommunalwissenschaftliches Dokumentationszentrum (Hrsg.) (1994): Europareife Gemeinden. Schwerpunkt 2. Kommunalpolitische Perspektiven. Arbeitshilfen für Gemeinden. Bd. 21. Wien.

Krieger-Boden, Christiane (1995): Neue Argumente für Regionalpolitik? Zur Fundierung der Regionalpolitik in älteren und neueren regionalökonomischen Theorien. In: Die Weltwirtschaft 1995. Heft 2, S. 193-215.

Krugman, Paul (1991): Increasing Returns and Economic Geography. In: Journal of Political Economy. Vol. 99. No. 3, S. 483-499.

Kühne, Gunther und Scholtka, Boris (1998): Das neue Energiewirtschaftsrecht. In: Neue Juristische Wochenschrift. Jg. 51. Heft 27, S. 1902-1909.

Külp, Bernhard (1982): Wohlfahrtsökonomik I: Grundlagen. In: Albers, Willi et al. (Hrsg.): Handwörterbuch der Wirtschaftswissenschaft. Bd. 9. Stuttgart, S. 469-486.

Kumkar, Lars (1995): Widerstände und Spannungen auf dem Weg zum Europäischen Binnenmarkt für Elektrizität. In: Die Weltwirtschaft 1995. Heft 4, S. 444-470.

Kumkar, Lars (1997): Wettbewerb auf den Strommärkten? - Zur deutschen Umsetzung der Stromrichtlinie und den Auswirkungen auf kommunale Versorgungsunternehmen und regenerative Energien. In: Die Weltwirtschaft 1997. Heft 3, S. 308-337.

Kumkar, Lars (1998): Die deutsche Energierechtsnovelle aus ökonomischer Sicht - Über Alleinabnehmer, zugelassene Kunden und Vorrangregelungen für einzelne Energieträger. In: Zeitschrift für neues Energierecht. Jg. 2. Heft 1, S. 26-39.

Lammers, Konrad (1992): Mehr regionalpolitische Kompetenzen für die EG im Europäischen Binnenmarkt? In: Akademie für Raumforschung und Landesplanung (Hrsg.): Regionale Wirtschaftspolitik auf dem Wege zur europäischen Integration. Forschungs- und Sitzungsberichte. Bd. 187. Hannover, S. 70-82.

Lang, Eva (Hrsg.) (1996): Kommunen vor neuen Herausforderungen: Festschrift für Werner Noll zum 65. Geburtstag. Berlin.

Lang, Volker (1999): Die Regulierung der deutschen Stromwirtschaft: eine föderalismustheoretische Analyse. Frankfurt/Main u.a.

Läufer, Thomas (1995): Entscheidungsverfahren. In: Weidenfeld, Werner und Wessels, Wolfgang (Hrsg.): Europa von A-Z. Taschenbuch der europäischen Integration. 5. Aufl. Bonn, S. 114-121.

Läufer, Thomas (1998): Einführung. In: Läufer, Thomas (Hrsg.): Vertrag von Amsterdam. Texte des EU-Vertrages und des EG-Vertrages. Bonn, S. 7-15.

Läufer, Thomas (Hrsg.) (1998): Vertrag von Amsterdam. Texte des EU-Vertrages und des EG-Vertrages. Bonn.

Leipold, Helmut (Hrsg.) (1994): Ordnungsprobleme Europas: Die Europäische Union zwischen Vertiefung und Erweiterung. Marburg.

Leiß, Dieter (1994): Aktuelle Vorschriften und Maßnahmen der Europäischen Union im Abfallbereich. In: Der Bayerische Bürgermeister. Jg. 47. Heft 9, S. 329-332.

Leiß, Dieter (1995): Trinkwasserschutz. Wasserrecht der Europäischen Union. In: Der Bayerische Bürgermeister. Jg. 48. Heft 6, S. 201-204.

Leitermann, Walter (1997): Eine städtische Perspektive in der Europapolitik. In: Europa Kommunal. Jg. 21. Heft 5, S. 232-235.

Lenz, Carl Otto (1990): Entwicklung und unmittelbare Geltung des Gemeinschaftsrechts. In: Hoppe, Werner und Schink, Alexander (Hrsg.): Kommunale Selbstverwaltung und europäische Integration. Köln, S. 6-22.

Leutner, Barbara und Scholz, Stephan G. (1998): Ein Nachruf auf die Konzessionsabgabe? - Auswirkungen des Gesetzes zur Neuregelung des Energiewirtschaftsrechts vom 29.4.1998 auf die Konzessionsabgabe der Städte und Gemeinden - . In: Der Gemeindehaushalt. Jg. 99. Heft 11, S. 241-245.

Liegmann, Gabriele (1990): Kommunales Wahlrecht für Ausländer in den Bundesländern und Europa: Dokumentation und Stellungnahmen. Kommunalwissenschaftliches Forschungszentrum Würzburg. Stuttgart.

Löwer, Wolfgang (1995): Art. 28. In: Münch, Ingo von, und Kunig, Philip (Hrsg.): Grundgesetzkommentar. Bd. 2. 3. Aufl. München.

Luckenbach, Helga (1986): Theoretische Grundlagen der Wirtschaftspolitik. München.

Lund, Silke (1994): Auswirkungen der Europäischen Integration auf die kommunale Ebene. Humboldt-Universität. Berlin.

Lwowski, Harald (1993): „Europa-Beauftragte“ für die Städte? In: Der Städtetag. Jg. 46. Heft 12, S. 778-782.

Maaß, Roland (1998): Der Wettbewerb im örtlichen Personenbeförderungswesen. Möglichkeiten und Notwendigkeiten im Bereich straßengebundener Beförderung. Berlin.

Mackscheidt, Klaus (1972): Die wohlfahrtsökonomische Suche nach dem optimalen Budget. In: Das Wirtschaftsstudium. Jg. 1. Heft 2, S. 77-81.

Mader, Hans-Joachim (1998): Planungsstand und Umsetzung der FFH-Richtlinie in Deutschland. In: Hartje, Volkmar und Klaphake, Axel (Hrsg.): Die Rolle der Europäischen Union in der Umweltplanung. Marburg, S. 215-228.

Magistrat der Stadt Marburg (1990): Umweltbericht. Teil II: Wasser - Alles im Fluß. Marburg.

Maibaum, Thomas und König, Eva Maria (1993): Die Wettbewerbskontrolle der Europäischen Gemeinschaften. Rechtliche Grenzen der kommunalen Wirtschaftsförderung. In: Der Städtetag. Jg. 46. Heft 3, S. 239-245.

Martin, Reiner (1997): Regional Convergence in the EU. The Importance of Macro-Economic Policies and Regional Policy Variables. HWWA-Diskussionspapier Nr. 43. Hamburg.

Martini, Alexander (1992): Gemeinden in Europa. Einwirken der EG auf die deutschen Gemeinden und Schutz der kommunalen Selbstverwaltung im Gemeinschaftsrecht. Köln.

Mayntz, Renate (1981): Kommunale Handlungsspielräume und kommunale Praxis. In: Mayntz, Renate (Hrsg.): Kommunale Wirtschaftsförderung: ein Vergleich: Bundesrepublik Deutschland - Großbritannien. Schriften des Deutschen Instituts für Urbanistik. Bd. 69. Stuttgart u.a., S. 154-179.

Mayntz, Renate (Hrsg.)(1981): Kommunale Wirtschaftsförderung: ein Vergleich: Bundesrepublik Deutschland - Großbritannien. Schriften des Deutschen Instituts für Urbanistik. Bd. 69. Stuttgart u.a.

Meißner, Barbara (1998): Europaweite Ausschreibungen. Neue Vergabebedingungen für die kommunale Entsorgungswirtschaft. In: Der Städtetag. Jg. 51. Heft 2, S. 128-131.

Merten, Detlef (Hrsg.)(1993): Die Subsidiarität Europas. Berlin.

Mietzsch, Oliver (1998): Die erste Amtszeit des Ausschusses der Regionen - eine Bilanz. In: Der Städtetag. Jg. 51. Heft 4, S. 290-295.

Milbradt, Georg (1990): Ziele und Effizienz kommunaler Wirtschaftsförderung. In: Ehlers, Dirk (Hrsg.): Kommunale Wirtschaftsförderung. Köln, S. 3-17.

Molle, Willem und Cappelin, Riccardo (Hrsg.) (1988): Regional impact of Community policies in Europe. Avebury u.a.

Mombaur, Peter Michael (1994): Kommunalpolitik in der Europäischen Union. 3. Aufl. Göttingen.

Mombaur, Peter Michael (1997): Elektrizitätsbinnenmarkt. Marktöffnung mit Sperren. In: EUmagazin 1997. Heft 1, S. 26-27.

Mombaur, Peter Michael und Lennep, Hans Gerd von (1988): Die deutsche kommunale Selbstverwaltung und das Europarecht. In: Die öffentliche Verwaltung. Jg. 41. Heft 23, S. 988-997.

Mombaur, Peter Michael und von Lennep, Hans Gerd (1988): Europarecht und deutsche kommunale Selbstverwaltung. In: Deutscher Städte- und Gemeindebund (Hrsg.): Kommunale Selbstverwaltung in Europa! 8. Deutscher Gemeindekongreß '88. Schriftenreihe des Deutschen Städte- und Gemeindebundes. Heft 45. Göttingen, S. 11-40.

Monopolkommission (1994): Mehr Wettbewerb auf allen Märkten: Hauptgutachten 1992/93. Baden-Baden.

Monopolkommission (1998): Marktöffnung umfassend verwirklichen: Hauptgutachten 1996/97. Baden-Baden.

Monti, Mario (1997): Der Binnenmarkt und das Europa von morgen. Ein Bericht der Europäischen Kommission. Luxemburg u.a.

Möschel, Wernhard (1993): Privatisierung als ordnungspolitische Aufgabe. In: Ipsen, Jörn (Hrsg.): Sparkassen im Wandel. Köln u.a., S. 117-132.

Müller, Ewald (1996): Manfred Rommel geht und bleibt. Der Städtetag. Jg. 49. Heft 12, S. 785-786.

Müller, Ute (1996): Regierungskonferenz '96. Bundesrat fordert einen strikten Aufgabenkatalog. In: EUmagazin 1996. Heft 4, S. 22-24.

Müller, Walter und Zimmermann, Horst (1993): Die Auswirkungen des Europäischen Binnenmarktes auf die regionale Finanzstruktur. Beiträge der Akademie für Raumforschung und Landesplanung. Bd. 128. Hannover.

Musgrave, Richard, A. (1959): The Theory of Public Finance. A study in Public Economy. New York u.a.

Musgrave, Richard, A.; Musgrave Peggy B. und Kullmer, Lore (1994): Die öffentlichen Finanzen in Theorie und Praxis. Bd. 1. 6. Aufl. Tübingen.

Nörr, Knut W. und Oppermann, Thomas (Hrsg.) (1997): Subsidiarität: Idee und Wirklichkeit. Zur Reichweite eines Prinzips in Deutschland und Europa. Tübingen.

o.V. (1990): Klage gegen Beihilfeentscheidung. In: Europäische Zeitschrift für Wirtschaftsrecht. Jg. 1, S. 366.

o.V. (1990): Marburg will Verwaltung in Eisenach auf die Beine helfen. In: Oberhessische Presse vom 5.7.1990.

o.V. (1996): Arbeitsschutz. Kabinett beschließt Verordnungen. EU-Richtlinien umgesetzt. In: Handelsblatt vom 22./23.11.1996, S. 5.

o.V. (1996): Bonn und Brüssel über Regionalpolitik einig. In: Handelsblatt vom 14.11.1996, S. 1.

o.V. (1996): Juristentag bestätigt: wer bestellt, bezahlt. In: Der Städtetag. Jg. 49. Heft 11, S. 745.

o.V. (1996): Kommunen sehen sich auf Maastricht-Kurs. In: Handelsblatt vom 12.12.1996, S. 6.

o.V. (1996): Strukturfragen der finanziellen Sicherung der kommunalen Selbstverwaltung. Eine Dokumentation zur Anhörung des Innenausschusses des Deutschen Bundestages am 24. Juni 1996. In: Der Städtetag. Jg. 49, S. 517-526.

o.V. (1996): „Wer bestellt, bezahlt - eine alte Juristenweisheit." In: Der Städtetag. Jg. 49. Heft 10, S. 687-688.

o.V. (1997): Brüssel setzt Sündern eine Frist bis 1999. In: Handelsblatt vom 30.4.1997, S. 11.

o.V. (1997): Brüssokratie oder: How to get money. In: Der Städtetag. Jg. 50. Heft 7, S. 479-480.

o.V. (1997): Die Entmachtung der Kommunen. In: Handelsblatt vom 5.6.1997, S. 4.

o.V. (1997): Die Sparkassen wollen keinen Sonderstatus beanspruchen. In: Handelsblatt vom 6.8.1997. S. 19.

o.V. (1997): Einführung des Euro in den Städten. Organisatorische Vorkehrungen. In: Der Städtetag. Jg. 50. Heft 6, S. 407-408.

o.V. (1997): Einigung über Teilzeit. In: Handelsblatt vom 9.6.1997, S. 9.

o.V. (1997): Energienovelle ist für die Städte nicht akzeptabel. Kommunale Wirtschaft und Finanzen gefährdet. In: Informationsbrief. Bayrischer Städtetag. Heft 7, S. 6-7.

o.V. (1997): Erdgasbinnenmarkt vor Entscheidung. Rat erörtert Liberalisierungskonzept. In: Handelsblatt vom 8.12.1997, S. 10.

o.V. (1997): Erste höchstrichterliche Entscheidung zum Umweltinformationsgesetz. In: Der Städtetag. Jg. 50. Heft 2, S. 115.

o.V. (1997): Finanzminister streiten über Steuerkodex. In: Handelsblatt vom 14.10.1997, S. 3.

o.V. (1997): Kommission sieht sich nicht geschwächt. In: Handelsblatt vom 5.8.1997. S. 7.

o.V. (1997): Kommunen wollen an Gesetzgebung beteiligt werden. In: Handelsblatt vom 25./26. Juli 1997, S. 4.

o.V. (1997): Kompostierungsanlage: Erweiterung wird wohl genehmigt. Betreibergesellschaft muß beim Regierungspräsidium noch Papiere nachreichen. In: Oberhessische Presse vom 17. Dezember 1997, S. Marburg.

o.V. (1997): Letzte Mahnung aus Brüssel an die Adresse Deutschlands. In: Handelsblatt vom 30.1.1997, S. 10.

o.V. (1997): Pläne für neues Vergaberecht begeistern nur teilweise. In: Handelsblatt vom 18.3.1997, S. 6.

o.V. (1997): Subventionen an Auflagen geknüpft. In: Handelsblatt vom 19.6.1997, S. 10.

o.V. (1997): Vergleich alternativer Netzzugangssysteme. Das Alleinabnehmer- und das Durchleitungssystem. In: Der Städtetag. Jg. 50. Heft 10, S. 699-702.

o.V. (1997): Verzicht auf Blei wird kostspielig. In: Handelsblatt vom 17./18.10.1997, S. 8.

o.V. (1998): Agenda 2000 weiter umstritten. In: Handelsblatt vom 9.6.1998, S. 9.

o.V. (1998): Aktuelle Vorhaben der neuen Bundesregierung. In: Der Städtetag. Jg. 51. Heft 12, S. 791-794.

o.V. (1998): Auf dem Weg zu einer europäischen Raumentwicklung. In: EU-Nachrichten. Nr. 16 vom 29.4.1998, S. 4-5.

o.V. (1998): Beschäftigung: Aktionsplan der Regierung. In: Handelsblatt vom 23.4.1998, S. 4.

o.V. (1998): Europäische Strukturfonds. Kommunen fordern höheren Anteil, In: EUmagazin 1998. Heft 3, S. 4-5.

o.V. (1998): Letzte Chance für eine Reform des deutschen Vergaberechts. In: Handelsblatt vom 27.5.1998, S. 7.

o.V. (1998): Städtischer Nahverkehr in der Europäischen Union - Wettbewerb: ja, Gängelung: nein. In: Der Städtetag. Jg. 51. Heft 6, S. 456-457.

o.V. (1998): Steuererklärung ab 1999 in Euro möglich. In: Handelsblatt vom 9.6.1998, S. 1.

o.V. (1998): Vergaberecht wird an EU-Vorgaben angepaßt. In: Handelsblatt vom 23.4.1998, S. 6.

o.V. (1999): Die Städte warnen. In: Frankfurter Allgemeine Zeitung vom 8.1.1999, S. 13.

o.V. (1999): Einheitliche Unternehmensteuer nimmt Gestalt an. In: Frankfurter Allgemeine Zeitung vom 7.1.1999, S. 13-14.

Oates, Wallace E. (1972): Fiscal federalism. New York u.a.

Oates, Wallace E. (1977): Ein ökonomischer Ansatz zum Föderalismusproblem. In: Kirsch, Guy (Hrsg.): Föderalismus. Stuttgart und New York, S. 15-26.

Oberender, Peter und Reißmann, Eva Maria (1993): Sozialpolitik und Sozialversicherung in der europäischen Integration. In: Gröner, Helmut und Schüller, Alfred (Hrsg.): Die europäische Integration als ordnungspolitische Aufgabe. Stuttgart u.a., S. 379-396.

Olson, Mancur (1968): Die Logik kollektiven Handelns. Tübingen.

Olson, Mancur (1969): The Principle of „Fiscal Equivalence“: The Division of Responsibilities among different Levels of Government. In: American Economic Review. Vol. 59, S. 479-487.

Olson, Mancur (1977): Das Prinzip „fiskalische Gleichheit“. Die Aufteilung der Verantwortung zwischen verschiedenen Regierungsebenen. In: Kirsch, Guy (Hrsg.): Föderalismus. Stuttgart und New York, S. 66-76.

Olson, Mancur (1985): Aufstieg und Niedergang von Nationen. Ökonomisches Wachstum, Stagflation und soziale Starrheit. Tübingen.

Olson, Mancur (1991): Aufstieg und Niedergang von Nationen. Ökonomisches Wachstum, Stagflation und soziale Starrheit. 2. Aufl. Tübingen.

Olson, Mancur (1991): Der Süden wird wieder fallen: der Süden als Vorreiter und Nachzügler im Wirtschaftswachstum. In: Olson, Mancur (Hrsg.): Umfassende Ökonomie. Tübingen, S. 83-109.

Olson, Mancur (Hrsg.)(1991): Umfassende Ökonomie. Tübingen.

Oppermann, Thomas (1991): Europarecht: ein Studienbuch. München.

Pauly, Mark V. (1973): Income Redistribution as a Local Public Good. In: Journal of Public Economics. Vol. 2. No. 1, S. 35-58.

Peffekoven, Rolf (1980): Finanzausgleich I: Wirtschaftstheoretische Grundlagen. In: Albers, Willi et al. (Hrsg.): Handwörterbuch der Wirtschaftswissenschaft. Bd. 2. Stuttgart u.a., S. 608-636.

Peffekoven, Rolf und Kirchhoff, Ulrike (1997): Deutscher und europäischer Finanzausgleich im Lichte des Subsidiaritätsprinzips. In: Nörr, Knut W. und Oppermann, Thomas (Hrsg.): Subsidiarität: Idee und Wirklichkeit. Zur Reichweite eines Prinzips in Deutschland und Europa. Tübingen, S. 105-130.

Piepenschneider, Melanie (1995): Europa der Bürger. In: Weidenfeld, Werner und Wessels, Wolfgang (Hrsg.): Europa von A-Z. Taschenbuch der europäischen Integration. 5. Aufl. Bonn, S. 134-138.

Piepenschneider, Melanie (1997): Women's Europe. In: Weidenfeld, Werner und Wesselss, Wolfgang (Hrsg.): Europe from A to Z. Guide to European Integration. Luxemburg, S. 215-218.

Pollak, Helga und Voß, Wolfgang (1985): Die Berücksichtigung von Spillover-Effekten im kommunalen Finanzausgleich. In: Akademie für Raumforschung und Landesplanung (Hrsg.): Räumliche Aspekte des kommunalen Finanzausgleichs. Forschungs- und Sitzungsberichte. Bd. 159. Hannover, S. 133-157.

Posner, Richard A. (1986): Economic Analysis of Law. 3. Aufl. Boston und Toronto.

Postlep, Rolf-Dieter (1985): Wirtschaftsstruktur und großstädtische Finanzen. Einflüsse höherwertiger Dienstleistungen auf die kommunalen Steuereinnahmen und Ausgaben in verschiedenen Großstädten. Hannover.

Postlep, Rolf-Dieter (1987): Die Einbindung der gemeindlichen Finanzwirtschaft in den föderativen Staatsaufbau. In: Zimmermann, Horst; Hardt, Ulrike und Postlep, Rolf-Dieter: Bestimmungsgründe der kommunalen Finanzsituation. Bonn, S. 24-69.

Postlep, Rolf-Dieter (1992): Gewichtsverlagerung im föderativen Staatsaufbau der Bundesrepublik Deutschland unter EG-Einfluß. In: Eisenmann, Peter und Rill, Bernd (Hrsg.): Das Europa der Zukunft: Subsidiarität, Föderalismus, Regionalismus. Regensburg, S. 137-148.

Postlep, Rolf-Dieter (1993): Gesamtwirtschaftliche Analyse kommunaler Finanzpolitik: Ein Beitrag zur ökonomischen Föderalismustheorie. Schriften zur öffentlichen Verwaltung und Wirtschaft. Bd. 136. Baden-Baden.

Postlep, Rolf-Dieter (Hrsg.) (1996): Aktuelle Fragen zum Föderalismus. Ausgewählte Probleme aus Theorie und politischer Praxis des Föderalismus. Marburg.

Postlep, Rolf-Dieter und Döring, Thomas (1996): Entwicklungen in der ökonomischen Föderalismusdiskussion und im föderativen System der Bundesrepublik Deutschland. In: Postlep, Rolf-Dieter (Hrsg.): Aktuelle Fragen zum Föderalismus: ausgewählte Probleme aus Theorie und politischer Praxis des Föderalismus. Marburg, S. 7-44.

Poth-Mögele, Angelika (1993): Das Prinzip der „Partnerschaft" in der Strukturpolitik der Europäischen Gemeinschaft: dargestellt an den Beispielen Bayerns und Schottlands. Frankfurt/Main.

Prautzsch, Wolf-Albrecht (1990): Geschäftsgebiet und Geschäftstätigkeit der kommunalen Sparkassen im europäischen Binnenmarkt. In: Hoppe, Werner und Schink, Alexander (Hrsg.): Kommunale Selbstverwaltung und europäische Integration. Köln, S. 137-142.

Prunzel, Regine (1996): Vom Umgang mit Programmen der Europäischen Union. In: Stadt und Gemeinde. Jg. 51. Heft 4, S. 138-141.

Pupat, Matthias (1997): Erlöse des Semestertickets sollen den Verlust verringern. Stadtwerke setzen auf neues Abrechnungsverfahren im Verkehrsverbund. In: Oberhessische Presse vom 16.12.1997, S. Marburg.

Püttner, Günter (Hrsg.) (1995): Der kommunale Querverbund. Baden-Baden.

Püttner, Günter (1995) Rechtliche Grundlagen und Grenzen des Querverbunds. In: Püttner, Günter (Hrsg.): Der kommunale Querverbund. Baden-Baden, S. 133-144.

Püttner, Günter und Spannowsky, Willi (1998): Beihilfenrecht und Beihilfenaufsicht. In: Klemmer, Paul (Hrsg.): Handbuch Europäische Wirtschaftspolitik. München, S. 319-373.

25. Rahmenplan der Gemeinschaftsaufgabe „Verbesserung der regionalen Wirtschaftsstruktur" für den Zeitraum 1996 bis 1999 (2000). Abgedruckt in: Eberstein, Hans-Herrmann (Hrsg.) (1996): Handbuch der regionalen Wirtschaftsförderung. 3. Aufl. Köln, D II 2.

Rat (1994): Beschluß des Rates vom 31.10.1994 über das System der Eigenmittel der Europäischen Gemeinschaften (94/728/ EG, Euratom). ABl. Nr. L 293 vom 12.11.1994, S. 9.

Rat (1998): Entschließung des Rates und der im Rat vereinigten Vertreter der Regierungen der Mitgliedstaaten vom 1. Dezember 1997 über einen Verhaltenskodex für die Unternehmensbesteuerung. ABl. Nr. C 2 vom 6.1.1998, S. 2.

Rat (1998): Gemeinsamer Standpunkt (EG) Nr. 13/98 vom Rat festgelegt am 19. Dezember 1997 im Hinblick auf den Erlaß der Richtlinie 98/.../EG des Rates vom...über die Qualität von Wasser für den menschlichen Gebrauch. ABl. Nr. C 91 vom 26.3.1998, S. 1.

Rauch, Uwe (1995): Auswirkungen der Europäischen Union auf die kommunalen Aufgaben, Ausgaben und Einnahmen. Diplomarbeit am Fachbereich Wirtschaftswissenschaften der Philipps-Universität Marburg. Marburg.

Recker, Engelbert (1997): Mehr Wettbewerb bei Strom und Gas - Kommunale Anforderungen nicht erfüllt - In: Der Landkreis. Jg. 67. Heft 4, S. 167-171.

Rehbinder, Eckard (1990): Der europäische Binnenmarkt und das Umweltrecht. In: Hoppe, Werner und Schink, Alexander (Hrsg.): Kommunale Selbstverwaltung und europäische Integration. Köln, S. 71-77.

Reiter, Stanley (1987): Efficient Allocation. In: Eatwell, John; Milgate, Murray und Newman, Peter (Hrsg.): The New Palgrave: a dictionary of economics. London u.a. Vol. 2, S. 107-120.

Richtlinie 80/778/EWG des Rates vom 15. Juli 1980 über die Qualität von Wasser für den menschlichen Gebrauch. ABl. Nr. L 229 vom 30.8.1980, S. 11.

Richtlinie 85/337/EWG des Rates vom 27. Juni 1985 über die Umweltverträglichkeitsprüfung bei bestimmten öffentlichen und privaten Projekten. ABl. Nr. L 175 vom 5.7.1985, S. 40.

Richtlinie 89/665/EWG des Rates vom 21. Dezember 1989 zur Koordinierung der Rechts- und Verwaltungsvorschriften für die Anwendung der Nachprüfungsverfahren im Rahmen der Vergabe öffentlicher Liefer- und Bauaufträge. ABl. Nr. L 395 vom 30.12.1989, S. 33.

Richtlinie 90/313/EWG des Rates vom 7. Juni 1990 über den freien Zugang zu Informationen über die Umwelt. ABl. Nr. L 158 vom 23.6.1990. S. 56.

Richtlinie 91/271/EWG des Rates vom 21. Mai 1991 über die Behandlung kommunaler Abwässer. ABl. Nr. L 135 vom 30.5.1991, S. 40.

Richtlinie 91/676/EWG des Rates vom 12. Dezember 1991 zum Schutz der Gewässer vor Verunreinigung durch Nitrat aus landwirtschaftlichen Quellen. ABl. Nr. L 375 vom 31.12.1991, S. 1.

Richtlinie 92/43/EWG des Rates vom 21. Mai 1992 zur Erhaltung der natürlichen Lebensräume sowie der wildlebenden Tiere und Pflanzen (Flora-Fauna-Habitat-Richtlinie). ABl. Nr. L 206 vom 22.7.1992, S. 7.

Richtlinie 94/80/EG des Rates vom 19. Dezember 1994 über die Einzelheiten der Ausübung des aktiven und passiven Wahlrechts bei den Kommunalwahlen für Unionsbürger mit Wohnsitz in einem Mitgliedstaat, dessen Staatsangehörigkeit sie nicht besitzen. ABl. Nr. L 368 vom 31.12.1994, S. 38.

Richtlinie 96/30/EG des Rates vom 13. Mai 1996 zur Änderung der Richtlinie 94/80/EG über die Einzelheiten der Ausübung des aktiven und passiven Wahlrechts bei den Kommunalwahlen für Unionsbürger mit Wohnsitz in einem Mitgliedstaat, dessen Staatsangehörigkeit sie nicht besitzen. ABl. L 122 vom 22.5.1996, S. 14.

Richtlinie 96/92/EG des Europäischen Parlaments und des Rates vom 19. Dezember 1996 betreffend gemeinsame Vorschriften für den Elektrizitätsbinnenmarkt. ABl. Nr. L 27 vom 30.1.1997, S. 20.

Richtlinie 97/11/EG des Rates vom 3. März 1997 zur Änderung der Richtlinie 85/337/EWG über die Umweltverträglichkeitsprüfung bei bestimmten öffentlichen und privaten Projekten. ABl. Nr. L 73 vom 14.3.1997, S. 5.

Richtlinie 98/15/EG der Kommission vom 27. Februar 1998 zur Änderung der Richtlinie 91/271/EWG des Rates im Zusammenhang mit einigen in Anhang I festgelegten Anforderungen. ABl. L Nr. 67 vom 7.3.1998, S. 29.

Richtlinie 98/30/EG des Europäischen Parlaments und des Rates vom 22. Juni 1998 betreffend gemeinsame Vorschriften für den Erdgasbinnenmarkt. ABl. Nr. L 204 vom 21.7.1998, S. 1.

Richtlinie 98/83/EG des Rates vom 3. November 1998 über die Qualität von Wasser für den menschlichen Gebrauch. ABl. Nr. L 330 vom 5.12.1998, S. 32.

Ridinger, Rudolf (1996): EG-Regionalpolitik. Konzeption und Instrumente. In: Eberstein, Hans-Herrmann (Hrsg.): Handbuch der regionalen Wirtschaftsförderung. 3. Aufl. Köln. A VII 1, S. 1-31.

Röck, Werner (1990): Der Binnenmarkt 1993 und seine Auswirkungen auf die Kommunen. In: Der Gemeindehaushalt. Jg. 91. Heft 9, S. 193-204.

Rolfes, Karl-Heinrich (1990): Regionale Wirtschaftsförderung und EWG-Vertrag: die Aktionsräume von Bund, Ländern und Kommunen. Köln u.a.

Ropp, Nina von der (1998): Sparkassen und Landesbanken müssen nicht öffentlich-rechtlich sein. In: Handelsblatt vom 29.4.1998, S. 2.

Roth, Roland und Wollmann, Hellmut (Hrsg.) (1994): Kommunalpolitik. Politisches Handeln in Gemeinden. Opladen.

Roth, Uwe; Kamprich, Dirk und Klein, Ute M. (1996): EU-Kommunal in Stichworten. In: Bunz, Axel R.; Vertretung der Europäischen Kommission in der Bundesrepublik Deutschland (Hrsg.): EU-Kommunal. Handbuch zu europäischen Themen für Kommunalpolitiker und lokale Medien. 3. Aufl. Bonn, S. 11-388.

Rümmele, Stefan (1991): Trinkwasser in Europa: Das Beste ist gerade gut genug. In: Umweltmagazin. Jg. 20. Heft 5, S. 28-30.

Rümmele, Stefan (1991): Umweltpolitischer Skandal. Kritik an EG-Wasserschutzpolitik bei Wasserfachlicher Aussprachetagung In: Umweltmagazin. Jg. 20. Heft 5, S. 32-34.

Sachverständigenrat zur Begutachtung der gesamtwirtschaftlichen Entwicklung (1995): Den Aufschwung sichern - Arbeitsplätze schaffen. Jahresgutachten 1994/95. Stuttgart.

Samuelson, Paul A. (1954): The Pure Theory of Public Expenditure. In: The Review of Economics and Statistics. Vol. 36. No. 4, S. 387-389.

Sander, Ludger und Gehrmann, Bernhard (1997): Der Euro in den Kommunen. Vorbereitung auf die Währungsumstellung am Beispiel der Bundesstadt Bonn. In: Der Gemeindehaushalt. Jg. 98. Heft 4, S. 86-89.

Schäfer, Manfred (1993): Die Kohäsionspolitik der Europäischen Gemeinschaften: Integrationspolitische Einordnung, Darstellung und Erfolgskontrolle. Baden-Baden.

Schäfer, Rudolf und Stricker, Hans-Joachim (1989): Die Aufgaben der Gemeinden und ihre Entwicklung. In: Gabriel, Oscar W. (Hrsg.): Kommunale Demokratie zwischen Politik und Verwaltung. München, S. 35-58.

Schäfer, Rudolf und Stricker, Hans-Joachim (1992): Probleme und Aufgaben der Kommunalpolitik in den 90er Jahren. Ergebnisse einer Befragung von Schlüsselpersonen in 13 westdeutschen Mittel- und Großstädten in den Jahren 1987-1988. In: Schuster, Franz (Hrsg.): Kommunale Aufgaben im Wandel. Köln, S. 4-114.

Schäfer, Thomas (1998): Die deutsche kommunale Selbstverwaltung in der Europäischen Union. Neue Schriften des Deutschen Städtetags. Heft 74. Stuttgart u.a.

Scharpf, Fritz W. (1994): Autonomieschonend und gemeinschaftsverträglich: Zur Logik einer europäischen Mehrebenenpolitik. In: Scharpf, Fritz W.: Optionen des Föderalismus in Deutschland und Europa. Frankfurt/Main und New York, S. 131-155.

Scharpf, Fritz W. (1994): Die Politikverflechtungsfalle. In: Scharpf, Fritz W.: Optionen des Föderalismus in Deutschland und Europa. Frankfurt/Main und New York, S. 11-44.

Scharpf, Fritz W. (1994): Kann es in Europa eine stabile föderale Balance geben. In: Scharpf, Fritz W.: Optionen des Föderalismus in Deutschland und Europa. Frankfurt/Main und New York, S. 117-130.

Scharpf, Fritz W. (1994): Optionen des Föderalismus in Deutschland und Europa. Frankfurt/Main und New York.

Scharpf, Fritz W.; Reissert, Bernd und Schnabel, Fritz (1976): Politikverflechtung: Theorie und Empirie des kooperativen Föderalismus in der Bundesrepublik. Kronberg/Ts.

Schicker, Rudolf (1994): Regionalförderung. Die Regionalpolitik der Europäischen Union verändert Österreichs Politik der Regionalförderung. In: Kommunalwissenschaftliches Dokumentationszentrum (Hrsg.): Europareife Gemeinden. Schwerpunkt 2. Kommunalpolitische Perspektiven. Wien, S. 57-77.

Schink, Alexander (1995): Möglichkeiten zur Deregulierung im Umweltschutz aus Sicht der Kommunen. In: Der Städtetag. Jg. 48. Heft 8, S. 586-593.

Schmidt-Eichstaedt, Gerd (1989): Grundformen der inneren Gemeindeverfassung in der Bundesrepublik Deutschland. In: Gabriel, Oscar (Hrsg.): Kommunale Demokratie zwischen Politik und Verwaltung. München, S. 17-33.

Schmidt-Jorzig, Edzard (1994): Erschwerung kommunaler Aufgabenerfüllung durch Personalvertretungsrecht, (Gleichstellungs-) Beauftragte und verstärkte Bürgerbeteiligung. In: Henneke, Hans-Günter (Hrsg.) Stärkung kommunaler Handlungs- und Entfaltungsspielräume. Stuttgart u.a., S. 97-113.

Schmitz, Gottfried (1995): Gegenstromprinzip. In: Akademie für Raumforschung und Landesplanung (Hrsg.): Handwörterbuch der Raumordnung. Hannover, S. 370-372.

Schmuck, Otto (1997): Europäisches Parlament. In: Weidenfeld, Werner und Wessels, Wolfgang (Hrsg.): Europa von A-Z. Taschenbuch der europäischen Integration. 6. Aufl. Bonn, S. 183-190.

Schöbel, Norbert (1997): Der Ausschuß der Regionen - Eine erste Bilanz der Arbeit nach zwei Jahren seines Bestehens. In: Europäisches Zentrum für Föderalismus-Forschung (Hrsg.): Occasional Papers. Nr. 17. Tübingen.

Schröer, Alexander (1992): Kommunaler Umweltschutz in Europa. Berlin u.a.

Schumacher, W. (1991): Entwicklung der Rechtsnormen für Trinkwasser. In: Aurand, K. (Hrsg.): Die Trinkwasserverordnung. Einführung und Erläuterungen für Wasserversorgungsunternehmen und Überwachungsbehörden. 3. Aufl. Berlin, S. 13-23.

Schüller, Alfred (1994): Die Europäische Union vor der Osterweiterung: Entscheidungslinien und Hindernisse. In: Leipold, Helmut (Hrsg.): Ordnungsprobleme Europas: Die Europäische Union zwischen Vertiefung und Erweiterung. Marburg, S. 79-108.

Schulte, Bernd (1998): Europäische Sozialpolitik und die Zukunft des Sozialstaats in Europa - Herausforderungen und Chancen. Forschungsinstitut der Friedrich-Ebert-Stiftung (Hrsg.). Bonn.

Schultze, Claus J. (1997): Die deutschen Kommunen in der EU: Europabetroffenheit und Interessenwahrnehmung. Baden-Baden.

Schürmann, Heinz Jürgen (1997): Bundestag verabschiedet Energierechtsnovelle der Bundesregierung. Gebietsmonopole werden beseitigt. Ein Wettbewerbskompromiß im Stromsektor mit Ecken und Kanten. In: Handelsblatt vom 1.12.1997, S. 2.

Schürmann, Heinz Jürgen (1997): Energie. Großes Kostenhandikap für deutsche Industrie. Wettbewerbsblockade durch zu hohe Durchleitungspreise. In: Handelsblatt vom 7./8.11. 1997, S. 14.

Schürmann, Heinz Jürgen (1998): SPD will Energiewirtschaftsgesetz der Bundesregierung kippen. In: Handelsblatt vom 27.8.1998, S. 2.

Schürmann, Heinz Jürgen (1998): Strom- und Gaskunden im Wettbewerb umworben. In: Handelsblatt vom 29.4.1998, S. 5.

Schürmann, Heinz Jürgen (1998): Subventionen für Ökostrom verzerren den Wettbewerb. Die EU-Kommission in Brüssel übt massive Kritik an der deutschen Förderung für Windkraftanlagen. In: Handelsblatt vom 9.9.1998, S. 2.

Schuster, Franz (Hrsg.)(1992): Kommunale Aufgaben im Wandel. Köln.

Schütterle, Peter (1993): EG-Beihilfenkontrolle und kommunale Grundstücksverkäufe. In: Europäische Zeitschrift für Wirtschaftsrecht. Jg. 4. Heft 20, S. 625-628.

Schütterle, Peter (1995): Die Beihilfenkontrollpraxis der Europäischen Kommission im Spannungsfeld zwischen Recht und Politik. In: Europäische Zeitschrift für Wirtschaftsrecht. Jg. 6. Heft 13, S. 391-396.

Smith, Alasdair (1992): Measuring the effects of '1992'. In: Dyker, David A. (Hrsg.): The European Economy. London und New York, S. 89-99.

Seele, Günther (1991): Der Kreis aus europäischer Sicht: die übergemeindliche Kommunalverwaltung im Spiegel der nationalstaatlichen Verwaltungsstrukturen und der europäischen Gemeinschaftspolitik. Kommunalwissenschaftliche Schriften des Deutschen Landkreistages. Bd. 8. Köln u.a.

Seidel, Barbara (1992): Die Einbindung der Bundesrepublik Deutschland in die Europäischen Gemeinschaften als Problem des Finanzausgleichs. Frankfurt/Main u.a.

Seidel, Martin (1990): Europarechtliche Schranken der kommunalen Wirtschaftsförderung. In: Hoppe, Werner und Schink, Alexander (Hrsg.): Kommunale Selbstverwaltung und europäische Integration. Köln, S. 145-160.

Seiler, Gerhard (1981): Gemeinden III. Finanzen. In: Albers, Willi et al. (Hrsg.) Handwörterbuch der Wirtschaftswissenschaft. Bd. 3. Stuttgart u.a., S. 507-525.

Senatsverwaltung für Stadtentwicklung und Umweltschutz - Projektgruppe Europäische Akademie für Städtische Umwelt (Hrsg.) (1990): Dokumentation Nationales Seminar zum Grünbuch über die städtische Umwelt am 30.11.1990 in Berlin. Berlin.

Siebeke, Simone (1996): Institutionalisierte Interessenvertretung in der Europäischen Union. Baden-Baden.

Sierigk, Annette (1997): Das Grünbuch der Europäischen Kommission zum öffentlichen Auftragswesen in der Europäischen Union. In: Der Bayerische Bürgermeister. Jg. 50. Heft 4, S. 155-157.

Simon, Klaus (1992): Aufgabenwandel im kommunalen politischen System. Akteure und Themen der neuen Politik in Konstanz 1970-1985. In: Schuster, Franz (Hrsg.)(1992): Kommunale Aufgaben im Wandel, S. 275-311.

Sohmen, Egon (1992): Allokationstheorie und Wirtschaftspolitik. 2. Aufl. Tübingen.

Sparkasse Marburg-Biedenkopf (1998): Geschäftsbericht 1997. Marburg.

Spiekermann, Bernd et al. (1988): Europäische Regionalpolitik. Empfehlungen zur Weiterentwicklung. Konrad-Adenauer-Stiftung e.V. Institut für Kommunalwissenschaften. Bonn.

Stadt Marburg (1995): Haushaltssatzung und Haushaltsplan 1996. Marburg.

Stadtwerke Marburg (1999): Förderprogramm für Stromeinsparmaßnahmen 1999. Marburg.

Stadtwerke Marburg; Frank, Hans-Peter (1997): Maßnahmen der Stadt Marburg im Sinne der lokalen Agenda 21 der UN-Konferenz für Umwelt und regionale Entwicklung in Rio 1992. Bericht an das Hessische Ministerium für Umwelt, Energie, Jugend, Familie und Gesundheit. Mai 1997. Marburg.

Statistisches Bundesamt (1997): Statistisches Jahrbuch 1997 für die Bundesrepublik Deutschland. Wiesbaden.

Statistisches Bundesamt (1998): Fachserie 14. Reihe 3.1. Rechnungsergebnisse des öffentlichen Gesamthaushalts 1995. Wiesbaden.

Statistisches Bundesamt (1998): Fachserie 14. Reihe 3.3. Rechnungsergebnisse der kommunalen Haushalte 1995. Wiesbaden.

Stein, Torsten (1993): Das Subsidiaritätsprinzip als Rechtsprinzip? In: Merten, Detlef (Hrsg.): Die Subsidiarität Europas. Berlin, S. 23-40.

Steinbauer, Wolfgang (1993): Öffentliches Auftragswesen. Das öffentliche Auftragswesen der Städte und Gemeinden im EWR / in der EG. In: Kommunalwissenschaftliches Dokumentationszentrum (Hrsg.): Europareife Gemeinden. Schwerpunkt 1. Die wirtschafts- und umweltpolitische Dimension. Arbeitshilfen für Gemeinden. Bd. 20. Wien, S. 35-80.

Steinkirchner, Peter (1997): Kirchhainer Kläranlage erfüllt strenge Europa-Richtlinien. In: Oberhessische Presse vom 15. Januar 1997, S. 1ff.

Stellungnahme der Innenministerkonferenz zur Frage der kommunalen Wirtschaftsförderung vom 12.3.1981. Abgedruckt in: Ehlers, Dirk (Hrsg.) (1990): Kommunale Wirtschaftsförderung. Köln, S. 271-276.

Stern, Klaus (1981): Gemeinden I: Rechtsstellung in der Bundesrepublik Deutschland. In: Albers, Willi et al. (Hrsg.): Handwörterbuch der Wirtschaftswissenschaft. Bd. 3. Stuttgart u.a., S. 486-495.

Stober, Rolf (1996): Kommunalrecht in der Bundesrepublik Deutschland. 3. Aufl. Stuttgart u.a.

Streinz, Rudolf (1996): Europarecht. 3. Aufl. Heidelberg.

Tartler, Jens (1996): Umstellung auf den Euro macht Städten viel Arbeit. In: Handelsblatt vom 12.12.1996, S. 6.

Thies, Martin (1995): Zur Situation der gemeindlichen Selbstverwaltung im europäischen Einigungsprozeß: unter besonderer Berücksichtigung der Vorschriften des EG-Vertrages über staatliche Beihilfen und der EG-Umweltpolitik. Frankfurt am Main u.a.

Thomas, Ingo P. (1994): Finanzausgleich und Kohäsion in der Europäischen Union. In: Die Weltwirtschaft 1994. Heft 4, S. 472-491.

Thömmes, Otmar (1990): Stand und Ausblick der Harmonisierung der direkten Steuern in der EG. In: Der Gemeindehaushalt. Jg. 91. Heft 6, S. 121-126.

Thöni, Erich (1986): Politökonomische Theorie des Föderalismus. Baden-Baden.

Thränhardt, Dietrich (1994): Die Kommunen und die Europäische Gemeinschaft. In: Roth, Roland und Wollmann, Hellmut (Hrsg.): Kommunalpolitik. Politisches Handeln in Gemeinden. Opladen, S. 66-80.

Tiebout, Charles M. (1956): A Pure Theory of Local Expenditures. In: The Journal of Political Economy. Vol. 64, S. 416-424.

Tietzel, Manfred und Müller, Christian (1998): Noch mehr zur Meritorik. In: Zeitschrift für Wirtschafts- und Sozialwissenschaften. Jg. 118. Heft 1, S. 87-127.

Treuner, Peter (1998): Die Bedeutung der EU-Raumordnungspolitik für die Umweltplanung. In: Hartje, Volkmar und Klaphake, Axel (Hrsg.): Die Rolle der Europäischen Union in der Umweltplanung. Marburg, S. 311-324.

Varian, Hal R. (1992): Microeconomic Analysis. 3. Aufl. New York und London.

Vaubel, Roland (1992): Die politische Ökonomie der wirtschaftspolitischen Zentralisierung in der Europäischen Gemeinschaft. In: Jahrbuch Neue Politische Ökonomie. Bd. 11, S. 30-65.

Verordnung (EG) Nr. 1103/97 des Rates vom 17. Juni 1997 über bestimmte Vorschriften im Zusammenhang mit der Einführung des Euro. ABl. Nr. L 162 vom 19.6.1997, S. 1.

Verordnung (EG) Nr. 974/98 des Rates vom 3. Mai 1998 über die Einführung des Euro. ABl. Nr. L 139 vom 11.5.1998, S. 1.

Verordnung (EWG) Nr. 1191/69 über das Vorgehen der Mitgliedstaaten bei mit dem Begriff des öffentlichen Dienstes verbundenen Verpflichtungen auf dem Gebiet des Eisenbahn-, Straßen- und Binnenschiffsverkehrs. ABl. Nr. L 156 vom 28.6.1969, S. 1.

Verordnung (EWG) Nr. 1893/91 des Rates vom 20. Juni 1991 zur Änderung der Verordnung (EWG) Nr. 1191/69 über das Vorgehen der Mitgliedstaaten bei mit dem Begriff des öffentlichen Dienstes verbundenen Verpflichtungen auf dem Gebiet des Eisenbahn-, Straßen- und Binnenschiffsverkehrs. ABl. Nr. L 169 vom 29.6.1991, S. 1.

Verordnung (EWG) Nr. 2081/93 des Rates vom 20. Juli 1993 zur Änderung der Verordnung (EWG) Nr. 2052/88 über Aufgaben und Effizienz der Strukturfonds und über die Koordinierung ihrer Interventionen untereinander sowie mit denen der Europäischen Investitionsbank und der anderen vorhandenen Finanzinstrumente. ABl. Nr. L 193 vom 31.7.1993, S. 5.

Verordnung (EG) Nr. 1466/97 des Rates vom 7. Juli 1997 über den Ausbau der haushaltspolitischen Überwachung und der Überwachung und Koordinierung der Wirtschaftspolitiken. ABl. Nr. L 209 vom 2.8.1997, S. 1.

Verordnung (EG) Nr. 1467/97 des Rates vom 7. Juli 1997 über die Beschleunigung und Klärung des Verfahrens bei einem übermäßigen Defizit. ABl. Nr. L 209 vom 2.8.1997, S. 6.

Vertrag über die Europäische Union (Maastricht-Vertrag) mit sämtlichen Protokollen und Erklärungen. Vertrag zur Gründung der Europäischen Gemeinschaft (EG-Vertrag). Deutsches Recht zur Verwirklichung der Europäischen Union. Hrsg. vom H.C.Beck Verlag München. 3. Aufl. Stand 1. Mai 1995.

Vertrag von Amsterdam zur Änderung des Vertrags über die Europäische Union, der Verträge zur Gründung der Europäischen Gemeinschaften sowie einiger damit zusammenhängender Rechtsakte vom 2. Oktober 1997. Bundestagsdrucksache 13/9339 vom 3. Dezember 1997. Abgedruckt in: Läufer, Thomas (Hrsg.) (1998): Vertrag von Amsterdam. Texte des EU-Vertrages und des EG-Vertrages. Bonn.

Vickerman, Roger W. (1992) The Single European Market. Prospects for economic integration. New York u.a.

von der Heide, Hans-Jürgen und Cholewa, Werner (1996): Stellung und Aufgaben der kommunalen Gebietskörperschaften. In: Eberstein, Hans Hermann (Hrsg.): Handbuch der regionalen Wirtschaftsförderung. 3. Aufl. Köln. 2 VI A, S. 1-15.

Vonderheid, Ulrich (1994): Die Beschaffungswirtschaft kommunaler Versorgungs- und Verkehrsunternehmen und EG-Binnenmarkt. Baden-Baden.

Wallenberg, Gabriela von (1996): Art. 92 EGV. In Grabitz, Eberhard und Hilf, Meinhard (1998) (Hrsg.): Kommentar über die Europäische Union. Vertrag über die Europäische Union. Vertrag zur Gründung der Europäischen Gemeinschaft. Stand Mai 1998.

Waniek, Roland W. (1992): Die Regionalpolitik der Europäischen Gemeinschaft - eine kritische Bestandsaufnahme -. Ruhr-Forschungsinstitut für Innovations- und Strukturpolitik e.V. Bochum.

Waniek, Roland W. (1994): EG-Regionalpolitik für die Jahre 1994 bis 1999. In: Wirtschaftsdienst. Jg. 74. Heft 1, S. 43-49.

Weidenfeld, Werner (1997): Europäische Einigung im historischen Überblick. In: Weidenfeld, Werner und Wessels, Wolfgang (Hrsg.): Europa von A-Z. Taschenbuch der europäischen Integration. 6. Aufl. Bonn, S. 10-60.

Weidenfeld, Werner und Wessels, Wolfgang (Hrsg.)(1995): Europa von A-Z. Taschenbuch der europäischen Integration. 5. Aufl. Bonn.

Weidenfeld, Werner und Wessels, Wolfgang (Hrsg.)(1997): Europa von A-Z. Taschenbuch der europäischen Integration. 6. Aufl. Bonn.

Weidenfeld, Werner und Wessels, Wolfgang (Hrsg.)(1997): Europe from A to Z. Guide to European Integration. Luxemburg.

Weigt, Norbert (1998): Die Stellung der kommunalen Unternehmen im neuen Energiewirtschaftsrecht - Eine Bilanz -. In: Der Gemeindehaushalt. Jg. 99. Heft 4, S. 74-78.

Wellisch, Dietmar (1995): Dezentrale Finanzpolitik bei hoher Mobilität. Tübingen.

Welter, Patrick (1998): Vom Ziel der guten oder der besseren Gesellschaft. Die Rolle des Staates im Zeitalter der Globalisierung. In: Handelsblatt vom 25.3.1998, S. 7.

Weninger, Thomas (1993): Österreichs Gemeinden auf dem Weg nach Europa. In: Kommunalwissenschaftliches Dokumentationszentrum (Hrsg.): Europareife Gemeinden. Schwerpunkt 1. Die wirtschafts- und umweltpolitische Dimension. Arbeitshilfen für Gemeinden. Bd. 20. Wien, S. 157-181.

Weninger, Thomas (1994): Kommunales Wahlrecht. Kommunales Ausländer/innen/wahlrecht in der Europäischen Union. In: Kommunalwissenschaftliches Dokumentationszentrum (Hrsg.): Europareife Gemeinden. Schwerpunkt 2. Kommunalpolitische Perspektiven. Arbeitshilfen für Gemeinden. Bd. 21. Wien, S. 119-137.

Werner, Jan (1998): Nach der Regionalisierung - der Nahverkehr im Wettbewerb: rechtlicher Rahmen, Verantwortlichkeiten, Gestaltungsoptionen. Dortmund.

Wessels, Wolfgang (1997): Europäischer Rat. In: Weidenfeld, Werner und Wessels, Wolfgang (Hrsg.): Europa von A-Z. Taschenbuch der europäischen Integration. 6. Aufl. Bonn, S. 175-179.

Wessels, Wolfgang und Diedrichs, Udo (1995): Europäische Union. In: Weidenfeld, Werner und Wessels, Wolfgang (Hrsg.): Europa von A-Z. Taschenbuch der europäischen Integration. Bonn, S. 172-178.

Wessels, Wolfgang und Müller, Thorsten (1997): Entscheidungsverfahren. In: Weidenfeld, Werner und Wessels, Wolfgang (Hrsg.): Europa von A-Z. Taschenbuch der europäischen Integration. 6. Aufl. Bonn, S. 111-117.

Wirtschafts- und Sozialausschuß (1995): Stellungnahme des Wirtschafts- und Sozialausschusses zum "Grünbuch über die praktischen Fragen des Übergangs zur einheitlichen Währung". CES 1174/95.

Wirtschafts- und Sozialausschuß (1996): Stellungnahme des Wirtschafts- und Sozialausschusses zum Thema "Die Auswirkungen der für den Übergang zur Einheitlichen Währung erforderlichen Gesetze und Regelungen auf den Markt." CES 1265/96.

Wissenschaftlicher Beirat beim Bundesministerium der Finanzen (1982): Gutachten zur Reform der Gemeindesteuern in der Bundesrepublik Deutschland. In: Bundesministerium der Finanzen (Hrsg.) (1988): Der wissenschaftliche Beirat beim Bundesministerium der Finanzen. Gutachten und Stellungnahmen 1974-1987. Tübingen, S. 361-454.

Wissenschaftlicher Beirat beim Bundesministerium der Finanzen (1984): Gutachten zu den Problemen einer Verringerung der öffentlichen Netto-Neuverschuldung vom 4. Mai 1984. In: Bundesministerium der Finanzen (Hrsg.) (1988): Der wissenschaftliche Beirat beim Bundesministerium der Finanzen. Gutachten und Stellungnahmen 1974-1987. Tübingen, S. 455-511.

Wissenschaftlicher Beirat beim Bundesministerium der Finanzen (1994): Zur Bedeutung der Maastricht-Kriterien für die Verschuldungsgrenzen von Bund und Ländern. In: Bundesministerium der Finanzen (Hrsg.): Schriftenreihe des Bundesministeriums der Finanzen. Heft 54. Bonn.

Woll, Artur (1993): Wirtschaftslexikon. 7. Aufl. München u.a.

Wollmann, Helmut und Lund, Silke (1997): European Integration and the Local Authorities in Germany: Impacts and Perceptions. In: Goldsmith, Michael J.F. und Klausen, Kurt K. (Hrsg.): European Integration and Local Government. Cheltenham und Brookfield, S. 57-74.

Zill, Gerda (1981): Kommunale Wirtschaftsförderung in Großbritannien und der Bundesrepublik Deutschland. In: Mayntz, Renate (Hrsg.): Kommunale Wirtschaftsförderung: ein Vergleich: Bundesrepublik Deutschland - Großbritannien. Schriften des Deutschen Instituts für Urbanistik. Bd. 69. Stuttgart u.a., S. 57-127.

Zimmermann, Friedrich (1988): Neue Qualität der Politik. In: Deutscher Städte- und Gemeindebund (Hrsg.): Kommunale Selbstverwaltung in Europa! 8. Deutscher Gemeindekongreß '88. Schriftenreihe des Deutschen Städte- und Gemeindebundes. Heft 45. Göttingen, S. 72-77.

Zimmermann, Horst (1973/74): Die Ausgabenintensität der öffentlichen Aufgabenerfüllung. In: Finanzarchiv. Jg. 32. Heft 1, S. 1-20.

Zimmermann, Horst (1981): Regionale Inzidenz öffentlicher Finanzströme: methodische Probleme einer zusammenfassenden Analyse für einzelne Regionen. Baden-Baden.

Zimmermann, Horst (1983): Allgemeine Probleme und Methoden des Finanzausgleichs. In: Neumark, Fritz (Hrsg.): Handbuch der Finanzwissenschaft. Bd. 4. 3. Aufl. Tübingen, S. 3-52.

Zimmermann, Horst (1985): Der Mitnahmeeffekt. Inhalt und Meßkonzepte, dargestellt am Beispiel der Zuweisungen an Gemeinden. In: Akademie für Raumordnung und Landesplanung (Hrsg.): Räumliche Aspekte des kommunalen Finanzausgleichs. Forschungs- und Sitzungsberichte. Bd. 159. Hannover, S. 293-312.

Zimmermann, Horst (1986): EG-Begrenzung für deutsche Regionalpolitik? Ansätze und mögliche Konsequenzen einer EG-Konvergenzpolitik. In: Wirtschaftsdienst. Jg. 66. Heft 2, S. 92-97.

Zimmermann, Horst (Hrsg.) (1988): Die Zukunft der Staatsfinanzierung. Stuttgart.

Zimmermann, Horst (1989): Die regionale Dimension des Europäischen Binnenmarktes. Auswirkungen auf Regionsstruktur, föderativen Aufbau und regionsbezogene Politik. In: Akademie für Raumforschung und Landesplanung (Hrsg.): Europäische Integration. Aufgaben für Raumforschung und Landesplanung. Forschungs- und Sitzungsberichte. Bd. 184. Hannover, S. 9-51.

Zimmermann, Horst (1990): Gewichtsverlagerungen im föderativen Staatsaufbau unter EG-Einfluß? In: Wirtschaftsdienst. Jg. 70. Heft 9, S. 451-456.

Zimmermann, Horst (1995): Kommunale Einnahmequellen aus finanzwissenschaftlicher Sicht. In: Ipsen, Jörn (Hrsg.): Kommunale Aufgabenerfüllung im Zeichen der Finanzkrise. Baden-Baden, S. 67-80.

Zimmermann, Horst (1996): Die Europäische Union als neuer föderativer Strukturtyp? Analyse aus der Perspektive des Unionshaushalts. In: Postlep, Rolf-Dieter (Hrsg.): Aktuelle Fragen zum Föderalismus: ausgewählte Probleme aus Theorie und politischer Praxis des Föderalismus. Marburg, S. 45-71.

Zimmermann, Horst (1997): Kommunale Finanzautonomie - Reformbedarf und Zukunftsperspektiven. In: Deutscher Städtetag (Hrsg.): Standort Stadt. Vorträge, Aussprachen und Ergebnisse der 29. ordentlichen Hauptversammlung des Deutschen Städtetages vom 3. bis 5. Juni 1997 in Hamburg. Stuttgart u.a., S. 46-61.

Zimmermann, Horst (1999): Ökonomische Rechtfertigung einer kontinuierlichen Staatsverschuldung? In: Europäisches Zentrum für Staatswissenschaft und Staatspraxis (Hrsg.): Berliner Abhandlungen zur Staatswissenschaft. Erscheint demnächst.

Zimmermann, Horst und Henke, Klaus-Dirk (1994): Finanzwissenschaft. Eine Einführung in die Lehre von der öffentlichen Finanzwirtschaft. 7. Aufl. München.

Zimmermann, Horst; Hardt, Ulrike und Postlep, Rolf-Dieter (1987): Bestimmungsgründe der kommunalen Finanzsituation. Bonn.

Zimmermann-Wienhues, Sigrid von (1997): Kommunale Selbstverwaltung in einer Europäischen Union. Deutsche Gemeinden und spanische „municipios" im europäischen Integrationsprozeß. Berlin.

Zügel, Walter (1993): Die Sparkassen zwischen öffentlicher Aufgabe und kreditwirtschaftlichem Wettbewerb. In: Ipsen, Jörn (Hrsg.): Sparkassen im Wandel. Köln u.a., S. 13-22.

Kolibri 360 GmbH
Ferdinand-Jühlke-Straße 7
99095 Erfurt, Deutschland
produktsicherheit@kolibri360.de

Druck:
CPI Druckdienstleistungen GmbH
im Auftrag der
Kolibri 360 GmbH
Ferdinand-Jühlke-Str. 7
99095 Erfurt